書評の星座

吉田豪

吉田豪の
格闘技本メッタ斬り
2005-2019

集英社

書評の星座

吉田豪の格闘技本メッタ斬り 2005-2019

装丁　トサカデザイン（戸倉 巌、小酒保子）

はじめに

この本は、２００５年から始まった『ゴング格闘技』の書評連載をまとめたものだ。プロインタビュアーだけではなくプロ書評家も名乗ってきたのに、書評の本を出すのはこれが初めてだったりする。20年ぐらい前からタレント本書評を単行本化する企画は何度かあったのに、いつもボクのせいでペンディングになってきたためだ（インタビュー本と違って書評をまとめるときは原稿をかなり直したくなるので、作業しなきゃと思いながら普段の急ぎの仕事を優先しているうちに時間がどんどん過ぎていって、気がつくと担当編集者が出版社を辞めちゃったりして企画自体が消滅する）。

さて、紙媒体でも放送媒体でも、ボクはよく「毒舌インタビュアー」と紹介されたり、「今日も嚙みついちゃって下さい！」とか「ブッタ斬り！」とか煽られたりすることがあって、ひどい偏見だなとずっと思っていた。金髪の高卒ってだけで人のことを極悪人みたいに決めつけて！　確かにプロフィール写真では怖い顔してパイプ椅子を抱えてるけど、あの椅子もミニチュアのやつだし、ボクは温和で人の悪口とか全然言わないタイプなのに！　ツイッターでも常に断言を避けて「……と思います」とか「……な気がします」とか、ふわっとした着地になるよう心がけているぐらいなのに！

正直、この本もそんな感じのタイトルになっていたから、失礼だなーとか思いながら自分の原稿を読み直してみてビックリ。これはちょっと口が悪すぎるでしょ！

とにかく徹底した個人攻撃。プロだと思えない書き手は容赦なく糾弾するし、事実誤認も指摘せずにはいられないしで、めんどくさいことこの上ない。自分がこんな人間だったとは、自分でもすっかり忘れてた！

そう、ボクは基本的に平和主義者で喧嘩も好きじゃないはずなのに、プロとしてどうかと思う人間に対してだけは昔から厳しかった。おそらく、この仕事を始めたばかりのとき、まだ年齢的にも若くて出版の仕事を始めて数年ってぐらいで、プロレスや格闘技を学習し始めてからも日が浅かったからこそ、自分がそれほど詳しくないジャンルでデタラメなことを書いている年上の人間が許せなかったんだと思う。

なので、『書評の星座』の連載スタート当時、つまり小さな『紙のプロレス』や、判型が大きくなった『紙のプロレスRADICAL』時代には何人かの書き手に対して、かなり厳しく「ブッタ斬り！」していたはずだ。もちろん選手に対してはリスペクトがあるので、そこは基本的に批判せず、あくまでも同じ土俵上にいる書き手や編集のみを叩くというスタンスで、だ。相手は同業者で、しかも年上で、もっと言うと業界的にも立場が上だったりするから、そんなの容赦するわけがない。ツブシタレ（東郷健）！　でも、『ゴング格闘技』に移籍してからは、こっちがもうそれなりにキャリアを積んでいたし、書き手も年下が増えてきたから、かなり優しくなった時期だと自分では思っていたのだ。

それでも、『ゴン格』移籍後にボクが批判している書き手は、おそらくみんな年上のはず。いまでも年上に対しての、人格否定や外見の中傷とかではなく、あくまでも仕事内容についてだけなら何を言ってもいいと思ってるんだろうなー、きっと（他人事）。

そして、格闘技という物騒な世界でこういう文章を書くことにどれだけのリスクがあるのかってことなのである。実はこの連載、『紙プロ』時代から何度も格闘技団体やら選手やらに怒られているし（詳細は書き下ろしコラム参照）、『ゴン格』移籍後もとある格闘家には「あいつは許せない！」「やってやる！」ぐらいのことを言われたり、とある空手ライターには「ヤクザを使ってお前をさらう」と、わざわざ留守電に宣言されたりもした。ストレートな脅迫をするとすぐ捕まるから、ヤクザですら言葉を選び、証拠を残さないようにしてターゲットを追い込まなきゃいけなくなった時代なのに、あまりにも迂闊すぎる！　しかも、「お前が連載している雑誌の編集部に乗り込んで、お前の住所を聞き出してやる！」とも言ってて、この個人情報保護が厳しくなった時代に何を言ってるんだと思うし、そもそもボクは住所もマンションもほぼオープンにしているから、毎週自宅で放送している配信番組の後は自宅下にゲストの出待ちもいたりするわけで。

さらには「お前の顔写真も入手した」とまで言ってたけど、これぐらいオープンに顔出しして仕事している人間に対して、それが脅しとして有効だと思っている時点でどうかしている。とか、そういうリアルタイムな出来事も連載時のリードや近況欄に書いてきたんだが、当時の空気感を伝えるべくあえてそのまま掲載しての単行本化。自分でもすっかり忘れていた情報多数で、読み直しているとき何度も爆笑した。自分がやった異種格闘技戦が格闘技雑誌に載らなかったことで橋本真也が激怒してた話とか、こういう記憶の片隅にも残ってなかったエピソードだらけ！

ハッキリ言えるのは、格闘技関係者でもこれだけの本をちゃんと読み続けている人は確実に存在しないはずなので、約15年間の格闘技史をかなりいびつに網羅した貴重な史料になっていること確実なのである。

目★次

2009

2016

1

まだ判型が小さい頃の『紙のプロレス』で連載が始まり、つい1年ほど前まで『紙のプロレスRADICAL』誌上で好評連載されていたはずなのに、ある騒動によって知らない間に連載が終わっていたガチンコ書評コーナー『書評の星座』が復活&電撃移籍！　一体大丈夫なのか、『ゴン格』!?　でも、とりあえずノー・フェイクをモットーに、手心を加えない書評を限界まで続けてやりますよ！

前田日明とリングスに一切触れずに「伝説の格闘家」の人生を振り返るというかなり無謀な試みに挑んだ奇跡の作品

『SHOGO—ケンカ無頼伝ロック』　松宮康生・作、影丸穣也・画／ぶんか社／800円+税

ＰＲＩＤＥ誕生以降に格闘技へと目覚めた最近のファンは知らないだろうが、ＵＷＦ直撃世代にとっては「今なお語り継がれる伝説の格闘家」（帯より）。それが田中正悟先生である。

あの前田日明にケンカで圧勝した後、空手の師匠として格闘技術を叩き込み（いわゆるケンカの路上講習）、プロレス界へと送り込んだことで知られる田中先生が、「これまでベールに包まれていた激動の半生」（帯より）をいま明らかにする！　……って、あれ？　ベールに包まれるどころか、これまでにも名著『背中合わせのアキラ　前田日明の本気スピリット&僕の希望スピリット』（84年／みき書房）や『イノセントファイター』（89年／スポーツライフ社）、『イノセントファイター2』（92年／スポーツライフ社）といった自分の著書で、激動の半生についてはたっぷりと書き下ろしてなかったっけ？

田中先生の「エルトン・ジョンが好きだったんです。スティービー・ワンダーもプレスリーもビートルズも。サルトルを読んでました。シェークスピアもちょっと勉強しました」という知的な部分に前田日明が影響を受けたことも、前田日明曰く「文学の知識は大学教授なみだが、性格は凶暴」ってことも、「アキラは、

プロレスは、格闘技は、僕の運命、ザッツ・マイ・ディスティニィ」なんて不思議な文体を駆使していたことも含めて、ボクらはよく知ってるよ！

そんな田中先生を主人公にした劇画が構想3年・制作2年をかけて遂にリリースされたというのに、マスコミでほとんど黙殺されているのは一体どういうことなのか？ 梶原一騎先生の『空手バカ一代』や真樹日佐夫先生の『ワル』シリーズで知られるあの影丸穣也先生が、関西が誇る伝説の空手バカについて描いたのに、紹介しないでどうするんだよ！

そこで新連載を記念して、ここで紹介させていただくこととしよう。

物語は、やっぱり田中先生がヤクザ相手のケンカ路上講習を受けるところからスタートする。

「稽古する時は憎たらしい奴の顔を思い浮かべて死ネ！ 死ネ！ と思いながら突き蹴りをするんや。それと、なんか武器を持っといたほうがええぞ！」

そんな独自の実戦空手を教えてくれた2人の先輩は極道や右翼の世界での活動がだんだん忙しくなり、やがて田中先生が大阪最強の「ケンカ王三代目」を襲名。弟子に片っ端から路上で喧嘩を売らせ、叩きのめした相手を次々と道場に入門させる押し売りみたいなシステムで青空田中道場は急成長を遂げるのであった。

おそらく、そんな普及活動の過程で前田日明も田中道場に引き込まれたんじゃないかと思うが、そのうち田中先生の指導によって愛弟子が死んでしまうんだから、さあ大変！

まあ、格闘技の道場で事故を無くすのは不可能だろうから、それもある意味しょうがない……のかと思えば、どうやら他の道場の事故とはちょっぴり事情が違ったようである。

「オレが言うたとおりにしてチンピラに喧嘩を売って……逆にやられて死んだ……。オレはどうすればいいんだ!? 死んだ者は生き返らんのや!!!」

田中先生はそう悩むんだが、それが原因なら遺族に怒られても当然だって！

その後はヤクザにさらわれた弟子を救出（後にリングスで角田信朗と闘うことになる武南幸宏が組事務所

にダンプで突入してデストロイ！）したりで、ある組を壊滅状態にしたことが評判となり、またもや入門希望者が殺到。「押し寄せたのは入門者ばかりではなかった！　数多くの腕自慢の道場破りも押し寄せた!!」とのことで、幾多の異種格闘技戦にも挑むこととなったのだ。

「相撲取りの弱点――！　スタミナにあり!!」

「ボクサーの弱点――足にあり！」

「柔道の弱点、接近戦にあり」

「ケンカ屋の弱点！　実戦経験の差にあり」

刺客を倒す度にそんなことを口にする田中先生だったが、ある日ふとこんなことに気付くわけなのである。

「俺は強くなりたかっただけや！　ヤクザみたいな組織作るために不良連中集めて空手教えてたんじゃない!!」

……いや、それは弟子が喧嘩で死んだ時点で気付くべきことなんじゃないかとも思うんだが、まあいい。

こうして道場を一時解散させた田中先生はラーメンの屋台を引くようになり、やがて中華料理屋『西遊記』を始めるまでに出世するんだが、運悪く火事で店は焼失してしまったとのこと（後に復活）。

そんなとき、突然「正悟の空手の強さを知る格闘技関係者も押し寄せて」きたので、田中先生は「わかりました！　世界一強い男を決める格闘技団体に協力しましょう!!」と迷わず即決。これが「後に武南が参加することになる格闘技団体の発足」へと繋がり、「頼まれて正悟は格闘技のテレビ解説も務めた」そうなのだ。

さらに、「ぜひとも田中先生の格闘技人生を本にまとめていただきたく――多勢の格闘技ファンのためにもぜひ！」と出版社に請われて「数多くの本が出版された」し、「さらにはハリウッド映画の出演依頼」まで来た、と。それが「大阪ミナミの伝説の帝王・田中正悟が、そのバトルステージをハリウッドに変えて繰り広げる空前のバイオレンス」『デッドリー・ターゲット　襲撃』なのである。

……あれ？　なんで前田日明という名前もリングスという団体名も出さずに、田中先生が人生を語ってるんだ？　もとはといえば前田日明のブレイクによって、マネージャー的な立場だった田中先生もメディアに登場するようになったはずなのに。

作中で影丸先生も「いやァ、田中さんが格闘技の世界やマスコミから姿を消されて、その消息が気になっていたんですよ」と言っているんだが、田中先生はある時期から完全に表舞台から姿を消した。そして、その頃から前田日明が「大阪のTに騙された！」と公言するようになったのは、マニアなら知っていると思う。実際、２人の間に何があったのかは知る由もない。ただ、冷静に考えたらあの当時の田中先生にハリウッド映画からのオファーが来るわけもないし、前田日明の「あのオファーは俺に来たんだよ！」という言い分の方が明らかに説得力はあるはずだろう。

とにかく、何らかのトラブルによって前田日明と絶縁状態になった田中先生は現在、大阪で実業家として活躍中。00年には「仕事の合間をぬって試合もやった」のだそうである。

最後は現在の道場生を実名で多数登場させたりと、さすがは極真の宣伝漫画と化した後期『空手バカ一代』の作画担当だと思わせる展開になって物語は終了。こんな感じで前田日明に一切触れずに田中先生の人生を振り返るという、かなり無謀な試みに挑む奇跡の作品だったわけなのだ。

最後に、原作者の松宮康生氏についても一言。ブルース・リーの研究家として知られる彼の公式ホームページを見ると、この作品に大山倍達、芦原英幸、二宮城光、盧山初雄、佐藤勝昭、ブルース・リーらが登場していると書かれているが、それぞれ１コマ程度しか登場してないので念のため。

そして、同じく公式ホームページで彼の『ブルース・リー格闘術』（97年／フォレスト出版）という本について「この作品の翻訳により97年から再びブルース・リーブームが復活」と書かれているが、そこに因果関係もないはずなので、これも念のため。

そんな彼は『最強格闘技図鑑真伝』（04年／ぶんか社）という著書で、師匠でもあるという「芦原英幸をはじめ、ブルース・リー、ヒクソン・グレイシー、大山倍達、木村政彦、ジェット・リー、そして田中正悟まで、『格闘の鬼』を集結！」させたとのこと。どう考えても後者２人はこの並びだと座りが悪い気がしてならないんだが、そこに登場しているという事実だけでも田中先生はやっぱり気になる男なのである。

★今月の豪ちゃん★TBSラジオの仕事で格闘家としての生島ヒロシにインタビュー。「実はアメリカで空手をやってた頃、ベニー・ユキーデとの試合をオファーされたんですよ」と、ラジオのリスナーには絶対届かない衝撃事実が発覚しました！

2

とある大人の事情により、今回編集部が書くことになったこのリード文。吉田文豪大先生が突然倒れた…ということはないので読者の皆様ご安心を。今回取り上げた本の引用文に「スタンドのアキレス腱固め」とあるのは、「裏アキレス腱固め」の間違い。しかし「裏アキレス腱固め」って懐かしい響きだなあ。ちなみに本場ロシアのサンボでは、そのような技は使われていません(キッパリ)。

「業界内の隠語を人前で使うのは不粋で格好悪い」……本のタイトルに「アングル」っていう隠語を平気で使っているのはどこのどいつだよ!?

『禁断の構図(アングル)―プロレス、K1、PRIDE「禁忌」の読み方2』
格闘技探偵団、亀井誠／日本文芸社／1400円+税

つい10年ほど前まで、「東高円寺U系研究会」といった明らかに存在しないインチキ組織の手による低レベルなプロレス～格闘技系の謎本が大量に出版されていたことを、果たして君は知っているだろうか？

そんな類の本が10年の時を越え、格闘技ブームに便乗して遂に復活！

本誌の藁谷氏も「ページを開く気になれない」とボヤいたりと、当時を知るファンなら無視するはずの本が何の手違いかそれなりに売れてしまい、あっという間に続編まで登場した、と。それがこの本なのである。

ちなみに過去の謎本には大沼孝次というライター（現在も漫画の謎本などで相変わらず間違いだらけの原稿を書き続け、そっち側のファンにもバッシングされている模様）がいつも一枚嚙んでいたんだが、海外遠征帰りの天山広吉に「よく海外マットでは『この試合では負けてくれないか』という八百長があると聞きますが、そういうことはありましたか」と鋭く斬り込み、そのくせ「いえ、自分の周りでは、そういうことは聞いたことありません」と返されたら、「そうですか。では、どうもありがとうございました」とあっさり話を終わらせたりする大沼孝次的な面白さは、この本には存在しない。

まあ、ハッキリ言うとインターネットで集められるレベルの情報（ガセネタ含む）しか掲載されていないので、過去の謎本ほどとんでもないミスもなければ、その代わり衝撃の新事実や画期的な見解が出ているわけでもない。つまり、正直いただけないわけなのだ。これならネットでも読んでた方がいいよ！　タダだし。

なにしろ他では読めない画期的な視点を提示するにしても、やっぱりこの調子。01年8月、K－1のリングで行なわれたミルコ・クロコップ対藤田和之の初戦について、彼らはこう考察しているのであった。

「いまにして思えば、なぜ藤田はあの試合で『どうぞ蹴りを合わせてください』と言わんばかりに遠目からの単調なタックルを繰り返したのだろう？　当時は〝ミルコを舐めていた〟との論旨が主流だったが、あれがK－1の大会での試合だったことを考えると……。昔、RINGSで、ジェラルド・ゴルドーが前田と対戦したときに、一本調子のハイキックを繰り返して、最後、スタンドのアキレス腱固めを決められたのをつい重ねてしまう。たしかゴルドーの場合は、当時前田と事前練習したとかしなかったという噂もあったのだが……」

それは明らかに考えすぎだよ！　そもそも、うろ覚えの知識で勝手な妄想を膨らませるのはいいけど、前田対ゴルドーといえば第二次UWFでの出来事だって！　馬鹿丸出し！

ついでに言うと、HERO'Sでは「前田さんがRINGSの元社員であるところの笹原氏以下DSE社員らに睨みを利かせて」いるとの記述もあったが、ブッカーKや石黒さん（DSE社員）はともかく笹原さんはＲＩＮＧＳ出身じゃないはず。

　この本の著者「格闘技探偵団」は「プロレス、格闘技をこよなく愛するライター、編集者集団」であり、「密かに元プロレス関係者もメンバーに加わり、広汎かつ詳細な情報収集が可能となった」とプロフィールに書かれているのに、このレベルだと元関係者がいるとも到底思えないし、ちゃんと「広汎かつ詳細な情報収集」をできているわけがないのであった。

　まあ、ちょっとフォローするとそれなりにリアルな情報もないわけではない。たとえば総合格闘技の試合にも何度か出場した「元バトラーツの小野武志」が「リングから離れていた間、新宿二丁目でバイトしていたとの噂」という記述は、あまりマスコミ等で表沙汰にはなっていないものの、かなり信憑性の高い話である。

　ただし、この本に書かれたことはかなり誤解を生みそうなものであり、ボクは「ラッパーになりたくて活動しつつ、2丁目でバーテンをやっていただけ」だと聞いているんだが。

　まあ、リアルなのがそんな部分だけでどうするって気もするし、何よりも引っ掛かったのはこの一文だ。

「近頃はプロレス関係者に限らず、すっかり誰もが使うようになった『しょっぱい』なる言葉。これも元々は相撲界の隠語で『懐が寂しい』『不器用で相撲が弱い』という意味のものであった。ちなみに日本では伝統的に、業界内の隠語を人前で使うことは不粋で格好の悪いこととされている。こういうことを平気で連発するようなレスラーや関係者は、単に頭が悪いか、職業意識が低いかのいずれかであると思っておいてまず間違いない」

　……って、おい！　本のタイトルに「アングル」っていう隠語をデカデカと使っているのは、どこのどいつだよ！　そんな自分たちこそが不粋で格好悪くてしょっぱいって！

　しかも、本書のパート１（これも駄作）も読んで立体的にすると、主張のズレも気になってくるのである。

　たとえば、キングダムの旗揚げ戦を見た石井館長が「なんだこれ、プロレスじゃないですか」と言ったことについて、彼らはこう糾弾する。

「『石井さんもヒドいけど、そのとき一緒に来て隣に立ってたターザン（山本＝元週刊プロレス編集長）。あれもヒドいよ。その石井さんの言葉を聞いても何のフォローも無しで、ただニヤニヤ笑ってるだけなの』とはその現場を見ていた記者の弁。プロレスという言葉を否定的に使われても文句の言えないプロレスマスコミ人というのもどうしたものか」

……これ、石井館長もターザンもまったく酷いとは思えないのはボクだけだろうか？　石井館長はプロレスという言葉を否定的に使ったというよりも、単なるジャンル分けとして使っただけのことであり、それに対して反論しなきゃいけない義務がターザンの側にあるわけもない。あまりに意味不明なバッシングである。

それに、そうやってプロレスを守ろうとしたはずの人間が、なんでパート2になると『紙のプロレス』誌は、以前に〝世の中とプロレスする〟というキャッチフレーズを使っていたことがあったが、いまそんなことを謳ったならば『世間を欺くサギ雑誌』という意味に曲解されかねない」などと平気で書くのだろうか？プロレスという言葉を否定的に使ってるのがどっちなのか、答えは明白だろう。

パート1には、他にこんな描写もあった。団体内に生意気な新人がいたら、プロレス界ではこうやって上下関係を叩き込んでいるそうである。

「チンポをくわえさせちゃう。体育会だと先輩の目の前でオナニーさせるとかあるけど、フェラチオのほうが全然効果が上なのは想像できるだろ？　これをやらせるともう、完全に心が折れちゃうんだよ。で、それ以降はこっちの言うことを何でも聞くよ、ホントに。人間ってのは不思議なもんだよ。（略）スター候補ってマスコミで騒がれてるヤツが、自分の股ぐらに顔をうずめてるんだ。その快感ったらないよ」

いや、「プロレスを守れ！」とか言っておいて、こんな突拍子もないことを書けることの方が不思議だよ！

そんなパート1で最もどうかと思ったのは、著者曰く関係者によるものだというこのコメントである。

「もしいま、プロレス各団体の代表でトーナメント戦が実現したとして、そこに小橋が出場したなら絶対優勝するさ。間違いない。優勝できないんなら出場するわけがない。だっていまのノアは他団体にセールする必要がないからね」

……なんだ、そりゃ。

セールとはプロレスで相手の技を痛がったりすることを指す隠語であり、この場合はセールではなく「寝る」や「ダウンを飲む」などの言葉が相応しいはず。こうやって手探りで隠語を使ったり、説得力皆無な妄想を膨らませたりするのは勝手だが、そんな主張ばかり載せた本を平気で連発するような著者は、単に頭が悪いか、職業意識（＝プロ意識）が低いかのいずれかであると思っておいて、まず間違いないのであった。

★今月の豪ちゃん★男だらけのインタビュー集『人間コク宝』（コアマガジン）に続いて、女だらけのインタビュー集『元アイドル！』（ワニマガジン社）が5月下旬に発売決定！　あと、ボクも巻頭対談に参加している『大槻ケンヂのプロレス格闘技世紀の大凡戦！』（洋泉社）も発売中！

3

前回のリードで「大人の事情で代筆」と意味ありげに書かれていた件は、無事に解決しました！　読者の皆様、御心配をお掛けして申し訳ない！　今後は心を入れ替え……るわけもなく、無難な連載はやってて楽しくないので問題が起きない方向にシフトする気は一切なし！　いつもギラギラする日！　そんなわけで、相変わらず無駄に緊張感だけは溢れている書評コーナー。

「伝説のガチファイトの裏側」が安生VS小川……っておい！

『別冊宝島「格闘技」ディープ・インサイド』 宝島社／1400円+税

初期『別冊宝島』のプロレス〜格闘技シリーズは、本当に面白かった。

他のジャンルで活躍しているライターが、専門誌では書けないことを平気で書く、その編集スタイルにはボクもシビレまくっていたわけなんだが、いまでは専門誌のライターがメインになっているのは寂しい限り。そのためか業界的な枠にハメられていくことになり、明らかにおかしな記述も増えてしまうわけなのだ。あえてどれがどうとはボクも大人なので指摘しないでおくが、たとえば表紙にはこう書かれている。「伝説のガチファイトの裏側　前田VSカレリン／船木VSヒクソン／桜庭VSホイス／安生VS小川」……って、おい！　いまＵＦＯの安生VS小川を紹介するぐらいなら、この闘いを取材していたマスコミが皆無だったとはいえ、むしろ同じ98年7月18日に千葉の木更津で行なわれた猪木対素人を紹介すべきだとボクは思うのであった。

実は川又誠矢氏が『イノキ・ボンバイエ』に先駆けて仕掛けたらしい『狂人乱舞・神威』なる猪木を冠にした野外のお祭りイベントで、横浜銀蝿や電撃ネットワークのライブと共に、ＵＦＯがドン・フライVSブライアン・ジョンストンの試合を提供していた。

まあ、それ自体は単なるエキジビションマッチだったので正直どうでもいい。問題はその試合後、猪木がリングインするなり「先日、新しいＵＦＯのオープンフィンガー・グローブが出来ました。ＵＦＯは相手に怪我させません」と発言した直後、素人の挑戦を受けたことなのである。

最初は仕込みっぽいイベントの実行委員を組み伏せたぐらいだったんだが、２人目にはリングサイドで手を挙げていた、明らかにレスリングでもやってそうな屈強な男が登場。

彼にタックルで倒されたことにカチンときたのか、猪木はポジションを変えるなりマウントでボコボコに殴り始めたのである！　勝ち誇る猪木の背後には、涙目になって耳から血が出ている素人の姿が！　素人相手にここまでやる、それでこそまさに「狂人乱舞」だよ！　狂ってる！

……とか、そんな感じでいくらでも書くべきことがあるはずなのに、果たして安生VS小川は「伝説のガチンコマッチ」として紹介するに値するのか？　そうじゃないでしょ。

他にも、読んでいると「タダシ☆タナカは文章が上達しないなあ。書き出しが『プロモーターは佐山聡。』

なんて、そんな原稿有り得ないよ！」とか、「団体の相関図を載せるんだったら、表面的なものだけじゃなくて『友好関係とされているが実は不仲』とか、そういうことまで書いて欲しいけど、無理だろうなあ」とか、「結局、ディープでもインサイドでもないなあ」とか、そんなことばかりが気になる、この本。でも、和良コウイチさんの「消えた必殺技『アキレス腱固め』」って原稿は誌面から浮きまくってて違う意味で面白いですよ。

『大槻ケンヂのプロレス格闘技世紀の大凡戦！』 洋泉社／1400円＋税

自分が巻頭ページで対談している本を紹介するのはやりづらいんだが、私情は挟まず書評させていただこう。

これだけプロレスや格闘技の「本当はこうだった」的な本が氾濫している中で、オーケンさんがあえて凡戦をテーマにした本を作ると聞いたときはボクも期待したし、実際に2人で対談をやったときも話は相当盛り上がったし、表紙のデザインを見たときも期待は膨らむばかりだった。

05年1月4日の新日本ドーム大会、アルティメット・ロワイヤル（究極のルールで行なわれるガチンコバトルロイヤルになるはずが、悪い意味でのプロレスになった）を偶然テレビ中継で見て、「一瞬も、コンマ一秒でさえクスリとも湧かない客席」と「まったくテンションの上がらない選手たちの試合」に衝撃を受けたオーケンさんが、いまこそ凡戦について考えなきゃいけないんじゃないかと思ったという、その発想自体は面白いし。

ところが、いざ読んでみたらオーケンさんは対談以外だと前書きを含めてたったの3本しか原稿を書いてなくて（全面的に関わるのは物理的に不可能なんだから、看板に使うこと自体に無理がある）、版元が洋泉社なのでオーケンさんも連載している『映画秘宝』みたいなテイストが強く出てるんじゃないかと期待したら、原稿を書いているメンバーがメンバーなので同じ洋泉社でも『映画秘宝』じゃなくて、ボクが『紙のプロレス』誌上でさんざん酷評してきた『プロレス激本』のテイストが強く出ていたのであった。町山智浩氏も参加した第1回UFCのビデオ上映会についてのページもあるのに、なんで町山さんに書かせないんだよ！　洋泉社なのに！

特にキツいのは別冊宝島の編集もやっている内池久貴氏の原稿で、2ちゃんねるからセンスと勢いとその他諸々を全て削除したかのような抜け殻だけの永田裕志批判原稿を読むと、思わずそんな気もないのに永田をフォローしたくなってくるほど。

実際、永田もプロレスのセンスはあるし（他団体で試合するときは外れがない）、新聞紙上のコメントも異常に面白いことがあるし（佐々木健介批判とか）、格闘技的にも決して弱くはない選手なんだから、実力相応の選手とガチでやれば面白くなるはず。というか、ガチのリングで闘った相手がミルコとヒョードルだけっていうことがおかしいだけなのだ。

それなのに2ちゃんねらーの尻馬に乗って低レベルな批判を繰り返すのは、永田以上にしょっぱいよ！とにかく、ボクの感想としては「この本自体が世紀の大凡戦だよ！」という一言でしかないのであった。

『機密文書―マット界スキャンダル』 白夜書房／952円+税

2派に別れた『ゴン格』の舟木昭太郎さん派閥（＝アッパー）が編集する「本当はこうだった」系ムック。

かつてゴングの良心と呼ばれた竹内宏介さんが「あの『耳そぎ事件』はアングルだった!?」と普通に隠語を使ったり、「長年のプロレス界の伝統と抱いていた夢を壊してしまうかもしれない」と言いながら「新説・タイトルの権威とベルトの価値」なる企画でプロレスのチャンピオンベルトのいかがわしさを全て暴いてたりするだけでも、個人的には文句なし！

プロレス内ガチの話でも小川の坂口暴行事件だったり、橋本真也がヒロ斉藤に仕掛けた試合だったり、エル・サムライがキレた試合だったりで、明らかに着眼点が違うのである。

しかし、「タダシ☆タナカはマーク・ケアーのステロイドの原稿を使い回しすぎだなあ」とか、気になる部分も確かにある。この本の場合、ネックなのは澁澤恵介氏の原稿がプロレス業界的過ぎることなのであった。

冒頭の前田日明が「知られざるリアルファイトを語る!」という企画で、前田対蛇とかのどうでもいい試合について「アナコンダにハイキックですか?」とか、えらい淡々と質問しているのも正直アレなら、ブルーザー・「ブロディが存命していれば」「UFC出現に伴い、総合格闘技で圧倒的な強さを誇示していたのではないだろうか。ブロディは打倒グレイシー柔術に真っ先に名乗りを上げていたに違いない」と平気で結論付けるのも、やっぱりアレだろう。さすがに根拠なさすぎだ。

そして何よりも、こんな内幕暴露系のムックでFMWで大仁田厚がやってきたデスマッチの検証という、10年前の『週刊ゴング』みたいな記事を書いているのが異常なのであった。

「もし(大会が)中止なら会社は潰れますが『その方がよっぽど気が楽になる』と思いました。とにかく生きた心地がしませんでした。夜も眠れないような日が続きましたから」という、後に自殺した荒井社長のヘヴィなコメントをいま載せる意味がサッパリわからないよ! 後味悪すぎ。

★今月の豪ちゃん★男だらけのインタビュー集『人間コク宝』(コアマガジン)に続いて、女だらけのインタビュー集『元アイドル!』(ワニマガジン社)が絶賛発売中! 格闘技ネタは皆無だけど、それでも面白いですよ。この本絡みで近日中に、TBSの某番組に出ることになりそうです。

4

ペットロスならぬ破壊王ロスで仕事をやる気がまったく出てこない今日この頃。いや、別に原稿を書きたくないわけじゃなくて、破壊王・橋本真也ちょっといい話なら、いくらでも書けるんですよ！　なので、ここでも破壊王と格闘技をテーマに原稿を書きたいぐらいなんですけど、そうもいかないだろうから仕事します！　そんなわけで、相変わらず無駄に緊張感だけは溢れている書評コーナー。

“やらない側”の立場を守りながら格闘技の試合を語るのは、簡単なようで実は難しい

『サイコロジカル・ボディ・ブルース解凍─僕は生まれてから5年間だけ格闘技を見なかった』

菊地成孔／白夜書房／1905円＋税

マット界に村松友視以来の論客登場、などと一部で騒がれている菊地成孔氏。しかし、スパンク・ハッピーほか多数のユニットで活動するミュージシャンであり、音楽評論でも評価は高い彼も、こと格闘技評論に関しては「惜しい」の一言であった。

サブタイトルに「僕は生まれてから5年間だけ格闘技を見なかった」とあるように、これは99年から00年にかけてサイトで書いた格闘技系の日記の抜粋と、単行本出版のため04年の大晦日に生観戦を復活させてからの試合レポートで構成されている。「僕が格闘技への熱狂的な情熱を凍結させてしまったのはおおよそ2000年のことだ。船木がヒクソンに敗れ、前田が引退し、落日のリングスが『ＫｏＫ』という、どう見積もっても格闘技史上一、二を争う完成度の興行を打ち始めながら、『ＰＲＩＤＥ』が徐々にその『ＫｏＫ』を食いつぶしていく。という、ある意味最も面白い時代の激動期に、僕は突如として情熱の不全を起こし、自分でも全く理由がわからないまま、気がつけば格闘技界とのアクセスを一切断ってしまった」

おそらく「2002年の4月に重い神経症を発症」した影響でもあったのだろうが、そんな彼が再び格闘

技の世界に舞い戻り、そしてＨＥＲＯ'Ｓの前田の復活で本が終わるという構成自体はよく出来ていると思う。

ただ、「僕は会場観戦した興行に関しては、プレスキットと自分が書いた取材メモ以外一切の資料に当たらない」「『観戦しながら考えたこと』に忠実を期するため、後追いのオンエア観戦もしないことにしている」という彼の姿勢が執筆の上でプラスになったとは、あまり思えないのであった。

過去にボクは格闘技ファンが〝やる側〟と〝見る側〟だけに分類され、後者が差別されがちな状況に対して、〝やらない側〟という立場を提唱したことがある。格闘技をやる側になると観客としての視点を失い、選手に同情的になりがちなので、あえて〝やらない側〟として好き勝手なことを言い続けるべきではないのか、と。

そういう意味では彼も〝やらない側〟の人なんだが、その立場を守りながら格闘技の試合について語るのは簡単なようで実は非常に難しい。

プロレスの場合は観客に〝見る側〟しか存在しないし、当事者が後から本当の答えを提示してくれることもまずないから、いくらでも自由に妄想を膨らませることができるのに、格闘技の場合はいくら勝手な妄想を膨らませたところで、〝やる側〟の人や当事者に技術的な視点で見て「間違っている」と言われたら話はそれまで。何の意味もなくなってしまうのである。

ゆえに、あえて技術面について語らないようにするなり、資料や周辺取材によって得たサイドストーリーをテーマにするなりして、語り口には気を付けなければいけないのだ。

ところが彼は、「ヤオガチ」がテーマの章で『ＨＥＲＯ'Ｓ』に於けるＢＪ・ペン対ＬＹＯＴＯがどう考えても臭いピーピー」と例に挙げたり、「ＢＪ・ペンが、王座を剝奪されたショックか、金網じゃないとやりづらいか、誰かにピストルと札束を突きつけられたか、ＬＹＯＴＯ相手にグダグダの判定負けを喫した」などと記述してしまうわけなのである。あれは誰が見たって体重差による敗北だよなあ。

興行について語ると切れ味があるのに技術面を語ると粗が見えるのはターザン的でもあるんだが、ターザンは先日のミドル級GPで行なわれたノゲイラ弟対ショーグンの試合について某誌でこう語っていた。

「組み合った時は必ずショーグンがパワーにものをいわせてテイクダウンを奪う。ああなると技術的リアリズムは意味をなさない。完全に体力の差だ。23歳のショーグンに対して28歳のノゲイラ弟は、年齢的リアリズムの前にずるずると敗れ去っていった。（略）マットに仰向けに寝たノゲイラ弟にジャンプして何回も足を落としていくショーグン」

……あれは、下からの攻めに自信があるノゲイラ弟がタックルにあえて踏ん張らず、ショーグンの踏み付けを巧みに捌いていたようにボクには見えたんだが、こういうボロを出さないためにも情報収集&映像での再確認は絶対に必要だろう。彼の視点自体は決して悪くないのに、データ不足なので踏み込み方が足りない気がしてならないのである。たとえば、こんな感じだ。

「船木の自伝『船木誠勝の真実』（エンターブレイン）は、あらゆる意味で非常に面白い、格闘家の自伝の中でも一、二を争う、自動筆記ぎりぎりの正直／無防備さで書かれた、つまりは病跡分析的な良書なのだが（全編を通し、一人称が〈俺〉なのに、一箇所だけ唐突に〈私〉になる瞬間等など）、ここで逆説的に描かれる『父の不在』は冷たく硬化し、ストレートな怨念すら感じさせない静けさを湛えている。実際の船木の父親が（いない。という可能性も含めて）どういった人物だったのか僕は想像するしかないのだが、船木の凄まじい父親憎悪が、父像の投影対象（猪木、前田、藤原）への生々しい感情を去勢してしまっているさまがありありと描かれている。船木の父親役を唯一務められたのが、船木が父性を（意識上は）全く感じていない尾崎社長だった、という点はある意味感動的ですらある」

この主張自体は同感なんだが、船木の父親が「よく飲み、よく遊び、よく暴れる」力道山的な男だったので、船木がその反動でストイックになっただの、骨法の堀辺師範にも父親を求めていたはずだの、いまは尾崎社長との関係も微妙っぽいだのと、そういう部分に言及しないのがもったいなくてしょうがないというか。

どうせなら得意分野でもある音楽の視点から格闘技を語ったら、もっと面白くなるんじゃないだろうか？

実際、『PRIDE男祭り』で「それでは年越しの特別セッション。アフリカン・パーカッションの〇〇〇氏（日本人だ）と津軽三味線の〇〇〇氏による、民族を超えた共演をお楽しみ下さい」というアナウンスと共に登場したのが、「筆者は黒人音楽、特にアフリカンの民族音楽に関して東京大学でゼミを持つ身であり、また、現役のファンク・ミュージック・メーカーなので、一応は日本在住のパーカッション奏者のほとんどを知っていると自認しているのだが」「名を聞いたこともない『アフリカン・パーカッションの奏者』」だったというのも非常に興味深いし。「今年最後に聞く音楽がこんなんじゃ嫌だな、縁起が悪いや。誰一人としてこれを喜んでいる者がいない（僕の音楽家の勘として言えば、恐らく、当の奏者自体も喜んでいないと思われる）のを会場のあらゆる場所で確認」したという描写も最高！　そこに言及できる人はほとんど存在しないんだから、どんどんやるべき。

あと、HERO'Sが大会終了後、デヴィッド・ボウイの名曲『ヒーローズ』を流したことについて、「これが青春の絶望感や無力感を歌った観念的で刹那的な歌であることを、英語を話す前田も角田信朗もわからないのだろうか?」と突っ込むのもいいし、こういうシュートは大歓迎だよ！

あと、マット界の新たな論客として彼にスポットライトを当てた『紙プロ』について、取材される前にこう記述していたのも面白いのであった。「はっきりと断言するが、桜庭は山口日昇を代表とする日本人ヒーロー期待論者総ての犠牲者だと僕は思う。『さくぼん』という本の気色悪さは、桜庭がセルフ・プロデュースによって何とかぎりぎりながら保っていたものを、余計なお世話（山口の自己投影による）によって台無しにした。と僕は思っている」、とのこと。これもシュートだ！

★今月の豪ちゃん★男だらけのインタビュー集『人間コク宝』（コアマガジン）と女だらけのインタビュー集『元アイドル！』（ワニマガジン社）が、共に増刷されました！　あと、7月30日に大阪日本橋ジャングル、31日は高円寺あづま祭りでトークイベントをやるので、よろしくどうぞ。

久し振りに『紙プロ』登場。橋本真也追悼座談会に参加し、元夫人のインタビューもしてみました。最初はギャラはいらないって言ったけど、それで得するのは『紙プロ』だけなので、「やっぱりボクの分のギャラも元夫人に払うように」と指示したり、「橋本真也が借金苦で自殺」なるデタラメなタイトルのメールをマスコミ各社に送った某ライターと抗争している男が、今月もお送りする書評コーナー。

5

個人ならともかく会社や雑誌単位でとことん自由な主張を貫き続けるのは、非常に困難だ

『PRIDE OFFICIAL BOOK 2005』 エンターブレイン／1143円＋税

それにしても『紙プロ』の書評を担当し、スーパーバイザーも務めたボクが『紙プロ』編集の本を自腹で買い、それを『ゴン格』で書評するようになるなんて、世の中分からないものである。

まあ、いい。1年ほど前まで『紙プロ』編集部に机を置いていたから内情をある程度分かっていて、そして大人の事情により編集部を離れて独立せざるを得なくなったから現在ではしがらみなく冷静に語れる位置にいる者として、なんとかギリギリの書評に挑んでみることとしよう。

さて、最近の『紙プロ』はすっかり読者や関係者から〝DSEの機関誌〟呼ばわりされるようになった。DSEとベッタリになって『紙プロ』は終わっただとか、そんな感じで。

実際、採算度外視でクロアチアやロシアの現地取材を敢行したりと金銭的に怪しい部分も多々目に付くから、「事務所も大きくなって編集者も増えたことだし、相当DSEから金を貰ってるんだろうなあ……」なんて噂も業界内で広まっていたわけだが、なんのことはない。ミルコとヒョードルとハリトーノフの現地取材を売りにしたこの本を読むと、単にオフィシャルブックの取材と相乗りしていただけだったらしいことが

分かるのであった。

ただし、もちろんDSEと『紙プロ』はこうしてオフィシャルのムックを作らせてもらえるだけの関係にあって、おかげでそれなりに稼いでいるのは紛れもない事実なんだが。

ジャーナリズムを追求するためにはマスコミと団体との間に一線を引くべきだと、よく言われている。しかし、個人ならともかく会社や雑誌単位でとことん自由な主張を貫き続けるのは、非常に困難なのだ。下手なことを書いたら即座にその組織に関連する選手の取材ができなくなるし、「そんなことを気にせず真実を書き続けるべきだ！」といくら正論を口にしたところで、その手の記事を求める人の数よりも、「大好きな●●選手のインタビューが読みたい！」「●●選手が表紙になってるなら買う！」って人の方が多いのが現実なんだから、もうしょうがない。

ボクがある程度自由にやれているのはフリーという立場の個人で、なおかつ芸能や音楽やアイドルやマンガやオモチャなど他ジャンルの仕事で収入を確保できているためであり、もしプロレス～格闘技専業だったら取材拒否を食らえばそれで終わりだったはず。

現在、「大好きな●●選手のインタビューが読みたい！」側の読者が中心となった『紙プロ』の誌面が、プロレス&格闘技界のエグい話ではなくPRIDE出場選手のインタビューばかりになっているのも当然の話なのだ。

いや、実際はそういう誌面になったからそういう読者が増えたってだけのことかもしれないが、どっちが先かは問題ではない。むしろ問題なのは、興行の煽りを目的とした格闘家のインタビューに面白いものがほとんどないという事実なのである。

興行の煽りや試合の話があまり面白くならないのは、もちろんプロレスラーも同様だ。しかし、そうしたインタビューしか載せられないプロレス専門誌とは違って、かつての『紙プロ』のように試合以外の部分に絞って話を聞けば、幻想で商売しているプロレスラーは言葉を持っているし、普段あまり取材されないベテランなら語るべきネタもたっぷり蓄積されているから、記事だっていくらでも面白くなる。だったら格闘家にもそういう話を聞けばいいと思うだろうが、『紙プロ』もすっかり専門誌化したからテーマは興行の煽りにするしかないし、インタビューの度に新ネタを用意してくれる選手はまずいないし、たまにエゲツない話が飛び出しても原稿チェックで確実に削られちゃうわけで。

結局、興行の煽りは〝読める広告ページ〟というか、要は単なるCMに過ぎないから、雑誌としてはどうかと思うのだ。なんで肝心の番組じゃなくて、CMばっかり見せるんだよ！

……とまあ、雑誌が広告ばかりだとこっちも興醒めするんだが、これは最初からPRIDEファンのためのファンブックだから、いくら興行を煽ったところで一切問題なし！

ある意味、ミルコVSヒョードルとミドル級グランプリ決勝戦への興味を膨らませてくれる、安くて読み応えのあるパンフみたいなものなのだから、それはそれでアリなのである。

なかでもシビレたのは、やっぱり巻頭のミルコだった。最初の藤田和之戦の前に、「藤田圧倒的有利」「ミルコに勝ち目なし」と関係者の間で噂されていたと聞いても、「俺が当事者ではなく外から見ていたとしたら、そいつらと同じことを言っていただろうね（微笑）」「冷静に考えれば勝てる確率なんて1％しかなかったと思う。あれは、自分でもハッキリ言うけど、ラッキーだったのさ」と笑顔で言い放ったりと、現地で取材したためかいつものようにピリピリとせず、すっかりゴキゲンで自分語りをするミルコ。

肝心なところでの敗北と、そこからの復活劇。それがあったからこそPRIDEにも興行のテーマができたし、ここ何年かはミルコが頂点に立つまでのドラマによってPRIDEは引っ張られてきたと言っていいはず（なので、もしまた負けたとしてもそれがさらなるドラマになる）。

煽りVTRをいちばん作りやすいのはミルコだとフジテレビの佐藤大輔ディレクターが語っているように、最も個人としてのドラマがあるのがミルコで、次点がノゲイラ兄。なので、いくら人生を語ったところで、他の選手はそんなに面白くはならないわけなのだ。頂点にいるだけでまだ挫折を知らないヒョードルも、まだ階段を上がっている途中のハリトーノフも、その部分に限ってはミルコに勝てるわけがないんだって！

なお、ノゲイラはというとなぜか佐藤江梨子と下心丸出しの対談に挑み、「もう一度ＰＲＩＤＥからチャンスをもらえたら、必ずヘビー級のベルトを奪い返して、チャンピオンとしてエリコさんをハグしたい。それが私の望みです（笑）」とか呑気に語っているんだが、これはこれで合格だよ！

そんなわけで、ヒョードルもハリトーノフもミドル級のトップ４も武士道の選手も、ハッキリ言ってインタビューはみんなイマイチ。そうした選手たちを使って誌面を作らなきゃいけない近頃の『紙プロ』は相当大変なんだろうなあと、ボクは他人事のように思うばかりなのである。

まあ、読者が選ぶＭＶＰもベストバウトも五味隆典で、ベスト興行が武士道だったから、いまの読者的にはそれがストライクなんだろうが。

そんなもんは、これっぽっちもストライクじゃない！　もはやボールが届いてもいないよ！　ファック！

……って感じで憤慨している元『紙プロ』読者の方々に対して、最後に一言。

10年以上『紙プロ』を出し続けた結果、編集長の山口日昇が億単位の借金を背負ったと聞いた上で、それでも「取材拒否されて売れなくなってもいいから、本音が詰まったエグい雑誌を出し続けるべき！」なんてボクにはとても言えないですよ。ましてや、ただでさえ出版不況で雑誌が売れなくなってきている中で。それなら、インサイダーとして団体内に入っていくのもビジネスのためならしょうがないんだろうし（そんなしがらみのせいか、吉田秀彦とＰＲＩＤＥの偉い人との対談を司会しているのが山口日昇っぽいのに、聞き手も文章もなぜかノンクレジット）。

読者が不満を持つ気持ちはわからないでもないが、ただボヤくだけじゃなくてどうせなら自分で昔の『紙プロ』みたいな、なおかつ売れる雑誌を作って欲しいとボクは思うのだ。もしやるんだったら協力しますよ！

★今月の豪ちゃん★TBSテレビ『R30』にプロインタビュアーとして3回連続出演しました。共演はジャニーズ&二宮清純！　そしてロフトプラスワン10周年企画として『ターザン山本と吉田豪の格闘二人祭!!〜大阪興行』が実現！　9月28日、梅田バナナホールに乗り込みますよ！

前号の書評で、『PRIDE OFFICIAL BOOK』の吉田秀彦対談の司会が山口日昇っぽいのにノンクレジットと書いたら、編集部の坂井ノブから「ボクがやったのに、クレジットを入れ忘れただけでした」と連絡あり。それはそれで『紙プロ』らしくていいけど、その書評が座談会であいう要約になるのはちょっとなあ……。と、また今月も『紙プロ』ネタに触れる、愛に溢れた書評コーナー。

6

格闘技本で裏ネタは物騒。じゃあ必殺技で行こうと考えたのかもしれないが、無理ありすぎ。

『別冊宝島　格闘技「必殺技」ディープ・インサイド』 宝島社／1400円+税

表紙の煽り文句に「あの『必殺技』のウラには何があったのか?」と書かれた、この本。格闘技の「名勝負」や「事件」のディープでインサイドな部分にはボクも興味あるけど、「必殺技」の裏側はどうでもいい。それが本書を読んでの素直な感想である。

そっち方面を本気で突き詰めたいんだったら『ゴング・グラップル』(最新号もよく出来てました。木村政彦マニアにはたまらない一冊です！　かつて『Number』の猪木特集号で、アクラム・ペールワンが自殺したとか猪木が殺したとか言われてきたのは全部嘘！　ただの糖尿病！　そもそもペールワンが英雄の称号で、猪木はその勇気を讃えられてペールワンと呼ばれるようになったというのも嘘で、ペールワンは単にレスラーという意味！……だのと暴いた柳澤健氏がエリオ・グレイシーの取材もやってます)や技術書でも読む方がずっといいだろうし。

巻頭に登場する前田日明にしたって、所英男と技術論をテーマにして対談するよりも、それ以外のことを聞いた方が明らかに盛り上がるはず。所英男に「あと3キロは欲しい」だの「もうすでに、リトアニアの小さなベッドの上では寝技の魔術師になっているそうだけどね（笑）」だのと、いつものようにいつものことばかり言ってる前田日明は最高なんだし。

まあ、それでも選手に直接話を聞く企画は、まだいいと思う。しかし、普通に必殺技のコラムを書くとなると、その技を使っている当事者なり〝やる側〟の人でもないと「この技は本当はこうなんです！」なんてことは言い切れるわけがないのだ。そのせいか、最後の締めに「〜かもしれない」を使っている原稿が多すぎて、読んでてどうにもスッキリしないのである。

そもそも、テーマの立て方が間違っていたんじゃないかとボクは思う。

老舗『週刊ファイト』が市場調査のため首都圏限定で格闘技増刊を出したり、『週刊ファイト』本紙も表紙＆カラーインタビューがチエ・ホンマンになってたりすることからわかるように、普通にプロレスのネタを扱うだけじゃ専門誌が売れなくなってきた今日この頃（でも、格闘技界に太いパイプがあるわけでもないし、取材拒否覚悟で他誌以上に深く突っ込むわけでもないから、いつものプロレスネタほどの深さは皆無）。プロレス本も、いまや裏ネタをテーマにしないと売れなくなった。だったら格闘技本でも裏ネタを扱う方が面白くなるんだろうが、それだと物騒すぎてあまり踏み込めない。じゃあ必殺技の裏ネタで行こうと考えたのかもしれないが、無理ありすぎ。

とりあえず、易学に詳しいキックの母・高岡佐千代（S．V．G．マネージャー）さんがこの本の編集者４人の運気を調べるなり、「もうやだ！　みんな悪いじゃない！　最悪!!」「これじゃ売れないわよ、冗談抜きで。考え直したほうがいいわよ、編集者を全員変えるとか」と言い出したことを思うと、全ては運気のせいだったような気さえしてくるのであった。

そんな彼女の易学で、運気は「素晴らしい」けど、「女性関係とか遊びに夢中になって練習がおろそかになる場合には、この人は難しい」「この人は本当に女に気をつけないと。けっこう女好きの割には要領が悪いの、たぶん」「本当になあ……所っていう人、遊ばなきゃなぁ」と、面識もないのに言われまくる所英男、最強！（そして10年ほど後、某セクシー女優が意味ありげなツイートを……）

『別冊宝島 プロレス「リングとカネ」裏事件史』 宝島社／857円＋税

こっちはマット界の金にまつわるディープでインサイドな裏側を暴く、非常にわかりやすいコンセプトの本。

1億円近い借金を抱えたまま破壊王・橋本真也が亡くなり、倒産した全日本女子プロレス最後の社長・松永国松氏が自殺したいまなら、間違いなく売れるんじゃないかと思う。

破壊王ネタもかなり細かく調べてあって、全体的に真面目な特集ながら「いちばん記憶に残っているのは、ニューハーフクラブで、破壊王に惚れてたホステスがチンポを切ったっていうんで、『一緒に見ろ！』って言われて、スカートに2人で頭を突っ込んで覗き込んだときのこと」（金村キンタロー）という証言が光っていたり、新日本プロレス・草間政一元社長の「暴露本と言われているようですが、そうではないんですよ。初めは実名や数字が全部入っていたのを、問題になりそうな箇所は削りましたからね」という発言で、彼の著書『知りすぎた、私』（東邦出版）が刺激不足で面白くなかった謎が解けたりと、プロレス関係のネタは多々あるんだが、ここは『ゴン格』なので『史上最悪！「猪木ボンバイエ訴訟」で分かった「興行とカネ」』なる原稿について語ることとしよう。

03年大晦日の猪木祭りがどれほどの惨状だったのかについては、いまさら説明するまでもないと思う。

大会を中継した日本テレビ側は、法廷で興行会社ケイ・コンフィデンスをこう糾弾していたようである。

「開場や開演作業に、ケイ社の担当者がいない」

「スケジュールを把握していない選手が、開場時間過ぎてもリングチェックするなどして、入場が遅れた」

「グローブ、ジャージなど、どれが自分のものであるか選手がわからなくなるほど管理がずさん」

「試合当日、ゴングがないことが判明し、神戸市内のボクシングジムからバイク便で運んだ」

「スポンサーと競合メーカーのドリンクが、リング上で画面に露出。すぐにラベルを剝がすよう指示したが、そのあとも何度か露出してしまった」

「リングのニュートラルコーナー裏面にあった、露出してはいけないスポンサー名が数回露出」

「03年カウントダウンの際、ケイ社はすでに業務を投げ出して関与していなかった」

「その他記者会見の準備など、ケイ社の仕事のあらゆる部分を日テレ側が代行した」

しかし、そのズサンさによって猪木がリングに雪崩れ込んできた観客に向かってガチ切れして「ブチ殺すぞ！」と叫ぶ奇跡が起きたんだから、個人的にはまったく問題なし！　それに、ギャラ未払いだった新日本プロレスが訴訟を起こした結果、ヒョードルと闘った永田裕志のギャラが２３００万円、レネ・ローゼと闘った安田忠夫のギャラが１０００万円だったと判明したりで、マット界のギャラを読み解く貴重な資料を提示してくれたことにも感謝するばかりなのである。

この本収録の「ケイ・コンフィデンス未払い金一覧表」に、「プロデュース業務委託」されたのに「１０５万円」が未払いの「Ｓ・Ｙ氏」ことスマックガール篠泰樹社長が登場してるのも最高！

そして「ケイ社側に未払いを求める通告書」によると、ヒョードルのギャラは「契約手数料5万ドル（約５５０万円）、１Ｒ出場料11万５０００ドル（約１２６５万円）」とのこと。

つまり、永田が１Ｒであっさり秒殺されたおかげでギャラが安く済んだってこと？　でも、永田の方がギャラが高いってどういうことだよ！

猪木が高額なガウンをリング上でプレゼントされたり、藤田和之と闘ったロートル・ボクサー（イマム・メイフィールド）のギャラがなぜか「80万ドル（８８００万円）」だったりと、まだまだ謎の多い猪木祭り。

とりあえず、01年の猪木祭りで行なわれたジェロム・レ・バンナ戦で、３０００万円のはずだった安田忠夫のギャラを試合後に「今回1500万だから」と理由もなく減額し、なおかつ「おい安田。その金電機に投資しねえか?」と、ギャンブル好きの安田に永久電機への投資話をすかさず持ち掛ける猪木に、カネの面では誰も勝てるわけがないのであった。

★今月の豪ちゃん★『紙の爆弾』最新号、面白いから立ち読みでもしてみて下さい。ボクが『SPA!』で書いたコラムを無断転載して、タダシ☆タナカが8ページも使って反論するのかと思えば、そうでもないのが最高です(というか、ボクの主張をほぼ認めて謝ってるのに逆ギレ)!

7

格闘技ブームとなり、ビジネス面では逆転したはずなのに、いまなお格闘技本よりプロレス本の方が数多くリリースされてるのは何故なのか? 格闘技本といえば技術書や写真集ぐらいしか作られない現状は正直どうかと思う今日この頃である。結局、まだ「やる側」の男子と「見る側」の女子が中心で、「語る側」の層は少ないんだろうなあ、と。そのせいでプロレス寄りになりがちな書評コーナー。

寝技はストリート向きじゃないから、SBルールはこれでOK まさに都市型実戦格闘技!

『別冊宝島 プロレス&格闘技「旗揚げ」読本』 宝島社/1400円+税

どんどん粗製濫造という言葉が似合う作りになり、テーマも袋小路へと入り込んで来た『別冊宝島』のプロレス&格闘技シリーズ。「必殺技」のディープでインサイドな部分に踏み込むとブチ上げつつも中身は期待外れだった前作『格闘技「必殺技」ディープ・インサイド』に続いて、今度のテーマは「旗揚げ戦」である。

さすがに旗揚げ戦にディープな裏側はそうそうないのでタイトルはシンプルになっているようだが、中身

もシンプル。つまり、各団体が旗揚げに至るまでの事実関係をただ羅列していくだけなので、読み物としてはこれっぽっちも面白くないのだ！

……いや、でも前田＆船木＆藤原対談ぐらいは期待してもいいはず！

……と思ったら、「あのね、コイツらは本当に純粋で正直でストレートにものを言うからさ、どうしても敵ができちゃうんだよ。私はね対談はあまり好きじゃないですけど、彼らが敵を作らないために今日は参加した（笑）。オレがカットといった部分はよろしくな（笑）」と語る藤原組長がストッパー役になったおかげで、どうにも刺激に欠けるわけである。

そのため船木が「オリンピックで銀メダルを取った柔道家がプロレスをやりたいって来たんですよ。名前は……」と言い出せば、「コラ、名前は出すなよ。敵を作るな（笑）」と組長が止めるし、その柔道家とスパーリングをやったら「10分で5本以上、極められたんですよ。まぁ、相手は道衣を着てなかったんですけどね」と船木が言えば、組長は「オマエ、そういうフォローを入れるのは正しいぞ。オトナになったな」と絶賛。

そこで前田は「オトナになったって、藤原さん、船木の一番上の子供はもう中学生ですよ！」とツッコむんだが、そんな前田は大人ではなくいい意味でコトナ（中身が子供な大人を意味する前田語）。

「あるプロレスの選手がヒョードルとやったときにね、試合中、ビビっちゃってうしろを向いちゃったでしょ？　アレを見てショックだったんだよ。オレらの時代には、たとえボコボコにされても背中を向けるなんて絶対にあり得なかったからさ」

こうして名前こそ伏せつつも、やっぱり永田裕志へのダメ出しを続けていくから、さすがなのであった。

「プロレスがダメになってしまった責任はオレたちにもあると思うんですよ。上の人間が（寝技を）順々に教えてきたのに、オレたちがドバッと抜けてしまったので、（新日本の後輩に）教えることができなかったから」

ただ後輩を批判するのではなく、なぜか反省も始める前田のことは気にせず、「……ところで旧UWFって誰が作ったんですか?」と呑気なことを言い出す船木(もちろん答えは猪木)もいいし、組長が旧UWFに合流する際、「結局、●●(諸事情によりボクが名前を出せない、PRIDEの偉い人)しか来なくて、藤原さんが『オレは●●を養子にして、全財産をやるぞ!』って言ってたんですよ」と前田にバラされ、「うーん……忘れた!」と逃げる組長もいい。

そして司会者に「これだけ同じ考え方の3人が指導すれば、UWFイズム、ゴッチイズムを伝承する選手が育成されるような気がしてきました」と振られ、船木に「あとは佐山さんと●●さんですね」と言われても「●●はダメだな、もう勘弁してもらうよ」と言い切る前田が、相変わらずオトナ気なくて最高なのだ!

とりあえず、佐山はOKだってことがわかっただけでも収穫でしょ!

それ以外の本文では、リングスについて「もはや時代は格闘技色の強いプロレスではなく、一切の装飾を必要としないリアルファイトを求めた」と、前田が登場する本なのにKoK以前はプロレスだと断定していることがポイントだろうか。個人的には〝ガチンコ含有率の高い、実力がそのまま格へと結び付く理想的なプロレス〟とでも表現すべきだとは思うんだが。

大仁田厚が、プロレスは「客が入ってない、儲かってない、ジリ貧」「時代に押し潰されてる」「そこにドーンとさ『PRIDE』みたいなものが出てくれれば、視聴者はそっちに行くよ」と言い切っているのも、かつての●●との確執を知る者なら思わずしみじみとするはずなのであった。

『絆—良い人生は情によって育まれる』 シーザー武志/ネコ・パブリッシング/1143円+税

アンディ・サワーのブレイクに合わせるかのように発売されたシーザー武志の自伝は、かなり濃厚かつハードコアな素晴らしい一冊である。

もともと母も兄も姉も家を飛び出し、父は入院し、小学生にして一人暮らしをしていた彼は、やむなく父

を捨てて再婚した母がいる大阪・河内へ向かう。すると、「新しい父は、背中だけでなく眉にも墨がはいった筋金入りの極道」だったわけなのだ！

そのため中学生ぐらいから「他校の生徒とは毎日のようにケンカ」するようになり、高校は「どこにも進学できなかった生徒が集まる、掃き溜めのような」箕面学園へと進学。

「この学校ではケンカの強い者こそが尊敬を得られる。勉強どころか、中学以上にケンカ三昧の日々が続くようになっていった。電車に乗ると、学生だろうが大人だろうがお構いなく、知らない人間に手当たりしだいガンを飛ばした。車内を逃げまわるケンカ相手には、容赦せず追い掛け回し、ぶん殴った」

そして、遠足で「不良狩り」をしたため退学になると、「俺はいつもケンカばかりしているし、腕には自信がある。どうせならこれでメシ喰ったらええのちゃうかな」とキックボクシングでデビューすることになるわけなのだ。

ところが怪我で欠場後、しばらく休んでからジムに行くと経営難で閉鎖していたから、さあ大変。しょうがないから、なぜか月亭八方、オール阪神・巨人、間寛平ら黒っぽい吉本芸人の漫才ショーでキックのエキジビションマッチをやったり歌ったりしつつ、「モヤモヤした気持ちがすさんだ生活を生み、毎日のようにケンカをするだけでなく、次第に恐喝や薬物にも溺れるようになった」のだという……。

それからは、仲のいい「極道の構成員」に誘われて日本刀片手の出入りに参加したり、ヤクザになろうとして「明日からきなさい」と言われたり、父の手伝いで西成の手配師をやったりしつつ、キックのジム設立。「まずは入門者を集める必要があった。目をつけたのは、暴走族の少年たちだった。（略）私もまだまだ若かったので、そういうやつらに因縁をつけてケンカをすることも度々だった。と言っても、ただ闇雲にケンカをしていたのでは中学時代と変わらない。ケンカに勝った私は、その暴走族の少年たちを勧誘し、半ば強制的にジムへと入門させていたのだ」

そのやり方は、対立組織を潰して傘下に収めていく暴走族のやり方とまったく同じだよ！　でも最高！

やがて佐山聡、前田日明、カール・ゴッチらとの出会いからシュート・ボクシングを設立。いまとなってはキックに投げと立ち関節だけを認めたルールは中途半端な気もするが、この説明を聞くと合点がいく。

「ストリートファイトにルールはない。投げもあれば頭突きもあるし、前に投げようがうしろに投げようが、そんなことは関係ない。ケンカで育った私にとって、実戦的であればあるほど魅力的だった。昔のキックボクシングにしても、タイでやっていたムエタイに加えて、投げも許されていた。ムエタイもかつては、グローブにガラスを散りばめ、殴り合ったりもしていたようで、それこそ殺し合いだったのだ」

そう。寝技はストリートファイト向きじゃないから、これでいいのである。まさに都市型実戦格闘技!

★今月の豪ちゃん★『週刊ファイト』元編集長の井上義啓さんが、「五味対川尻は今年のベストバウト」「五味にヒクソンを見た!」と絶賛していたのにシビレました。ボクが絶賛していたブスタマンチとダンヘンは「永源遥とかと同じで〝昔の名前で出ています〟だ!」とのこと。ガッカリ。

8

「UFOは米軍が飛ばしている」「ピラミッドは宇宙人が作った」などと語るコミューン育ちのナチュラリスト・いしだ壱成や、自宅に宝の地図(本文参照)を貼り神の声を聞いて芸能界を一時引退した宮崎ますみなど、そういう人をよく取材するボクにとって、須藤元気はかなりツボである。なので、今月こそちゃんとした格闘技ネタのようで、やっぱりそれ以外のことばかりに言及する書評コーナー。

格闘家にしては文才アリ。冷静な視点も持っているのが、須藤元気のいいところ。

『幸福論』 須藤元気/ネコ・パブリッシング/1714円+税

これは、「中学時代には国防のため、自衛隊員になることを目指し」たり、「フランス

に行って外人部隊に入る」などと言っていた（浦沢直樹の漫画『パイナップルARMY』の影響）須藤元気が、やがて格闘技を通じて世界平和を訴えるようになるまでを描く半生記……でもなければ、過去の試合について振り返る本でもない。

どちらかといえば映画『狂気の桜』で彼と共演し、K－1ワールドMAXで一緒に入場したこともある窪塚洋介が、なぜか大麻の素晴らしさについて説いたりする不思議な本『PIECES OF PEACE』（03年／講談社）みたいなものである。

つまり、「今はまだヤング須藤を振り返る時期ではない」と考えた彼は、なぜか新崎人生ばりに白装束姿で四国八十八ヵ所巡礼に挑むと、そのときの体験を自ら手で本にした、と。果たしてそこにニーズがあるのかどうかサッパリわからないが、格闘家の中では文才もあるし、それはそれで非常に須藤元気らしい話だと思う。

もちろん、試合の入場だってデビュー当時から普通にやらない彼が、ただ大人しく巡礼するわけもない。

「E＝mc^2（エネルギー＝質量×光の速さの二乗）という公式を考えると、エネルギーと物質はイコールの関係にあるし、言葉がエネルギー体であるならば、言葉を声にして出すことで、それが物質化するのではないか」

そう考えた彼は、巡礼中に「ホイミ」（『ドラクエ』の回復系呪文）を連呼！　……しようとしたんだが、冷静に考えてみたら別に『ドラクエ』の戦士みたいにわかりやすいダメージを受けたわけでもないので、代わりに「サイコー！」と連呼しようとしたが、それじゃあまるでどこかの宗教団体みたいになる。そこで、交通量調査に使うカウンター片手に「ありがとう」と何回言えたかを自らいちいちカウントしながら巡礼することになったそうなのだ。最終的には21万90回を記録って、明らかにやりすぎだよ！

これも、かつて窪塚洋介が『地球維新』という番組で、「水に『バカヤロー！』と言う実験をすると水の結晶がグチャグチャになったが、『ありがとうございます』と感謝の波動を入れたら綺麗な結晶ができた。

人体の70％は水で出来ているんだから、人に対しても感謝の気持ちを示すべき」みたいなことを言っていたのと、かなりシンクロしているのである。

だからこそ須藤元気は試合前、自分に暗示をかけるメンタルトレーニングをやっているわけであり、自宅でもこんな活動をしているのだろう。

「僕は普段『宝の地図』を自分の部屋に作っている。これは〝成功〟という文字とか〝温泉〟の写真とか、自分のなりたい姿や好きなものをイメージする言葉などを雑誌から切り取って部屋のコルクボードに貼る。自分の写真を真ん中において、自分の望むものをその周りに配置していく。これは自分の望む姿をイメージできるものを貼ることで、それが常に視覚に入り、潜在意識に訴えかけ（略）自分のなりたい思い（エネルギー）を現実（物質化）に変える」

それでいて、「宇宙との交信」もしたりはするけど、「知人が家に来るときはこのボードを裏にして隠す。たいていの人がこのボードを見て、リアクションに困るのである」といった冷静な視点も持っているのが、須藤元気の真っ当なところだとボクは思う。

なお、これとまったく同じことをやっていた宮崎ますみは、「自分らしく、生き生きとしていられるボーイフレンドに巡り合えました」と宝の地図に書いた結果、実際に素晴らしい恋人が出来たんだが、「独身で」と書き添えることを忘れたため、不倫になってしまったとのこと。ここは須藤元気も注意して欲しいものだ。

話を戻すと、須藤元気の冷静さは、「大浴場でも貸し切りだったのでお風呂で泳いだり、『ありがとう』を言いながらシャドウボクシングをした。そしたら『ガラッ』。なんとお坊さんが入ってきたのだ。素っ裸でマッチョにタトゥー、『ありがとう』を叫びながらシャドウボクシングをする青年の姿を思い浮かべて欲しい。その瞬間、『僕とお坊さん』の間が『武田鉄矢とトラック』という名の緊迫した空気に変わった。僕は死にません……」と、自分を客観視してギャグで落とすセンスにも感じられるはず。

他に、メイドカフェ愛好家らしい「ああっ女神さまっ（ベルダンディー様！）、じゃないや、薬師如来様！」

や「映画『千と千尋の神隠し』の油屋のモデルとなったらしい道後温泉本館で入浴した。スタジオジブリ信者の僕は千尋を思い浮かべ萌えた」といったヲタギャグは収録しても、格闘技ネタはほとんどない本なのだ。

さすがにこれだけじゃヤバいと思ったのか、巻末に22ページだけ生い立ち&試合を振り返るページがあってそこで友人はこう証言している。

「一緒に呑みに行っても元気はしばらくすると、ノートとペンを取り出してずっと〝ありがとう〟と書きつづけているんですよ、ウーロン茶を飲みながら（笑）」

やっぱり！　ボクが以前、某ラジオで須藤元気に「窪塚さんと仲がいいみたいですけど、普段はどんな遊びをしてるんですか？」と聞いたとき、「一緒に瞑想したり、世界平和について話し合ったりしています」と答えていたんだが、いつ何時でも須藤元気は須藤元気なのである。リング外でも絶対期待を裏切らない男！

作中、白装束のお遍路さんは地元の人から「お接待」としていろんな物を貰えるため、彼は「世の中の人がみんな白装束を着たら、素晴らしい世の中になるのではないか」と言っていた。白装束といえばアザラシのタマちゃん関連で話題になったパナウェーブを思い浮かべる世間の人には、誤解を受けやすい発言だと思う。

しかし、窪塚洋介は『地球維新』（04年／明窓出版）という対談集で、やっぱりこう言い切っていたのだ。

「（自分たちと）パナウェーブと紙一重なことは紙一重だと思うんだよ。でも決定的に違うのは、ポジティブなのかネガティブなのかというところ。俺らも前からニビル星って話題にしてたし、今も意識してる」

違いはそれだけ？　……って気もするが、とにかく紙一重なのだろう。

「各国の視点で歴史を見ずに、地球、地球人レベルで物事を見る。人類だけでなく、動物や植物の視点で見る。そうすることにより、本当の平和な世界が出来上がるのではないだろうか。最近ではお茶の間で見かけないタマちゃんも、それを望んでいるはずだ」と須藤元気が言っているのも、要はそういうことなのである（妄想）。

……あ、格闘ネタとしては巡礼のためヒッチハイク中、士道館を習っている二人組の車に乗せてもらい、そのまま一緒に士道館の道場で練習したという知られざる交流話もあり。

そして、巻末の格闘遍歴部分にもプロフィール部分にもなぜかパンクラスという団体名だけが一切登場せず（パンクラスだけ試合写真もなし）、「リングスなどの大会を経て」K－1ワールドMAXで地上波に進出したことになっているのもポイントなのだ。何かあったんだろうなあ、きっと。大人の事情が……。

最後に、古本マニアとして非常にどうでもいい指摘をすると、「第一番札所・霊山寺。すべての始まりの寺。さすがにかなりの人でにぎわっている。試しに挑戦する人も多いのだろうか。古本屋でも一巻は売り切れている事が多い。そういえば昔、横山光輝の『三国志』を全巻集めようと思ったが、第一巻がなくてあきらめたのを憶えている」とあるが、1巻は最も発行部数が多いから古本屋にも出回りやすく、出ないのはむしろ部数の少ない最終巻なので念のため。

★今月の嬴ちゃん★先日、『サイゾー』で取材したいしだ壱成は、中村頼永氏の下でジークンドーを学ぶ本物のブルース・リー好きでした。「ブルース・リー始祖の教えを、僕は演技や音楽で活かしたい」とのこと。最高！　須藤元気選手と話が合いそうと思ったら、本人もそう言ってましたね。

文字数の都合で触れられなかったが、『ブルース・リー・コレクション』(監修・中村頼永とドラゴンピット部／ベースボール・マガジン社)は約2000円と値段こそ高いけど、買う価値あり！　中川翔子&河崎実監督のインタビューもいいし、なんといっても安西伸一記者がヒッピー文化の話にまで踏み込んでいくいしだ壱成インタビューが最高でした！　……と、リードだって無駄なく使う書評コーナー。

9

この本から見えてきたのは、最高の素材の良さも殺し俺アピールだけを繰り返すShow氏の不愉快さだけ

『リングにかけろREAL―車田正美熱血対談伝説』　車田正美／集英社／933円+税

最近、『SRS－DX』などで活動していた大谷Ｓｈｏｗ氏が『リングにかけろ』や『聖闘士星矢』などの漫画家・車田正美先生に取り入ってるらしいと噂には聞いていたが、まさかこんなことになっていたとは！

これはＳｈｏｗ氏が己の格闘技人脈を使って高山善廣、魔裟斗、永田裕志、神取忍、永田克彦、武蔵、榊原信行氏といった面々をブッキングした車田先生の対談集なんだが、「解説～あとがきにかえて～」という不愉快な文章を読むだけで思わず本を破り捨てたくなること確実である。

いつものように……といっても、Ｓｈｏｗ氏はしばらく格闘技本を出していなかったし、今回は選手の名前も帯裏にしか出てない以上、格闘技ファンではなく車田先生のファンが買う本だから誰も元ネタなんかわからないはずなのに、そんなことは気にせず彼はこう書いているのだ。

「のっけから断言する。熱血〝格闘〟漫画は不滅ですと。なぜこんな当たり前のことをわざわざ言わなければならないのか。それを哀しんでいると、１ミリも前に進まないので、ここはひとまず先に進む」

ここだけでも「別に誰一人として格闘漫画が終わったとか言ってないじゃん！」と突っ込みたくなるだろ

うが、その程度でイライラしていると1ミリも前に進まないので、やっぱりここはひとまず先に進むとする。

続いて自分と『リンかけ』の出会いについて語る……のかと思えば、小学校のときに影道編を偶然読み、「たまたま立ち読みした漫画に、それまでにない感覚を覚えながら、その時はそのまま本屋を出た。数年後、友人の自宅にあった、ある単行本（コミックス）を開いた。そこには、かつて本屋で見た場面が載っていた。すぐさま迷わず全巻買い求めた私は、それを一気に読破した」って、本当にそれまでにない感覚を覚えたんだったら、そこで何事もなく本屋を出るなよ！　せめて、それから毎週読めよ！　当時、異常人気だった『週刊少年ジャンプ』ぐらい買えよ！　その程度で「『最強』の『リンかけ』読者を自負するこの私〝大谷泰顕〟」とか、余計な自己主張を始めるなよ！

さらに、こんな隙だらけのことも言い出すから腹立たしい限りなのだ。

「見渡せば、海の向こうでは、未だにテロが横行し、かと思えば超大型台風が街全体に災害をもたらす。皮肉なことに、大自然と傍若無人なテロリストがタッグを組んだ格好になっている。一方、我が国・日本はというと、M&A（企業買収&合併）花盛り。自民党は大勝しても、首相は厳戒態勢の中でなければ、神社すら参拝できない有り様。相変わらず理不尽な世の中が続いている。世間の風は、決して温かくなんてない」

レベルこそ低いながらも、とりあえず愛国心にだけは燃えている……わけもなく、彼はこう続けていく。

「しかし！　もうこの時点で、そんなことはどうでもよくなったはずだ。なぜなら、すべてはこの『リングにかけろREAL』が吹き飛ばしたに違いないのだから」

……って、吹き飛ぶかよ！　それに、この手の重要な問題をあっさりと吹き飛ばしてちゃ駄目だって！

爆破テロとか台風とか、とんでもない数の犠牲者がいる不幸な出来事を深い考えもなく引き合いに出し、なおかつ「吹き飛ばした」というダブルミーニングとしか思えないフレーズまで使って「どうでもよくなった」と言い切るデリカシーのなさは、さすがShow氏と言うほかない。

この主張には、まだ続きがある。

なぜ爆破テロや台風の被害すらも、この本が吹き飛ばしたというのか？

「手前味噌ながら、そう思えるだけのラインナップが、本書には網羅されている。これなら、どんな鈍感な野郎だって気づくはずだ。自然と自分の目が覚めてきたことに。ほら、今まで見えなかったものが少～しずつ見えてきた。何を隠そう、それこそが、今まで忘れかけていた『夢』『希望』『明日』ってヤツなのだ」

……一体、何を言いたいのだろうか。これを読んでボクに見えてきたのは、車田正美という最高の素材の良さも殺し、格闘家たちのいいエピソードも引き出すことなく、誰も知りたくない俺アピールだけを繰り返すＳｈｏｗ氏の不愉快さだけだった。

そもそも、これのどこが「解説」なんだ？　どうして自分名義の本でもないのに、Ｓｈｏｗ氏が「あとがき」らしきものを書いてるんだよ！

高山が車田先生と銀座のクラブに行った際、「先生が『シャンパン持って来い』とか言って、お店の人がグラスを人数分とシャンパンを1本持ってくるじゃないですか。そうすると、『バカ野郎！　俺と高山クンに1本ずつだ』って(笑)。その晩結局、『ピンク』だ『ゴールド』だって、ドンペリラッパ飲みですよ、ボクと先生で」「結局その時はドンペリを計7、8本は開けたんじゃないですかね？」って感じで、そんなときも同席するぐらい私生活でも交流があるのに深い話には一切立ち入らず、「○○○系」のプロレスラーは「飼い慣らされちゃってる」とか、別に伏せ字にすることもない「新日本」というフレーズまで自粛して、ひたすら素材の面白味を消していくＳｈｏｗ氏。

本人曰く、「かつて『リンかけ』をはじめとする車田漫画を読んで育ったファイターたちはみな、その作者である生（ナマ）の車田正美と触れ合うことで、何かを感じ、それまであまり語らなかった己の激闘秘話を披露していく……」はずなのに、そこで語られているのは他の雑誌で語られること以下の情報のみなのだ。

いま神取忍を「男みたい」ってネタだけでいじることに、何の意味がある？

ボクが知らなかったのは、魔裟斗が長島一茂とスパーリングしてＫＯしたのに、「実はあれ、収録前にウチのスタッフから嘘を吹き込まれちゃって……」「『〝魔裟斗クンだったら俺、勝てるね〟とか（一茂が）言ってたぞ』って。それを聞いてカチンと来ちゃったんです（笑）」「1ラウンド目は軽くやったんですけど、2ラウンド目に俺の事務所の社長が『いいから。倒しちゃえ！』って言うから（笑）」「一茂さんには悪いことしましたけど、あの場合、ナメられるわけにはいかなかったんで、ちょっとだけ本気を出しちゃいましたね（笑）」という裏話があったことや、榊原信行氏が東海テレビにコネ入社ではなくゴネ入社（落とされたことに抗議して直談判）したことぐらい。でも、ボクが知らないだけですでに語ってたりするんだろうなあ、どうせ。

もっと言うと『週刊少年ジャンプ』79年11号と12号の間に掲載されるはずだった『リンかけ』幻のシナリオをいま漫画化するというファンにはたまらないページもあるのに、その前後のストーリーの説明もろくにないまま剣崎と影道総帥のバトルを掲載しているから、単行本をしばらく読み返していない人間には何が何だかサッパリわからないし、むしろ「これ、同じような展開が単行本にも入ってなかった？」という既視感しかないというか。

PRIDE30のリングに試合前、『リンかけ』全25巻を持ち込んで勝手に記念撮影してみたりと、わけのわからない職権乱用を繰り返すこの本のエディトリアル・スーパーバイザー、Ｓｈｏｗ氏。彼に、車田先生はこんな言葉を贈ったのだそうである。

「ひとりの思想家のイメージが時として革命を起こす原動力になるように、今の格闘界に苦言を呈し、一石を投じる、史上初めて世界でただひとりの、闘いを創造するアーティスト」

しかし、ボクはそんなＳｈｏｗ氏に対してこそ苦言を呈したいのであった。

★今月の豪ちゃん★大晦日といえば興行戦争！　……というわけで、ボクは新宿ロフトプラスワンに出演します。今年の収穫は、角川春樹という伝説の男を何度か取材できたことですかね。なお、角川春樹は空手家でもあって、ビール瓶を手刀で斬ったり氷柱割りとかもできるそうです。

10

先日、久し振りに『Ｎｕｍｂｅｒ』の格闘技特集で原稿を執筆しました。かつては女子プロ特集や全日本プロレス特集などの無茶な企画も連発していた『Ｎｕｍｂｅｒ』も、プロレス人気の低迷によっていまでは格闘技特集しか作られなくなり、そっちは遊びの要素が皆無なのでボクが呼ばれることはなくなってたってわけです。そんな、明らかに格闘技本向きじゃない男による書評コーナー。

インターネットによって情報がダダ漏れになったのに、あの当時より無難な内容を業界内の人間が書くと…

『別冊宝島 マット界あの舞台裏が知りたい！──格闘技＆プロレス』 宝島社／１３００円＋税

昔、別冊宝島で出していたプロレス本は、なんであれほど面白かったのか？　答えは簡単。当時は町山智浩氏が編集者だったためである。

なにしろ別冊宝島『右翼の本』の編集者として右翼団体に呼び出されても、そのとき壁に貼られたスケジュール表に右翼としての活動に混じって「後楽園・全女」と書かれているのを目ざとく見つけると、なぜか意気投合し、その経緯を今度は別冊宝島『おたくの本』で「僕と右翼とプロレスおたく」という記事にする。

こうしたトラブルを厭わない無茶な姿勢で、ＵＷＦはガチンコだと信じていた『不夜城』の馳星周が松浪健四郎を取材して論破されたり、『完全自殺マニュアル』の鶴見済が全日本プロレスのリング屋を体験したりと、プロレス業界外で筆力のある書き手を起用していた当時の別冊宝島が面白いのは当然の話であった。

そして、現在。インターネットによって情報がダダ漏れになったのに、当時より無難な内容を業界内の人間が書いていたら中身に刺激が一切感じられなくなるのも、また当然の話。

この本にしても冒頭の草間政一＆永島勝司インタビューから肩すかしだし、「名付け親が語るレイザーラモンＨＧの真実」という学生プロレス時代の先輩・タダシ☆タナカの原稿も、「俺が始めたプロレスの同人誌がいかに凄いか」と「俺がシナリオを考えていた頃の学生プロレスがいかに凄いか」を訴えるばかりで、彼らと直に接した上で知った「真実」は「礼儀正しい好青年」ってこと以外、まったく書かれていないのだ。これじゃ、「レイザーラモンHGの名付け親を名乗るタダシ☆タナカの真実、というよりも自己アピール」でしかないよ！

ちょっとでも驚いた情報というと、ひばりヶ丘に道場を開いた矢野卓見が会員数を聞かれて「今は6人ですね。目標は、とりあえず2ケタ」という、えらい低いハードルを設定していたこととか、佐山聡の『リアルジャパンプロレス』がルチャリブレ路線から方向転換したのが「本業は右翼の方なんですけどね。正統派ストロングスタイルを見せないと、そっち方面から叩かれるんですよ（苦笑）」との理由だったことぐらいか。あと、元・極真の岩崎達也が「中国武術『意拳』の大成者の本を読んで、内面的な感覚のことが書かれていて、そのとき気づいたことと、たまたま（『Ｄｙｎａｍｉｔｅ！』でヴァンダレイ・）シウバ戦のタイミングが合った。だから、練習をまったくやっていない状態で、シウバと組んでもらったときも、とりあえず内面的な操作で平常心ならば自分としては合格点。リングに上がって、シウバが入場する間に脈拍を測ったら、平常でした。あとは結果は問うなと（笑）」と語っていたのも、かなり衝撃的だった。それもハードル低すぎだよ！

『【格闘技&プロレス】迷宮Ｘファイル3―ダークサイドオブザリング』 芸文社／952円+税

結局、この手の本で重要なのは筆力のある業界外の書き手を引っ張り込めるかどうかだと思っているんだが、業界内でも表沙汰にしていないネタの埋蔵量が相当あるベテラン記者の文章なら喜んで読みたくなるもの。そういう意味で、スーパーバイザーの竹内宏介さんが、冒頭から新日本プロレスを「Ｋ－１もどき、ＰＲＩＤＥもどきのコップの嵐のような俄か総合格闘技路線的な闘いで、今のファンを繋ぎ止めておく事など出来る訳がない」「この段階に至って、まだ〟ストロング・スタイル・

プロレスの復活〟などという寝言を言ったとしたら、もう救いはない」などと一刀両断する本書は、もちろん合格である。

他にも、「レイザーラモンHG、その知られざる過去と実像」って記事は、学生プロレス関係者をキッチリ取材した上に余計な自己アピールもないからHGと面識はなくても先の記事より出来がいいし、「東京ドーム大会で組まれたものの、一向に盛り上がらずに終わった永田裕志と髙阪剛のシングル連戦」「このアングルは、永田個人が、外部の漫画雑誌系フリーライターA氏（この人物はかつて分裂後の全日本プロレスでも一時期、ブッカーを担当）に依頼したなどと暴いているのも、かなりガチ！

しかし、青木良をイニシャルにするのはともかく、FMWでブッカー&解説を担当していた「お笑い系コラムニストS氏」とか『ハッスル』のブッカーの「プロレス雑誌編集長Y・N氏」って感じで、杉作J太郎先生や山口日昇までイニシャルにする意味はサッパリわからないって！

なお、本誌的には山本KIDのエピソードを紹介すべきなんだろうが、『ダークサイドオブザリング』というサブタイトル通り「ある有名な現役のボクサー」とのストリートファイト後、「そのボクサーが暴力団の名前をちらつかせてKID側に乗り込んできた」とか物騒な話ばかり書かれてたから凶悪！　しかし、最もダークサイドに踏み込んでいたのは、竹内さんの手による「伝説のプロレス&スポーツライター鬼山豊と1979年のロボトミー殺人事件と――?」という記事だったのである。

竹内さんによると、「アル中」ながら「本当に頭が切れる素晴らしいプロレス・ライターだった」鬼山。原稿を受け取るため聖蹟桜ヶ丘の桜ヶ丘保養所（現・桜ヶ丘病院）に行ったときも、「編集部で事前に聴かされてきたような変人・奇人の兆候は何も感じられなかった」のだという。

ところが実は暴行・恐喝で長野刑務所に収監されたこともあるし、「東京スポーツを見て、激しい憤りをおぼえ」、アポなしで東スポに乗り込んで来たこともある男らしいのだ！

当時から海外のプロレス雑誌も読んでいた鬼山は、「外国のレスリング誌に掲載されている写真を無断で使った上に、その内容も事実とは違う」「自分がＲＩＮＧ誌やレスリング・レビュー誌に連絡して、この不正の事実を告白する」という「半分、恐喝まがいの抗議」を行なったのだという。

しかも、一旦帰ったかと思ったら「かなりの酒を飲んで再び編集局に乗り込んで来たんだよ。この時は、もう手がつけられない状態だったよね。机の上の電話機は叩きつけて壊すし、イスや机は蹴飛ばすし、もう凶暴そのもの」で、「結局、警察に通報する前に再度の話し合いとなり、そこで彼に定期的に海外に関する資料原稿を提供させる、という事で一応、決着がついた」（櫻井康雄・談）とのこと。……そんな経緯で危険人物に仕事を頼む当時のプロレスマスコミ、恐るべし！

なお、この騒動が起きたのが１９６３年。翌64年に「妹夫婦の自宅で酒を飲んで大暴れした桜庭（鬼山の本名）は、その場で警察に逮捕され、そのまま警察から都立梅ヶ丘病院に移され、そこで精神鑑定を受けて、精神病質人格と診断され、親族の了解を受けた上で」「桜ヶ丘保養所で脳の手術を受けている。これがロボトミーの一種であるチングレトミー（帯回切除手術＝脳の中心部にある帯回の切除）だった」のだという……。

竹内氏が鬼山に会ったのは手術の翌年で、入院中の鬼山が大人しかったのはそういうことだったのである。そして、退院後に発作が起きるようになったのは手術を失敗したせいだと考えた鬼山は、医師の殺害を決意。留守だったので医師の妻と義母を殺害したわけなのだ。鬼山は、現在も無期懲役で服役中だという……。

清美川の息子が誘拐され、ホルマリン漬けの生首が発見された話も強烈……。まさにダークサイド……。

★今月の豪ちゃん★ココログでポッドキャストの番組『豪さんのポッド』を始めました。同じココログでは、ボクや町山智浩さんが毎週出演するＴＢＳラジオ『ストリーム』の『コラムの花道』コーナーも好評配信中！

11

諸事情のため大々的には紹介できないけど、『プロレス・K-1・PRIDEヤミ裏事件簿』（オークラ出版）は凄かったですよ。業界外の出版社だからできた、K-1側でもPRIDE側でもない全方位攻撃が衝撃的。選手の下半身事情にも言及しているから「実話誌レベル」だのと批判されがちだけど、その部分はかなりのリアリティでした。……と、物騒な部分にも踏み込む書評コーナー。

桜庭戦を何度も固辞する理由は何なのか？「なぜ？ の嵐」が吹き荒れまくる一冊

『孤高の選択』 田村潔司／東邦出版／1400円+税

なぜ、桜庭和志戦が流れたいまのタイミングで田村潔司本なのか？ そして、なぜ表紙に田村が笑顔でコスチュームを洗濯する、武蔵や吉田秀彦が出演したライオンの『ボールド』ＣＭみたいな写真を使うのか？

次から次へと「なぜ？ の嵐」が吹き荒れまくる一冊なんだが、とりあえず後者についてはただ単に『孤高の選択』という書名と「洗濯」をかけたダジャレのようである……。もちろん、ここまで最低なセンスは田村のものではなく、監修・解説にクレジットされている「〝Ｓｈｏｗ〟大谷泰顕」氏のものなんだろうが。

一問一答形式ではなくモノローグ（一人語り）形式なので、Ｓｈｏｗ氏名義の本ながらいつものようにＳｈｏｗ氏の不快な自分語りが中心になってはいないから、それなりにあっさりと読める。しかし、あっさり読めるだけで新ネタも衝撃事実もほとんど書かれていないから、それはそれでどうかと思う出来なのであった。

たとえば、リングス移籍について「実をいうと同じころに、ＵＷＦ時代の先輩でもあったパンクラスの鈴木（みのる）さんから、あくまで軽い感じではあるものの、『田村がよければ（ウチも考えてもいい）』という話はもらっていた」と田村は語っている。

しかし、97年発売の田村本『Uの魂・赤いパンツの頑固者』（スキージャーナル）では「パンクラスは『自分からは引き抜きはしない。パンクラスに頭を下げるなら移籍の話はある』とマスコミに言っておきながら、実際はパンクラスのほうから移籍の話が持ち上がったのだ」と書き、そのせいでパンクラスが激怒してＳｈｏｗ氏が企画していた冨宅飛駈＆垣原賢人とのＵＷＦ同期対談が流れた話にも言及するべきじゃないのか？

そして、帯では「田村潔司が下してきた数々の決断。その裏に隠された真実をいまここにすべて明かす！」と煽り、帯裏には「驚愕！〝UインターVS新日本〟10・9ドームに出なかったワケ」と巨大な赤い文字で書かれているのに、いざ読んでみるとこの程度なのもどうかと思うのだ。

「ただ、この件（10・9出場拒否）に関しての真相は一言では語れない部分がある。わかりやすく説明すると、Ｕインターをひとつの車に例えた場合、それまでは全員が全員パーツごとに、エンジン、タイヤ、ハンドル、ウインカー……と、それぞれが仕事の役割を果たしていた。トップは●●さん、参謀に宮戸さんがいて、安生さんが中堅、若手にボクのような人間がいて……、と。つまり、理想の形ができていた。ところが、ある時期を境に、みんながみんな自分を主張し始めた。もちろんボクを筆頭に（笑）。と同時に、誰がその舵を取っているのかがわからなくなってきたのだ。車の部品に例えていたのに、いつのまにか船の話になってしまった（笑）。それだけボクもこの件に関しては、複雑な心境なのだ」

……って、おい！　全然わかりやすくないし、真相は何も明らかになってないよ！　この程度のすでに知られてることを衝撃事実が書かれているかのように宣伝する姿勢には、違う意味で驚愕するばかりだって！

まあ、いい。それなら、桜庭戦を何度も固辞する理由は何なのか？

「桜庭戦に関しては、気になっていることがある。あえていうけれど、桜庭は本当に前向きに僕と試合をしたいと思っているのだろうか？　つまり、『その気持ちは本心なのか？』ということ。（略）どうしても、テレビ局や周りの思惑でやらされてるような部分が見えてしまう気がしてくる」

「桜庭とＤＳＥの関係性を考えたら、ただ単に断れないだけではないのか。ズバリいってしまえば、桜庭こそ、ＰＲＩＤＥに関する全選手のなかで、一番ワガママをいってもいい人物だと思う。それが許されるだけの不動の実績を、彼は持っているからだ」

なるほど、この発言は筋が通っている。しかし、なぜ桜庭戦を蹴った上で試合するのが、総合格闘技の素人というべきロニー・セフォーだったのか（田村も「正直、まったく試合にテーマはないけれど、いつものＰＲＩＤＥに出たときの相手と比べれば、精神的にかなり楽な試合だった」と、素直に発言）？　なぜ、同じく総合では素人同然の中年レスリング王者・マックモドだったのか（やっぱり「いままで大した因縁があるわけでもない」と、素直に発言）？

そして、なぜ体重も違うノゲイラ兄だったのか（ＰＲＩＤＥヘビー級グランプリについて、「相手が大きければ大きいほど、勝てばめっけもの」という意味ありげな発言あり）？

その手の意味があるのかないのかよくわからない試合しかやらず、桜庭戦が流れることは一切悔やまないのに、「Ｕ－ＳＴＹＬＥの旗揚げの前に新日本の藤波（辰爾）さんと試合をしないか、という話をいただいたこともあった。かつての憧れだった藤波さんとの試合と聞いて、一瞬だが気持ちは揺れた」「結局、熟慮の末、この話は断った。本当に残念だった」と、悔やみまくるのはなぜなのか？

そのくせ「こんなことをいわれること自体、桜庭からすれば不本意なのかもしれないけど、僕には桜庭の気持ちがなんとなくわかるような気がする」と言い出すからこそ、桜庭は余計に田村を嫌うはずなのだ。

この本は、Ｕ－ＳＴＹＬＥ Ａｘｉｓ旗揚げ戦の観客動員が思いのほか悪く、「課題は多く残った」という異常に後味の悪いエピソードが本文の締めになっている。さらに、後味悪く、「解説～あとがきにかえて」をＳｈｏｗ氏が担当し、「過去に一度だけ田村＆桜庭と酒の席をともにしたことがある」という貴重なエピソードを披露するのかと思えば、そのとき２人がどう接していたのかについては一切触れず、「あの日の田村は、飲めない私に酒を勧めていた。そんな記憶が残っている」と、やっぱりどうでもいい自分語りをスタート！
「また、田村と話していると、同世代だからなのか、思わずその考えに同意してしまうことも多い。例えば、食事中に店員の接客態度がなってない場合。『ちょっとおかしいんじゃないの？』と思ったり、ケイタイのマナーや高校生の喫煙など、エチケットがない人にも注意を促したくなる。これも田村に同感である。（略）田村はともかく、私は絶対に説教臭いオヤジになってやろうと思っている」
だから、お前のことなんかどうでもいいんだよ！　それより、田村がその調子で偶然、路上で煙草を吸っていた桜庭（ＰＲＩＤＥで大活躍していた頃）を見て「煙草はやめろ」と注意したのが、２人の溝をさらに深めたことに言及するべきなのに！

　とどめは、この発言である。
「追記　参考までに、私は洗濯が嫌いです。ひとりで自分の衣服を洗っていると、なぜか虚しくなります（全自動洗濯機なのにね）。ああ、早くこんな私にも田村同様、洗濯をしてくれる人が現れないかなあ……。孤高の自分にも幸あれ（笑）」

　……なんなんだよ、このラスト！

　前書きで田村は「２００５年12月31日――。『ＰＲＩＤＥ男祭り』『Ｋ－１ Ｄｙｎａｍｉｔｅ!!』結果的にこの二大格闘技イベントに縁がなかった僕は、その時間は自宅にいた。この本の原稿と格闘していたのだ！」と書いていたが、その選択は間違いだったと断言できるばかりなのであった。ＮＯと言うべきなのは桜庭戦じゃなくて、この本の出版だよ！

　最後に「田村は榊原代表のことを話すとき、それまで以上に言葉を選ぶ」はずが、「榊原さんの印象は、キレたら怖い人だというのは聞いたことはある」と語る田村だけはガチ！

★今月の豪ちゃん★ココログで、ポッドキャスト『豪さんのポッド』とTBSラジオ『ストリーム』の『コラムの花道』も好評配信中！　選手や関係者も、ブログをやるよりもっとこういう番組を始めて欲しいものです。

12

度重なるリニューアルにも負けず、なぜか生き残ったこのコーナー。小さな『紙のプロレス』誌上で連載が始まった頃から読んでいる人は、果たして何人残っているのだろうか？　もうほとんどいないと思うからせっかくなので基本コンセプトを説明しておくと、プロレス～格闘技関係の新刊書籍から面白い所や突っ込み所を大幅に抜き書きして、それだけで読んだ気にさせたり本を買う気にさせたりするという、書評とは名ばかりの書評コーナー。

「プロレスは総合格闘技でも間違いなく勝てる!!」根拠のない呆れた理由

『ケーフェイ―プロレス八百長伝説』　インフォレスト株式会社著／952円+税

先日、格闘結社田中塾の田中健一塾長から聞いた話だが、初代タイガーマスク・佐山聡が「4の字固めは相手の協力がなければ半ば永久にかからない」とかプロレスの仕組みを暴露した『ケーフェイ』（85年／ナユタ出版会）を出版したとき、シューティングのジムには抗議の電話が殺到し、なかには「いまからブルーザー・ブロディと長州力が殴り込みに行く！」という電話も混じっていたそうである。当然、彼らは来なかったのだが、佐山聡VSブルーザー・ブロディは本気で見たかった！

しかし、いまや元レフェリーのミスター高橋が暴露本で「すべてのプロレスはショーである」と断言した効果もあって、プロレスはすっかり弱体化し、暴露本に対してそこまで怒る関係者やファンもすっかり少なくなってきた。

そんな中でリリースされたこの本は、近頃の暴露系ムック人気にあからさまに便乗した表紙デザイン&コンセプトながら、実は宝島社ではなくパズル系出版社からのリリースという不可解な一冊だし、原稿はほとんど無署名（唯一、クレジットが入っているのは、WWEはカミングアウトして成功したとか、マークとシュマークとスマートがどうとか、北米がどうとか、もうとっくに聞き飽きた、WWE人気が低迷してきているいまでは一切リアリティのない主張を繰り返すタダシ☆タナカのみ）だしで、正直あまり購買意欲はそそられない。

それでもミスター高橋の暴露本第2弾『マッチメイカー』（02年／ゼニスプラニング）や中牧昭二・著『さらば桑田真澄、さらばプロ野球』（90年／リム出版）を手掛けたり、アニメ『ミラクルジャイアンツ童夢くん』の原作を書いたり、04年「『週刊ゴング買収』のプロデュース」をしたり、長州力率いるWJの社長に一時就任したりで話題になった宮崎満教氏が出版プロデュースしているだけあって、暴露本関係者への取材を中心とするコンセプト自体は悪くない。しかし、「主な『告発本』『裏ネタ本』発行年表」に永島勝司・著『闘魂二人三脚』なんかが当たり前のように並んでいる時点でお話にもならないのだ。それは、猪木の右腕だった男が蜜月時代に書いた、ほのぼののエピソード集だよ！

木村政彦がプロレスの仕組みを暴露した『鬼の柔道』（69年／講談社）は？　そして、元祖暴露本男・門茂男（元日本プロレス・コミッショナー）の一連の本には、なんで触れられてないんだ？　ユセフ・トルコの本も、猪木対ウィリー・ウィリアムス戦は台本通りだと暴露する『こんなプロレス知ってるかい』（84年／キングセラーズ）じゃなくて、猪木対ウィリーは筋書きなしだと言い張る『プロレスへの遺言状』（02年／河出書房新社）を取り上げているのは完全なミス！

当然、暴露本の著者に対するインタビューも突っ込み不足で、消化不良な内容であった。たとえば、「プロレスはショーであるとカミングアウトすべきだ」と題したミスター高橋インタビューの場合。自分の書いた暴露本のせいで『週刊ゴング』の部数が落ちたなどと言われているためか、新日本プロレスとK－1との交流戦について「私に言わせれば、一連のあの交流戦は暴挙としか言いようがない。あれがプロレスの権威を失墜させてしまった。私の本の影響ではないと思う」と反論したり、「K−1やPRIDEが出てこなかったら、私はカミングアウトの必要はなかったと思いますよ」と責任転嫁したりする彼氏。こうして著書同様にWWEを絶賛し、プロレスはショーマンシップに磨きをかけていくべきだと主張するのかと思えば、『ハッスル』について「私はあのスタイルはなじめないんです。プロレスだから何をやってもいいんですが……。やはり猪木イズムのストロングスタイルを貫いてほしい。たとえショーであっても、相手を潰してやるという殺気が感じられるようなプロレスであってほしいと思いますね。『ハッスル』は好きになれない」と言い出すから理解不能なのだ。カミングアウトと猪木流のストロングスタイルは絶対に両立できないって！

彼氏、「猪木は強い人間で、しかも天才的なショーマンでもあった。本当はプロレスラーはそうあらねばならないんです」とも言っていたが、結局のところ自分はストロングスタイルなプロレスが好きなのに、新日本との間にトラブルが起きたことから内情を暴露するに至り、それを正当化するために理論武装したのだとしか思えない。だから、矛盾だらけなのだ。

そんな本の中でもズバ抜けて酷いのが、「プロレスは総合格闘技でも間違いなく勝てる!!」と題した無署名コラム。ざっと引用してみると、プロレスラーが総合格闘技で闘う場合、「まず、対戦カード決定の段階で『6人タッグマッチでなければやらない』とゴネて、プロレスの試合の奥深さを認識させる。試合ルール決定の段階では『ノーロープ有刺鉄線電流爆破デスマッチでないとやらない!!』と再度ゴネる」。「つま先はブッチャーの凶器シューズのような尖ったシューズを履き、ロード・ウォリアーズのギザギザのよろいを着てゴング前にフライング・ショルダー・アタックの先制攻撃をかける」。「ゴングが鳴ったら、セコンドに天ぷら油を体にかけさせる。取材者側は困るであろうが、試合中止にするわけにはいかないため、そのまま試合続行となる」。「対戦相手が向かって来たらカブキばりの毒霧を吹き、たじろいだところでシーク直伝の火を噴く」なんて感じで、センス皆無のギャグとも思えないことばかりが書かれているから閉口するしかない。

「マウントポジションを取られたら、相手のチ〇ポをやさしくシゴイてやれば格闘家は飛び上がる。それでも効かなかったら〇玉を掴んで持ち上げればいい。これがプロレスラーの総合での基本的な戦い方の教科書である」って、何を勝手に言い切ってるんだよ、お前！

そして最後は、「これで暴動が起きてもいいではないか。困るのは総合格闘技の主催者である。これぐらいのことで困るのならプロレスラーを使わなければいい。総合格闘技の主催者は、プロレスラーにプロレスの試合をさせないで試合に勝って巨大化したのである。試合の勝敗だけにこだわっている総合格闘技の主催者やファンに、プロレスの奥深さを思い知らせてやるべきだ」と言い切る始末。……いま、主催者がそこまで言いなりにならなきゃいけないぐらい商品価値のあるプロレスラーが一体どこにいるんだ？

このライターがアピールしているのはプロレスの奥深さではなく、プロレスファンの底の浅さだということに気付いてほしいものなのである。

★今月の豪ちゃん★ロフトプラスワンのイベント『?と吉田豪の格闘二人祭!!』にゲストで招いた中尾芳広（ヒース・ヒーリングとの試合前にキスしたらワンパンチで失神KOされた人）選手が、ホント最高でした！　いくらゲイネタを振っても常に幻想が膨らむ返事をする（「昔からよく突っ込まれるんですよ、色々と」とか、そんな感じ）、そのオケツじゃなくて墓穴の掘り方は神がかっていましたよ。

Column　あのころ①

梶原一騎の匂いが好きだった『ゴン格』から連載依頼 冷やし中華みたいなタイトルのコラムが始まった

今回、単行本用の書き下ろしコラムを3本頼まれたから、せっかくなのでめったにやらない自分語りでもしてみようかと思う。

ボクは子供の頃からスポーツの類が大嫌いで、しかしそんな奴は昭和の時代には圧倒的な少数派だった。あの頃は野球が一般常識で、生きる上での必須科目ってぐらいだったから、みんな当たり前のように前日のプロ野球中継の話を振ってくるし、遊ぶ＝草野球やキャッチボールだったりしたのも迷惑極まりない。草野球ならまだわかるけど、キャッチボールなんてただの練習でしょ？

なので当時、キャッチボールを誘いに来たクラスのヤンチャな奴を無理矢理外に追い出して鍵を閉め、そいつの靴を窓から投げ捨てたこともある。翌日どれだけ大変なことになるかとか考えるよりも、とにかくそのときの苦痛から逃れたかったんだと思う。

『伝説巨神イデオン』の再放送を全話見るために「親がうるさくなって毎日夕方は勉強しなきゃいけなくなった」と嘘をついてキャッチボールから逃れた時期もあった。こっちはただ大好きなテレビを見たいだけなのに、それを草野球＆野球中継に妨害されるような時代だったのだ。ボクが興味あるのは、せいぜい『巨人の星』と『侍ジャイアンツ』ぐらいだったのに！　野球とかスポーツとかホントどうでもいい！

そんな人間だから小学校のクラブ活動も模型クラブ～将棋クラブ～模型クラブという流れで（2年連続で同じクラブには入れないルールのため、将棋のルールもわからないのに、教室で漫画が読めるという理由だけで将棋クラブに）、中学の部活は一学期から帰宅部。とにかくテレビで再放送のアニメやらドラマやらを見るのが好きだったから、姉がプロレスにハマってプロレス中継を半強制的に見せられるのも迷惑でしょうがなかった。こっちとしては裏番組の『戦闘メカザブングル』とかが見たいのに、なぜ全日本プロレス中継で大仁田厚がチャボ・ゲレロにトロフィーで血塗れにされたりする姿を見なければならないのか？

さらに姉は大仁田に手作りの人形を送り付けるまでになり、『ビッグレスラー』も定期購読。この『ビッグレスラー』というのが小中学生向けのはずなのに、なぜか木村政彦独占インタビューをやってプロレスの仕組みをバラしたりするとんでもない雑誌だったんだが……このとき全日本プロレスを生観戦したり（マイティ井上と阿修羅・原のサインを入手し、上田馬之助に追い掛け回される）、姉のプロレス関連書物を読んでいたことが後で役立つことになるんだから世の中本当にわからない。

そして高校生になるとパンクやサブカルに目覚めて、UWFファンの友人とか、極真&梶原一騎&『漫画ゴラク』好きで空手もやってる友人とかに対して「お前ら趣味悪いなー」とか言うようになるんだが……いまとなっては本当に申し訳ないことをしたと思う。

そのとき否定したような文化に、やがてボクはどんどんハマっていった。専門学校に入った頃、バイト先の店長が買っていた『週刊プロレス』（ちょうどSWSバッシングの頃）を読むようになり、ブル中野の金網デスマッチやら超世代軍の登場やらタイガー・ジェット・シン対馳浩〜猪木対馳浩といった流れにもやられてプロレスに開眼。編集プロダクション勤務になってからは『宝島』の編集者に誘われてプロレスやシューティングを生観戦するようになり、梶原一騎作品や極真空手関連本を古本で買い漁った。そして大山倍達総裁が亡くなったら極真会館総本部道場の会見に潜り込むぐらいになった頃、『紙のプロレス』に転職。真樹日佐夫先生をインタビューしたり、寛水流二代目会長をインタビューしたりと趣味を活かしたことばかりやっていくことになった、と。ようやく本題に入るが、そんな人間にとって『ゴング格闘技』は最高の雑誌だったのである。

時代的にはK-1が盛り上がり、パンクラスが誕生し、UFCも始まり、グレイシー一族を掘り下げる『格闘技通信』が人気だったと思うが、ボクにとっては昭和の極真空手や黒崎健時、キックの鬼・沢村忠や藤原敏男、ついでにガッツ石松や具志堅用高なんかを起用しまくる『ゴン格』の方が梶原一騎の匂いがして、ずっと好きだった。そして、そういうことばかり原稿で書いていたら『ゴン格』から連載を頼まれたのだ。

最初は『吉田豪、始めました』という冷やし中華みたいなタイトルのコラム連載で、金も時間もたっぷり注ぎ込んでいた古本コレクションを活かしたネタが多かったと記憶している。石野卓球にも影響を与えた変態エロ本『Billy』(白夜書房)に掲載された黒崎健時インタビューの衝撃とか(梶原一騎と組んでいろいろ仕掛けていた時代の裏話が、当時の格闘技雑誌にはまず載せられないレベルでガチだった)、力道山対木村政彦戦直後にプロレス専門誌で行なわれた「プロレスはショーでいくべきか、真剣勝負でいくべきか」アンケートのこととか、これなんか100冊セットで80万円とかだった力道山時代のプロレス雑誌が元ネタだから完全に赤字! でも、そんな昔話ばかり掘り下げていたせいか、業界のベテランの方には気に入ってもらえたのだ。

その一人が『週刊ゴング』『ゴング格闘技』『ワールドボクシング』の編集長だった舟木昭太郎氏。舟木さんの新会社アッパーの起ち上げパーティーにも呼んでいただいたんだが、なぜかボクが坂口征二、真樹日佐夫、高森篤子(梶原一騎元夫人)といった超VIPと同じテーブルにされていたからビックリ。そもそも当時、真樹先生と篤子夫人が不仲なのはマニアには有名な話だったので、この2人が隣の席になってるのはマズいでしょ! とか一人でハラハラしていたら、真樹先生に「豪ちゃん、いま俺たちはもう仲直りしてるんだよ」とか言われて、2人の間に挟まってのスリーショットも撮影。この写真はボクの単行本『人間コク宝』のプロフィールで使わせていただいた。梶原一騎が大好きだけど梶原一騎に間に合わず取材できなかった人間として、これは本当に感慨深かったのだ。

そして『ゴン格』が舟木体制になると、ボクの連載は舟木さんを同行してのインタビュー企画になり、黒崎健時、野口修（野口プロモーション社長でキックボクシングの生みの親）、沢村忠といった舟木さんのパイプがないとなかなか会えない人たちの話を聞くこともできた。後に何度も仕事させていただくこととなる高森篤子夫人の取材で梶原一騎宅に初めて行ったのもこのときだったし、「赤塚不二夫作『おそ松くん』のイヤミのモデルはつのだじろう」という衝撃事実を聞いたのもこのときだった。この連載では、舟木さんのちょっととぼけた発言も全部そのまま原稿にしていたので、普段のボクのインタビュー記事とは少し違った感じが出ていたと思う。

この後、『ゴン格』は何度も危機に瀕してリニューアルを繰り返すことになるが、なぜかボクの連載は生き残り続けることとなるのだ。■

13

前号が送本されてビックリ。なんだ、これ！　見開きページに巨大なボクが鎮座してるよ！　他のページに出てる選手よりボクの写真の方が巨大だから、知らない人が見たら「吉田豪がゴリ押しして自分アピールをしてる」とか確実に思われるよなあ……。次号からは写真なしの1ページになればいいのに……とか思っていたら、要望を伝えたわけでもないのにしっかり1ページになってた書評コーナー。でも、文字数はもう少し多いといいかも……。

いまこそ問う！シュート活字の是非

『別冊宝島　新日、K-1、PRIDEタブー大全2006』 宝島社／857円+税

暴露路線じゃなきゃ売れないとばかりにエゲツないタイトルの、やけに薄味なプロレス～格闘技ムックを乱発していた別冊宝島が、遂に本格的な暴露本をリリース！　しかし、責任編集はシュート活字・タダシ☆タナカ！　そのため、『週刊現代』に原稿を二重売りしてトラブルになったと噂される、イノキボンバイエ川又誠矢代表の既視感溢れるインタビューが巻頭&巻末だったりするんだが、それはともかく、プロレスを裏読みする面白さを伝えるはずのシュート活字が、格闘技の夢も希望もない暴露ネタを売り物にするのは如何なものなのか？　そして、他のページには明らかに事実誤認だと思われる記述も確認できたから、ページが許す範囲で軽く突っ込んでみようかと思う。

例えば森下直人、前DSE社長の自殺直後、成田会見でアントニオ猪木が暴走発言を繰り返した記事は、明らかにネット情報を鵜呑みにしただけの代物だし（テープを聞いた限り、あれは悪質なアントン・ジョークなだけ）、「百瀬と猪木はどこで接点があったのか。発端はロス在住の柔道師範、ジョージ土門の拳銃密輸事件である。土門は猪木に頼まれて拳銃を送ったが、事件が発覚すると、当然ながら猪木に否定された。出所後の報復を誓った土門だったが、それを説得し、両者を和解させたのが百瀬だった」というのも、２人は

猪木対アリ戦以前に知り合っていて、その後、野村秋介と猪木が揉めたとき、間に入り和解させたというのが正解だしで、そんなミスばかり目立つわけなのだ。

最も気になったのが、諸事情のためボクが名前を出せない「●●●●『泣き虫』の真実」というページであり、「書評で皮肉を書いたライターが●●に呼びつけられ」ただのと、ボクのこともわざわざ引き合いに出した上で、「へたに触ると危険な、専門紙誌の〝踏み絵〟となっている」●●&▲▲夫婦の本を題材に、「〝平成の格闘王〟の真実を検証」すると派手にブチ上げつつも、とことん見当違いな結論を導き出していたのである。

つまり「94年の結婚以前、Uインター全盛期あたりから、新日本プロレスとの対抗戦を経て、PRIDE.1でのヒクソン・グレイシー戦の前まで、『●●がずっと〝格闘芝居の仕組〟を秘密にし続け、▲▲がいっこうに気づかないなどということが、ありえるのだろうか』だの「『プロレスラーの妻が、夫のやっていることを真剣勝負だと信じていた』ということの話、真に受けることはなかなか難しい」だのと▲▲夫人の主張をさんざん疑った挙げ句、こう結論付けるのであった。

「●●の▲▲への告白は『事前に勝ち負けが決まったPRIDEの試合をしたことがある』というものだった、という仮説も成り立つ。そして、これなら話はすべて通ってしまう。▲▲は真剣勝負だと信じていたので、心から夫の身を心配していた。しかし、それが一部嘘だったためショックを受け、裏切られたと感じ、離婚すら考えた。しかし、PRIDEは夫の現在の職場である。そんなことは書けないし、夫の本でも書かれていない。書かれているのは『プロレスはショーである』だけだ。だから、プロレスのことにしておこう、というわけだ」

……なんだ、そりゃ。彼女はUインターをガチだと思っていたからこそ、対抗戦に負けたことに本気で悔しがり、旦那がヒクソンに勝つと本気で信じ、ロープ摑みを禁じる島田レフェリーに本気で怒ることができたわけで。

新日本との対抗戦で「武藤（敬司）が勝つ取り決めだった」と●●が書いたことについて、こう批判しているのもお門違いだと思う。

「このくだりからは自分が負け役だった悔しさしか伝わってこない。超満員のドームのメインで素晴らしい仕事をしたという自覚が、●●にはないのだろうか。これは、●●を信じてきたファンに対する、重大な裏切り行為である。（略）せめて『負け役ではあったが、今でもあの試合は誇りに思っている』と書けば、プロレスを貶めずにすんだのではないだろうか」

借金返済のため、佐山聡が『ケーフェイ』で「相手の協力がなければ半ば永久にかからない技」の代表として挙げた4の字固めで負けるという屈辱的な経験を、誇りになんて思えるわけがない。むしろ、プロレスラーとして夫人にさえケーフェイを守り通したことを美談だと賞賛するべきじゃないかとボクは思うのであった。まあその結果、後で大変なことになったわけなんだが…。

★今月の豪ちゃん★格闘結社田中塾の田中健一塾長が、とある雑誌の失礼な企画（ミャンマーラウェイは古代パンクラチオンみたいだから、その時代の戦士みたいに全裸で写真を撮りたい、というもの）に激怒して、編集者とカメラマンを水道橋で土下座させたという話を、ついさっき聞きました。最高！　それも佐山イズム！

14

その昔、ネットで「PRIDEはアメリカに進出するのにボクに挨拶がないとはどういうことなんですか！　絶対に許せない！」と息巻いている不思議な人がいたんだが、その人が『週刊現代』でバッシングを始めたことでフジテレビがPRIDE中継から撤退。その有言実行ぶりにしみじみさせられる今日この頃。頑張れ、DSE！　世間に誤解は多いようだが、一応はPRIDE好きな作者による、書評とは名ばかりの引用書評コーナー。

今月は気になるあの〝神の子〟父本とスキャンダル本に物申す！

『「神の子」──父が語る山本〝KID〟徳郁の半生』　山本郁榮／マキノ出版／1300円+税

神の子・山本〝KID〟人気の追い風に乗って、なぜかヴォルク・ハンによく似た〝KID〟父も著書をリリース。一体、神の子の父親はどれだけ神様らしいのかと思ったら、いざ読んでみると志村けんの持ちネタ「とんでもねえ、あたしゃあ神様だ」レベルだったという、そんな感じの本である。

なにしろ「胎教のつもりで、格闘技精神を植え付けようと思った」ら、「おなかの大きい妻といっしょに高倉健の任侠映画やブルース・リーのカンフー映画をよく観に行った」りもするし、自身がミュンヘン五輪にレスリング代表として出場したため、「その記憶が鮮明に残っている二年後に生まれた子だから、美憂と名づけた」とされているドラマチックなエピソードにしても、真相はこんな感じなのだ。

「──というのはかっこうのよい話で、実は酒の席で、酔った勢いで『うちに娘が生まれたら美憂とするぞ』と宣言していたのだ」

しかも、言った本人はすっかり忘れていたというんだから、ドラマ性なさすぎだよ！

そして、〝KID〟は「プロの格闘家だから、顔が知られているから、という理由で正義感や弱い者いじめを憎む気持ちを抑えたりはしない」とのことで、「先日も、街でお年寄りを突き飛ばした若者の首根っこを押さえ、警察に突き出した」という新ネタも披露。もはや日本船舶振興会のＣＭに出られそうなぐらいの一日一善ぶりだが、こっちはなんだか正義感とはあまり関係ない気がするというか……。

「徳郁はアメリカでも持ち前の正義感を発揮し、ケンカに巻き込まれることもあった（略）少し前には日本でも〝カラーギャング〟などという若者の集団がいくつもあった。アメリカにもそういうグループがあったようで、小競り合いに巻き込まれるうちにグループに入ったことになってしまい、それで大ゲンカになったのだという。あごがはずれるくらい殴られ、一週間も流動食で過ごすはめになった」

それでも〝ＫＩＤ〟父は、「私は徳郁のケンカを怒った記憶がない。なぜかというと、徳郁は強い相手としかやらないし、それも自分からケンカを売ったりはしなかったから」と断言。なるほど、だから現役ボクサーという強敵とのストリートファイトに挑んだわけなのだろう。そこで「あれ？　中山健児先生は強かったっけ？」とかの野暮な突っ込みは禁止！　あのときは中山先生の尻を足で押しただけ！

『禁断のスキャンダル史―プロレス、K1、PRIDE』

格闘技探偵団、亀井誠／日本文芸社／1400円+税

これが完結編となる暴露本シリーズの第３弾だが、完結した途端にサップのドタキャン～桜庭離脱～フジテレビがＰＲＩＤＥ中継から撤退といった美味しいネタが続出！　まあ、プロレス方面の裏ネタには強くても格闘技方面は物騒すぎていじりきれずにいるように思えるから間に合ったとしてもどこまで触れられたかは謎だが、総合参戦経験のあるプロレスラーについてのネタは、かなり豊富である。

「新日本関係の最近の選手でギンギンのステロイダーといえば、やはり藤田和之ということになるんですかね。最初にＩＷＧＰ王者になった頃なんて、眼球の白目の部分が黄色く濁ってるし、隈も酷いし、普通にしゃべってるだけで汗がダクダク流れ始めるものだから、取材中もコッチは内心ドン引きでしたよ」

そんな読んでるこっちがドン引きしそうなエピソードもあるが、基本的には永田裕志について「あの人、『2ちゃんねる』もよくチェックしてますよ。昔は批判の書き込みに本気で怒ってましたけど、いまはマイクアピールなどの参考にしているみたいですね」と語っていたりの呑気なエピソードが中心。

かつて2ちゃんで自分が叩かれていると知った佐々木健介が「なんで俺が叩かれなきゃいけないんだ！」と憤慨し、「でも、いまのターゲットは永田なんですよね！」と満面の笑みで言い放ったり、数カ月前に『週刊ゴング』元編集長のGK金沢氏が2ちゃんの話をしたら永田が「なんですか、それ？」と言いつつも翌日にはチェックしていたことはボクも知ってるが、そこまでハマっていたとは……。

格闘技ネタではPRIDEが『報知新聞』を「取材拒否したにもかかわらず、その後の正式発表の記事が『報知』に載っているのを見て、榊原社長は新聞を破り捨てて激怒」。「要は『報知』が共同通信から配信された記事と写真を使っただけ。新聞社にとってはごくふつうのことなのだが、それを知った榊原氏はさらに怒りを倍増させ、『報知に写真提供するところも同罪だ』と、共同通信を取材拒否することまで検討した」というエピソードが最高でした。今度は『週刊現代』きっかけで講談社も永久取材拒否か？

あと、「ふだん会場にも来ないTとか、あんな業界のダニみたいなヤツらがエラそうにプロレスや格闘技について語ってるのを見ると本当に腹が立つ。あんなヤツらをたまに見かけたとしても記者たちは誰も相手にしませんよ」との発言もあったんだが、これは果たして誰のことなのか……。思い当たる人はいつものように日本文芸社に抗議文を送るべき！

★今月の豪ちゃん★先日、一緒にイベントをやったターザン山本が、PRIDEのトラブルを耳にするなり「興奮してきた！　明日のイベントは俺に任せてくれ！」と吠えてたのに、壇上では「これからPRIDEはどうなるんかねえ」「全然わからないねえ」を連発していたから本気でガックリきました。情報は一切なし。ダメだこりゃ。

15

今回のPRIDE騒動でプロレス雑誌なんかを見ていてつくづく思ったんだが、『週刊現代』でのバッシング内容にほとんど言及せず、後からPRIDE側の反論だけ載せたりすることに果たして何の意味があるのだろうか？　無視するんだったら最後まで無視し続けるべきだし、誌面を割くなら全部書かなきゃ意味ないよ！　……というわけで、引用という形を利用して専門誌が載せられるギリギリに挑む、書評とは名ばかりの引用書評コーナー。

暴露本が正義のスタンスに立って格闘技を糾弾しても意味がない！

『別冊宝島 プロレス「リングとカネ」暗黙の掟を破った男たち』　宝島社／838円+税

サブポップ……ではなくボブ・サップの敵前逃亡やPRIDEのフジテレビ契約解除&黒社会との交友疑惑で格闘技ブームは終焉の危機を迎えているわけだが、近頃大量にリリースされている暴露系ムックにとってはそれも追い風となっているようだ。まあ、一時の話題に便乗して結論も出ないまま急いで出版しているから、内容的には浅すぎなんだが。あくまでも追い風参考ということで。

そんなわけで、タイトルからして藤波辰爾の新日本プロレス退団騒動といったプロレス界の金絡みのゴタゴタを紹介するはずだったと思われるこのムックでも、「本誌編集部」なるクレジットで物騒な時事ネタを扱っているのであった。

しかも署名記事ではないためか、K－1ネタの原稿は「現代の『奴隷海岸』と化したK－1の悲劇」なんて物騒なタイトルだし、PRIDEネタの原稿では「断言しよう。DSEとフジテレビ幹部は、イベントに一部の暴力団関係者が関係しているのを知りながら、ここまでイベントを育て上げ、それを中継してきた」と、無責任にもあっさりと断言！

しかし、だ。誤解を恐れず言わせてもらうと、こうして正義のスタンスに立って格闘技を糾弾しても意味ないんじゃないだろうか？

現在、フジテレビの『ＳＲＳ』ではＰＲＩＤＥネタが封印され、代わりに極真ネタが増えているようだが、大山総裁は用心棒稼業出身だし、殺しの軍団・柳川組の柳川組長は極真の相談役で大山総裁の兄弟分だった。じゃあＳＢやキックを扱おうとなったところで、シーザー武志会長にしてもキックの偉い人たちにしても結局同じようなものなわけであり、彼らはそんな過去や交遊を恥じることなくインタビューなどで常々公言してきたのだ。

そして、日本プロレスの会長が右翼の超大物・児玉誉士夫、副会長が田岡一雄（三代目山口組組長）と町井久之（東声会会長）で、全日本女子プロレスの初代会長は愚連隊の神様・万年東一だったように、プロレスも格闘技も元来そっちの世界のものだったのである。

このムックでは「『チケットばら撒き』の風評もある『円天興行』への公開質問状」などと題して、新日本プロレスと円天という「マルチまがい」企業との関係もバッシングしているんだが、「ヤクザ＝悪」「マルチ＝悪」という単純すぎる図式にすっかりウンザリしてきた次第なのである。プロレスも格闘技も、いかがわしいところが魅力なのに！　ただ健全なだけのものだったら、ここまでハマってないよ！　むしろ、怪しいビジネスとの関係は「これこそ猪木イズム！」と評価すべき！

『プロレス・Ｋ－１・ＰＲＩＤＥヤミ裏事件簿２』 オークラ出版／952円＋税

矢野卓見の大晦日興行ブッタ斬り企画なんかが評判良かったのか、再び登場した暴露本シリーズ第２弾。今回は「高須親子＆モッツ出版の協力を全面的にあおいだ」ものの、「当初これを各所に提案したところ、営業関係を中心としてどうも評判がよろしくない。曰く、『高須さんを前面に打ち出すというのは、どうなんでしょう……』との反応だし、高須ジュニアと朝日昇とチーム黒船・

山田武士トレーナーの対談は原稿チェックがなかったため後から問題になるしで、色々と大変だったようである。

おそらく、『サイゾー』掲載の川又誠矢&榊原信行対談という、いまとなっては二度と再現できない企画を再録しているのも、まず確実にDSEには無許可なんだろうしなあ……。

なお、高須基仁氏は、『猪木祭』のプロデューサーであり今回の騒動の発端になった川又誠矢氏について、「あるスポーツ紙の記者なんかは『アレはY組の現役だから付き合わないほうがいい』なんて言ってきた」「川又さんが日テレのドラマのヤツらをボコボコにした、なんて噂を聞いたりして『イケイケだな』なんて思ってた」などと証言している。そして榊原社長との対談を組んだ理由については、「業界再編に立ち上がった30代の若きプロモーターってことでさ。要は石井さん、百瀬さん外しだな」、と。この発言はかなりのガチなのである。

そう。そもそも今回のゴタゴタは、石井館長が逮捕され、PRIDEでは百瀬博教氏がパージされつつあった頃、もともと黒社会にいた川又氏が格闘技界で強引にのし上がろうとしたことが原因だったはずなのに、『週刊現代』ではそこに一切触れず非力な被害者として扱っていたから、さすがに無理ありすぎ。

あと、高須ジュニアが編集長を務めていた『格闘伝説』がPRIDEに取材拒否された理由について、「それがよく判らないんですよね。ゴング格闘技に掲載された社長(父である高須基仁氏のことを基一郎はこう呼ぶ)のインタビューが原因ではあるんでしょうけど」「このときのインタビューは03年『猪木祭り』の裏事情について語られたもの。その中で榊原社長のことを『榊原』と呼び捨てにしたことで先方の機嫌を損ねたとも言われるし、そもそも猪木ボンバイエに触れたこと自体が問題だったとの説もある」などと書かれていたのも、これまた非常にガチなのであった。いろいろあったんですよ!

★今月の豪ちゃん★先日、ある雑誌でPRIDEの地上波打ち切り騒動についてのインタビューを1時間ほど受けたので、掲載誌と一緒に謝礼入りの封筒が送られてきた。この出版社は振込じゃなくて現金払いなんだなあと思って中身を見たら、そこに入っていたのはなぜかビール券が5枚……。手刀でビール瓶斬りでもしようかと思いましたよ！

今回は全624ページの力作『大山倍達正伝』（新潮社）を紹介しようと思ったが、この女性ライターが極真専門誌を作っていたのに興味もなく義務感で仕事をしてたとか、女性が空手を学ぶ理由が理解できなかったとか、「大山倍達についてほとんど何も知らず、学ぼうという意識も意欲もないままに過ごしていた」とか、冒頭の自分語りが長すぎて断念！　結局また暴露本を紹介することで、専門誌のギリギリを模索し続ける書評コーナー。

16

相変わらずの自己顕示欲 タナカ先生の行動は予測不能！

『別冊宝島　PRIDE消滅の危機』

タダシ☆タナカ、シュート活字委員会［編］／宝島社／857円+税

イノキボンバイエ代表・川又誠矢インタビューを掲載して話題となった『別冊宝島　新日、K－1、PRIDEタブー大全2006』の第2弾！　『週刊現代』PRIDEバッシングの火付け役となったタダシ☆タナカ先生が、再び『別冊宝島』に帰ってきた！

しかし、見出しは派手なのに衝撃的な新ネタもないし、関係者の物騒なインタビューもない。そのくせ自分名義の本なのに「〝PRIDE潰しのA級戦犯〟が激白！　東京湾の底から帰ってきた男『タダシ☆タナカ』」と題したロング・インタビューはあるという、相変わらずの自己顕示欲は正直どうかと思う。

自分のせいで「PRIDE消滅の危機」を迎えたことについても、「ここまできたら、一度全部沈んでもいい。全部壊してから再編成していくしかない」と開き直り、「再編成はもう始まっています。実際、僕の

ところには、いろんな業界関係者が挨拶に来てますよ。唯一会っていないのが榊原さんぐらいですね（笑）」と、自分中心に再編成すべきだという邪心をアピールするのであった。なんだかなあ……。

なお、「ある格闘技専門誌には『ムックと週刊現代に記事を二重売りして採めた』ということまで書かれた」と本誌の書評にも触れ、「二重売りなんてしてません。それを書いたライターさんのことはよく知っていますが、悪質な中傷記事ですね。川又さんのインタビューを採用してくれた編集者に相談しましたが、『名誉毀損の可能性が充分ある。証人になるから、しかるべき手段を取ってはどうか』と言われています」と反論。

……あれ？　『別冊宝島』の川又インタビューを『週刊現代』にも売ろうとしたら、『別冊宝島』に「そんなことをしたらギャラを半分にする！」と怒られたのは、格闘技マスコミ関係者のみならず「川又さんのインタビューを採用してくれた編集者」からも聞いた話なんだけど……。

さらには川又バッシングを始めた『週刊ポスト』にも協力（自身が撮影した写真も提供）してみたりと、タナカ先生の行動だけは無軌道すぎて誰にも予測できないのであった。

『Dynamism! VOL.7 格闘家アウトロー伝説』

芸文社／857円＋税

アウトローを自認する、元『格闘伝説』高須基一郎編集長ならではの一冊。魔裟斗がパシリだったとか、須藤元気を渋谷で襲った男がどうだとかK－1関係のヤンチャ話が満載なのに、そこでなぜか「問題児ライター　田中正志が仕掛けた『週刊現代』の記事について」という特集が組まれていたのだ。

ボクも「吉田豪が語るタダシ☆タナカとは!?」という原稿を頼まれたんだが、それについては直接記事を読んでもらうとして（『週刊現代』の担当者は絶賛！）、高須編集長は渦中のタナカ先生を直撃！「ノーコメント」を連発されながらも、「僕も被害者なんですよ！（週刊）現代の記事で署名原稿掲載されて迷惑している！　あの記事が掲載されてから毎日のように無言電話やいたずらメールが届く。こんな日々が続くことで辛いですよ。生活に支障をきたしますわ！」というコメントを引き出すことに成功するのであった。「被害者」って、それは明らかに自業自得だよ！

高須編集長には「虚言癖は凄まじい」などと斬り捨てられ、芸文社の黒木陽典氏には「ビジネス上のルールや約束事を守らなかったり、十分な確証や根拠もないまま、いたずらに他者を誹謗中傷するような傾向」の持ち主だと、やっぱり斬って捨てられているタナカ先生。

「私のところも、去年（05年）の春から初夏にかけて、たて続けに3件の原稿の二重売りをされている。他の案件も含め、証拠も揃っているので、詐欺罪や偽計業務妨害等で告訴することは現在でも可能である。3件の原稿の二重売りについては、2件はミリオン出版のナックルズ編集部へ、1件は別冊宝島編集部へ持ち込まれた。原稿を修正した際の私の文章や、私がつけたリードや小見出しまでが、田中正志の原稿として（略）発売されてしまったのだから、洒落にならない。たとえ恩義のある相手でも、どういう気まぐれなのか平気で陥れようとするのが、この人物の人格の特殊性である。他社でもいろいろ問題を起こしているようなので、田中氏の今後の出方次第では、集団訴訟で臨むこともあり得る」

あ、やっぱり二重売り常習犯だったんだ！

ところが先日、ロフトプラスワンのイベントにゲストで出てくれないかとタナカ先生にオファーを出したところ、「僕は吉田さんに会うと殴ってしまうのでイベントには出られない」「これまで何度も暴力沙汰を起こしているし、もし僕がやらなかったとしても、僕の取り巻きが吉田さんを殴ってしまう」と頑なに拒否。やむなく電話出演してもらったら、「二重売りなんて事実無根！」「吉田さんの原稿は捏造ばかり！」「神戸の友達が吉田豪を襲うと言っているのを、僕が必死に止めた！」と言い始めたわけなのだ！　無理ありすぎ！

格闘技界と反社会的勢力との関係を糾弾した人間が、なんで反社会的勢力ばりの脅し文句を使うのかサッパリ意味がわからないんだが、できれば1度イベントに出て客前でちゃんと釈明していただきたいものなのである。

★今月の豪ちゃん★先日、『週刊現代』のPRIDE記事担当者から連絡あり。何かと思えば「川又さんの単行本を出すんですけど、聞き手を吉田さんにして欲しいと川又さんに言われた」とのことで、「単行本は無理だけど、イベントのゲストで来て下さい」と誘っておきました。なお、講談社は榊原さんの単行本も出す予定だったのに、やっぱり企画はストップしている模様。

17

最近の暴露系ムックでは、新規参入の『マット界 覇王の勢力図』（マックス）がイマイチだったけど、『プロレス・K-1・PRIDE引き抜き戦争最前線！』（オークラ出版）はかなり強烈！　「あの人（田中正志）と一回接触したら、頭おかしいってわかるから」なんて調子で、あの百瀬さんにまでガチを仕掛ける冒頭の関係者座談会だけでも必読ですよ！　ただ、あまりに物騒すぎて引用不可能だから、この程度の扱いにしておく書評コーナー。

総裁の衝撃的な情報が多々含まれている正伝だが、それよりも……

『大山倍達正伝』　小島一志、塚本佳子／新潮社／2300円+税

全624ページというコロコロコミック級の超大作。大山総裁が遺作『カラテ全科』（編集は小島一志）を武蔵に引っかけて全634ページにした以上、どうせならこれも10ページ増やすべきだと思ったが、読んでみて気付いた。この本には衝撃的な情報も多々含まれているのに、ページ数が無駄に多すぎるせいで肝心の衝撃が全く伝わってこないのである。

まず、摑みになるべき塚本佳子担当の第一部は、戦前～戦後の日本や韓国の社会情勢についてページを割きすぎ！　調べた以上は書いておきたかったのかもしれないが、冗長な部分はバッサリ編集で切り捨てるべきだろう。

これで、「興味深く読むことができた。特に第一部の塚本佳子さんのところを一気に読んだ。戦前、戦中、戦後にわたって日本と韓国の二つの国がどういう関係にあったのかが、よくわかった。この部分は大山総裁の崔永宣だった少年時代、および青年時代と追っているのだが、それよりも当時の社会状況と世相の方がはるかに興味深かった」とか言ってるのは、極真に興味のないターザン山本だけ！

そんなことより、「実証がなければ証明ができない。証明がなければ信用されない。信用がないと尊敬されない」と常々言っていた大山総裁の伝説を検証し、嘘だと実証していくことの方が、ずっと興味深いわけである。

つまり、だ。「大山倍達は多くの自著で『日本人女性を暴行するGHQの兵士たちを叩いて歩いた』『連合国軍から指名手配を受けMPに追われた』と書いた。だが、実際の大山はGHQと友好関係を保ち続けた健青（在日朝鮮建国促進青年同盟）に所属し、幹部として活動し」、いわゆる「三国人」たちと「徒党を組み、我がもの顔であちこちの軍事施設を荒らし回った」と暴露！　当然、MPから逃れるため「一年半におよぶ山籠りを行なったという逸話は、大山が民族運動に関わった『過去』を隠蔽するための方便」であり、下山するなり戦後初の空手大会で優勝したことにしても、「大山が出場したという『全日本空手道選手権大会』もしくは『武道大会』の実体は、『体育大会』と銘打たれた見世物興行」だし、試合もトーナメントどころか「競技試合ではなく、演舞としての試合」でしかなかったのだ！

それなのに、嘘は認めつつも「戦後初の全日本選手権優勝というのは間違いなんです。あれは梶原一騎による作り話です」と責任転嫁を始めるんだから、大山総裁はタチ悪すぎなのだ。MPの話も山籠りの話も空手大会の話も、全部自分で言い始めたネタじゃん！

大山総裁が幼い頃に学んだ格闘技・借力が存在しなかったのはいまや有名な話だが、総裁は借力を「古代朝鮮の拳法」だの「中国武術の一種」だの「テコンドーの源流であるテキオン」だの「ようは合気道の韓国版」と毎回違う説明をした上に、「そんなことはどうでもいいのよ。嘘も百回繰り返せば伝説になる。千回繰り返せば真実になるのよ」と言い切ったみたいだし。「伝説というのはね、いかに大きな嘘をついたかに価値があるんだよ」という、これが大山総裁の本音だったのだろう。

それでも晩年には自らの嘘もある程度は認め始め、大山総裁が唯一の敗北を喫した太極拳の達人・陳老人との闘いを「フィクションじゃないですか?」と小島一志が聞くと、「きみー、よくわかってるね。陳老人なんているはずないじゃないのよ」「これは編集者や梶原が勝手に作ったのよ」と、またもや責任転嫁。真実を「好きに書きたまえ」と言っておきながら、いざ原稿をチェックすると「きみー、嘘を書いちゃ駄目だよ。陳老人はいるよ。実在するよ」と急変したそうなのだ。「私の著書の内容がそのときごとに違っているという質問がよくきたが、それはしょうがないよ。私は多忙だからいちいち書いている暇がない。だから編集者には簡単に本の趣旨を説明して、後はいままでの本を参考に適当に書いてくれよってね、それでおしまい。細かいことはいいんです」とのことで、実際に編集者が作ったのかもしれないが、さすがに適当すぎ。

そんな感じで、じっくり読むと大山総裁のデタラメさと茶目っ気が伝わってくる一冊なのである。これを3分の1ぐらいのページ数でまとめたら、もっと面白くなったのに!

なお、小島一志が「本来の格闘技は、『自らが学び、自らを鍛える』ためのものである」「格闘技の概念を『観て楽しむエンターテインメント』として国民の間に定着させたという意味において、梶原一騎の罪は大きい」と批判する気持ちも、ボクには全然わからない。功罪でいえば功の方が大きいでしょ、それ。

極真プロパガンダ劇画『空手バカ一代』について、『『現実』として『虚構』を描く手法は、もはや作家としての良心の一線を越えるものだった」「その姿勢は傲慢以外の何ものでもない」と断罪することについても同様で、なぜ大山倍達のホラは有りで梶原一騎のホラが無しになるのか、サッパリわからないよ!

むしろ、劇画原作者は作品内で巨大なホラ話をするのが重要な仕事のはずなのである。

しかし、作家の森達也がグレート東郷の国籍問題で本を書いても結論は出ないままだったのに、「実は東郷先生は韓国の人」と大山総裁があっさり断言してるのも衝撃的だよなあ。

★今月の豪ちゃん★本来ならPRIDE特集をするはずだったのに、同じ版元の『週刊現代』があんな特集をやったため山本KIDや五味が出るぐらいになっていた講談社の新雑誌『KING』。その創刊記者会見になぜかボクも出席したので、スポーツ新聞やワイドショーなどでリリー・フランキー師匠やサトエリさんやつんく♂とボクが並ぶ、えらい場違いな模様が報道されてました。

18

『劇画マッドマックス』の下世話な格闘技ネタをまとめたコンビニ本『あなたの知らない暗黒マット世界』（コアマガジン）を購入。なぜかコワモテのはずの川又誠矢氏がひ弱なサラリーマン的に描かれていたりと、リアリティのない描写多数。しかし『破壊王・橋本真也の「死」に群がる亡者たち』って作品の原作をタダシ☆タナカ先生が担当してるのは、よくできた冗談だよなあ。……と、こんなスペースでも新刊を紹介する親切な書評コーナー。

あくまでもプロレスラー・鈴木みのるの本なのは不満だが、自分を客観的に見ている部分が興味深い

『風になれ』 鈴木みのる、金沢克彦／東邦出版／1400円+税

これまで「単行本なんて3日で作らなきゃ駄目ですよぉぉぉぉ！」というプロとしてどうかと思うモットーを持つターザン山本！の単行本を文字通り粗製濫造してきた東邦出版が、今度はライバルのGK金沢本をリリース。

これはターザン本とは違って、GKが手掛けた小ネタだらけの脚注（「『出戻りの長州軍団は悪い奴らだ！』と信じていた橋本が、ヒロ斉藤戦で危険なキックを連発し、ヒロが手を骨折。それに怒ったマサ斉藤&長州力が試合後、橋本に制裁を加えた。それでも橋本が『ふたりがかりで来やがって。文句があるならリングで勝負しやがる！』と捨てゼリフを吐いたのは有名な話。ところが、なぜかマサ&長州はそのトンパチぶりを

気に入って、それ以降、『チンタ』と呼んで、橋本をかわいがり始めた。不思議な業界である」って感じ）に至るまで、キッチリと作られた一冊である。

ただ、正直言ってボクは昔から鈴木みのるに感情移入できず、むしろ自己演出過多が鼻についていたぐらいなので、そのキャラが破綻するきっかけになった菊田早苗戦とかエル・ソラール戦にほとんど言及しない、あくまでもプロレスラー・鈴木みのるの本なのは不満だが、かつて犬猿の仲だった前田日明のことを冷静に語り、自分の間違いを素直に認めているのは非常に興味深い。

第二次ＵＷＦ時代、キックの英雄だったモーリス・スミス相手にガチで何も出来ず敗れたことを、いま鈴木はこう語っている。

「ビビってビビって試合をやって、最終的に『もう嫌だ！』って試合投げ出しちゃったんですね。それをテレビとか雑誌とかでは、〝よくやった、鈴木！〟とか〝相手が強すぎた〟ってフォローしてくれたんですね。それがまた悔しくて。『ホントは自分で寝た（試合を投げた）のに……』って自分のなかでは分かってるんですよ。怖くて逃げ出したのに、『その涙が美しかった』って書いてくれたんですよね。美しくないんですよ。ごまかして泣いた涙ですから」

『もうこれでごまかしちゃえ』って。結構姑息な男なんでね。ハッタリばっかりだったから。そのとき自分の実像が見えたっていうか、『弱えな、カッコ悪いな……』って。で、セコンドについた船木さんとかも、『あれは仕方なかったね』とかいろいろ言ってくれるのが、また余計に悔しくて言葉も出なくなって」

あ、やっぱりそこは自己演出だったんだ！

そんなとき、控室で前田日明は「お前、逃げたやろ?」とズバリ言い放ったわけなのだ。

「それが図星だったんです。それがすごい悔しくて。『ダセエな、お前な。口ばっかじゃねえか！ 安生はあんなにすごい頑張ったのに』って。（略）当時の雑誌とかには、『前田さんのその言葉が許せなくて控室を出た』みたいなことを言った記憶があるんですよ。でも、ホントは違うんですよね、『恥ずかしくてそこにいられない』って感じだったんですよ」

この頃、前田日明のことが大嫌いだった理由を、鈴木は「なんで嫌いなのかっていったら、それはたぶん本音を突いてくるから」「人の気持ちも考えずに、ズバッとストレートに思ったことを言ってくる人なんで」と結論付けたが、それこそが前田イズムなのである。

「その次の年に船木さんが山崎、高田、藤原を相手に連戦連勝し始めるんですよ。そのときに自分のことのように喜んで、『ざまあみろ、バカ!』ってリング上で相手に言ったりとか、大騒ぎしてたんですけど。それであの人たちとのあいだに溝がボーンと……すごい、埋めることのできない溝を作ったのは俺だったといまだに思いますね。(略)最悪の状態ですよね。他人のせいにしちゃうっていうのは。いままでの過去の事例からいって、それが俺の基本なんで。たいがい人のせいにしてごまかすから。で、最終的には泣いてごまかす」

とにかく、この本を読むと前田日明は昔から実に前田だなあとか、高田総統は実に「お前は大人だ!」なあとか、あの頃の船木&鈴木はやっぱりコトナ(前田語)だったなあとか痛感するわけだが、いまでは鈴木も「(この)本のタイトル、『泣き虫』にしよっか?」と自虐的なギャグを飛ばせるぐらいに成長した。

首のヘルニアのためパンクラスで負け続けたときも、実は父親の末期癌や離婚が重なって「鬱病」になっていたと明かし、ガチの世界から古巣のプロレスへ戻っていったことについても、「俺は所詮〝プロレス上がり〟なんですよ。居づらくなっちゃったんですよね。それはやっぱり菊田とかの力が大きかったですね」「PRIDEとかは俺は行くことすらできなかった場所ですから。よくある『やってれば行けたんじゃない?』って言葉で自分をごまかしたくないんで」と素直に認めるのだ。全然、「世界一性格の悪い男」じゃないよ!

なお、プロレスとはどういうものなのかについてこの本では言及していないが、ほぼ同時期にリリースされた『ゾロレスって何だ!?　血涙山河編』(ベースボール・マガジン社)では「格闘技ではないですね。もっと極論すると、スポーツでもないと思いますね」「もっとアバウトなもの。どちらかといえば表現……、舞台に近いかもしれないです」と表現していたのであった……鈴木、お前も大人だ！

★今月の豪ちゃん★この前のHERO'Sトーナメント決勝大会、賛否両論みたいですけどボクにとっては相当面白かったです。PRIDEはエース級の試合こそ抜群に面白いけど、それ以外についてはHERO'Sの圧勝かな、と。柔道上がりの格闘家で「どうこう言っても凄い」と素直に評価できたのも秋山が初めてでした。吉田秀彦や中村カズに足りないのは、そこなんだよなあ。

19

リリースラッシュが続いた暴露ムックバブルも、やっと終了。そのため近刊で楽しみなのは榊原社長の『PRIDEの真実』ぐらいなんだが、版元が双葉社になっていたのにビックリ。講談社から出す予定だった本が、『週刊現代』問題によって版元を急遽移したってことなのか？　もしそうだとしたら聞き手は世間の評判がよろしくない大谷Show氏のはずなので、あまり過度な期待はしないように……と、事前の注意も忘れない書評コーナー。

元チャンピオンという実績はあっても無名なため、行き場をなくし何度もカムバックする選手たち

『マイノリティーの拳―世界チャンピオンの光と闇』 林壮一／新潮社／1400円+税

以前、プロレスマスコミの大御所の方に初めて会ったとき、いきなり「この前、タイソンが相手の耳を噛み千切っただろ？　最悪だよ！　俺の愛する神聖なボクシングをプロレスにしやがって！」と怒り出したのを見て、思わずボクは「あ、プロレスが単なる差別用語になってる！」と爆笑したんだが、そんなことも含めて、プロレスや総合の人たちはみんな国際式ボクシングにコンプレックスを持ちすぎじゃないかとボクは思う。別ジャンルなんだから、そんなのどうだっていいのに。

ボクシングは神聖なもの。そんな思いが強いからこそ、みんな亀田兄弟のやり方に激怒するんだろうし、

神聖な世界とリンクしたくてボクシング・ルールでもいいからタイソンや徳山昌守を引っ張り出そうとするわけなのだろう。そこで、今回はタイソンも含む黒い肌のボクサーたちのドキュメントを紹介してみよう。

著者は「この地でもっと深くボクシングの世界を攻究したい、ボクシングに関する文章を書くのであれば、この国に来なければ何も始まらない」と考えてアメリカに移住。「合衆国で暮らし始めてから、私は幾度もライターとして行き詰まった。約束を反故にされ、原稿料を踏み倒されかかり、何の通達もなく連載を打ち切られた。私生活では高速道路で飲酒運転の女性に追突され、犬の糞尿の臭いが消えない部屋をアパートのオーナーに押し付けられた」という散々な目に遭ってきたためか、自分よりも酷い目に遭ってきたボクサーたちに感情移入できたわけなのに違いない。

たとえばタイソンの場合。師匠のカス・ダマトは「人間性を高めなさい」「カネなど二の次だ」なる考えの持ち主なので、「通常マネージャーは、3分の1を受け取るのに」、「稼いだファイトマネーに1ペニーも手を付けなかった」のに、ダマトの死後ドン・キングと組むようになってブレイクしてからの方が、なぜか金銭的には地獄を見たそうなのである。

「統一王者（＝タイソン）は毎試合、稼いだ金額の66・5パーセントをキングから受け取る契約を結んでいたが、経費という名目で様々なカネがピンハネされていった。ドン・キングの家族が試合観戦に訪れ、高級ホテルのスイートルームに宿泊する費用も毟り取られた。また、ファイトマネーが未払いということもあった。最低でも4350万ドルのピンハネが明らかになっている」

その後、数々のトラブルを起こして逮捕されたり多額の借金を抱えたりしたわけだが、タイソンにはどれだけ駄目になっても世界的な知名度があって日本の格闘技団体からのオファーもあるから、まだいい。元チャンピオンという実績はあっても名前が知られていないため、はした金のために何度もカムバックする他の選手たちのほうが、ずっと悲惨なのだ。

「ボクシングをやって良かったことなんて一つも無い。汚い野郎にいいように使われて、ボロボロの身体だ

けが残った。オレの人生は無茶苦茶だぜ」（アイラン・バークレー）

「オレたちは競走馬のように扱われた。倒れるまで走らされ、用済みとなったら撃ち殺される。勝利しても、首に青いリボンを結ばれるだけなんだ」（ティム・ウィザスプーン）

ウィザスプーンは「毎回毎回、ファイトマネーの50パーセント以上、時には90パーセントもの金額をピンハネされる」ことで「ボクシングへの情熱を失い、自虐的にドラッグに手を出し」、「王座転落後、人生を取り戻そうとキングを詐欺罪で告訴し、損害賠償を請求する」んだが、「ドン・キングとの訣別後に組んだプロモーター」とも法廷闘争に発展。

「プロモーターなんて、皆一緒さ。奴らの仕事はボクサーを食い物にすることなんだ。（略）ああいう仕事に就く野郎は皆、汚れているんだ。キングが特別なわけじゃない」

こういう話を聞くと、ひょっとしたら総合格闘技は色々言われるけど実はクリーンな世界なんじゃないかと思えてきた次第なのだ。そこまでエゲツないピンハネなんて、旧猪木事務所ぐらいしかやらないだろうし。で、問題はタイソンだ。映画『ロッキー6』の出演シーンを見て、「ボクサーとしての終焉を迎えたタイソンがスポットライトを浴びることは、おそらくもうない」と感じた著者としては、「スクラップとなったタイソンに、日本の格闘技団体が関心を示している」事実が、どうしても許せなかったようだ。

そのため、K－1とは何なのかと、タイソンの兄弟子でありジャーナリストでもあるホセ・トーレスに聞かれるなり、「アメリカでの初興行を取材する機会がありましたが、ド素人の喧嘩マッチに過ぎませんでした。まるでディフェンスができない連中ばかりで、見るに堪えなかったです」と断罪！「既に終わった選手であるタイソンを、何故リングに上げようとするのか。そこまでしてカネを稼ぎたいのか。トーレスを前に私は、この胡散臭い格闘技団体の主宰者が自分と同じ国籍を持っている事を情けなく思った」とまで言い切るんだから、個人的にはこの著者がＰＲＩＤＥのラスベガス興行を見てどう感じたのかにも興味あるのであった。やっぱり断罪？

★今月の豪ちゃん★講談社のオタク雑誌『メカビ』で、須藤元気選手のインタビューをしてきました。テーマはヲタクと精神世界。セーラーマーキュリー水野亜美が大好きで同人誌を買ったとか、メイド喫茶の魅力だとか、『ナウシカ』は現実にあった話で、あの舞台は火星だとか、そんなことばかり話してるので必読。須藤選手の冷静に狂った感じは、かなり面白いです。

20

真樹日佐夫先生が高森真士名義でリリースした作家活動45周年記念作『渾身のシニア』(東邦出版)は、「西麻布交差点に程近い五階建てビル」の一階で空手道場をやりつつ「逗子マリーナでクルージング」したりする真壁先生が、「インポは嫌だとか、そういうことじゃなくて道場で死にたい」と前立腺ガンの手術も拒否してヤクザと闘う、真樹ファン必読の一冊だ！　……というプチ書評も忘れない、書評とは名ばかりの引用書評コーナー。

ミスター・ストイック以上にストイックな男・武田幸三の波乱万丈な人生劇場！

『ラストサムライ――片目のチャンピオン武田幸三』　森沢明夫／角川書店／1500円+税

須藤元気『風の谷のあの人と結婚する方法』(ベースボール・マガジン社)の共著者でもある森沢明夫が書く、武田幸三のドキュメント。

正直、須藤元気本で言えば前作『幸福論』(05年／ネコ・パブリッシング)の方が圧倒的に面白かったし、武田幸三という素材にしても無骨な野武士然としたキャラなのに、なぜか所属事務所はエイベックスで私服は秋山成勲にも似たちょいワルなファッション。そこに小比類巻がミスター・ストイックと呼ばれるのにも似た違和感があるので、この組み合わせにボクはまったく興味が持てなかった。

しかし今回、バックボーンを知っただけですっかり見る目が変わってしまったのである。

もともと彼の家は「もう本当に笑ってしまうくらい貧乏」だったというのに、「五歳のとき」には「それまで住んでいた家が、火事で」「全焼」！　やむなく、「風が吹くと、すきま風があちこちから忍び込んでくる「古びた倉庫を改築して人が住めるようにした粗末な家」に「引っ越してほどなく、武田の両親は離婚」。「六歳のとき、ふいに父親がいなくなった」ため、母親は「夜は飲み屋のホステスで、昼間はちり紙交換をやって」３人の子供を育て上げたらしいのだ！　そんな環境で育ち、誰かと口論になると、「家がせまい、ボロい。父親がいない。ちり紙交換の息子」などと罵られていただけで、ドラマとしては完璧すぎだよ！母親が再婚すれば新居の一階でスナック『ドン・ファン』を経営し始めるのも、それで一家を支える必要がなくなった武田がやる気を無くして尾崎豊の『15の夜』的な悪の道へと走るのもいい話！

そして、ラグビー部に所属していた高校時代に第１回Ｋ－１グランプリをテレビ観戦したことで、彼は「こんな無名の俺でも、あのリングにあがって、一晩にたった三回だけ喧嘩に勝てば、十万ドルと名声が手に入る。人生を変えられる」「来年、Ｋ－１グランプリを制するのは間違いなくこの俺だ」と無謀にも確信。こうして金に目がくらんだ理由も、血の繋がらない父親が倒れたため、「自分がＫ－１を制すれば、入院費だって楽に工面できるようになるし、父が病気のいまは、母が店を休んで看病に専念することだってできる」とのことだったから、いちいち泣かせるのだ。

しかも、この本のために森沢が２度目の取材をしたときには、いきなり「実はこれ、内緒なんですけど、僕、左目がまったく見えてないんです」とカミングアウト！　「七年半もの間、ずっと片目のままリングにあがり続けてきた」と突然知らされた森沢は、「そんな重要な情報、対戦相手にバレてしまったら大変じゃないですか。見えない左側から攻撃されちゃいますよ」とうろたえるが、武田はあっさり「ええ、だから内緒にしてください」と返答。「そんな大切なこと、僕にポロっと話してしまっていいんですか？」と聞かれても、笑顔で「だって、前回の取材のとき、僕はなんでも話しますって約束をしましたから」と言い切るビッグハートぶりは尋常じゃないよ。

しかし、だ。「常に右目だけでモノを見ようとする癖がつき、それが原因となって、いつしか首が曲がって」

しまったり、試合でも負けが続くようになったりしたために、武田は「誰も幸せにできないのなら、この目を、切ろう。手術に失敗したら、引退だ」と決意。

森沢が病院に行くと、「実は今日、急なんですけど、正常な右目にメスを入れることになったんです」「悪くなった左目を切るよりも、正常な右目を切って、その眼球の裏側の筋肉をいじって左目と合うように調整した方が、どちらかというと手術が成功する確率が高いらしいんです」と突然言い出すのだ。

「もしも、ですよ、右目のオペに失敗したら、両方とも見えなくなっちゃうじゃないですか」

森沢にそう聞かれても、武田はこう語る。

「万一、失敗したときに、これまで通り同じ片目だけ視力が残ると、どうしても中途半端なまま現役をやりたくなると思うんです」「成功したら両目で闘える。失敗したら両目が見えないわけですからスッパリと引退できます。その方が僕らしいかなって」

失明上等！……明らかにミスター・ストイック以上にストイックな武田。幼い頃から金で苦労してきただけあって、いまでもこんな活動もしているそうだ。

「武田は自分の試合のチケットを、毎回一〇〇〇枚近くみずからの手で売っている。恐らくこれほどのチケットを個人でさばけるアスリートは、世界でも類稀なはずである。しかも、もっと稀なのは、そのチケットを買ってくれたお客さんすべてに、毎試合後、必ずメールか礼状を送り続けているということだ」

森沢は、武田のそういう部分を「侍」としての「礼節」だと結論付けているんだが、ボクにはどうも彼がキックを始めた頃、「キャバクラの黒服」としてバイトしているうちに培った夜の世界ならではのマナーのような気がしてならないのであった。いや、ホントに武田がもし女子だったとしたら、売れっ子キャバクラ嬢になってると思うよ！　それこそ倉科遼原作の水商売劇画みたいな感じで。

★今月の豪ちゃん★先日、ボクの師匠であるリリー(・フランキー)さんの取材前に武田幸三本を読んでいたら、「武田幸三のマネージャーをやってる人は面白いから一度会った方がいいよ。その人に頼まれて武田選手のTシャツを俺がデザインしたんだけど、ずっとフレンチブルを飼うのが夢だったっていうからフレンチブルのイラストを描いてさ……」とか言われました。

21

暴露本バブルが弾けて以来、書評する本がなくなってすっかり困り果てている今日この頃。ベースボール・マガジン社の本はさすがにここじゃ書評できないし、しょうがないから大木金太郎自伝でもネタにして極真空手との確執について書いたりの無茶でもしようかと考えた結果、今回は写真集の書評という名目で好き勝手なことを書くことに緊急決定！結局、いつものように文章を大量引用しなくても、やっぱり書評とは名ばかりの書評コーナー。

いま改めて秋山写真集に目を通すと秋山の素顔が発見できてしまう

『秋山―秋山成勲写真集』 山内順仁・写真／東京ニュース通信社／1905円+税

帯に書かれた「秋山成勲の魅力のすべてがここにある。まさに秋ズバッ！だ！」というみのもんたの発言が、あまりにも意味不明すぎる一冊。出版常識を御存知ない読者の方々に念のため説明しておくと、こういう帯文は編集者やライターが適当にそれっぽく書いたものを相手の事務所にチェックしてもらうだけだったりすることが多いので、きっとこれもそんな経緯で作られたわけなんだと思われる。

ただ、『朝ズバッ！』&みのもんたとの連動も含めて、秋山という男をＴＢＳが総力を挙げてスターにしようとしていたことと、それがちっとも効果的ではなかったことが、こんなことからもボンヤリとわかると思うのだ。

なお、版元の東京ニュース通信社は彼の柔道衣にロゴを入れているスポンサー『ＴＶガイド』の版元であり、ＣＭにＹＡＷＡＲＡちゃん夫婦を起用したりと柔道界とも繋がりの深い会社なんだが、だからといって秋山の写真集を出すのは無謀の一言。魔裟斗や山本ＫＩＤの写真集を出すのとは決定的に違うし、むしろＫ－１に参戦したものの圧倒的に無名だったピア・ゲネット（テコンドー世界王者）の写真集を、テコンドーのバックアップをしていた版元が出したことに近いというか……。

とりあえずページをめくってみると、１ページ目から幼少期の秋山がこっちに向かって立ち小便する写真が登場！　その後も、水着姿で爽やかにサーフィンする秋山、全裸で銭湯に入って多汗症のせいかヌルヌルになっている秋山、チンポ全開の秋山（赤ん坊ながら意外な大きさ）などなど、柔道衣のまま闘うことにプライドを持ち、「僕を脱がせられるのは篠山紀信さんくらいじゃないですか（笑）」と公言していた（それでも桜庭は脱がせることに成功）秋山のセクシーショットが満載だったのだ！　撮影は篠山紀信じゃないのに！

他にも、焼肉を食べる秋山、みのもんたを抱きかかえる秋山、みのもんたにゴールデングローブを贈られる秋山などなど。これでサンオイルを塗っている瞬間の写真でもあればある意味完璧だったんだが、一言で言えばニーズがわからない写真集なのである。いるのかどうかわからないファンに向けたファンサービスは、不可解なんてもんじゃないよなあ。

そんな本をボクは「手書きコメント収録」とのことだったから買ったら、肝心のコメントはわずか５個のみ！　それも幼少期の写真に関する説明だけだから、つい「中学校の卒業式の時です。なかなかヤンチャな学校で、無事に卒業できてホッとしてたのを覚えてます。卒業といえば制服の第２ボタンですよね!?　でも、この写真を見るかぎりでは付いたままですね。誰にもボタンをくれと言われませんでした。だから、隠れてトイレに行き、自分でボタンを取って胸を張って歩いてました。情けない!!;」という告白に、〝昔から隠れて細工するタイプだったのか……〟と余計な突っ込みを入れたくなってしまうのであった。

どうせならインタビューぐらい収録すればいいのに、それ以外の文字ページは表紙カヴァーの裏のＱ＆Ａ

コーナーだけ。それによると好きなボクサーも格闘家も「タイソン」とのことだが、別にそこまでダーティーにならないでもいいし、好きな四文字熟語は「七転八起」（何回失敗してもくじけず、立ち直ってどこまでもやりぬくこと）とのことだが、現時点では無期限出場停止処分でしばらく起きられそうもないから、このままだとむしろ「七転八倒」（転げ回ってもがき苦しむこと）になりそうな予感……。

そもそもスミルノヴァスとマヌーフに連勝したことで初めてファンの心を摑むことに成功したとはいえ、それまでの対戦相手は総合格闘技の素人ばかりで、周囲が秋山を無理矢理スターに仕立て上げようとしているのが見え見えだったし、「柔道最高！」というマイクの滑りっぷりも含めて、どうしてもファンが引いていた部分は間違いなくあったはず。

思えばいまから約40年前の１９６８年にＴＢＳが国際プロレス中継を始めるとき、ＴＢＳの人間が「シンデレラは昔の話。我々は一晩でスターを作る！」とブチ上げ、まだキャリア不足だった初代グレート草津をエースに仕立てあげようとして、怒ったルー・テーズがあっさり潰したこともあったんだが、そういう局の体質はいまでも変わらないんじゃないかと思う。

鬼塚勝也、亀田興毅、そして秋山成勲……。

ボクシングファンで鬼塚ファンの漫画家・杉作Ｊ太郎先生は、「鬼塚の場合は『鶴さん』（片岡鶴太郎）、亀田の場合は『親父』でしたけど、人間、『これはマズいかなあ……』って勝ち方をした時は、他の誰かに勝利を捧げるものなんですよ！」と言っていたが、そういえば秋山が金泰泳に疑惑のレフェリーストップ勝ち（後に判定勝ちに変更）したときも、今回の桜庭戦（後にノーコンテストに変更）でも、「清原さんに、この勝利を捧げたいと思います」と言っていた。……というか、疑惑の果てに裁定が覆ったこの２試合でしか誰かに勝利を捧げていないから、いちいち謎は深まるばかりなのであった。愛読書が『レオン』なだけあって、まさにちょいワル……（スベリ気味のギャグ）。

★今月の豪ちゃん★MONDO21というCSチャンネルで始まる『松本伊代のキラキラ80's』という番組にレギュラー出演中。地上波は規制&演出過多だし、放送直後は顔バレしやすくなるしで色々と面倒なことが多いし、サムライTVに出たときもプロレスを語るときにアングルとかの言葉が使えなかったりでやっぱり面倒だったんですけど、この番組は伸び伸びとやれていいです。

22

本来、雑誌の書評ページとは本を読みもしないで版元が送ってきた資料を編集者がそのまま書き写すか、もしくは本の中身にはろくに触れず『ロッキング・オン』の読者投稿ばりに自分の主張を前面に出すか、そのどちらかだったものだ。それなら、面白い本ならたっぷりと中身を引用したり、そうじゃないならやっぱり引用してツッコミを入れた方が読者としても嬉しいはず。元々、そんな思いで始まった、書評とは名ばかりの引用書評コーナー。

独自のスタイルで編集者たちが06・12・31事件を多角的に検証しているが……

『バトル×トークvol.001―K-1・HERO'S・格闘技』
高須基一朗・責任編集／桃園書房／952円+税

元ヤンとしてのバックボーンを活かして格闘家をタメ口で取材したり、高橋ヒロシや『24』、バイクや車といった興味のある人以外には一切ピンとこない話題に誌面を割いたりする独自のスタイルで知られる高須基一朗氏。

賛否両論はあるだろうが、父・高須基仁氏が『ゴン格』誌上でPRIDE方面の地雷を踏んでからタイミング悪く『格闘伝説』(消滅)の編集長になったため、PRIDE勢を取材できないという巨大なハンディキャップを背負ったまま活動してきたことを思えば、本当によく頑張っていると思う。

これは、そんな高須基一朗氏による暴露系格闘技ムック。中心となるテーマは、「ネットで大論議!!『ヌルヌル事件12・31』の真相解明！」とのことで、やっぱり時節柄というべきか秋山問題である。

しかし、だ。まだヌルヌル疑惑がグレーだった頃に収録した秋山インタビューで、「誌面では不正はなかったという立場で書きたいと思ってるので。でないと勝手に『疑惑』とかになっちゃうんで」と切り出したり、ノーコンテストに裁定が変わった後のインタビューでもやっぱり秋山をフォローしまくってたりするので、ネットなどでは賛否両論どころか批判の声が順調に高まりまくっている模様。

もちろんマスコミがみんな同じ方向を向く必要はないし、それはそれで独自性をアピールできるから断じてアリ。……と言いたいところだが、ヌルヌル問題がクロと判断された後に「本誌編集部」名義で書かれた「桜庭和志ファンタジスタ論」が本当に酷すぎたのだ。

「本誌編集部の見解としては、大晦日の秋山戦について、秋山選手が道衣を着て試合することを主催者であるFEGが了承している時点で、この保湿クリーム・ヌルヌル問題が、ネットを中心に大問題だと指摘されていること自体がナンセンスであると思う」

……は？　道衣で試合することに対して部外者が大問題だと指摘するのは確かにナンセンスだろうけど、なぜか試合直前になって保湿クリームを大量に塗り込むのは明らかに大問題でしょ！　しかも、汗をかいたらよく滑るクリームなのに、秋山は多汗症なんだよ？

「桜庭和志が、ホイス戦を行なったとき、ホイス側から提示されたとされる、道衣着用や、時間無制限であること、タップがあるまで決着は付けさせないことなど、様々な無理難題にも正面きって試合に臨んでいた。それこそが、ファンタジスタ桜庭の真骨頂だった」

……いや、だからホイスは事前にそう提示したわけで、それなら秋山も「柔道時代に道衣を滑りやすくしていたのと同様、寝技に持ち込まれないよう身体にクリームを塗ります」と事前に提示するべきだって！　その上でホイス同様にヒールとして大ブーイングを浴びながら闘うんならともかく、子供たちに夢を与えるとかの綺麗事を口にしちゃダメでしょ。

さらには、「桜庭和志本人が、この時期にマスコミの前でコメントを出さない理由も少なからず理解できる。ヌルヌルだったと叫ばうものならば、それこそ〝負け犬の遠吠え〟と罵られかねないからだ」とくるから、もう言葉がない。試合中に桜庭がずっと「ヌルヌルだった」と叫んでいたのは、つまり「負け犬の遠吠え」だと罵るべき行為ってことか？

ノンクレジットで書かれているプロローグ部分にも引っ掛かる部分が多々あった。

ＰＲＩＤＥの地上波放送消滅やＵＦＣの躍進などで危機的状況に陥ったとされる日本の格闘技界について、なぜか「格闘技は死ななかった。いやむしろ格闘技が史上最高の輝きを放ったと思うのは僕だけだろうか？」と断言。その理由は「セーム・シュルトがＫ－１二連覇という偉業を成し遂げた。これだけでも夢が広がるビッグ・サプライズ」などと書いているが、そこにサプライズは一切ないよ！　むしろ、ただ単に身体がビッグなだけ！

「『大晦日ダイナマイト観た⁉　ちょー凄かったよね‼』。今や男女問わず若者の間における年明けの正月期間限定のホットな会話は紅白歌合戦ネタでは無く、大晦日の祭典Ｄｙｎａｍｉｔｅ‼とＰＲＩＤＥ男祭りになっているのは言うまでもなく紛れもない事実」

わざわざ「言うまでもなく」「紛れもない」と似たような表現を重ねて念押ししているところ悪いが、地上波で放送されなくなった男祭りは世間の話題になんかなっちゃいないし、今年のＤｙｎａｍｉｔｅ‼も秋山問題以外まったく話題にはならなかった。当然、世間で「ちょー凄い」とは言われてないし、去年はむしろ紅白のＤＪ ＯＺＭＡアゲアゲ全裸騒動の方が世間的にはよっぽど「ちょー凄かった」はずなのだ。

それでも、「秋山はまだまだ技術を吸収することができる、いわば〝乾いたスポンジ〟のような状態だ」という表現だけは、ちょっぴりツボに入った。技術ではなく油を吸いまくって、乾いてるどころかヌルヌルになってたから問題になってるのに！　「今年の中量級戦線が秋山を中心に回ることは間違いない！」って、それも絶対ないよ！　ただし、中心軸から外れてナチュラルヒール化した秋山がこれからどうしていくのかについては非常に興味深いのであった。

★今月の豪ちゃん★『BLT』（東京ニュース通信社）で取材したPRIDEフレッシュサポーターの南明奈が凄かったです。格闘技に関して勉強する気もない、あの何も考えない&反省しない姿勢は、ある意味新鮮。美濃輪育久以上の天然でした。なぜか65歳にしてK-1参戦を石井館長に直訴した角川春樹にも注目だ！　幻冬舎文庫『男気万字固め』発売中。あとMONDO21『松本伊代のキラキラ80's』出演中。

23

『GONKAKU』の電撃復活によって、流浪の連載『書評の星座』も再び帰ってきましたよ！　これに目を通すだけでも格闘技関係の新刊を思わず読んだ気になれるぐらいに本文を大量引用しつつタチの悪いツッコミを入れ、それでいて読み進めていくうちに思わず題材になった本を自分でも確認したくなるような原稿を書くのが生涯のテーマ！　そんなスタイルを気が付くと10年以上続けてきたことになる、書評とは名ばかりの引用書評コーナー。

プチスキャンダルもキッチリと笑いに転化 アメリカの交通事故には意外な真実が……

『神はテーブルクロス』　須藤元気／幻冬舎／1257円+税

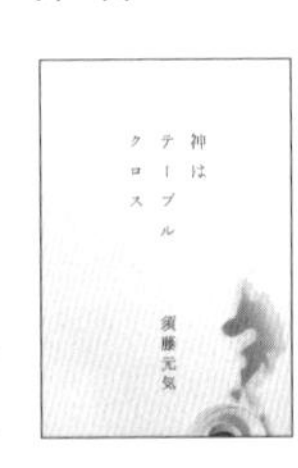

秋山ヌルヌル事件の最大の被害者は桜庭ではなく、電撃引退のインパクトを完全に打ち消された須藤元気なんじゃないかとボクは勝手に確信している。本来なら、もっと引退の理由や第二の人生が話題になっていたはずなのに、こういう地味な不幸はちょっとないよ！　まあ、人を恨まない須藤は秋山のことなんか一切気にもしちゃいないんだろうけど。

そんな彼が引退後に初めて出した本は、10万部を突破した前作『風の谷のあの人と結婚する方法』（06年／ベースボール・マガジン社）とあからさまによく似た装丁の、それでいて版元が幻冬舎なだけあって非常によく出来た一冊。いや、正直言って前作はタイトルこそインパクトあっても、中身はそんなに面白いとは思えなかったものである。それなら四国八十八ヵ所を回っている間、佐竹雅昭よりも巧みなオタク系ギャグを織り交ぜながら、「言葉がエネルギー体であるならば、言葉を声にして出すことで、それが物質化するのではないか」との考えから「ありがとう」を21万90回言い続けて自らカウントしたりするデビュー作『幸福論』（05年／ネコ・パブリッシング）の方が圧倒的に面白かったし。

今回の本は、要するにこんな感じだ。「友人のミコガイ君（一〇八キロ）」なる男の誕生パーティーで、なぜか「ドラえもんの如くポケットから『すでに番号の書かれた割り箸』を取り出した彼は、王様ゲームの開始を宣言。しかも恒久的に自身が王様らしい」し、あまりに「無謀な要求を次々と連発」するので、「たちまち『やらしい……』と女子がドン引き」。「後日このパーティーの有様が『フライデー』に掲載された。タイトルは『H合コン』。当日そこに参加していた女子に、写真を売られたらしい」。

〃格闘技男〃ルミナと藤原紀香のデートや、ボブ・サップの買春報道なんかに続く、このプチスキャンダル。普通なら著書などでは一切触れないだろうし、もし触れるとしても単なる釈明に終始するはずなんだが、彼はキッチリと笑いに転化させていくのであった。

「この件について報告しようとミコガイ君の家に行ったら、当の『フライデー』が一〇冊ほど床に積み重ねてあったん。彼は満面の笑みで僕に言った。『これで僕も全国区です!』。僕にとってはくだらないゴシップ事件も、彼にとっては最高のプレゼントに変わった」

こんな調子で馬鹿話を紹介した後、「価値がないと思われるものでも、宝に変わることは数多く存在する」なんて格言を1ページ使ってドーンと載せるのが基本的な構成なのだ。

前にボクが取材で「オタク話にしても精神世界の話にしても正直、世間で誤解を受けやすいものじゃないですか。そういうことを須藤さんは気にせず喋ってくれますよね」と質問したとき、彼は「自分で言うのも何なんですけど、喋る内容は自分のフィルターを通してから発信しているつもりなので全然平気なんですよ。

（そのフィルターは）ユーモアですね。これを入れると本質的なところが伝わりやすくなるし、本当かウソか分からなくて『まあいいか』とも思ってもらえます。だから文章の方も笑いを意識して、ちょっとズレた自分を出しながら書くようにしてますね」と種明かししてくれたんだが、つまりそういうことなのだろう。

ボクは基本的にスピリチュアル懐疑派なんだが、面白ければそれで問題なし！　角川春樹のように、現在生まれ変わりの途中で、40年ぶりぐらいにボクシングをやってみたら異常な強さになっていたから「俺をK－1に出せ！」と石井館長に直談判。何かと思えば「お前が出所したらK－1で俺との試合を組め」って意味だったりと、そういう話ならいくらでも聞きたいし。もちろん、深夜に登山すれば、頂上で「UFOを呼ぼうと皆で心をひとつにしたり」する須藤元気も断じてアリ！

さて、そんな彼はもともと「スピリチュアルな力を借りて、いかに簡単にお金を稼ぎ、有名になり、素敵な女性と歩き、ミニ四駆のような車を手に入れるか」と考え、「成功哲学のノウハウブック」を読み漁り、その手段として格闘家を志したのだという。

その後、「こうしたイメージ操作が実を結んだのか、二十一歳のとき、少年時代に想像していたとおり、アメリカからの逆輸入ファイターとして日本の格闘技界にプロデビュー」。

またもやパンクラスという名前が出て来ないが、今回はK－1という名前すら出てこないし、なぜかUFCという名前だけ出て来るのはミステリーなんだが、それはともかく。

「しかし、甘い幻想は一年で崩れた。アメリカのハイウェイで友達と酒を飲んで車に乗ったときのことだ。たまたま（すべては必然だが）NIRVANAの『Smells Like Teen Spirit』がラジオから流れ、好きな曲だったせいか、車内でヘッドバンギングをしたらハンドルを誤り、ヘッドだけでなく車ごと吹っ飛び救急車で運ばれた。もう少しでカート・コバーンに会いに行くところだった」

あ、アメリカでの交通事故ってヘッドバンギングのせいだったんだ！　文章技巧に凝っている部分よりも、そこがいちばん面白かったというのがボクの正直な感想なのであった。

★今月の豪ちゃん★先日、イベントにゲスト出演した中尾〝KISS〟芳広選手のゲイキャラが、ヒーリング戦直後よりも遥かに完成度を高めていたことに衝撃を受ける。ビビアーノ・フェルナンデス選手と練習後、風呂で全裸スパーリング中に股間を握っている写真（矢野卓見撮影）をPRIDE．34の煽り映像として使って欲しいと、色々大変な時期の榊原社長にメールで送ったらボツになった話、最高！

24

「今月は書評はお休みで、須藤元気さんとの対談をお願いします」と編集サイドにオファーされたのでボクはもちろん快諾したんだが、あちらサイドが「もう現役ではないので格闘技雑誌に出るのは……」とのことで、残念ながら対談は実現せず。でも、そういう姿勢がまた実に須藤元気らしいので一切問題なし！　今度、また一般誌で対談しましょう！　そんなわけで、今月号でもいつものようにお届けする、書評とは名ばかりの引用書評コーナー。

約5年ぶりの続編はネットで読める初の試み。ヌルヌルぶりに憤慨する会場での描写は最高！

『ぼく…。』　桜庭和志／東邦出版／1429円+税

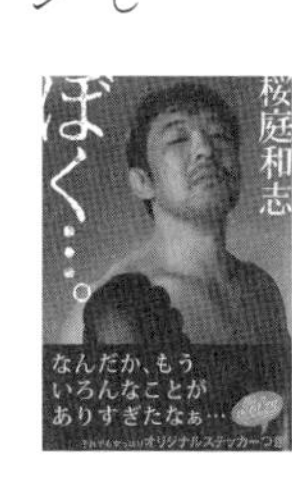

ホイス戦直前という桜庭ブーム絶頂時にリリースするタイミングの良さでバカ売れした00年5月発売の『ぼく。』（後にホイス戦の話を加筆したヴァージョンも発売）と、シウバ戦連敗後という微妙な時期にリリースされた02年9月発売の『帰ってきたぼく。』に続いて、約5年ぶりの続編が登場。宣伝のためなのか、なんと発売前日まで前書き&後書き&図版&データ以外はネットで全文読むことが出来るという出版業界初の試みにチャレンジしていたので、せっかくだからこちらも本誌と同日発売の本を書評するという自分史上初の試みにチャレンジしてみるとしよう。

今回は国立競技場で行なわれた『Ｄｙｎａｍｉｔｅ！』でのミルコ戦に始まり、ロスで行なわれた『Ｄｙ

namite!!USA』でのホイスとの再戦までを語り下ろしているんだが、その間に本でわざわざ振り返るほどの名勝負が存在しないのは御存知の通り。そして、髙田道場退団〜HERO'S移籍〜秋山ヌルヌル騒動〜PRIDE里帰りと気になるエピソードは多いのに、その辺りの裏事情についてもろくに触れられていないのであった。

その代わりたっぷり書かれているのは、「ダラダラした闘いで判定勝ちを拾うくらいなら、ぼくは壮絶なKO負けを選択する」といった彼のプロ意識について。ミルコ戦も「場内がなんだかシーンとしている。試合がつまらないのだろうか」と思った彼が「とにかく動いて、盛り上げてからインターバルに入ろう」とした「その瞬間、左目を何かが直撃」し、「視界から光が消えた」のだそうである。つまりミルコのキックで眼窩底骨折したわけだが、それに対する反省も明らかに普通じゃない。

「こんな細かい攻防、お客さんに伝わるわけがない。どうせなら、後ろのほうの席に座っているお客さんたちにも伝わるように、きれいにKOしてもらいたかった。まさに最悪の試合。これでは出オチではないか。ぼくらの業界でいうところの『しょっぱい』というやつだ。このミルコ戦は、ぼくの心のなかのワーストバウト・ランキングで堂々の1位を獲得」。いや、もっと悪い試合はいくらでもあるような……。それでも視界がおかしくなり、夫人や子供も含む全てが二重に見えるようになったことを、「我が家は一夫多妻制の大家族」とポジティブに捉えるのは、さすがの一言だろう。

ところが、それだけポジティブな桜庭でも我慢しきれないことが存在したようなのだ。

「塵も積もれば山となる。ストレスも積もれば火山となる。ドッカーン！　2005年の6月下旬、ぼくの頭は突如として大噴火を起こした。（略）リングに上がって闘う者と、それを管理する者。管理する者からみれば、ぼくらは持ち駒のひとつにすぎないのかもしれない。単なる商品にすぎないのかもしれない。ぼくだって人間。喜怒哀楽の感情を持った人間である。確かに商品ではあるんだろうけど、ぼくらは闘うためにつくられたロボットではない。人が人を取り扱う場合は、やはりそれなりの注意が必要である」

……結局、誰が悪くて何が問題だったのかはサッパリ伝わってこないんだが、とりあえず「ぼくが髙田道場から離れるに至った真相が明確に記された書籍、雑誌は、まだこの世には出されていない。本当の理由は、おそらくぼくにしかわからない。ただ、誤解してほしくないのは、カードや待遇に不満を抱いて、髙田道場を辞めたわけではない」とのこと。

秋山成勲についても「例の彼」としか表現せず、「今後は一切、あの件についてしゃべるつもりはない」と言い切ってるし、本当に口だけはスーパーヘビー級に重い男なのだ。

それでも秋山戦の直後、会場でヌルヌルぶりに憤慨しているときの描写は最高だった。

「手の平には、試合中には気づかなかったココナッツ系の甘い匂いがこびりついていた。証拠は、ここにある。（略）ぼくはすぐ隣の個室でタバコを吸いながら彼の到着を待った。同席したマネジャーの鼻に確認の意味で『ほら、甘い匂いするでしょ！』と言いながら手の平を近づけてみると、『タバコの匂いしかしませんよ』と言われてしまった」

書けないような話は一切しない『和志桜庭のかけない話』というインタビューコーナーもこの本にあるんだが、これこそまさに『和志桜庭の（秋山とは違って）すべらない話』だよ！　ここ何年か入場パフォーマンスはずべり続けてるけど、このネタは素晴らしい！

なお、個人的に最もツボだったのは、「（ムリーロ・）ニンジャ、ワケわかんねえからなあ。いっつも乳首つっついてくるんですよ、なんか言いながら。ブラジルでホモってことにされてるからかな？」というエピソード。

何かと思えば、桜庭を含む元Uインター勢とかが酒を飲みながら「冗談で」「みんなベロベロになって、男同士でブチュブチュやってた」のをヘンゾ・グレイシー一派が目撃。それがブラジルで広まってゲイ説が定着したみたいなんだが、桜庭はともかく元Uインター勢にゲイ疑惑の持ち主は多いことを思うと、実にしみじみするエピソードなのであった……。そんな疑惑に包まれた相手とも平気でキス出来る桜庭、やっぱり最強！　ファンタジスタ！

★今月の豪ちゃん★初のディナーショー開催とか夏フェス出演決定とか近況は色々あるけど、とりあえず『別冊宝島 PRIDE、K-1、HERO'Sタブー大全』は正直イマイチでした。これまでのタダシ☆タナカによる暴露ムックよりも格段にちゃんとしてるんだけど、紹介すべきポイントはゼロ。エド・フィッシュマンにまで取材してる割に、タブーって感じが全然しないんだよなあ……。

25

『Number』、久し振りの格闘技特集は相変わらずの面白さでした。特に柳澤健氏が聞き手を務めた「アントニオ猪木が語る『1976年のアントニオ猪木』」が。しかし、メインの特集タイトルが「〝PRIDE後〟の世界」だったりと、確実に世間はPRIDEを「終わったもの」として捉えているんだなあ……。プロレス界に続いて、総合格闘技の世界でも順調に非常ベルが鳴り響いているわけなんだが、気にせず続ける書評とは名ばかりの引用書評コーナー。

佐山聡&前田日明対談の内幕に真樹先生の気配りを知る一冊 小比類巻へのコメントも的確すぎてシビレた！

『格闘家は女々しい奴が9割』　真樹日佐夫／東邦出版／1300円＋税

漫画原作者でもある竹内一郎の新書『人は見た目が9割』（05年／新潮社）に対抗したのか、劇画原作者でもある真樹道場宗師・真樹日佐夫先生の新作はタイトルだけでもインパクトのある一冊。ただし、中身はそんなことばかり書かれているわけでもないし、「格闘技界に生きる諸君をおちょくっているわけでは勿論ない」、真樹先生の目から見た格闘技界についてのエッセイ集である。

まずは真樹先生の仲介によって『週刊文春』誌上で実現した佐山聡&前田日明対談の内幕からスタート。「担当のTは、二人が抱えている地雷について知らない。その不慣れな対応もあって、対談はなかなかいい雰囲気にならない」「Tが、訪れた沈黙をどう受け止めたものか、二人が対座するテーブルの真ん中辺りに、どちらからも見えるようにと配慮したのであろう、新聞の切り抜きをさり気なく出して置いた。スポーツ紙がUWFでの佐山と前田の俗に遺恨マッチとされている一戦を報じたもの、と見て取って私は一瞬、背筋に冷水を浴びたような衝撃をおぼえた。反射的に切り抜きへ手を伸ばし、引き寄せようとしたが、タッチの差で佐山に先んじられた」ために、佐山は「おいこら。おまえ、何のつもりでこんなモノを出しやがった」と激怒。「このままではどうなることかと見かねて私は起って行き、Tを壁の方へ引き離すとともに前田に目配せした」りというように、コワモテなイメージの強い真樹先生の意外な気配りの姿勢が伝わってくるのであった。今度は「松井章圭と緑健児を一度会わせたいと思っている」というのも、明らかに気配りの一環！

朝青龍のパーティーで突然挨拶を頼まれ、『横綱がもし相撲に飽きて、K－1やPRIDEのリングで大暴れしたいというのであれば、いつでも橋渡しをさせてもらう』と言わずもがなのことをつい言って、スピーチを終わりとした。満場静まりかえったので少しばかり後悔し反省もした」りと、実は周囲の反応を気にしてたりするのも意外の一言だし。

そして、キックの興行も自ら手掛けているだけあって小比類巻貴之に対するコメントがあまりにも的確すぎてシビレたのであった。

つまり、「過日、K－1MAXの小比類巻選手と酒を飲む機会があった」真樹先生が「なぜ、君は魔裟斗に勝てないのか」と本人に直撃すると、なんと小比類巻は「あいつより僕の方が強い。ちゃんとやれば絶対に勝てます」と断言！　さすが！　そんな小比類巻を見て、真樹先生は「黒崎（健時）さんは生半可なうぬぼれをまず徹底的に変革させようと考えたのだろう。だが、小比類巻はその指導の意図をとうとう理解できなかったようで、迷路を脱し得ないまま、黒崎さんの元を離れてしまった」「彼は『ミスター・ストイック』と呼ばれる。だが、そう呼ばれてしまうところに実は隙があり、本来の意味でのストイックからは離れた所にいるような気がしてならない。魔裟斗の方が派手に見えて、本当はストイックなのかもしれない」と結論付けるのである。

他にも「小川と橋本は何度か素晴らしい試合をした。それらはシュートとプロレスの交錯するような展開で、ある意味では、プロレスの今後の可能性を示唆するともいえる熱き戦いでもあった。近年、プロレスであそこまで迫力があった試合を私は知らない。あれは、情念と情念がぶつかり合った歌で言えば紛うかたなき艶歌だった」といったドラマチックな表現も多数。男だったら断じて読むべき！

『実話ナックルズX vol．01』 ミリオン出版／476円+税

コンビニ売り中心の単行本サイズムックとして創刊された雑誌に前田日明インタビューが掲載されていたから、ちょっぴり紹介。

まあ、中身はズバリ言っていつもの話で、聞いたこともない新ネタは「年内に関東でアマチュアの『全国ガチンコケンカ大会』をやろうかな、と思ってるんですよ」という梶原一騎原作『四角いジャングル』における「ケンカオリンピック」（問題になって後に「腕っ節日本一」と改称）的なプランぐらいだったりするんだが、重要なのはこの発言だ。

「P（格闘技団体）が、関西のスポーツ賭博という、いかがわしい金にまみれているというのをある筋から聞いてね。悲しいよね。何とかその情報を表に出してやろうとしてたら、クルマのブレーキオイルを抜かれるわ、なぜかアメリカと日本で同時に理不尽な裁判に6件も巻き込まれたり、実際に拳銃がらみのトラブルにあったり、『俺はアクション・スパイ映画の主人公か』ということが現実にあった」

いや、もちろんこれも「いつもの発言」ではあるんだが、PRIDEとK－1がすっかり雪解けしたいまになってわざわざ言うようなことじゃないのは確実！　とても子持ちになったとは思えない変わらぬ姿勢に感動！　この大人げなさがあってこそ前田日明だよ！

あと、前田日明が雑誌を読んでいる写真のキャプションに「実話GON！ナックルズを読む。『嫁がこの

雑誌好きやねん』とうれしいお言葉を頂いた」と書かれていたのを見て、そういう意味でもお似合いの夫婦なんだろうなあと思った次第なのである。

★今月の豪ちゃん★先日、フジテレビで放送された『東京マスメディア会議』が最高でした！　恋の病にやられてヒクソン・グレイシー道場でのたうちまわり、ヒクソンに恋愛相談をして、言われたままアタックしたらあっさり失恋したのを全部ヒクソンのせいにしたり、自己破産寸前で現在貯金ゼロだと告白したりする安西グレイシー、十分に地上波対応できてましたよ！

なんとビックリ。前田日明の喧嘩の師匠でありリングスの元解説者でありハリウッド・スターでもあった田中正悟先生の新作本が、ひっそりと出ていたのを発見！『いつか秘境で』（06年／澪標）というその本は柳生一彦という冒険家についての物語なので、残念ながら田中正悟色は皆無。でも、帯文がアルフィーの坂崎幸之助だったりと相変わらずの人脈の広さでした。ちなみにAMAZONなら1円で買えますよ！　そんな細かい情報もフォローする、書評とは名ばかりの引用書評コーナー。

26

UWFは成り立ちもそこに集まった関係者も思いっきりいかがわしかった!?

『別冊宝島 U.W.F.伝説』 宝島社／857円+税

いま、なぜUWF本を出したのか？　それも、これだけUWFの内幕が明らかになったのに、そっち方面にはあまり踏み込まないソフトな内容で？　構成（第一次UWFのパンフ紹介とか明らかに無意味）にもインタビューの人選（なぜ武藤敬司？　船木誠勝が巻頭インタビューなのはいいけど、なぜテーマがUWFじゃなくて復帰の真相？）にも疑問は残るが、いろいろ考えさせられ

る一冊だった。

当時、プロレスラーからは「同じプロレスなのに格闘技ぶりやがって！」と疎まれ、格闘家からは「真剣勝負の振りをして大金を稼ぎやがって！」と疎まれていたＵＷＦ。

元はといえば「プロレスラーたるもの、プロレスが八百長呼ばわりされたら怒るべし」だの「プロレスラーたるもの、リングで使わない技術も学んで強さを求めるべし」だのといった新日本プロレスの教えを守ってきただけのことなのに、なぜ疎まれる存在になったのかといえばファンが妄信的過ぎたせいなんじゃないかとボクは思う。「ＵＷＦは他のプロレスとは違って真剣勝負だ！」とか「ＵＷＦは他の格闘技よりも強い！」とか真顔で言われたら、そりゃあ頭にくるのも当然だろうし。

Ｕインターやリングスや初期パンクラスは大好きだったボクがＵＷＦが好きになれなかった理由も、そこにあった。ターザン山本の原稿から引用すると、「ＵＷＦは結局、ファンがそれに対して勝手な幻想を抱き、それがいつのまにかひとり歩きして、最後はそのイメージだけが怪物化していった」ためなのだ。たかがファンがＵＷＦを好きなだけで、どうしてエリート意識を持っているんだって話で。

そして、第二次ＵＷＦをハウンドドッグ仕込みのノウハウで売り出した結果、妙にクリーンかつギョーカイ的なイメージになったことも、プロレスのいかがわしい部分が好きなボクとしては引っ掛かった（現在、ハウンドドッグがＵＷＦ同様に分裂し、大友康平が一時の前田日明みたいになっているのは興味深い）。

しかし、この本を読んでもわかるようにＵＷＦはその成り立ちも、そこに集まってきた関係者も思いっ切りいかがわしかった。佐山聡のマネージャーだった「ショウジ・コンチャという人物は、前科７犯か８犯でね。その他にも、Ｓ会の親分の毛皮のコートを数千万円で横流しした」（浦田昇・談）という噂もあったし、そんな佐山と前田日明がシュートでぶつかるに至ったのにも理由はあったのだ。

「あのシュートマッチの絵を描いた人間はいたのでしょう。前田君の大阪の師匠みたいな。そう、田中正悟です。私が東京にいるのをいいことに、『東京から浦田さんがこう言ってる』と吹き込んだらしいのです。

もちろん、私は何も言ってません。田中は、前田君を自分のとこのCMにタダで出させたり、そういう人物だったみたいですね。藤原君とかは、『何やってやがんだコイツ（田中）は』という感じだったんですが」（浦田昇・談）

田中先生、脚注部分では「リングスの金を持ち逃げし、姿を消した」とハッキリ書かれているのも最高なんだが、いかがわしいのに意外にも真っ当なことを言っていたのが当時、UWFのスポンサーになった直後に自称右翼に刺殺された豊田商事の永野一男会長だった。

なんと第一次UWFを見るなり、「浦田さん、もうちょっとしたら、月1回でいいから、もうちょっと激しいのやってくれ。こちらはそれだけのお金は払うから」「大体、このスタイルで1週間に1度やるというのはあり得ないよ」と、的確すぎるアドバイスを送っていたというのである！　第二次UWF以降に成功を収めろ月1興行システムは、いまは亡き永野一男のプランだったのか！

もちろん、最もいかがわしいのは第二次UWFの神新二社長だろう。丸や四角や線の記号が書いてある額を指して「これは宇宙の言葉なんだよ」と船木に説明したり、「この先、人間は寝ないでいい時代がくる」とブッカーKに言い切ったりを経て、UWF崩壊後には「残ったフロントのメンバーで神様の水という『御神水』を「1リットル1500円で」販売していたとのこと。そんな神社長は現在、「大バカになる会」を率い、「世界が待ち望んでいる夢のプロジェクト！」を日本から世界に向けて発信するべく準備中とのことだ。

最後に紹介するのは、谷川さんのこの発言。

「プロレスで一番面白いのは、馬場VS猪木みたいに人間関係のガチンコ性だと思います。もっというならそこからさらに『感情のガチンコ化』。（略）それらがごちゃまぜになった最後のプロレスがUWFだった。今、私たちが『K－1』『HERO'S』『MAX』をやっていて、それが一番作れないところですね」

そして、『UWF』の最大の魅力はボク的には、ダナ・ホワイト（UFC代表）のガチンコ性なんです」という発言にもそれなりに納得できるんだが、そんな人間関係のガチンコ性を誰よりも保ち続けている前田日明を『HERO'S』が巧く使いこなせないでいるのが、ボクには歯がゆくてしょうがないのであった。前田日明とPRIDE側（髙田延彦や山口日昇）とのガチな確執を、いまこそビジネスに転がすべき！

★今月の豪ちゃん★今度、某社からターザン山本についてのムックが出るのでボクもコメントしたんですが、あの長州力も「俺の発言をそのまま載せるなら」という条件で取材を受けたとのこと。当然のように、人権すら無視するレベルでターザンをこきおろしていたそうです。長州、最高だ！　……だけど「キレてないですよ」って、明らかにキレまくってるじゃん！

27

数年前のプロレス同様、周囲の人たちから格闘技への興味みたいなものが目に見えて薄れてきている今日この頃。もし奇跡が起きてUFCの地上波放送が始まったところで、この状況が好転するとも思えない以上、須藤元気が格闘技を引退したタイミングは正しかったのかもなあ……。それこそ朝青龍のDynamite!!参戦でもなければK-1もヤバいし……とか考えると切ない気持ちになってくる、書評とは名ばかりの引用書評コーナー。

「憂国」とタイトルに掲げながらも、佐山皇帝が軽く国を憂いている程度。表紙コピーが八百長！

『ケーフェイ2―プロレス八百長伝説 プロレス&格闘技「憂国」列伝』
インフォレスト／952円+税

それなりにセールスが見込めるせいなのか、まだまだリリースが続くプロレス&格闘技のB4サイズの暴露系ムック。しかし、こんなにピントが絞りきれていないまま作られた代物も、ちょっと珍しいんじゃないかと思う。

なにしろ「憂国」とタイトルに掲げておきながら、それっぽいのは自称・極右の佐山聡皇帝が軽く国を憂

いている程度でしかないし（それなら黒崎健時、前田日明、シーザー武志、堀辺正史、荒勢、朝堂院大覚といった右寄りの格闘技関係者が大集合して天下国家を論じる、無闇に熱い本にした方がよっぽど面白かったのに！）、佐山聡名義ながら中身は全てターザン山本が書いた暴露本『ケーフェイ』（85年／ナユタ出版会）の後を継ぐかのような「ケーフェイ2」というタイトルを掲げ、目玉企画として佐山皇帝とターザンの対談を組んでおきながら、そこにケーフェイ（口外してはならないタブーや暗黙の了解を指すプロレス業界の隠語）を破るような部分も一切ないのである。騙された！

だってこの対談、表紙には「業界驚愕の革命論を爆弾発言!!」という見出しが付けられているんだよ？　それなのに、すでに何度も聞いたことがある話を表面的になぞった後で、「アッ、という間に2時間が経ちましたね。今日は、いい勉強になりました」というターザンの呑気な発言で唐突に終わる中身のなさ！

初耳なのは、佐山皇帝が主宰する「掣圏真陰流の格闘技は、ベニー・ユキーデ氏とコラボレーションし、アメリカで、『武士道』という格闘技になり、変化していくでしょう」って発言ぐらい。もはや、このムックの表紙コピーこそが八百長じゃん！

プロレスや格闘技のみならずトークでも天才ぶりを発揮し、シュートかつキュートな発言（＝口調こそ可愛らしいが物騒すぎる発言）をいつなんどきでも連発できる佐山皇帝を、どうすればここまでつまらない人間に仕立て上げることができるのだろうか？　先日、『ターザン山本と吉田豪の格闘二人祭!!』というトークイベントのゲストに佐山皇帝を迎えたときでも、右翼団体を作ったとか街宣車を持ってるとかの「憂国」ネタを、完成度の高いバカ話（ダイエット中でもノンカロリーじゃないコーラを飲むのは、糖分の摂取が重要なので、とか）を交えて話してくれたぐらいだから、別に佐山皇帝が自粛したわけでもないだろうし。目玉企画かその調子なんだから、他のページの出来については言うまでもない。

通常、この手の暴露系ムックはプロレスネタだとそれなりに立ち入った裏ネタを暴き、格闘技ネタだとネットで調べればわかる情報をそのまままとめた程度にするのが基本になりつつあるんだが、このムックはプロレスネタすらもネットレベル。いや、むしろネットの方が深いぐらいで、プロレス専門誌レベルの表面的な情報をなぞっているだけだからお話にもならないのであった。そういう本を作るのも自由だけど、それなら「ケーフェイ」云々をタイトルに使っちゃ駄目でしょ！

下半身ネタはそれなりに暴いてるけど、藤田和之が掃除のおばちゃんとヤッた話を「F選手、ハウスキーピングのオバちゃんのノックに対して、スッポンポンの全裸で応対するから面白い」などとイニシャルで書いて、「これは夢のような実話である」と力強く言い放ってたりするから心底ガッカリ。そんなの、辻よしなりアナが何年も前に著書『プロレス裏実況』（01年／アスキー）で実名報道してるのに！　6年遅い上にレベルも数段低いよ！

なお、辻アナ本の記述はこんな感じだった。

「藤田は、食欲・性欲・睡眠欲という人間の三大欲求もすべてが半端ではない。新日時代の有名なエピソードがある。藤田が遠征先のホテルで昼頃まで寝ていると、コンコンと誰かがノックした。素っ裸で寝ていた藤田が、そのままドアを開けるとそこに立っていたのは掃除のおばちゃん。彼女は腰を抜かすほど驚いてドアを閉めたのだが、しばらくすると再び藤田の部屋を訪れた。ひと目で藤田の肉体にKOされて我慢できなくなってしまったらしいのだ。すると藤田は、当たり前のように手厚いおもてなしで、彼女を悦楽の境地に誘ってあげたという」

文章力も辻アナの圧勝である。プロのライターなら、後出しジャンケンで負けるなよ！

他にも「覆面座談会　コワモテ前田日明の仮面を剥ぐ！」なる企画では、「アメリカで刑事告訴」とか「尾崎社長への暴行」とか「雑誌の記者が、ハワイの試合会場で前田日明に暴行されかかった」とか、既出のネタしか出てこないから仮面は一切剝がれないし、「前田日明とか小原道由は、2年に1回ぐらいシロウトに手を出しているようですよ」なんて発言にしても、それなら現役でヤンキー狩りを続けているらしい佐山聡に言及するべきなのに！

さらには「元新日本プロ番記者」が「尾崎社長も『よく言うよ』っていう感じ。パンクラスを退団したYが某レスラーに『ウチもこれ（ワーク）でやるときがありました』と告白してるんですよ」とコメントして、なぜか前田日明ではなく尾崎社長の仮面を剝ぎにかかるんだから意味がわからないのであった。

★今月の豪ちゃん★小池栄子の著書『小池の胸のうち』（実業之日本社）がえらい面白かったから、これは本気でオススメ。K-1側の藤原紀香が結婚の喜びをアピールしつつ自分の高級感も高めるような計算尽くの著書を出したのとは対照的に、PRIDE側の小池栄子は仕事が最近上手くいかないことと、家族&ルックス面でのトラウマを著書で告白していたのである。最高！

28

『リアルファイトマガジン　バトル×トーク』（フリーラン）という格闘ムックの表紙を見たら、「業界フィクサー川又誠矢独占キャッチ！120分！」なんて見出しに並んで「格闘技界に巣食う輩　ふざけるな吉田豪！」なる文字を発見。何かと思って読んでみたら、それらしい記事は一切なし！　ミステリー！　そんなわけで、格闘仕事は少ないはずなのにどうやら格闘技界に巣食っているらしい男による、書評とは名ばかりの引用書評コーナー。

夢枕獏先生のコラムはそこらのファン以上の圧倒的なピュアさで勝負している！

『濫蓄好きのための格闘噺』　夢枕獏／毎日新聞社／1300円+税

90年代初頭、大道塾（当時）の市原海樹を筆頭とする一つのジャンルに括れないボーダレスな選手たちを「さまよえる格闘家」として『格闘技通信』などでもり立てたりと（しかし、なぜかその市原海樹から恨まれ謝罪文を出す羽目に……）、総合格闘技黎明期に夢枕獏先生が果たした役割は本当に大きかった。

しかし、それは十数年前の話であり、いまはどうなのか。格闘技というジャンルが世間で当たり前のように定着した以上、初心者向けとして最適だった夢枕獏先生の格闘技コラムの役割も変わっていくしかないんだと思う。

こと格闘技情報に関してはファンの方が詳しかったりするネット時代に、プロの書き手はどこで勝負するべきなのか？　文章力？　それとも裏ネタ？　一緒にするのも申し訳ないとはいえ、松原隆一郎先生やボクは格闘技マスコミとは異なる視点と、それが本業ではないことによる自由な発言によって勝負していると思うんだが、夢枕獏先生の場合はそこらのファン以上の圧倒的なピュアさで勝負しているような気がしてならないのだ。

『毎日新聞』に連載されたこの格闘技エッセイ集にしても、格闘技を知らない人にはマニアックすぎるし、格闘技に詳しい人には浅すぎる。しかし、いまとなっては明らかにズレていたとわかる発言もそのまま単行本にする姿勢ゆえ、ピュアなハートは往年のＪＷＰ以上にビンビン伝わってくるわけなのである。

たとえば、誰かを褒めるにしても「反則とはいえ、武蔵をぼこぼこにして負けてしまった曙に感心。大晦日のボブ・サップ戦よりずっとよくなっている」だの「どれだけ凄い選手になるか。今年のＰＲＩＤＥの、一押しの選手である。皆さん、今後の瀧本（誠）を見ないと損しますぜ」だの「ノブ・ハヤシと、Ｇ・草津の息子に期待」だのといちいち読み違えてばかりいるし、「ＰＲＩＤＥでの桜庭の役割は、終わったと言ってもいい。新天地へ行く方が、秋山対桜庭といったどきどきするカードも生まれる」なんて発言にしても、これまた完全に読み間違い。あの時点でも谷川さんがボロボロになった桜庭をどう再生させるのかに関しては期待されていたけど、秋山との試合は組むべきじゃないとみんな思ってたはずなのに！　反則云々じゃなくて、普通にやっても秋山にはまず勝てそうもなかったから。

「フジテレビがＰＲＩＤＥの放映をやめてしまったが、実に惜しいことをしたものだ。これだけテンションの高い試合がリングにある以上、いずれはどこかの局が地上波で放映することになるのではないか」

この発言にも、いまとなってはしんみりさせられるばかりなのだ。格闘技界のダークな裏側を見ることなく、いちいちポジティブな未来だけを素直に夢見てる人なんだよなあ……。

先口亡くなったカール・ゴッチについて、「ゴッチは、若い頃から総入れ歯だった。何故か。試合で折ったのではない。自分で歯を折って、みんな引き抜いてしまったのだ」「自らペンチを持って、痛い歯も痛くない歯も、みんな、みりみり抜いてしまったというのである」とのエピソードを最後に紹介しているのも象徴的なんだが、これについてはボクが『タモリ倶楽部』に出演したとき山本小鉄が「ゴッチさんは自分で歯を抜いたわけではなく、僕が紹介した大病院で歯を抜いた」と証言していた。つまり、ピュアだからこそプロレス幻想にもまんまと乗せられてしまったわけなのだろう。

そんなピュアさがいちばん伝わるのは、表紙にもなっている力道山対木村政彦戦についての部分だ。力道山が最強の柔道家・木村政彦を騙し討ちにし、リング上で突然ガチを仕掛けて潰したことはいまとなっては常識なんだが、夢枕獏先生は試合映像を徹底検証！

「ぼくの知る限りでは、この映像からの謎解きがきちんと活字になるのは、初めてのことではないかと思う。今回これを記しておくのは、昭和史に残る〝世紀の一戦〟の真相を知る上でも、意義のあることだろう」

こんな前置きで、連載で全9回分、単行本で26ページも使って真実を明らかにしていく……のかと思ったら、「力道山が、初めから木村をだますつもりであったのだと言わざるを得ない。これが、ビデオを何度も見ながら導き出したぼくの結論である」と力強く言い切るわけなのだ！　そんな結論なら、みんなとっくに知ってるよ！

あまりの破壊力で、これが長いフリを使ったギャグだとしか思えなくなってくるほどなのであった。

『レボリューション』 須藤元気／講談社／1190円+税

須藤元気が、敬愛するチェ・ゲバラに触発されて、ニートな友達と一緒に若きゲバラと同じルートを辿る旅日記。メキシコの呪術師に「お前は戦士だ。戦いを続けるか、戦いをやめるか、どちらかしかない」と言われるエピソードもあって、それなら格闘家としてまた闘いを続ければいいじゃないかとボクなんかは思うんだが、彼に言わせれば「呪術師が言う『戦士』とは（略）世界の謎と神秘に向かい合う人間のことを指している」とのこと。だったら、そういうスピリチュアルな闘いをやめて、また格闘家として……（以下略）。

★今月の豪ちゃん★日テレの特番『ロコもん』や『タモリ倶楽部』のカール・ゴッチ追悼特集に出演したり、テレ東の『給与明細』で密着取材（真樹日佐夫先生も出演！）されたりと、なぜかテレビ出演ラッシュ。今日は北野チャンネル仕事で国会図書館でのロケ中、グラビアアイドルの相澤仁美に「いいから小池栄子の本は絶対に読むべきですよ！」と熱く語ってきました。

29

通販限定でひっそり売り出された秋山成勲の衝撃ノンフィクション なぜ解説がビッグ錠!?

『Ｎｕｍｂｅｒ』が定期的に格闘技特集をやってたのが嘘だと思えるぐらい、一般誌がプロレスや格闘技を記事にしなくなった今日この頃。ボクが一般誌で連載している格闘技コラムでも、もはや世間との接点がなさすぎる現在進行形の格闘技事情をネタにしづらくなり（それを書いたら基礎的な説明だけで原稿が終わる）、自然と亀田親子ネタなんかが増えているわけなんだが、だからこそある意味貴重な、書評とは名ばかりの引用書評コーナー。

『秋山か、チュか』

朴志一／G・PRESS／860円+税

最近、ボクは柔道で実績を残した格闘家の特徴に気付いた。それは、なぜかみんな空気が読めないということである。古くはルスカ、ヘーシンク、坂口征二辺りに始まり、最近でいえば小川直也、吉田秀彦、中村和裕、瀧本誠と、誰もがプロの世界に馴染めなかったり、もしくはプロという概念を思いっ切り勘違いしたりで、ファンのニーズに応えることができない。そんな〝空気を読めない柔道家〟の頂点に立つ男こそが、この秋山成勲なのだ。

強豪たちを柔道ではなく打撃で倒したのに迷うことなく「柔道最高！」と叫び、ヌルヌル騒動が起きれば多汗症と言い訳し、ある意味では制裁マッチだった復帰戦でもデニス・カーンをあっさり下して「大韓民国最高！」と叫ぶ。強いのに何かがズレていてどうも乗り切れない、そんな「秋山成勲の10年間を綴った衝撃のノンフィクション」が、なぜか通販限定でひっそり売り出されたようなので、さっそく買ってみた。著者は、ソウル生まれの「NPO法人・アジアの平和と友好を考える会」の代表である。

それによると、愛国心溢れる秋山は「柔道着に太極旗を付けたい」との思いで大学卒業後に韓国へ渡るが、「在日コリアンである出自や韓国の病巣である学閥問題の差別」によって理不尽な判定負けを繰り返し、母国に失望。「アメリカの総合格闘技団体であるUFC」に進出する……って、あれ？ なんだかおかしいと思ったら、これは秋山がプロ格闘家に転向する以前、02年に作者が「制作しようとした秋山の映画のシナリオ」なのだそうだ。

「このシナリオは、韓国のメディアが秋山について報道した記事や、秋山の周りの人から得た情報を基にした極めて真実に近い内容だ。なぜ、私はこの小説のような感動的なストーリーの映画をとりやめたのか?・」

その原因は全て秋山にあったそうである。

それまでの報道や母親の証言を確認するため直接秋山を取材したところ、「秋山の返事に、私は耳を疑った。

私の質問に対して、彼はあらゆることを否定した。私が間違って解釈しているというのだ」「秋山は韓国で柔道をしたときの差別の問題より、自分は日本が好きだから帰化をしたというのだ。秋山は自分を主人公にしたドキュメンタリーに、このような内容が入ることを希望した」「それでは、私が知っていた一人の在日コリアンが、愛国心から韓国の代表になるために玄界灘を越えたという美しいストーリーはなんだったのか?」。

こうして「秋山自身に関するストーリーの独占権とエージェントの契約書にサイン」こそさせたが、秋山が希望するまま映画を作ったら「嫌韓という意味で」「韓国で反響を呼ぶ内容」になるので「秋山の未来のことを考えて、私たちは悩んだ末に映画制作を断念」。「それなのに、別のところで秋山が前に否定したストーリーで映画が制作されようとしている」ことが判明するわけなのだ!

正直、ここまでは全然面白くない本だったんだが、個人的な利害関係が絡んできてからの展開は非常に興味深い。まず彼は秋山の母親に再び会うんだが、「会う前に何度も金の問題ではないと言ったのにもかかわらず、彼らは初めから私を金を取りに来た人として扱った」「母親からの最後の質問も、結局はいくらいるのか、であった。首を横に振りながら私が席を外しかけた時、やっと私が金を要求しているのではないとわかったようだ」というぐらいに失礼な思いをすることになる。

秋山本人に会っても、彼は「映画は作らない。韓国のファンミーティングで言ったことは、意味のない言葉だ。映画の話をするとファンが喜ぶから。韓国に住みたいというのも、ファンを喜ばすためのリップサービスだ」と釈明。つまり、「大韓民国最高!」発言も単なるリップサービスだったんだろうなあ……。このとき「彼は私に映画を撮らないことを文書に残すといい、約束をしたが、彼の都合でその約束は果たされなかった」のだという。

「この本が準備される渦中にもいくつかの妨害があった。私と秋山の関係や映画のことなど事実を知っているある会社から、2007年1月には原稿がまとまっていたのにもかかわらず、遠まわしに本の出版をだめにして、内容を変えさせるようなことがあった。彼らは秋山を利用して金を儲けたいのだが、それにはこの本がビジネス的に邪魔になるからだ」

だから、こんな不思議な形での販売（男の涙ドットコムというサイトの通販のみ）になったのか！　作者の日本語が下手だから読み物としてはダメなんだが、試合のことを「マッチ戦」、レイ・セフォーのことを「レイ・ヤッポ」と表記したり、テコンドーの大物が「有名な映画俳優ブルー・スリーに蹴りを教え、モハメット・アリには『エキュポンチ』という名称のポンチを教え」（青《ブルー》の３《スリー》って！「ポンチ」は当然、パンチだよなあ）だのと書いたり、黒のショートスパッツのことを「黒パンティー」と表現したりするセンスに爆笑。さらには、なぜか解説担当が『包丁人味平』のビッグ錠というオチまで用意されているのであった。秋山のやった行為は、カレーに麻薬を入れるような反則だってことかなあ（絶対違う）？

★今月の豪ちゃん★ボクが金曜夜の『タモリ倶楽部』と日曜夜の『給与明細』に出演し、山口日昇が土曜夜の『どハッスル!!』に出演しているのを見て、なんかちょっとしみじみしました。しかし、ゴッチ特集みたいなプロレス関係でテレビに出るのって、明らかにボクの仕事じゃないわけで。一時の谷川さんみたいなテレビ映えするマスコミ関係者って他にいないんですかね。

やれんのか?（NHKの仕事でマダガスカルに行き、屈強な黒人格闘家とガチで試合をやるかと聞かれたGacktが）というわけで盛り上がってまいりました、旧PRIDE勢とK-1との格闘技大連立……じゃなくて、WVRの興行・戦極が！戦極でググると真っ先に名古屋の草野球チームがヒットするのも、いい感じ。柔道系の興行なんだからエースは秋山成勲にするべきだと本気で提唱したい、書評とは名ばかりの引用書評コーナー。

30

須藤と宇宙生命との対談が東京で実現…専門用語連発に一般人は面食らう!?

『バシャール スドウゲンキ』 須藤元気、ダリル・アンカ／ヴォイス／1500円＋税

須藤元気も、とうとうここまできたか……と、しみじみさせられる一冊。なにしろ、今度はあのバシャールとの対談集なのである！

……と言っても格闘技ファンの皆様にはサッパリわからないだろうから説明しよう。バシャールとは巻末プロフィールによると、「地球の時間で三〇〇〇年後の惑星エササニの多次元的存在」……って、その説明じゃサッパリわからないよ！　もうちょっとだけ補足すると、バシャールとはオリオン星のそばにある3次元からは決して見ることができない惑星エササニに住む宇宙船の操縦士であり、バシャールからテレパシーでキャッチしたパワーとメッセージを世間に伝えるのがチャネラーのダリル・アンカという男なのだ。

過去にバシャールに関する本を読み漁り、バシャールとコンタクトしたくて「瞑想技術の研鑽」に没頭するあまり、「友人は心配して、『とうとう格闘技で頭にダメージを負ってしまったんだね。そろそろ格闘技をやめて就職したらどうだろうか』とすすめてくれた」というエピソードを持つ須藤元気が、その対談相手に選ばれたのは必然だったのかもしれない。友人の気持ちはボクにもよくわかるし。

しかし、だ。前書きも何もなく、「この本は、須藤元気と、ダリル・アンカを媒体とする宇宙生命・バシ

ャールが、東京で行った対話を書き起こしたものです」という一文だけで、注釈もなく専門用語が当たり前のように飛び交う対談に突入するから、須藤元気の一連の著書に興味を持った人が読んだら面喰らうこと確実！　だって、バシャールが〝無尽蔵のゼロ・ポイント・フィールド（量子ゼロ場）からのエネルギーと、その構造〟について延々説明したら、須藤元気が「マサチューセッツ工科大学の講義のようになってきました、博士。今バシャールが話していることは、カルロス・カスタネダの本に書かれている、メキシコにいるヤキ・インディアンの呪術師が言う『イーグルの放射物』という、エネルギー場の宇宙と『精霊』の関係の説明と同じものですか」って感じで話を受けたりするんだよ？

そっち系の世界に理解がありすぎる男が聞き手になり、『過去世セラピー』『悟りってなあに？』『ソウルメイトと出会う本』『世界のパワースポット』なんてガチでスピリチュアルな本ばかり出す出版社が版元になったため、この本はあまりにも説明不足なのだ。量子ゼロ場とかニビル星とか、みんなわかってると思ったら大間違いだよ！　まずはバシャールについて、ちゃんと説明するべき！

ただまあ、「（異星人と）地球全体として公式な形でコンタクトが始まるのは2035年以降です。2033年から2037年の間に、地球は変わっていき、宇宙連合の一員になっているでしょう」とバシャールに言われた彼が、「僕は将来的に政治に携わろうかと思っているのですが、ぜひそのコンタクトをとる代表になりたいですね」と言っていたのを見て、何かいろんなことがしっくりときたというか。できることなら須藤元気には、たま出版の韮澤潤一郎が立ち上げた日本UFO党の遺志を継ぐような政治活動に期待したい。

『幸福論』 須藤元気／ランダムハウス講談社／760円+税

須藤元気の著書の中でいちばん面白いと思えるデビュー作がオールカラーで文庫化された。ただし、幼少期から格闘家としての軌跡までを追った巻末のドキュメント部分は完全に割愛。いよいよ本格的に格闘家としてのイメージを消そうとしているようだが、それでも文庫版あと

がきは非常に興味深かった。

「お遍路の旅を終える前の僕は、自分の感情や想念の流れをうまくコントロールできていなかった。（略）あるネガティブなイメージをひとつ思い描くと、それが無数にある思考の断片にすぎないことに気づくこともなく、ネガティブワールドの果てまで追いつづけた。そして、その不安をエネルギーにひたすら練習をし、強くなって有名になり、お金を稼ごうとした。そうなれば毎日を不安なく明るく過ごせる。そう思っていたのである」

それが、この巡礼で『ありがとう』という言葉を二十一万九十回言いつづけることで「中和され」、だからこそ引退を選んだのだ。

引退後は格闘技についてあえて語ろうとしなくなった彼が、ここではこう書いている。

「今でも自分の周囲を見わたすと、格闘技でのし上がろうと必死で頑張っている人が沢山いる。もちろん、その夢と努力は素晴らしい。しかし、練習の合間に寄り集まっては、テレビに出たとか出ないとか、格闘技雑誌に記事が出たとか出ないとか、あいつの方が大きく載っているとか、カラーページだったとか、白黒ページだったとか、一喜一憂する姿を見ていると、ついこの間までの自分を見ているようであり、いささか気まずいものだ」

過去、誰よりも目立ってのし上がろうとした結果、移籍のゴタゴタで圧力をかけられたりした彼がここまで達観できたのも、バシャールとの対話で「どんな現象も肯定的にとらえ、どんな過去を持っていたとしても、それをすべて肯定的にとらえることによって、これからの道が拓けるということですね」と言ってたことに繋がってくるんだろうなあ……。

★今月の豪ちゃん★先日、MXテレビの番組『5時に夢中!』で内藤大助選手を10分間ながら生インタビューさせていただきました。事前に亀田の名前を出すのもNGと言われていたのに、いざ会話が始まると自分から亀田ネタを口にして「その名前は言わないって言ったじゃない!」とボケ続けるセンスに感服した次第。その模様はYoutubeで配信中です。しかもオフィシャル。

31

M-1グローバルの日本侵攻が噂される今日この頃。なぜかボクはラジオ出演時、漫才の方のM-1でキングコングが優勝の本命に選ばれていたことを「それはない」と断言したら、キングコングの西野さんにブログで「吉田豪さんを蹴っとばしたい」と2度も書かれ、不思議な遺恨が勃発しちゃいました。その結果、西野ファンの女子から「一生懸命やっている人を批判するなんて！」と叩かれた男による、書評とは名ばかりの引用書評コーナー。

突っ込みなくコク不足もUWFの因縁が明かされる前田のインタビューだけは相変わらず絶品！

『週刊プロレス別冊　新生UWF証言集』 ベースボール・マガジン社／1429円+税

ライバル社の本をここで取り上げるのはタブーみたいなものなのに、それでも特例としてあえて紹介したいのが、この本。『週刊プロレス』のスタッフが旗揚げから20年を経て第二次UWFを再検証すべく所属全選手をインタビュー……するはずがハッスル派の髙田と安生には取材拒否されちゃっているし、桜庭対船木と田村対所英男というUWFリバイバル的な試合に合わせて発売するはずが、その2試合とも不完全燃焼に終わっちゃうしで、あまりにタイミングも悪すぎる一冊である。

しかも、髙田が自伝『泣き虫』（幻冬舎）で「UWFの試合も全て結果が決まっていた」と書いてからもう3年以上経つというのに、プロレス専門誌の別冊なので試合でのアップダウンについても選手に突っ込めないから、インタビュー集としてもコク不足。『泣き虫』についてどう思ったのかとか、いまだからこそ突っ込むべきネタは多々あるはずなのに！

それでも「UWFは業を背負ったからああなったんだよ」というタイトルの前田日明インタビューだけは、相変わらず絶品だった。発言自体は何度も言ってることばかりでも、こんな感じで新ネタもあるから問題なし！

「俺の一生を通して悔やんでも悔やみきれないのは、海老名君（海老名保さん。練習生）と堀口君のこと（89年3月30日、練習生の堀口和郎さんが道場での受け身の練習中に痙攣を起こし、病院に運ばれ手術を受けたが、翌日に脳挫傷のため死去）。堀口君のは、いじめ。ハッキリ言って殺人ですよ」

いじめで殺人！……って、あれ？　道場での事故で引退に追い込まれた海老名君の名前をどこかで聞いたことあると思ったら、そうだ！　なまはげをモチーフとした秋田県限定ヒーロー『超神ネイガー』の原作者であり、元プロレスラーであり、スポーツジムも経営する、ネイガーの中の人じゃん！　前田日明は「海老名君もね、今も運動できないんだよ？」って言ってたけど、ボクが出演したローカルアイドルやローカルヒーローの紹介番組『ロコもん』にネイガーが出演して、思い切りアクションしまくってたような……。

まあ、いい。とにかく海老名君の事故が起きてから1カ月もしないうちに今度は道場で死亡事故が起きたことで、当時も前田日明は「それをやらせた人間と、神（社長）と俺は管理責任者として（警察に）持っていかれると思った。代表を名乗っているわけだから、当事者は殺人罪、俺と神は業務上過失致死になるだろうって」と覚悟したし、このことはいまも悔やみ続けているのだという。

「今でもね、俺はその頃の夢を見るんだよ。堀口君のお父さんとお母さんが目の前でワンワン泣いててね……遺体の前で『前田さん、息子はあなたのファンだったんです。手を組んでやってください』って言われるんだけど、指が硬直してるから組めないんだよ。そのシーンが今でも夢に出てくる」

よっぽどトラウマになってるんだろうなあ……と、ここまではしみじみ読んでいたんだが、話は急速にすごい方向へと移行していく。

「後年、（UWFの選手たちが）バラバラになったとか、誰と誰が仲悪くなったってあったけど、それはね、堀口君と海老名君の因縁だよ。そういうことがあったにもかかわらず懺悔できない。だから、ああなるのは当たり前ですよ。神なんかUWFやめて新興宗教にハマったんでしょ？　そりゃそうだよ。神は人ひとりを亡くしたことに対してフタをしちゃったから、その因縁を背負っているんだよ」

……そう。このインタビューの裏テーマは因縁と業であり、UWFのゴタゴタは全て堀口君の事故ゆえに引き起こされたものだったことが明らかになるのである！　『オーラの泉』みたいだけど、とにかくそういうこと！

「後年、安生が俺に200％勝てるとかいって、俺も乗っちゃったけど、そのあとみんなに謝って。それからまたあとに今度は殴られて……ああ、堀口君に殴られてんだなって思ったよ。あれは安生のコブシじゃなくて堀口君のコブシですよ。安生のコブシをつかって、堀口君が俺を殴ったんだよ」

UFC－Jでの前田日明殴打事件も堀口君の因縁によるものであり、最後は「だから堀口君の件で、UWFは潰れなければいけなかったんですよ」という結論に至るわけなのだ。

因縁話は、それだけでは終わらなかった。

「あのねえ、リングスの道場に堀口君の幽霊が出たんですよ。これね、成瀬（昌由）とか山本（宜久）に聞いてもらえばわかるけど、昼間でも人影が出るんですよ。そこだけ画像がズレたようにモヤーッとしていて、あれは間違いなく堀口君だと思います。俺、語りかけたことがあるんですよ。堀口君だったね」

なんとリングスの道場にも堀口君の霊が出没！　ただし、変に恨んでいたわけでもなく、「リングスのみんなって、オリンピック級の選手と試合したじゃないですか。まだ若いうちから、あんなに差があったにもかかわらず大ケガしなかったのは、堀口君が守ってくれたからですよ」という美談に展開していくのも、いちいち想像を絶していたのである。他の選手たちとはいちいちレベルが違いすぎるよなあ……。

★今月の豪ちゃん★大晦日興行で面白かったのは、前田日明による田村へのトロフィー投げと、秋山成勲に勝ってすっかり浮き足立った三崎和雄の空気を読めないマイクアピールぐらいのものでした。……って、それどっちも地上波でカットされた部分だよ！　あと、ホンマンは韓国相撲ルールならヒョードルに2連勝してたと思います。ろくに練習しないであれだけ出来るホンマン最強！

32

PRIDEの怪人・百瀬博教氏が死去したことで、数年前にボクが聞き手として取材を進めていたものの諸事情で出版できずにいた格闘技ネタのインタビュー集も完全にお蔵入り決定。……と某誌で書いたら、藁谷氏より「ウチで出しませんか?」とのオファーを戴きました。これ、もし出したらボクが格闘技界どころか芸能界で仕事するのにも支障を来しますよ! とまあ、実はトラブルを嫌う男による、書評とは名ばかりの引用書評コーナー。

読後感のいい一冊 プロレス専門誌の編集長が絶対に言ってはいけない一言も…

『プロレス「暗黒」の10年』 井上譲二/宝島社/1429円+税

業界内部の人間による刺激皆無な本でも、恨みが見え隠れする暴露本でもない適度なバランスのおかげで、非常に読後感のいい一冊。

これを書いた『週刊ファイト』最後の編集長・井上譲二氏は、同じ名字を持つ先代の『週刊ファイト』編集長・井上義啓氏が「プロレスは凶器攻撃やピンフォールなどもルールに含めたガチンコにすべき」と主張する度に「そんなのは不可能です!」と真顔で否定する野暮な人という印象でしかなかったが、いまにして思えば危機的状況にあるプロレスを自分なりに守ろうとしていたわけなのだろう。

ミスター高橋の暴露本出版後も、彼は「自分の部下やフリーライターに、この本について一切書いてはならないことを通達。会社に対しては広告を受け付けないことを要請」して、自分なりにプロレスを守った。「このときの『ファイト』の対応について、つまり黙殺したことについて、私は間違っていたとは考えていない」し、「ターザン山本氏は、高橋氏を批判する書籍まで出したが、まったく売れなかった。日頃から『売れなきゃ意味がない』と言う山本氏は、その意味で高橋氏に完敗」と言うが、それなら高橋本の影響で部数が激減したプロレス雑誌も全て完敗だろう。

この時期、ターザン山本は『ＰＲＩＤＥ』こそ21世紀の新プロレスなんだよ。『ファイト』も早く切り替えないとダメだよ」と何度も言っていたんだが、彼はそれにも反論する。

「じゃあ、紙面をガラリと変えて実売数がさらに落ち込んだら、一体、誰が責任を取るのか。それが私の言い分である。専門ライターが揃っていた『ＳＲＳ・ＤＸ』や『ゴング格闘技』でさえ、それぞれ03年と07年に休刊に追い込まれたぐらいだから、プロレス専門誌の『ファイト』が総合格闘技に乗り換えて好結果を出せるはずがなかった」

実際、『ファイト』も末期は格闘技ネタが増え、格闘技専門の増刊も出したんだが、外部ライターが普通の原稿を書いているだけで『ファイト』らしいエゲツなさを感じられなかったから、何の意味もなかったのである。

なお、ミスター高橋本出版後、『ファイト』には「新日本に失望した」「何十年も猪木にだまされてきた。もうプロレスファンをやめる」「オマエ（『ファイト』）もグルだったんだな」という抗議が相次いだとのこと。

ミスター高橋自身もファンに抗議された経験の持ち主で、「あるとき、ファンからカミソリの入った脅迫状が高橋氏に届いた。手紙の内容は『極悪レスラーのタイガー・ジェット・シンに肩入れするお前をブッ殺す』というもの。高橋氏がそのことを猪木に報告すると、返ってきた言葉は『死ねばいいじゃん！』だったので、ショックを受けた模様である。

結局、生真面目なレフェリーが生真面目なファンや猪木＆新日本のデタラメさに耐えかね、リリースした暴露本に生真面目なファンがショックを受けたのがプロレス不況の原因だったってわけなのだろう。みんな真面目すぎるんだよなあ……と思ったら、彼は身も蓋もない言い方でこう結論付けるわけなのだ！

「ひとつの傾向としてプロレスファンにはあまり人を疑わないタイプが多い。語弊があるのを承知の上で言わせてもらうと、霊感商法などの詐欺に引っかかりそうな人間である。あるいは信頼している友人や恋人に裏切られる」

これ、プロレス専門紙の編集長が絶対に言っちゃいけない一言でしょ！　でも最高！

そして、最後に「プロレスファンに知ってもらいたいのは、日本プロレス崩壊後のマット界が極めて健全だったことだ。ジャイアント馬場、アントニオ猪木、坂口征二らは個人的には闇社会とのつながりはまったくなく、その筋の人たちと食事をともにすることもなかった」し、「もし『週刊ファイト』が格闘技の専門紙で、同じように好き勝手に書き飛ばしていたら、取材拒否ぐらいでは済まされなかったのではないか」と書くんだが、これは確かに事実だと思う。ＰＲＩＤＥ批判を繰り返した前田日明が「ＫＲＳの関係者と称する男から電話がかかってきて『調子に乗っとったらブッ殺して山に埋めるぞ』と脅された」と発言していたエピソードも出て来るし。

ただし、闇社会との繋がりがないのはあくまでも馬場、猪木、坂口「個人」だけで、団体としては繋がりがあったのであろうことと、「長州の猪木に対する恨みは尋常でなく、ものすごい剣幕で『東京の街を歩けなくしてやる！　オレのバックに誰がついているのか（猪木は）知っているのかッ!!』とまくし立てたという」エピソードで、他の選手は闇社会とつながっていたであろうことも明らかにしているから恐い者知らずなのであった。

思えばＰＲＩＤＥの興行直後、百瀬さんが「今日はターザン山本という素晴らしいゲストが来てるから感想を聞いてみよう」と礼を尽くして話を振ったら、「お腹減ってるから喋れないよぉ！」と返されて激怒し、「俺の前で『腹が減った』なんて言ったのは長州とターザンだけだ！」と言っていたこともあるんだが、そういう意味でも長州、最強！

★今月の豪ちゃん★日本テレビＮＥＷＳ24の『およよんＮＥＷＳ＆ＴＡＬＫ』という、ふざけた報道番組に出演したりで、なぜか1週間でテレビ4本出演という不思議なことになったりしている今日この頃。亀田問題で片岡亮氏がテレビに出まくってたのにも通じる違和感！　でも、元『格通』の安西記者だけは、なぜかやけにテレビ慣れしていて、ちゃんと面白いんだよなあ。

33

いまボクが最もビンビンきているのは、『戦極』と『DREAM』や、ヤマケン抜きで復活した『クラブファイト』と『THE OUTSIDER』などの、あからさまに微妙な関係。『クラブファイト』のリングアナが「『THE OUTSIDER』とはひと味違う!」「八百長野郎の前田日明とは! ひと味違う真剣勝負だ!」と連呼したのって、北尾の「八百長野郎」以来の問題発言でしょ。そこを専門誌がどう扱うのかが気になる男による、書評とは名ばかりの引用書評コーナー。

講道館対サンテル一派の八百長の可能性も言及でも「柔道は格闘技としてあまり強くないのでは」って?

『講道館柔道対プロレス初対決―大正十年・サンテル事件』
丸島隆雄／島津書房／1900円+税

いくら格闘技本のリリースが少ないといっても毎回プロレス本ばかり書評するのも気がひけるから、2年前にリリースされた格闘技本もちょっぴり紹介。これは木村政彦(本誌の連載、最高!)以前の柔道家とプロレスラーとの闘いについて細かく調べて書かれた一冊であり、講道館対アド・サンテル一派との闘いで「初めの一回戦は真剣に闘って勝敗を決するが、勝った者は、二回戦目を負けてやり、三回戦目は引き分けにする」という「八百長提案」がなされ、それを飲んだ試合が存在した可能性にもキッチリと言及している。

それなのに、「猪木対チョチヨシビリ戦の戦前予想として、猪木の異種格闘技戦の実績から、猪木が負けることはないだろうと予測した」「それは、猪木の異種格闘技戦の中で柔道家ウィリエム・ルスカを二度にわたって退けたというだけではなく、柔道は格闘技としてはあまり強くないのではないかという思いがあったからである」。しかし「猪木がチョチョシビリに完敗ともいえる負けを喫したことで、柔道はやはり侮れないという思いが強くなった」とか普通に書いてちゃ駄目でしょ。それはガチじゃなくて、異種格闘技戦という名前の単なるプロレスだよ!

『ぼくの週プロ青春記―90年代プロレス全盛期と、その真実』

小島和宏／白夜書房／1800円+税

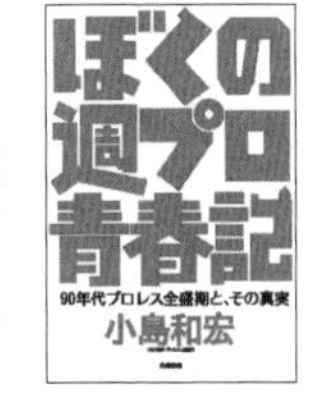

　で、こちらは『週刊プロレス』全盛期の編集部にいた小島和宏記者による回顧録。そんなのニーズもないと思ったけど、これが想像以上に面白かった。猪木と闘ったショータ・チョチョシビリ独占インタビューという大仕事が初めて舞い込んできたのに、「プロレスは試合の決まった流れを覚えなくてはいけないので大変でした。異種格闘技戦？　いいえ、私がやったのはプロレスですよ。本当の裏投げを出したら恐ろしいことになります。でも、猪木さんはとても親切で上手でした」といった「プロレス専門誌に載せられないような発言のオンパレード」で「お蔵入り」になったこととか、裏の話も暴露にならないレベルで書いているのである。

　全日本女子プロレスという団体が、タイトルマッチでも「押さえ込み」というアマレス的なガチンコで勝負を決めていたことは一部で有名なんだが、ある日のメインに組まれたタッグマッチはこんな感じだったらしい。

「どっちが勝ってもおかしくないマッチメークが組まれた。通常なら今後の展開を考えて、勝ち負けを決めるものだが、この日はなかなか結論が出ず、最終的に決まったのは『最後に両チームが場外で乱闘を繰り広げ、先にリングに戻った方が勝ち』という、ものすごい結末。ここまでくるとプロレスではなく、ちょっとしたゲームだ。これがテレビマッチなのだから、全女の狂いっぷりには恐れ入る」

　そして、この試合後、歯切れの悪いコメントを繰り返す選手たちに裏事情を知っていることを伝えた彼は、「会社の人から、マスコミの人たちはプロレスを真剣勝負だと思っているから、絶対にバラしちゃダメだって言われたよ」「じゃあ、これからは裏側も含めて話していいの？　いろいろ相談してもいいの？」と信用され、「単なる取材記者としてではなく、アングルや試合のフィニッシュにまで口を挟むようになって」いったそうなのだ。

そうやって業界の内側に入り込んでいった結果、「インタビュー形式の記事はまったくの創作」＝普段の雑談をベースにした捏造となり、大仁田厚の場合は「最初に写真を撮った後、三秒で取材は終わる。『デスマッチ、ヒューマニズム、生きる。この三つのキーワードで話を膨らませてよ。じゃあね』。落語でいうところの三題噺みたいなもので、僕は出されたお題をもとに三ページなり四ページなりのロングインタビューを創作」するような状態になったのだという。デタラメすぎ！

「もっと驚いたのは僕が勝手に創作したインタビューをまったくのノーチェックで誌面に掲載させたこと。（略）インタビューに関しては、後になってクレームを受けたことがない。それどころか記者会見の席上で、僕が勝手に書いた記事の発言を引用したり、さらには大仁田厚の著書にまで使われていたり……」

そして、大仁田本のゴーストライターを頼まれて自宅まで行くと、「それより、この部屋見てよ。すげえだろ？」と大仁田はひたすら豪邸自慢。しょうがないから「どうしても書いてほしいことを挙げてもらい、おおまかな目次だけはできたが、詳しい内容に関しては何一つ聞けないまま取材は終了した。この本に関して、大仁田に取材をしたのはこの一日だけだった。あとは自分が大仁田になりきって一冊、書ききるしかなかった」らしいのだ。格闘技マスコミと団体の癒着がどうだのとよく言われるけど、共犯関係としてはプロレスの方が圧倒的に上！　でも、これはどう考えてもマスコミっていう職業じゃないよなあ。

あと、UFC進出を派手にブチ上げたものの書類選考で落ちた伝説を持つターザン後藤の会見で仮想レオン・スピンクスとして小島記者がスパーリング相手になったら、後藤が何も対処できず何度やってもコーナーに追い詰められて「おかしいなあ……」と連発するエピソードも最高！　書類選考の結果も当然！

★今月の豪ちゃん★TBSラジオ『ストリーム』に、元『週プロ』の小島記者が初出演。「何故プロレスは衰退してしまったか」をテーマに語ってたんですけど、ミスター高橋本をスルーしていたから「なんでレギュラーのボクにも聞いてくれないんですか！」と言って無理矢理コメントしてみました。あと、『POPEYE』で須藤元気の1万字インタビューをやることも決定！

34

最近、ボクがネットの実況スレを追い続けるぐらい興奮したのは、「THE OUTSIDER」の旗揚げ戦とXジャパンの東京ドーム公演初日ぐらいのもの。この両者に共通しているのはケンカ上等なヤンキー感と、どう転ぶのかわからない先行き不安ってところだろうか。戦極もDREAMも先行き不安って意味では似ているようでいて、悪い意味でノー・フューチャーなだけなんだよなあ……などと、柄にもなく真面目に訴えたくなる、書評とは名ばかりの引用書評コーナー。

直接的にスピリチュアルメッセージを発信した本 今回は中身の引用無しで取材秘話を披露しよう

『無意識はいつも君に語りかける』 須藤元気/マガジンハウス/1500円+税

格闘家引退後、再生紙を使った地球に優しい出版活動を続ける須藤元気の新作は、これまでの著書に出て来たフレーズを自ら解説していくという、一粒で二度美味しいエコロジカルな一冊。これはこれでリサイクルだよ!

今回の著書で明らかに変わったのは、とっつきやすくして世間との接点を作るために多用していたギャグが一切なくなったこと。

つまり、宇宙人・バシャールとの何の説明もない対談集だった前作『バシャール スドウゲンキ』の時点でもガチだと思ったのに、今度はスピリチュアルなメッセージをストレートに発信するようになったわけなのだ。

一体なんでまた? ……と思って本人に聞いたところ、ただ単に「自分のギャグに飽きたから」とのこと。前回がスピリチュアル系の版元だからマニアに向けたガチなスピリチュアル本にしたように、今回はマガジンハウスという版元に合わせて、女性読者に向けた真面目な本にしたってことでもあるようだ。

「本書はアタマで考えるよりも、心とおなかで考えて読んでほしい本です。スポーツでも読書でも、繰り返した結果カラダで覚えたものは、やっぱりなかなか忘れないものだと思うので。そしてランダムにめくったページには、きっと必然性があります。それは読む人の無意識が語りかけたいメッセージであるかもしれません。だからもし、この本で幸せを見つけることができたなら、それは僕の手柄などではなく、あなた自身が気付くべくして気付いたことだと思うのです」

　そんな本なのでいちいち突っ込んでもしょうがないから、今回は中身の引用はなし！　せっかくだから先日、ボクが『ＰＯＰＥＹＥ』でやった彼の取材の裏話でもここでひっそり語らせていただくこととしよう。いや、だって１万字インタビューだったんだけど、文字数が足りずに格闘技ネタを大幅削除しちゃったのは、さすがにもったいなさすぎるし。

　さて、小学生のときから愛読書は軍事雑誌で遊びに行くのも匍匐（ほふく）前進という右寄りなバックボーンを持つスピリチュアル好きの文科系格闘家という意味では前田日明と大差ないはずなのに、決定的に異なる２人。おそらく、それは身長の違いが大きいんだと思われる。

　もしデビューが何年か前だったらパンクラスでも無差別級でセーム・シュルト辺りと闘わされてた気もするが、なんと彼自身もそう思ってメキシコにステロイドを買いに行ったのだという。それはそれで船木イズム！

　その後、パンクラス離脱時のトラブルで業界から干されることになるわけだが、「友達が離れていくとかもありましたよ！　ひどいもんです、ホントに（笑）。格闘技関係者の人とかすごくよくしてくれたんですけど、交通事故でちょっと格闘技できなくなって、パンクラスからもＰＲＩＤＥからもだんだん離れてったとき、『パンクラスに雑巾がけしに行きなよ』とか言われて。で、Ｋ－１に出ると、『おうっ、良かったな！』とか言ってて。そういうの見てきてるんで。ヘコんだというより、ミュージシャンになろうかなと思いましたよ（笑）。ちょっとクサりかけてはいましたね。実家に帰って収入もなくて、毎日飲み歩いて」というどん底の期間を経て、見事ブレイクしたのは御存知の通りだろう。

そして、格闘技への未練もなくあっさり引退したように見えて、しばらく格闘技関係の仕事は断っていたけれど、これからは恩返しも兼ねてスーパーバイザー的なこともやっていきたいとのこと。そんなこともあってか、ボクの取材でも専門誌でもないのにマニアックかつ熱い主張を繰り返していたのである。

「マッチメイクは、選手同士、お互いやりたくないようなカードで組んだほうが観てるほうは絶対おもしろいんですよね。選手だって、ずっとその人とはやりたくないっていう意見は通用しないですから。ミルコと日本人の選手とか、あんなのやっちゃダメなんですよ。それはミルコの相手の人が弱いとかじゃなくて、これからの選手じゃないですか。レベルがかなり違うのが、観ててあからさまにわかって。あれ、ミルコは株を下げましたよね。あれだったらミルコは試合やらないほうがいいんですよ。そのへんをうまく三権分立して、お客さんと選手と現場がうまく作り出していかないと。一番大事なのはマニアックなお客さんなんですよ。とりあえずやっとこうって試合はもう一切やっちゃダメなんですよね。あれをやってしまうと格闘界は終わるんで。あれ、ミルコが断ったんですよね？　いろいろ『やりたくない、やりたくない』って言ってて。『じゃあやらなくていいよ』って興行主サイドが言うことが大事なんですよ」

まったくもって、その通り！　いいこと言うじゃん！　やっぱり石井館長みたいにハッキリ言える絶対的な権力者が興行主側には必要なんだって！

意外にも格闘技はマニアックであるべきという主張を持つ彼に言わせれば、秋葉原の文化と同じく格闘技文化も薄めちゃ駄目とのことで、そういう意味ではいま格闘技バブルが弾けて人気が落ち着いてきたのも、再びマニアの物になってきたという意味では、いいことなんじゃないか、とのこと。納得。

★今月の豪ちゃん★電柱に貼ってあったチラシを見ただけで他の物件も見ずに中古マンションを衝動買いした結果、いざ引っ越してみたら荷物が入らず大変なことに。実家から運び込む荷物だけでも段ボール３００個で予算35万とか言われたから、そりゃあマンションぐらい一瞬で埋まるよ！　そんなわけで大量の段ボールに囲まれながら、その隙間で原稿を書いたり寝たりする毎日。

35

今月のプチ書評。『ケーフェイ4』（インフォレスト）はタイトルとは異なり、プロレスネタでも格闘技ネタでも相変わらずタブーにほとんど触れることのない暴露ムック。特にターザン山本と宮戸優光の対談が低レベルで、新日道場で前田と出会ったという有名な話を聞いて「へぇ〜、それは意外な面白い話だね」と言い出すターザンに愕然としました。……といった感じで、リード部分も決して無駄にしない書評とは名ばかりの引用書評コーナー。

共著者・芦原ジュニアの指摘に激怒した著者がなんと私闘を要求！実質的な絶版が決定

『芦原英幸伝 我が父、その魂』

芦原英典、小島一志／新潮社／1500円+税

多少の問題はあっても結果的には面白い本だった『大山倍達正伝』（新潮社）に続いて、「格技・空手界No.1の嫌われ者を自負する」小島一志が今回ターゲットに選んだのは『空手バカ一代』でお馴染みのケンカ十段・芦原英幸！　マスコミ嫌いだった彼の姿を、芦原会館2代目館長でもある息子・英典とのタッグで明らかにする！　……のかと思えば、じっくりと取材&検証していた『大山倍達正伝』と比べると、芦原ジュニアの語り下ろしという形式はあまりにもあっさりしすぎだった。

「私たち家族にとって、芦原英幸という人間は、どこにでもいる、少々頑固でワンマンな父親、または夫でしかありませんでした」

そう前振りしながら、夫婦喧嘩でナイフや手裏剣を投げたり、芦原ジュニアに「マスミ（夫人）を殺せ！」と命令したり、「こうなったら家を燃やしてやるけん」と言い残して本気でガソリンスタンドに行こうとしたりする、どこにもいない父親像を語るのはちょっと面白いのに、どうにも深みが足りないのだ。

しかも、この本の出版後、芦原会館HPに「この本の中に記載されている特定の団体の名称及び個人名を使用したエピソードに於いてインタビュー・取材時には無かった内容があたかも芦原英典本人が語ったかの

ように書かれております」と書かれてたからビックリ。

何かと思えば、後書きで小島一志は「私には芦原から託されたことがいくつかあった。極真会館を離れたときの苦悩や辛さ。逆境のなかで戦い続けた日々。そして芦原空手に込めた情熱……」「英典氏の言葉を借りながら、生前の芦原英幸を知る私の『想い』を加味させて頂いた」と書いていたのである！「我が父」とタイトルにある芦原ジュニアの語り下ろし本なんだから、そこに自分の想いを混ぜて相手が語っている風にしちゃ絶対に駄目でしょ！ レイアウト上、一段落とした地の文で自分の意見を書くんだったらともかく！

空手専門誌の元編集長として、自分が知っている裏ネタを入れたかった気持ちはまだわかる。

でも、極真の支部長時代、道場開きのパーティーで多くの来賓が包んでくれた御祝い金を全部大山総裁が持ち逃げしたとか、芦原会館設立時に極真が拳銃片手の刺客を使って脅しに来たとか書いたり、芦原英幸の葬式に呼んでもいないのに現れた正道会館の石井館長を「弔問にきたのかケンカを売りにきたのか。もちろん売名行為が目的だったんでしょうが、節操がないというか、完全に勘違いしてますよ」とバッサリ斬り捨てたりしてたら、そりゃあトラブルにも発展するだろうし……。

そんなわけで、どうやらこの『芦原英幸伝』は実質的な絶版」になると決まった模様。

ところが、だ。この小島一志という人は、「言ってもいないことを書かれた」という芦原ジュニアの指摘に、なぜか大激怒。自身のブログで『義』に基づき、我々は芦原会館に挑戦を宣言する」「昨日、息子の大志が芦原会館芦原英典館長に『試合』または『私闘』を直接申し入れた。1対1。『試合』ならばノールール。『私闘』は手段を選ばず」「英典氏は息子と戦う事」「支部長の平山は私と戦う事」「試合はメディアのみに公開。しかし『●●通信』とか『〇〇格闘技』など、格技界に巣喰う御用太鼓持ちメディアが私は大嫌いだ。だから『日刊スポーツ』『デイリースポーツ』などスポーツ新聞媒体や『週刊新潮』『週刊現代』など私に縁のある媒体に取材を依頼する」と宣戦布告したわけである！

なんでいきなり彼の息子が出てくるのか、意味がサッパリわからないよ！ 芦原ジュニアからの謝罪がない限り、「私を支持・擁護してくれる、また私の後見人・後援者が率いるあらゆる団体・組織が芦原会館の敵として過激な『私闘』に挑むだろう」とのことだが、これは完全な脅迫だし！　平山という芦原会館の支部長に対して「これは未だ噂の範疇を超えないが、平山氏は稽古の名を借りて幼い少年少女に猥褻行為を繰り返し、拒絶した児童・生徒に対しては、得意のＮｅｔでの誹謗中傷も相変わらずと聞くが、事実は如何や?･」と書くのは、もはや完全に名誉毀損！

彼は、「私にとって生涯の恩人」のはずの芦原英幸が作った組織を、「芦原会館（芦原英幸が病により退いた後の芦原会館である）ほど陰湿で卑怯かつオタク的集団は初めてである」とこき下ろし、「芦原英幸の死が明確になってから、古参の弟子たちが殆ど組織を離れていった。芦原会館側は酷い理由で彼らを非難する。まるで犯罪者呼ばわりだ。しかし実態は全く違う。『芦原家』が我が身かわいさ故に、芦原英幸から直接技術を学んだ高弟たちを次々と粛清していった……これが真相である」などと批判するんだが、もし本当にそんなダメ組織なんだとしたら最初から共著なんか出さなきゃよかったのに！

「芦原英典氏に告ぐ！　これ以上の恥をかきたくないのならば、早急に『公式謝罪』することを要求する。アナタの言葉は物書きのプロである私の尊厳と誇りをズタズタに切り裂いたのだ」

しかし、恥をかいているのは明らかに彼のほうだし、物書きとしてプロじゃないからこそこんな事態にまで発展したはずなのである。

★今月の豪ちゃん★衝撃！　あの真樹日佐夫先生が「来年で兄貴の二十三回忌だろ？　だから兄貴の功績を伝えるためにも、前から浅草キッドなんかにもよく言われてたけど、兄貴が遺した『男の星座』の続編を俺が書いてもいいかって、ようやく決意したよ。これはもう書いていい」と言われてました！　『男の星座』の続編が読めるのなら、21世紀はもう終わっていいですよ！

36

来年は梶原一騎二十三回忌ということで真樹日佐夫先生が『男の星座』の続編執筆を決意したのに続いて、士道館の添野義二館長も劇画ではなく文章で梶原先生との思い出を振り返る添野館長版『男の星座』を執筆中との情報をキャッチ！　本来、梶原先生が書くはずだった後年のトラブルやスキャンダルについては、果たしてどう書かれるのか？　本気で楽しみ！　と、そんな情報だけはどこよりも早い、書評とは名ばかりの引用書評コーナー。

〝実践派の夢枕獏〟が空手の現状を嘆きながら人生を振り返るうろ覚えエッセイ

『琉球空手、ばか一代』 今野敏／集英社／476円＋税

自ら『空手道・今野塾』を主宰する小説家が、『空手バカ一代』（梶原一騎）の余波でいまでも空手＝極真だと思われがちな風潮に憤慨してリリースした文庫オリジナル作品。

空手をやっているという話になれば編集者に「極真ですか？」と当たり前のように聞かれ、渋い顔で「いや。古流の空手だよ」と答えれば「あ、伝統派ですか」とガッカリしたような一言。カチンときながら「そう。沖縄の古流だ」と言っても、「え、空手って、沖縄でもやってるんですか？」「でも、古い空手って、実戦的じゃないんでしょう？」「伝統派って、実際に当ててないわけでしょう？　型ばっかりやるんでしょう？　いざというとき、役に立ちませんよね」と畳み掛けられるみたいだから、彼の憤りはわからないでもない。こういう〝伝統派空手よりも極真の方が強い〟的な発想は、〝普通のプロレスラーよりもＵＷＦの方が強い〟的な発想と同じで、いまとなってはナンセンスなわけだし。

だからこそ、彼は「寸止めの琉球空手は本当は強いんです！」と声を大にして訴えるのだ！　……といっても、唐手を本土に伝えた富名腰義珍（船越義珍）の生涯を描く『義珍の拳』や、『姿三四郎』のモデルとなった天才柔術家・西郷四郎の生涯を描く『山嵐』（文庫解説は吉田秀彦）、大東流合気柔術の武田惣角の生

涯を描く『惣角流浪』（集英社文庫）などの作品を残した、あえて言うなら〝実践派の夢枕獏〟みたいな人が書くことだから、小島一志辺りとは違って、あくまでも冷静。そして、表紙&作中の五月女ケイ子先生のイラストが象徴するように、至って呑気。

「全空連の試合が目も当てられないことになっている。もはや沖縄空手の痕跡もない。組手はひたすらスピード勝負。しかも、ほとんどWKF（世界空手連盟。真樹道場とかが加盟する世界空手道連盟・WKAとは無関係）の言いなりで、外国人のゲーム感覚を取り入れた六ポイント制。上段の蹴りが高ポイントになっている。テコンドーかよ、まったく……。型にいたっては、開いた口がふさがらない。徹底的に体操競技化されてしまい、本来の型の意味はすっかり失われてしまった」

こんな感じでストレートに怒りをぶつけることもあるが、「拳はたしかに固い。だが、拳を突き出す動作というのは実はかなり解剖学的には不自然なのだ。その不合理な動きを合理化することこそが、武道であり格闘技なのだ。その合理化の一つが巻藁鍛錬だ」といった作家ならではの表現力は、さすがなのだ。

ただ、これが帯に書かれているような「爆笑自伝エッセイ」かというと、ちょっぴり引っ掛かるというか。基本的には、〝そんなに波乱もない普通の人が人生を振り返るうろ覚えエッセイ〟みたいなものだと思うのである。

「少年今野が高校に入学したのは、一九七一年。実は、画期的な年だった。不世出の天才、ブルース・リーの映画『ドラゴン危機一発』と『ドラゴン怒りの鉄拳』が封切られたのだ。翌年には『ドラゴンへの道』が封切られ、さらに少年今野が高校三年だった一九七三年には大ヒット作『燃えよドラゴン』が封切られている。（略）最初に『燃えよドラゴン』を観て、それから後追いで『ドラゴン危機一発』、『ドラゴン怒りの鉄拳』を観たという人は少なくない」

そんな事実誤認（『燃えよドラゴン』のヒット後、過去作が公開された）を書いた次の回で「いやはや、穴があったら入りたい。前回の原稿で、私は大間違いをしていた」と反省したり、「この夏は、矢沢永吉の『時間よ止まれ』やサーカスの『ミスター・サマータイム』が流行っていた（注：編集部の指摘で、これらの曲はこの年ではなく三年後のヒット曲であることが判明）」と注釈が加えられたりと、琉球空手以外はとにかく徹底してボンヤリした描写。

担当編集者のコメントが逐一入ってくるのも笑いどころなのかもしれないが、体育会系女子編集者のＯが『空手バカ一代』について「私は有明省吾が高校生にしてヤクザの用心棒を務めていたことに驚きました。当時高校生だった今野少年はいったいどういうお気持ちだったのでしょうか」とコメントすれば、「えー？有明省吾がヤクザの用心棒を？　そんなエピソード、あったかな？　有明省吾は道場破りを繰り返し、留置場から脱走し、警官隊を叩きのめした。その挙げ句に交通事故を起こして死んだというエピソードしか記憶にありませんが……。きっと、Ｏの勘違いだと思うのだが、どうだろう……」と返したりするのも正直どうかと思う。そこはちゃんと否定してくれないと読者はスッキリできないよ！「モデルになった春山一郎氏には後に黒社会の一員になったとの噂もありますが、有明省吾というキャラクターの生涯は以下の通りで、『男の星座』では春山章という名前で……」とか解説も加えた上で！

この女子編集者Ｏが体育会出身者なので先輩から「ココイチに連行されて一五〇〇グラム・カレーを完食しろ」と言われた話に、「ところで、ココイチって何だ？」ってコメントしてるのも、そこはちゃんと調べようよ！

いや、むしろ女子編集者Ｏが彼をココイチに連行して一五〇〇グラム・カレーを食べさせてこそネタは完結するはずなのであった。

★今月の豪ちゃん★先日、東海大学で講演をやったときの電話に爆笑。「打ち合わせの集合場所は……新宿アルタ前ってわかりますか？」って、神奈川の大学に通う学生よりは確実に詳しいよ！　こっちは新宿在住なんだから！　肝心の打ち合わせでも、極秘っぽい内部資料を平気で目の前に置いてたしなあ……。ギャラの上限も書いてあって、それはボクのギャラの倍だったし。

37

暴露系ムックのブームもすっかり沈静化して、この連載で紹介するネタに困り始めた今日この頃。しょうがないから古本でも紹介したくなるぐらいなんだが、それじゃボクの『ゴン格』移籍直後のコラムと同じだよ！　そんなわけで今回は紹介するのも自粛したくなるようなエグめのコンビニ本と、なぜか女子プロレス本をチョイス。なぜこれを選んだのかは本文参照ということで、今後のこともわからない、書評とは名ばかりの引用書評コーナー。

物騒すぎたり説得力が全然ない情報が満載。でも言い訳が面白いから許す！

『あなたの知らない暗黒マット世界』　BUBKA編集部・編／コアマガジン／524円＋税

タダシ☆タナカというか『実話マッドマックス』系の格闘技系暴露漫画オムニバス。井上康生対朝青龍が大晦日に実現するってぐらいならともかく、井上康栄＆西原真紀夫婦がヤリチン＆ヤリマンだとか、S道会館の角口選手は「相当に器の小さい男」だとか、微妙に名前を変えた格闘家の噂を書き飛ばしてみたり、歴史ある空手道場の「K会館の幹部はヤクザそのもの」だとか、「芸能界で最も将来が不安定と言われるグラビア界では、格闘技専門誌が結婚の物件情報誌と化している……」だとか、物騒すぎたり説得力が全然なかったりする情報が満載。アイドル仕事をやってるボクはそんな噂すら聞いたこともないし、格闘家も将来の不安定さじゃ負けてないって！

なお、「ジ●シュ・バーネット激白!!　俺はPR●DEに騙された!!」というタダシ☆タナカ原作の漫画は、「脅迫と詐欺でマットを作る……それがPR●DEのやり方だった」とか書いておきながら、「この物語はフィクションです。実在の人物、団体等はいっさい関係がありません」との注意書き付き。これで無関係なんだったら、世の中何でもありだよ！

でも、その言い訳が面白かったから許す！

『女子プロレス終わらない夢―全日本女子プロレス元会長松永高司』 扶桑社／1500円+税

なぜ場違いな女子プロ本を書評するのかというと、そこに書かれた興行と黒社会の関係やガチンコ論がえらい面白かったためである。

「地場のヤクザ者との揉め事もあったねえ。若かったから。最初の頃は、ほとんどヤクザ者はいれなかったんだから。いきなり行って、興行するんだから。そりゃヤクザ者なんかが『てめえ、誰に断って興行やってるんだ！』とかどうとかって言ってくるよね。でも全部頑として突っぱねた、兄弟4人で」

みんな柔道をやってたり、ボクシングジムに通ったり、柔拳の興行に参加したこともあったりで腕に自信があった松永4兄弟は、興行にヤクザを絡ませなかったせいで後楽園ホールでも「ダフ屋40人と、あの5階のフロアで大立ち回り。兄弟4人で。ダフ屋をバッタバッタぶん投げてね」といったトラブル続出。

「ヤクザ者もね、大立ち回りしたんじゃやなんにもならないわけですよ。だから、ある程度脅しながら、穏便に『オレらにも仕事をさせてくれ』ってことなんですよね。彼らなりの営業方法なんですよ。『切符の500枚や1000枚はさばいてやるから。（巡業で）お前らがこっちに来て、自分たちだけでやるのはシンドイだろうから』ってね。低迷してるときも、連中は、ある程度の顔があるから無理してでも売りつけるわけですよ」

そんなわけで、最初こそヤクザと敵対していたけれど、団体崩壊前後の「キツイ時代は彼らに支えてもらってていたようなもんだよ（笑）」と、結局は黒社会との親密な関係ぶりを素直に告白していたのも最高なのであった。

そして、全日本女子プロレスでは男子以上にガチや、感情的すぎるいびつな試合が多かったことでも有名なんだが、それは松永会長のこんなモットーゆえのことだったようだ。

「八百長は好きじゃないんですよ！　最初からストーリーが全部決まっている、決めごとでやるっていうの

は好きじゃないんだよね。だから、〝ピストル〟でやれっていう試合をやってきたけどね。ピストルは全女の用語でね。一般的には〝シュート〟って言うんですかね」

「ただ、最初から最後まで全部ピストルにしちゃうと、技が出てこない。大きな技とかがね。だから、ある程度キャリアと実力を積んだら、見せる動きもしなさいと。相手の大技は受けなさい。そこは逃げるなと。プロレスは技を受けても大丈夫だというのを、お客さんにも対戦相手にも見せるのも大切だと。でも、絶対にフォールは真剣勝負っていうのを、新人の頃と変わらずにさせるんです」

まあ、女子プロにおけるシュートとは打・投・極的なものではなく、いわゆるアマレス的な「押さえ込み」のことだったりするんだが、それでもフィニッシュを決めないというのはプロレスとして明らかに異常なのである。

「ジャッキー（佐藤）とジャガー（横田）の世界選手権試合もピストルだったんですよ。ピストルマッチ。ジャッキーが負けたんだけどね。試合の前は自分が勝てると思い込んでいて、ろくすっぽ練習もしないで。でも、ジャガーはずーっと練習をしていたんだよね。腕立て伏せなんて1日に何千回もやるんだよ」

たとえビッグマッチのメインであろうとも平気でガチを組み、ガチの勝敗でベルトを移動させたりしていた全女。さらに、プロレス的な大技にしても「触ってるか触っていないかわからないのに寸止めして、その隙間があいているなんてみっともないよって、オレは言うんだよね。やるんなら思いっきりやれと」との松永会長のモットーによって無駄に当たりが強く、ギャラにしても「基本給が10万円。あとは試合に勝った負けたで試合給に差をつけた」というんだから、そりゃあ感情剥き出しの試合ばかりになるのも、全女の選手がプロのままアマレスに挑戦したとき、それなりに結果を出させたのも当然なのであった。

★今月の豪ちゃん★最近、痴漢をマネージャー（極真）仕込みの空手技で撃退したアイドルの子（倉持由香）に将来の夢を聞いたら「スマックガールに出ること」と言ってたので、「そんなの、すぐにでも紹介しますよ！」と思わず言っちゃいました。まだ修行中なので2年後に出るのが目標とのことだけど、そんなスマックガールもいまは興行延期＆公式サイト工事中という……。大丈夫か？

38

舟木さんや熊久保さん、朝岡さん辺りからタダシ☆タナカや小松伸太郎に至るまで網羅した『U．W．F．変態新書』（エンターブレイン）巻末の「プロレス・格闘技マスコミ変態の系図」にボクがいないのは何故？　『生前追悼ターザン山本！』の表紙や広告からボクだけ名前を外されたのに続いて、また？　……と一瞬思ったけど、冷静に考えたら変態呼ばわりされたくないから別にいいや。そんな男による、書評とは名ばかりの引用書評コーナー。

百瀬博教氏との約束で書かれた〝歴史書〟。文章が硬くて何度も睡魔に襲われるも……

『U．W．F．戦史』　塩澤幸登／茉莉花社／2800円＋税

いまなぜか旧UWFを総括するハードカバー638ページの「歴史書」が登場。このやたら重厚な作りはなんだか見覚えがあると思ったら、ハードカバー680ページの百瀬博教伝『MOMOSE』と著者も版元も同じ！

そんなわけで、後書き部分には『ゴン格』読者も気になることが書かれていたのである。

「本書は、不幸な事故で突然死んでしまった作家・百瀬博教氏との生前の約束に従って書かれた『プロレスの本・三部作』のうちの第一分冊である。この三、四年ほど、私たちは頻繁に会って雑談のなかでいろいろなことを話した。氏は、自分がなぜPRIDEに関わったかという発端話に始まって、自殺してしまったPRIDEの社長であった森下直人のこと、PRIDEのプロデューサーとしてなにを考えたか、そして、なぜPRIDEから手を引いたか、PRIDEにいくら金を貸しているか、さらに2003年大晦日の一件（イノキボンバイエの裏舞台）について（略）猪木との確執やDSEの問題など、書けること、書けないことも含めて、PRIDEにまつわる、いろいろな話を聞かせてくれた」

こうした交流があっただけあって「死を異常に恐れ、ネクロフォビアを自称して、『塩澤（著者）、俺は百

歳まで生きるよ。お前は80歳くらいで先に死んでいいよ』と言っていた彼はこの1月に67歳で死んでしまった」という皮肉な話や、「彼は若い頃、日暮里の駅で階段から足を踏み外して転落し、頭蓋骨を思い切り打ったことがあり、それが原因で大学の相撲部も辞めたのだが、そのあともずっと、不断の頭痛に悩まされつづけていた」「浴槽の中で意識を失ったというのだが、彼の死はきっと、その40年以上続いていた「不断の頭痛」と関係があるのではないか、と私は思っている」といった事故死の考察も披露していたわけなのだ。

これなら本編もかなり期待できる！……かと思ったら、残念ながらそうでもなかった。

「私がこの作品をノンフィクションと考えず、これは歴史書である、というふうに書いているのには理由がある。それはなによりもまず、現在の状況のなかから執筆のための資料を求めようとしなかったからだ。端的にいうと、誰かに取材すると、その人に原稿の事前チェックを要求され、場合によっては修正や部分の消去を要求されるからだ」

……わかりづらいので簡単に説明すると、あえて選手や関係者に取材せず、当時の『週プロ』や選手の著書などを主な資料にして、ボクの書評以上に大幅引用しながら歴史を振り返ったわけだが、その結果、前田日明対ドン・中矢・ニールセンを「シュート」前提で語っていたりの問題も多々発生。インタビュー集じゃないんだから、カギカッコ付きでそのまま使う発言のみチェックに出して、相手から聞いたことを活かした本文はノーチェックにしていいのに！　せっかくデータを集めた以上、疑問点を本人に直接ぶつけた方が中身もずっとディープになったはずなのに！

そして、歴史書だからなのか文章が硬くて何度も睡魔に襲われるのも問題で、たとえば彼はプロレスをこう定義付けているのである。

「プロレスは産業社会のなかで共同体が崩壊し尽くされ、その構成員がプロレタリアート化し、都市の流民となった後で、彼らの心のなかに残ったボロボロに破壊された祝祭空間、共同体的なお祭りの残滓、それの形骸、それらを観客たち個々人、参加プロレスラーたちが持ち寄って一場を盛り上げる、刹那の夢、だったとでもいったらいいだろうか」

……高卒のボクには何を言ってるのかサッパリわからないよ！　マガジンハウスの元編集長が書いてるとは思えないほどの悪文！

佐山聡がマーシャルアーツのマーク・コステロとガチで闘ったときのことを、「投げ技を使ったいいところも見せたが、リーチの差と寝技なしのルールで苦戦し、6R判定負けながら、ほとんどいいところなく負けた」と書いてるのも、いいところがあったのかなかったのか謎だらけなのだ。この試合の映像を見ると別にそれほど「いいところなく負けた」わけじゃなくて、何度も相手をブン投げて意外と健闘してることもわかるはずなのに！

そんな彼は、「プロレスの本はこれらの本に限らず、とにかく、ライターと校正担当者の知識、職域を超える部分での誤表記、事実関係のまちがいだらけなのだが、そのことはまあいい」と言っておきながら、「とにかく誤記が多すぎる」「プロレスの本というのは、どうしてこんなに時系列や事実関係がグチャグチャに間違っているのだろう」と「まあいい」はずのことを何度もボヤき続ける。

そのくせ、『筋肉マン』（キン肉だよ！）、『明日のジョー』（あしただよ！）「一世を風靡した」「梶原一騎の空手漫画『空手地獄変』（『カラテ地獄変』は名作だけど一世は風靡してないよ！）、「芳賀研二」（羽賀だよ！）、「聴衆の参謀格を自認するマサ斎藤」（長州だよ！）なんて感じで自分も誤表記を連発しているから本当に隙だらけなのだ。

でもまあ、こういう無駄に手間暇かかった本は嫌いじゃないので、ボクはUインター崩壊で終わるパート3まで買い続けますよ！

★今月の豪ちゃん★日本テレビ系の地上波でも全国各地でひっそりゲリラ放送中の『およよんNEWS&TALK』でボクと共演している丸岡いずみキャスター（NOAHヲタ）の底知れなさに毎回、衝撃を受けてます。ちゃんとしてそうなのに画力もキャラも最強！　プロレスラーや芸能人なんかのキャラが弱くなってると言われがちな昨今だけど、まだまだ逸材は隠れてますよ！

39

今週は加護亜依取材に始まって田代まさし取材に終わるという、無駄にスキャンダラスな1週間でした。ちょうどモーニング娘。に残された唯一のレギュラー番組『ハロモニ@』とマーシー司会だった『SRS』の放送終了が決まったばかりだったので、本当にしみじみするばかり。モーニング娘。とマーシーと格闘技界とでは、果たしてどれが再浮上出来るのか？ そんなことばかり考えている男による、書評とは名ばかりの引用書評コーナー。

ゴッチの教えを使ったダイエットビジネスを展開する著者だが弟子期間はわずか4日！

『コンバットコンディショニング』 マット・フューリー／マット・フューリー ジャパン／4477円+税

最近、格闘技雑誌の読者プレゼントコーナーで何度か目にした、この本。やけに手作り感溢れる装丁や、とんでもない価格、入手方法がネット通販と電話による通販のみという辺りになんとも言えない電波を感じていたんだが、マット・フューリー ジャパンのサイトをチェックしてみたら驚いた。あまりにも期待以上すぎて。

そもそもマット・フューリーとは「幼少期にカーニバルレスラーからキャッチレスリングの技を伝授された」とか言い張ったりで（『ゴン格』07年1月号）、ちょっと信用のない男らしい。

そんな彼が「オリンピックチャンピオンのダン・ゲーブルやブルース・バウムガートナーの指導を受けた全米大学レスリングチャンピオンだったのです。また、世界カンフー大会唯一のアメリカ人チャンピオンでした。フィットネスや格闘技のDVDも出しており、それらも高い評価を受けていました」と自慢し、ゴッチによって「それまで私が信じてきたフィットネスやレスリングに関する知識が根底から覆されました。そして、彼の言葉に素直に耳を傾け、私は……45歳になる今、それまで到底できなかったことができる肉体をものにした」と語り、謎の宣伝を始めるのだ。

「カール・ゴッチ直伝のエクササイズは重量上げや高価な心肺トレーニング器具に遥かに勝る効果があります。高いお金をジムに払う日々に別れを告げましょう」

「私はこのベストセラー、コンバット・コンディショニング・フィットネスと格闘スポーツのための機能的エクササイズをお勧めするのです。発行以来世界中で何百万部も売り上げた本です。なぜ？　世間に出回っているどんなプログラムより早く、効果的に世界トップレベルの身体的コンディションに到達できるエクササイズだからです。私が保証します」

「カール・ゴッチが私に教えてくれるまでは、このエクササイズは殆ど知る人がいませんでした。このエクササイズを体験すれば、多くの人が言う『生まれ変わったように』感じたり、『足にスプリングが埋め込まれたよう』に思えたりする感覚が実感できるでしょう」

なんだ、この深夜の通販番組みたいなインチキくさいフレーズの数々は。そう。彼は、ゴッチの教えを使ったダイエット・ビジネスを展開していたわけなのだ！

「カール・ゴッチから学んだこれらのエクササイズに値札をつけるのは非常に難しいものです。私にとっては教えられた内容の一つ一つが金の延べ棒にも匹敵します。（略）この本があなたにもたらす数多のメリットと、人生を変えるほどの衝撃を金銭に換算するなら、10万ドルでも安いと言えます。健康にはそれほどの価値があるのです。もちろん、だからといってこの本を千ドル、いえ五百ドルで売ろう、などと考えているわけではありません。期間限定で、日本の皆さんには４７００円、送料無料で皆様にお譲りします」

それならお買い得……とは正直思えないんだが、「ただ今ご注文戴いた方に限り、私のカール・ゴッチとの出会いと、彼から学んだ様々なことをまとめた本を無料でプレゼントします」というのだけは本気で気になる！　というか、むしろそっちが欲しい！

『KARL GOTCH—The God of Wrestling』

マット・フューリー／マット・フューリー ジャパン／非売品

そこで、さっそくあるルートで入手してみたところ、「カール・ゴッチと4日間を過ごした」との一文に衝撃を受けた次第なのである。前田日明が常々「数か月とかそんな程度だけ習ったくらいでゴッチの弟子を名乗るなんて、ゴッチさんに失礼ですよ！」とか批判しているのに、マット・フューリーの弟子期間はわずか4日だけって！

それでも、4日にわたって彼にインタビューされたゴッチは実にいいことを言っている。

「君に教えているのは教えたいからだ。君から何かを得ようとは思わない。君のお金を欲しいとは思わない。君がお金を使ってここ迄飛行機に乗って私に会いに来てくれて申し訳ないと思っているんだ」

「金の為に何でもしようとする馬鹿共が沢山いる。これらの人間の態度は基本的には、『おまえは俺の為に何が出来るんだ？　でも、頼むから、俺には何も頼むなよ』というものだ」

そんなゴッチの教えを使ってビジネスするのは果たして有りなのか？「世界中の人達が私に会い、ジムや試合のリングで握手をした。その後、彼等は私から学んだとかトレーニングを受けたとか言い始めるんだ」とゴッチが批判していた通りのことになってるんじゃないのか？　ゴッチに許可は取ったのか？

ウィキペディアにも「ゴッチは1999年からしばらくの間マット・フューリーを指導した」「その後はフューリーを厳しく批判している。かつての弟子とのトラブルについて、ゴッチは『魂だけは教えることができないものであり、本人が生まれながらに持っているものである』と述べている」との記述があるように、案の定彼はゴッチと揉めていた模様。

まあ、格闘家としての活動以外にサイコ・サイバネティクス財団という自己啓発セミナーグループのCEOも務め、講演では「あなたの手元にお金が入ってくる究極のイマジネーション・エクササイズ」について語っているみたいなタイプだから、そりゃあゴッチの教えで荒稼ぎぐらいしてもおかしくはないのであった。神様を使ったインチキ宗教みたいなものなのかも。

★今月の豪ちゃん★勝新太郎と山城新伍の文庫解説を書きました。勝新が『座頭市』をやる時に、合気道という独特な武芸を創立した植芝先生という人」が自宅を訪れ、彼のアドバイスで最初は武器としてドスを使う予定だったのを「盲人らしく杖にした」との話にビックリ。そして山城新伍が隣のビルのキャバクラと間違え、何度か真樹道場を訪れていたとの話にもビックリ。

40

力道山対木村政彦戦についてはは増田俊也氏だけじゃなくてボクも昔からよく調べているわけですが、木村政彦のプロレス観がよくわかる早すぎたプロレス暴露本『鬼の柔道』(69年/講談社)が幻の本になったままなのは、あまりにも惜しい話。なので、勝新&山城新伍本を文庫化した某社にでも企画を出してみます! なお、次のリリースは内田裕也本に決定! ……といった活動もしている男による、書評とは名ばかりの引用書評コーナー。

力道山vs木村政彦戦の意外なエピソードあり 木村が甘かったという意見にも納得

『アホアホ本エクスポ』 中嶋大介/ビー・エヌ・エヌ新社/1280円+税

最初はリード部分で軽く触れるだけで済ませるつもりだったけど、急遽予定変更。これはちゃんと突っ込んでおくべき一冊である。

要はデザイナー業のかたわらでネット古書店もやっている人のブログをまとめたお笑い古本ガイドなんだが、「必要なのは知識ではなく、アホを楽しむ感性だと考えています」「『その解釈は間違ってるだろ』と思われる個所もあるかもしれませんが、それも含めて楽しんでもらえたら嬉しいです」というスタンスゆえ、大変なことになっているというか。

たしえば美川憲二の『悪霊おだまり!』(95年/たちばな出版)という本について、「美川さん、ちょっと太りました? って、憲一じゃなくて、憲二じゃん! そんなモノマネ・タレントに悪霊退治してほしい人なんていないるんでしょうか?」とコメントしてたりするわけなんだが、これは宗教家の深見青山が仮装&変名で出した本だよ! つまり、フランソワーズ・ヒガン名義の『金しばりよこんにちわ』や、夏目そうしき名義の『我輩は霊である』なんかと同じシリーズ! 確かに「美川憲二」で検索をかけると同名のモノマネ・タレントばかり出てくるけど別人だから!

その他、山本小鉄のプロレス技術書『theストロングスタイル』(82年/タッチダウン)を紹介するときには、小鉄がリバース・インディアン・デス・ロックを極めたイラストに「くつろいでいて、『お~い越中。熱燗持ってきて!』とか言ってそう」とコメントしてみたり(なぜ越中?)、この本にこそ収録されていないが、ブログではヒーガン・マチャドの『エンサイクロペディア・オブ・レッグロック』(洋書)なんかも登場し、「ただひたすらレッグ・ロックをかけまくるアホアホ本です。なぜ、そこまでレッグ・ロックにこだわるのか凡人には理解不可能だと思われます」と不毛すぎる突っ込みを入れてみたり……。正直、彼の「アホを楽しむ感性」には、疑問を感じずにはいられないのだ。

これもブログのみだが、挙げ句の果てには真樹日佐夫先生の『マッキーに訊け!』(01年/ぴいぷる社)を、『マッキーさん、ヅラですか?』って、ぼくだったら訊きたいな。たぶん、みんな訊きたかったんだろうけど、こわくて誰も訊けなかった。。。 そんな本です」と紹介……。作者は『アホアホ本と言っても、馬鹿にしているわけではありません。関西圏では、『アホ』は褒め言葉であり、アホアホ本とは最高賛辞なのです』と本書の冒頭部分で言い訳してるけど、これはどう考えたって馬鹿にしてるはずなのであった。

『力道山――人生は体当たり、ぶつかるだけだ』

岡村正史／ミネルヴァ書房／2500円＋税

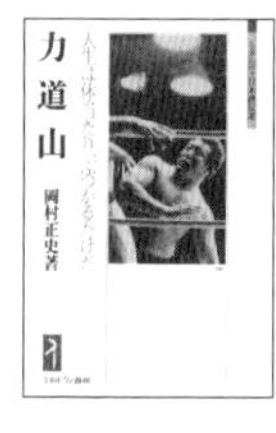

プロレス文化研究会を主宰する著者が、力道山関連の本をいくら読んでも「レスラー力道山は語られているのに、プロレスというジャンルは正面切って語られていない」との思いで書き上げた一冊。当時の新聞各紙でプロレスがどう報道されていたのかを細かく調べてあって、それだけでも楽しめると思う。

しかも、1954年の読売新聞で番組プロデューサーが「プロ・レスリングはだいたいショーだからアップでうつすとボロがでてしまう恐れがある。だから手刀のアップが効果満点にもかかわらずうつせない」とボヤいていたりと、当時の方がタブーなく報道してたりもするわけで。1959年の報知新聞では、力道山もここまで素直にコメントしているのだ。

「私は最初に日本のファンはフェアな試合を好むと考えていたから、ファイトをフェアにやっていた。しかしプロ・レスである以上、ほかのスポーツでは味わえないもの、つまりファンの気持ちをカアーッとさせるものが必要だ。また何度も試合をやっているうちに日本人もそういうことが、やはり好きなことがしだいにはっきりしてきた。……プロ・レスは八百長だという見方があっても、われわれレスラーがリングの上で相手に殴られて怒る、その気持ちにウソはない。現在の私は『プロ・レスは八百長だ』とか『真剣ではない』といって怒ってくれるファンを有り難いとさえ思っている」

そんなことで怒るファンがいなくなったいまとなってはしみじみさせられるこの発言。つまり、最初こそ真剣勝負っぽく見せていたプロレスが、テレビのレギュラー番組も始まってからはショーに徹するようになったけれど、それでも怒りの感情だけはガチだ、と。

ちなみに力道山対木村政彦の試合が、さんざん両者の対立ぶりを煽ってきて注目も集めていたのに「当日の放送枠は午後八〜九時であったが、前座試合が長引いたせいか力道山対木村のゴングが鳴ったのは九時十九分」で一切放送もされず抗議が殺到したというのも意外なエピソード。「あれだけ注目されながらリアルタイムで放送されない試合。その枠組みだけで何かが起こることを予感するセンスは木村にはなかったと思う。何回も言うが、『裏切り』もプロレスの一部なのである。すべて予定調和で事が足りると考えていた木村が甘かったのだ」という意見にも納得である。そしてあの木村戦すらも、金的蹴りをする卑怯な相手に対して怒るといういつもの形式にしちゃう力道山、最強。

★今月の豪ちゃん★真樹日佐夫主演の映画『カラテ大戦争』がアメリカでDVD化されるとのことで、その映像特典のために真樹先生をインタビューしてきました。プロレスラーとのバトルシーンでは、梶原先生がレスラーにだけ「ガチでいけ！」と内緒で伝えていたとか、ちょっといい話が満載！　石井輝男の『恐怖奇形人間』なんかを出してるレーベルから来春発売予定です！（※この映像も撮れなくてお蔵入りに）

小室哲哉逮捕と聞いてボクが真っ先に思い浮かんだのは、KRS時代のPRIDEプロデューサーであり、小室の同級生であり、初期PRIDEに小室を引きずり込んだ喜多村豊氏のことだった。この人も小室の曲の権利を億単位で売ろうとしてたって噂もあるし、小室と一緒に捕まった平根昭彦はネオレディースという女子プロ団体の元社長だし……とそんなことばかりいちいち気にしている男の手による、書評とは名ばかりの引用書評コーナー。

41

石井は監修協力だけ。生真面目に頑張ってきたと周囲が語る本秋山関連で新事実あり！

『石井訓――〝侍〟石井慧の型破り語録』 石井慧、石井義彦、石井美智子・監修／光文社／1000円＋税

総合格闘技転向会見の席上で同時に本の出版も発表するという、見事なタイミングでリリースされた石井慧初の著書。……かと思って読んだら、これって石井慧はただ単に

「監修協力」してるだけで、「はじめに」部分と発言の注釈部分しか担当していないんじゃん！

しかも、帯には「両親・恩師・先輩・友人が初めて明かす意外な『生まじめ律儀な半生』&爆笑語録」と書いてあるのに、これといって爆笑するような語録も、サブタイトルにあるような「型破り語録」も収録されていない。

基本的に、ふざけているように見えて石井慧も実は生真面目に頑張ってきたんですよ、と周囲の人たちが語るだけの本なのである。

つまり、だ。この本だと、物騒ながらもしっかり笑いを取ってきた彼の発言は「石井大口語録」というコラム枠で本人のコメントもなく簡単に紹介するだけで終わり、テレビで何度も放送された、北京五輪で優勝した彼が「いま何をしたいですか?」と聞かれて「思いっきり遊びたいです。……練習したいです」と答えたことや、「北京五輪では自分の実力で優勝できた。天才だったので優勝できたがこれからも努力していきたい」と言って柔道界で波風を立てたこととかも、全てスルー！

福田首相と握手したときの「すごい純粋さが伝わってきた。腹黒くないからこそ人気が出ないのかもしれない」、福田首相が辞任したときの「僕は握手しただけで相手のことがすべて分かる。薄々こういうふうになるんじゃないかなと思っていた」などの政治的な発言も、もちろん全てスルーしているわけなのだ。載せるべきなのは、どう考えてもそっち側じゃん！

まあ、そうした発言も「慧には挨拶などをいっしょに考えてくれる文才のある先輩がいて、『今度の挨拶、どうしましょう?』と相談するとあれこれ考えてくれるんですよ」(父)とのことで彼オリジナルのものではなく、彼自身も「本当は路線を変えようと思っているんですが『石井節』と言われ、イメージチェンジしにくい状況で、実は困っております」とのことだから、あまり「型破り語録」部分を前面には出したくなかったのかもしれない。

だけど、高校時代に「練習のし過ぎでよく過呼吸になっていた」とか、「『今、便所で泣いているからちょっと見てきてくれ』と心配した親から連絡があって、コーチに便所の様子を見に行かせたことが何度もありました」（柔道部監督）とか、大学に入ると「気付いたら屋上で自殺しようと……」したとか、「抗ウツ剤を飲み過ぎて、食欲が落ちてやせ細ったことがあった」とか、そういう精神面の脆さにも言及しているのに、そこまで追い詰められた理由を「北京では勝てないのでは」という「極度の不安感」が原因ということで終わらせているのも正直、引っ掛かる。

だって、『週刊現代』の「自分はなぜ、うつ病・強迫神経症になったか」という彼の記事では、国士舘大学に入学してから全日本合宿で罵倒されたり、尊敬する先輩の悪口を言われたりの、わかりやすく言えば柔道での人間関係によるストレスで鬱になったってカミングアウトしてたのに、この本ではそんな込み入った話も全部スルーしてるんだよ？　結局、波風の立ちそうなことには一切触れない構成になっているんだけど、それじゃ帯にあるように「『ホームレス中学生』を軽く超えます。金メダルの次はベストセラー！」（慧）なんて奇跡が起こるわけないよ！

そもそも、彼は鬱病のカミングアウトを、どうしてまたよりによってＰＲＩＤＥの天敵『週刊現代』誌上でやったのか？　今後、ＤＲＥＡＭに参戦する上で、それはアリなのか？　もしかして、何らかの巨大なスキャンダルを潰すためのバーターだったんじゃないのか？　ついついボクはそんなことを考えちゃったんだが、彼は「国士舘にいたときもライバルの天理大や明治大に平気で（出稽古に）出掛けていってしまうのです。もちろん無用の軋轢を生むこともあるでしょうが、あの子にはあまりそんな意識がないというか、考え方が奔放というか、とらわれない」（母）タイプだったとのことなので、結局は敵対関係がどうとか一切考えていないだけなのかもしれない。

あと、個人的に引っ掛かったのはこの発言。

「自分は中学生のときに清風学園のＯＢとして稽古をつけに来てくださった秋山成勲先輩を当時から尊敬していました。秋山先輩と柔道ができることが本当に幸せでした。心酔するあまり、先輩が使っている洗剤を探し当て、自分の胴衣も同じもので洗濯していました」

秋山と同じ洗剤で柔道着を洗濯って、そこには何か違う意味があるとしか思えないよ！

なにしろ石井慧は子供の頃から、妹とオモチャで遊ぶときもズルして勝とうとするから、父が「『それはアカンねん』とたしなめると、『ズルしてでも勝ちたい』と言う。だから、僕も『あのな、慧、ルールのなかでやるから面白いんやで』と言ったんですが、それでも、あまり納得しませんでしたね」と語るぐらいの負けず嫌いだったのである。これから総合格闘技の世界に入って秋山に師事するとなると、発言ではこれまで滑り知らずの男が、あえて何かを滑らそうとしたりするんじゃないかと余計なことが危惧されるばかりなのであった……。

★今月の豪ちゃん★前号のこの欄でも書いた真樹先生のDVD用インタビュー、取材後にデータがブッ飛んだとのことでやり直すことになりました……。あと、添野義二先生が大山総裁や梶原一騎先生について書いた原稿もようやく読了。語り下ろしじゃなくて自分で書いてるから表現としておかしな部分も多々あるけど、これがまたかなり物騒で、なおかつかなりの面白さですよ！

42

ジャーナリストの格闘技体験記の中で明かされるノゲイラの秘話とは？

ずっと苦手だった青木真也のことが、秋山に対する挑発でさらに苦手になってきた今日この頃。いくら身から出た錆とはいえ、これだけヒール扱いされ、マッチメイクの過程も全てバラされて、「逃げるな！」とか格下な選手にも噛み付かれたら、そりゃあ秋山も団体を背負う気なんかなくなるだろうし、選手契約も更新するわけないよなあ、と。そんなことを考えるぐらい秋山のことが大好きな男による、書評とは名ばかりの引用書評コーナー。

『ファイターズ・ハート—世界の格闘技を旅した男』
サム・シェリダン・著、伊達淳・訳／白水社／2800円+税

プロフィールによると「商船隊、南極での建設作業、森林消防隊、ヨットのクルーなどを経て」「世界各地の各種格闘技ジムに入門し、自らもリングに立つ」アメリカ人ジャーナリストによる、格闘技体験記。そういう人間がボクシングやムエタイ、太極拳なんかに挑戦するのはまだわかるんだが、チーム・ミレティッチやブラジリアン・トップ・チームにも入門したことで奇跡が起きた。とにかく、総合の経験ゼロなのに入門初日から「ティム・シルビアとスパーリング」させられたり、総合の試合に出たらプロモーターのモンテ・コックスに騙されたりと、体験した人間にしか語れないエピソード満載なのだ。

まあ、「ボクシングは手しか使えず、パンチは腰より上に限定されている。キックボクシングやフルコンタクトのテコンドー、空手は蹴りも認めているが、やはり腰より上という制約がある。一方でムエタイはどこを蹴ってもよく」なんて感じで、空手やキックのルール（＝ローキックの存在）すら理解してなかったりもするんだが、真偽のほども定かではないエピソードの数々が面白かったから、ここで紹介したい。

まず、「エリオ・グレイシーとカーロス・グレイシーは、リオのアヴァニーダ・リオ・ブランコで有名な道場を開く。地元の金持ちのプレイボーイたちもそこでトレーニングするようになり、エリオの名声は隆盛を極めていた」し、「グレイシー一族には、弁護士や裁判官などブラジル社会のセレブと呼ばれる人たちも揃っていた」とのことで、「ジウジツはリオに住む金持ちの有力者たちによる芸術」だと定義づけ、それに比べて『ルタ・リーブルはスラム街に住む貧乏人たちが行う『ノーギ』のレスリング」であり、『ノーギ』のスタイルをとっているのは、道衣を買う経済的余裕のない門下生ばかりだったからだ」と説明。なるほど、それなら両者の根深い対立も非常に合点がいくというものである。要はルタ側の階級闘争だったんだ！

……ボクはこの辺りのことに詳しくないいんだが、これは実話なのか？　それとも誤解？

アントニオ・ホドリゴ・ノゲイラのことを「ハンサムな顔は大半が潰れてでこぼこだ」「日本のトップモデルが彼のことをハンサムだと言って以来、日本ではセックス・シンボルのような扱いを受けている」と書いたりする「誤解」と、04年のPRIDE男祭りのためトップチームの面々と一緒に来日した男ならではの、「(日本の) 女の子たちが恥ずかしそうに近づいてきて、ホドリゴにサインを求め、一緒に写真を撮ってほしいと頼んでいた。ホドリゴは快く応じ、代わりに電話番号を聞き出していた」「何でも我慢するけど女だけは止められないんだ」(ノゲイラ談) といった「内部情報」がミックスされているので、どっちがどっちかは正直わからない。ただ、来日時のエピソードとして「ジョゼ (マリオ・スペーヒー) とホドリゴ、それにホジェリオは、彼らの長年のファンであり友人でもあるというヤクザの親分と夕食を共にするために出かけていった」と書くのは、明らかにガチ!

そして、東京ヒルトンのトップチームの部屋に転がり込んだこの作者は、まずはホテルの無料朝食券を大量に入手。「気をつけないといけないのは、チケットは見せても渡してしまわないということだった。そうすると、また次の日に使える」ので、連日ゴージャスなタダ飯を満喫していたのだそうである。

ところが、「ホテルに一人、意地の悪い女性スタッフがいて、わたしたちがホテルを食い物にしようとしているとでも思ったのか、鷹のような目つきでわたしたちを監視するようになり、食事のたびにチケットを要求するようになった。そこから駆け引きが始まった」。「意地悪な女性スタッフに負けないと決心したわたしは、最後に一枚となった無料朝食券を握りしめて新宿の通りを歩き、キンコーズに行って色つきの厚紙にカラーコピーし、細心の注意を払ってちょうどの大きさに切り抜いた——そしてみんなで朝食にありついた」

ブラジル勢の取り巻きはタチが悪いと聞いてはいたけど、こうやって呼んでもいない連中まで好き勝手なことをしていたわけなのだ。

なお、個人的に大好きなのはノゲイラ兄弟のこんなエピソード。ホドリゴが16歳のとき、ハロウィン・パーティーの夜に大学から骸骨の模型を兄弟で盗み、そのままバカ騒ぎしていたら骸骨を紛失。「すぐに返却しなりれば警察に連絡する」と大学側に言われると、今度は墓地から腐乱死体を掘り起こして逃走！　そして、自宅の屋上で塩素を使って骨を漂白していたら、その死体を家の向かいの警察署に発見されるという事件を起こしたそうなのである……。

そして、この作者は「ジウジツ選手の多くが闘犬のピットブルとある種の特殊な関係にあるということには、以前から気がついていた。好きな犬のタトゥを入れている選手をよく見かけるし、ジムや着にもピットブルのイラストが使用されていることが多い」と発見して、なぜか「闘犬」まで取材し、ミャンマー・ラウェイ挑戦を断念する辺りで本は唐突に終わるのであった。犬との「特殊な関係」って、てっきり「肉体関係」かと思ったよ！

★今月の豪ちゃん★久し振りに面白かったK-1GP決勝大会がバダ・ハリの反則暴走で終わったことで、ミリオン出版の名物編集者・久田将義氏が「どうなってるんですか、あれは！」と怒りの電話を掛けてきました。亀田弟が反則暴走したときには、カシアス内藤に「どうなってるんですか、あれは！」と怒りの電話を掛けたとのこと。それはまだわかるけど、なぜボクに？

43

以前、このコーナーで『U.W.F.変態新書』巻末の「プロレス・格闘技マスコミ変態の系図」にボクの名前がなかったとボヤいたら、それっきり『kami-pro』が単行本を送ってこなくなった……とボヤいていたら、また送ってくれるようになりました。ラッキー！　そんな感じで、送本さえしてくれればほぼ確実に書評で扱うのに、必ず褒めるってわけでもないからいつも自腹を切る羽目になっている、書評とは名ばかりの引用書評コーナー。

機密というよりも実現しなかった没ネタ集　青木とマッハの興味深い発言もあり

『PRIDE機密ファイル――封印された30の計画』

kami-pro編集部・編著／エンターブレイン／1600円+税

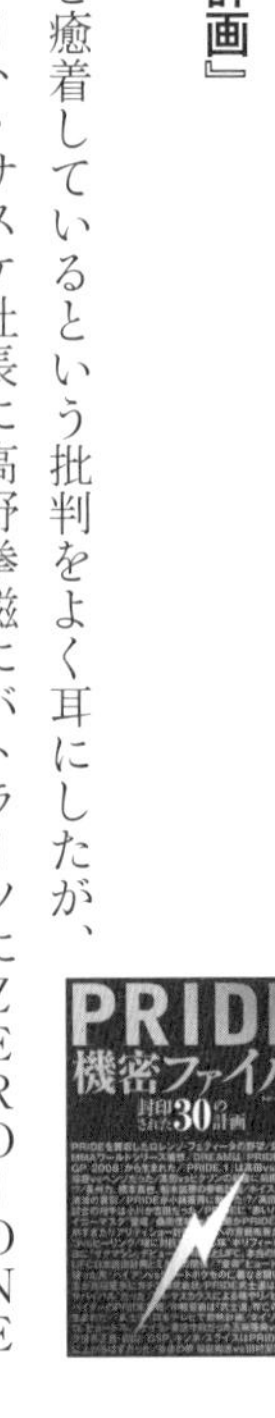

ちょっと前まで、『紙プロ』はPRIDEと癒着しているという批判をよく耳にしたが、そんなことは正直どうだっていい。ザ・グレート・サスケ社長に高野拳磁にバトラーツにZERO-ONEに小川直也にリングスと、昔から『紙プロ』は癒着が過ぎると言われてきたわけだし。ただ、そうした面々とPRIDEは何が違ったのかというと、昔は「面白ければ金にならなくても応援する」ってスタンスだから許されたけれど、PRIDEとの関係では「ボロ儲けしてる」「インサイダーになりすぎて批判も出来なくなった」と思われたのが問題だったたってだけのことだ。

それでも、インサイダーとして裏事情を見続けてきたからこそこんな本も出せるわけで。PRIDEの機密は確かに気になる！　……と思ったら、これは「ガイ・メッツァーにマスクを被せて、タイガーマスクとして猪木軍メンバーにする」とか、アニメとのメディアミックスで田村潔司が五代目タイガーマスクになってハイアンと闘うとか、佐竹戦で桑田佳祐が小川直也の応援歌を歌いに来ると聞いて佐竹サイドが対抗して長渕剛を出そうとしたとかの、PRIDEで実現しなかった単なる没ネタ集だったのだ。……これが機密？

そして、ＵＦＣのオーナーでもあるロレンゾ・フェティータがＰＲＩＤＥ買収時、「『ＵＦＣとＰＲＩＤＥ、〝二人の子ども〟を愛する』と宣言したものの、結局一度も新生ＰＲＩＤＥのイベントを開催せぬまま、同年10月に日本事務所を閉鎖。これによりＰＲＩＤＥを事実上封印した」といった感じで、悪いのは全部ロレンゾと言わんばかりの記述が多いのも引っ掛かった。この件が裁判沙汰に発展し、ロレンゾが「裁判所に提出した訴状によると、『ＰＲＩＤＥを買収した際に結んだ合意書の内容について、元オーナー側が協力しなかった』というのだ（訴状の中で最も強調されていたのはバックグラウンド・チェック、すなわち『身元調査』の件だった）」「07年４月（の買収時）より預金や支払い、集金の記録、顧客情報、取引報告、銀行残高証明などの情報が提供されず、さらには物理的な妨害行為が行われた」と主張したことを、「この説明では到底納得できるものではない」「バックグラウンド・チェックは訴訟をするための後づけの理由に見えてくる」と本文中で批判しているんだが、この場合のバックグラウンドが何を指すのかについて一切触れられていないのが不自然でしょうがないのである。おそらくその原因となった『週刊現代』の記事のことも当然出てこないから、フジテレビが理由もなく突然放送を打ち切ったようにしか書かれてないし……。

黒い部分を排除したかったためなのか、「のちに『ＰＲＩＤＥの怪人』と呼ばれるようになる作家の百瀬博教氏（故人）」についての描写も極端に少なくて、「百瀬氏の幅広い人脈がＰＲＩＤＥの運営にも活かされるようになった。その一環として浮上したのが、『秋元康をＰＲＩＤＥのプロデューサーとして迎える』という仰天アイデアだ」「その秋元氏が当時、プロデューサーとして関わっていたのが98年に相撲界から離れてタレント活動を開始していた小錦だった。秋元氏の名前が浮上してきた頃、榊原氏は『小錦がＰＲＩＤＥに出たら凄くない？』と言っていた」というエピソードが登場するだけ。百瀬さんが貴乃花をＰＲＩＤＥに引っ張り出そうとして藤島部屋に直電を掛けて藤田憲子に断られたとか、没ネタからガチな機密まで百瀬さん周辺にはたっぷりと転がっているはずなのに！

青木真也、桜井〝マッハ〟速人、ミノワマン、川尻達也、長南亮、三崎和雄、佐伯繁というインタビューの人選も意味不明で、これじゃもはや『PRIDE武士道機密ファイル』。喜多村豊プロデューサーとか黒澤浩樹代表幹事とか村上ショージみたいにPRIDE黎明期の内側を知っている人や、アレクサンダー大塚とか藤原ヒロシみたいに百瀬さんの内側も知っている人を出すべきじゃないのか？

まあ、青木が「トップクラスの選手が稼いでるっていう話は聞いてたけど、当時のボクは『格闘技でお金を稼ぐことは悪だ』って教えられてたんですよね（笑）」「だって悲しいかな、『このままじゃ食っていけない』と思いましたからね。曲がりなりにも（修斗世界ミドル級チャンピオンという）一つの頂点に立ったことで、絶対に格闘技じゃ食えないことがわかってしまいましたから」と修斗時代を振り返り、その反動で「興行優先だとか競技がどうとか言われるとウンコしたくなっちゃうんですよ（笑）。そんなこと言って競技化してつまらなくなって、テレビもなくなって、スポンサーも離れて、選手が食えなくなったらどうすんだって思いますもん」と言い切るまでになったことはちょっぴり興味深い。もっと言うと、マッハが「人前でパンツ一丁になるのもどうかと思うけどね！」「減量すると体調ってだんだんよくなっていくんですよ。なんかみなぎっちゃうんですよ」と、ハメ撮り動画が流出したいまとなってはしみじみする発言を連発しているのも、やっぱり興味深いから、そこだけはアリなのであった。パンツ1枚でも穿いてるだけマシ！

★今月の豪ちゃん★ここで何度か紹介してきた士道館・添野義二先生版『男の星座』が、諸事情により現在お蔵入りになりかけているみたいなのが、もったいないなんてもんじゃないです。あんなに面白かったのに！　中身がちょっとばかり物騒なのも、深刻な出版不況なのもよくわかるけど、どこか勇気のある出版社がすぐに動いたほうがいいですよ！　ボクも協力します！

44

最近、ウチの近所で10日に1度ぐらいのペースで瓜田さんと遭遇します。面識もないからすれ違うだけだし、それ自体は何の問題もないんですけど、引っ掛かるのはウチが新宿2丁目だということ……。新宿でも歌舞伎町側っぽいアウトローの瓜田さんが、なぜいつも新宿2丁目に？　まさか……というか、もしかしたら瓜田さんもボクのことをそう思ってる？　そんな疑問を抱きながらも執筆を続ける、書評とは名ばかりの引用書評コーナー。

真樹先生行きつけのSMパブに誘われた格闘家たちの秘話がやたらと登場！

『真樹日佐夫の百花繚乱交遊録』

真樹日佐夫／東邦出版／1600円+税

いまから15年ほど前にボクのデビュー原稿「OL100人SEXアンケート」（データはデタラメ）を掲載したこともある、『週刊実話』連載企画の単行本化。「百花繚乱」というタイトル通り、真樹道場主席師範であり、作家であり、劇画原作者であり、映画プロデューサーであり、そしてSM愛好家でもある真樹先生が百人の男女との交遊について描く一冊なんだが、芸能界や格闘技界の大物たちと同じ扱いで、「元暴走族会長」「元銀座クラブママ」「SMの女王」といった肩書きの人が普通に並んでるのも奇跡！　中山一也、柳川次郎、清水健太郎、シーザー武志、村上和彦、芦原英幸、小沢仁志、石井和義、岩城滉一、内田裕也、大和武士、吉川銀二、百瀬博教などなど、Vシネや格闘技界や任侠界なんかのコワモテな方々に紛れて、なぜかボクや掟ポルシェ、浅草キッドや大槻ケンヂといった軟弱な名前が並んでいるのも、また奇跡！

猪木と梶原一騎が対談する格闘技特番でブロック割りに失敗した真樹先生を見て猪木が大爆笑した失礼な事件や、大山総裁の通夜で真樹先生がガムを嚙んでたら松井館長に「お口の中のものを出して下さい」と言われた事件など、マニアしか知らない話について真樹先生が語っているのも嬉しいし、梶原一騎を外して初期『空手バカ一代』のつのだじろうと大山倍達が組んだ漫画『ゴッドハンド』連載中止事件についても、こう語っているのだ。

「蚊帳の外に置かれて梶原は激怒し、連載を打ち切らせずには置クモノカと豪語。兄は義兄弟でもある大山極真会館館長に直談判を、というわけで、怪物編集長を追いつめる何ともぞっとせぬ役が弟に回ってきた。（略）日に一度、多いときは二度三度と電話しては、その一点張りで押し通した。神経戦だと任じていた。十日もしたろうか、彼の夫人からノイローゼになっているのでもう赦してあげてとの電話があり、さらにしばらくの後、唐突に『ゴッドハンド』は最終回を迎えた」

梶原一騎、狂気の時代を象徴するエピソードのインサイダー情報が、いま遂に解禁！

その手の物騒な話ばかりではなく、こうした呑気なエピソードも飛び出すのであった。

「奴（村上竜司）はそこ（真樹道場沖縄支部主催興行『かきだみし』）で（略）K－1の初期の頃に活躍したスタン・ザ・マンを撃破している。試合中、スタン・ザ・マンの鬘が横へずれてしまい、奴が一瞬攻撃の手を止めて間延びした表情を見せたのは笑えた」

スタン・ザ・マン、ヅラだったんだ！

00年に真樹道場が第1回オープントーナメントを開催したときのエピソードも驚愕もので、右翼の世界の大物でもある世界格闘技団体連合の朝堂院大覚総裁が「役員挨拶のトップバッターとしてマイクスタンドの前へ。『彼らこそは神風特攻隊である！』と、いきなり高声を張り前の年の秋、ニューヨークのトレードセンタービルへハイジャックした旅客機で体当たりしたテロリストを称揚したのには満場が度肝を抜かれたようだったが、俺はしかし別段慌てもしなかった」。

真樹先生の肝が座りすぎて、エピソードの凄さが中和されがちだったりもするのである。

そして、真樹先生の交遊録なだけあってSMパブでのエピソードもやたらと登場する。

「六本木に行きつけのSMパブがある。Sの女王様とM女によるショーを目玉としている店で、実はマスターも女王様の何人かも空手の方の弟子であり、道場で辛い稽古を強いるのを犒うほどのつもりで贔屓にしているだけで、他意はない。いや、多少はあったかも」

「この手の遊び（ＳＭ）は俺も実は嫌いな方じゃなく、（略）アニさん梶原一騎が大の字が付くＳＭマニアで、『ボディガード牙』『カラテ地獄変』『人間兇器』と作品中でも責めては残忍に笑い、責められては屈辱に涙するシーンが執拗に描かれている。遺伝子のなせるわざかも」

　こうして微妙に言い訳しつつ、ＳＭパブに連れて行かれた佐山聡が大暴れした事件について語ったり、「俺と彼（千代大海）、ヒーローズの前田日明、空手の松井章圭も一緒に青山から六本木に繰り出したことがある。何軒目だかにＳＭパブへと案内した」りと、とりあえず仲がいい人はＳＭパブに誘う模様。

「彼（廬山初雄）と旧交を温めるべく六本木へ飲みに誘い、真樹道場女子部の何人もがＳＭ嬢として幅を利かせる店に案内したら一遍に嵌ったようだ。それからというものは飲み会で一緒になる度に、ＳＭ、ＳＭで俺の作家生活四十五周年のパーティーでもスピーチを頼んだまではいいが、壇上でマイクを握るなり、『先生！次回は是非またＳＭのあの店へ！』と俺を視て高声を張り、満場が大爆笑。還暦を寿ぎ、近くそこで乾杯のつもりでいる」

　なぜか「美人画から抜け出たような（陳腐に過ぎるよ！）着物の彼女」と自ら文中でツッコミを入れたり、「チョー、カッコ良かった！」と感想を漏らしたりと、いつもの真樹文体らしからぬテイストが混ざってきているのも興味深い。なお、個人的に最も興味深かったのは、真樹先生があのトキワ荘を訪問し、寺田ヒロオに会っていたという事実なのであった。真樹先生が『まんが道』の世界に！

★今月の豪ちゃん★先日、ネット番組のロケで浅草マルベル堂に行き、アイドルの子たちに昭和のアイドルについて語る企画をやった際、なぜかその子たちのついでにボクのプロマイドが半永久的に販売されることが決定しました……。39度オーバーの高熱で、完全に目が死に、ゲイとの噂のカメラマンに怪しげなポーズを取らされたボクが見たい人は、マルベル堂までどうぞ。

45

立嶋篤史伝『ざまぁみろ！』が幻冬舎アウトロー文庫に入ったと聞けば、単行本版は持ってるのに加筆部分を目当てに購入。単行本出版後の5年間、つまり交通事故や泥棒逮捕騒動についての章が追加され、騒動時の取材ラッシュについて「倉庫でアルバイトする落ちこぼれたキックボクサーのボクが、朝からテレビに出ている」「有名人にでもなった気分だった」と立嶋が呑気に喜んでるのを仕事でもないのにわざわざ確認したりする男による、書評とは名ばかりの引用書評コーナー。

文庫化にあたり追加分はテレ朝スポーツ局次長の猪木のさらに上を行くデタラメさが痛快！

『完本 1976年のアントニオ猪木』 柳澤健／文藝春秋／762円＋税

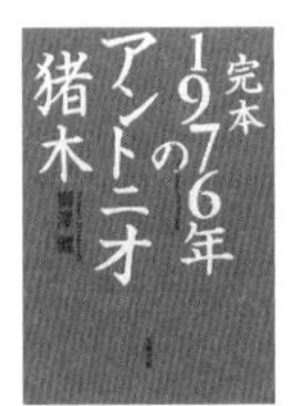

1976年に行なわれた猪木の「アリ戦」「ルスカ戦」「パク・ソンナン戦」「ペールワン戦」という極めて特殊な4試合のみにスポットを当てた「歴史書」の文庫版が登場。傑作と名高い単行本に大幅加筆しているというので、さっそく2冊を並べて全ページ読み比べてみた。「はじめに」部分で「PRIDE（現在は消滅）やK－1は、既に世界中の注目を集めるスポーツイヴェントへと成長した」とカッコで訂正するだけで、UFCが名実ともに世界最高峰となったいまも「日本以外の国で、総合格闘家やキックボクサーが尊敬を集めることはまずない」と書いてあるのはちょっと引っ掛かるが、〝世界最大のマーケットとなった日本の格闘技の原点にアントニオ猪木がいる〟という前提で書かれた本なので、それはしょうがないんだと思う。

そしてなんと、多いときは2Pに3回と文頭に頻出していた「だが」というフレーズが激減！　……なんてことはどうでもいいし、主な違いは冗長すぎてオリジナル版から削られた韓国マットの栄枯盛衰や、インドの英雄グレートガマの生涯について書かれているところと、関係者のコメントが増えたところか。単行本版あとがきでインタビュー協力者として名前が出てくるのに本文には一切登場しなかった剛竜馬のコメントも、やっと読めた！

追加コメントで面白かったのは、著者本人も言っているように元・テレビ朝日スポーツ局次長の永里高平氏に尽きるだろう。「早稲田大学レスリング部出身」で「全日本選手権で二度の優勝経験を持つ強豪」だったばかりに、上司から「おまえもレスリングをやっていたのなら、プロレス中継もできるはずだ」という無茶を言われ、永里はこう言い放つ。

「プロレスはショーですよ。新宿の末廣亭や上野の鈴本でドタバタやってる芸人と同じなんです。あれでいいんですか？　冗談じゃない。スポーツ局であんなものはできませんよ」。それでも視聴率が取れるからやれと言われたため、彼はやむなく日本プロレスの頃からテレビ中継を手掛けるようになるんだが、アリ戦で猪木が背負った多額の借金を返済できたのも、実は彼のおかげだったようなのだ。

「アリとやった時には、こっち（テレビ朝日）に相談なしに、猪木が勝手に決めちゃったんだ。アイディアはいいんだけど、裏づけもないのに、どうして8億とか10億とかを平気で使うかなあ。仕方がないからテレビ朝日で肩代わりしてやって、オレが責任をとって新日本プロレスに役員として出向した。『永里さん、あと4億足りない』『4億ってお前、簡単に言うけど、どうやって返すんだ？』『どうしましょう』『よし、お前、俺の言うやつと全部やれ』と俺は言った。アメリカから、見栄えのするデカくて面白いのを順番に連れてきて、一発2000万円でテレビに売りつけて『水曜スペシャル』で放送する。アメリカには殴られ役なんていくらでもいる。みんな食うに困ってるから、ギャラもタダみたいな値段で、みんな喜んできましたよ。日本人は何にも知らないから『こいつは強い』とか、嘘ばっか。猪木へのギャラだって、借金を返すんだからもちろんタダ。経費を引いた1500万円を、そっくりそのままテレビ朝日に返す。中には『これは特別だから4000万円かかる』なんて嘘ついて、もうガンガン返した。4億パーッと返したよ」

デタラメな猪木の、さらに上を行くようなデタラメさが痛快！　ただ、猪木がアリという英雄と闘おうとしたのも、こうやってプロレスを蔑視する人たちが周囲にいたからなんだろうなあ、とも思うわけで。しかも、そうまでしてやったアリ戦がファンにもマスコミにも酷評され、借金を背負ったことでこんな扱いまでされていたのが不憫すぎなのである。

なお、単行本版では猪木への取材を断られたため、取材申請書をそのまま掲載するという、かつて絶対にやらないとわかった上でジャイアント馬場に挑戦を迫った猪木みたいな行為を著者はやっていた。その取材申請書には、関係者の取材で「ルスカ戦はリハーサルのある、結末の決められた試合（fixed match）であったこと」「アリ戦は、当初はフィックスト・マッチになるはずであったが、猪木様がリアルファイトを望み、リアルファイトに転じたこと」「パク・ソンナン戦は、猪木様が敗北を拒んだためにリアルファイトになってしまい、猪木様がパクを叩きのめし、目に指を入れたこと。翌日ソウルで行われた試合はごく普通のプロレスになったこと」「アクラムとの試合では、アリ戦とは逆にアクラムたちがリアルファイトを仕掛けてきたにもかかわらず、猪木様は反撃、目に指を入れ、腕を折って撃退したこと」がわかったので、「調査報道のため取材謝礼をお支払いすることはできません」が「3時間程度のインタビュー」をさせてくれと書いてあったんだけど、そんなハイリスクなだけで金銭的メリットのない取材を猪木が受けるわけもないよ！

ただ、『Ｎｕｍｂｅｒ』の取材というギャラが出るインタビューは受け、それを文庫に再録する許可は出す（おそらくギャラが出るから）猪木は、やっぱり馬場とは違うのだった。

★今月の豪ちゃん★最近、不況を実感するのは「謝礼は3000円分の図書カードで」といった仕事が出てきてること。「仕事は金額じゃない」がモットーのボクも、さすがに「それならノーギャラのほうが気分がスッキリするような……」と思いました。なので、安い仕事だと「ギャラはいいから、CDとか本とか送って下さい」とか言ってます。

46

桜井マッハの勝利に思わず喜ぶ、青木真也に乗れない人たちが想像以上に多かったことに驚きました。マッハ戦を前にしたコスプレ公開練習にしても、「ふざけすぎだって怒られる」って本人は解釈してるみたいだけど、むしろ「そのふざけかたはつまらないし、乗れない」ってことなんじゃ……。マッハを挑発するための疑似ハメ撮り的な公開練習だったら、まだ意味もあったのになあ……とか考える男の、書評とは名ばかりの引用書評コーナー。

人としてどうかと思う発言や矛盾ばかり…秋山は〝魔王〟ではなくただの〝天然〟ボケ？

『ふたつの魂―HEEL or HERO』 秋山成勲／KKベストセラーズ／1500円+税

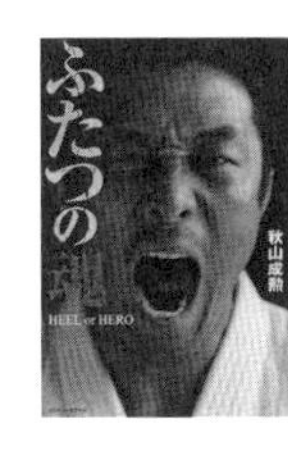

ほぼ同時発売となった2冊の秋山成勲本。『ｋａｍｉｐｒｏ』が出した『魔王』（エンターブレイン）は、『1976年のアントニオ猪木』のように韓国取材も敢行しているから、てっきり衝撃の事実でも明らかになるのかと思えば、「韓国の柔道界には学閥差別があると聞いていたが、それは事実だった！」程度だからガッカリなんだが、資料として秋山の自伝と併読するには便利な一冊だろう。

なにしろ秋山自伝には当時の報道と矛盾するエピソードや、人としてどうかと思うような発言ばかりが詰まっているから、ついつい正しいデータと読み比べたくなるわけなのだ。

たとえば問題の桜庭戦について、秋山は「試合中に、何やってんねん、この人は」と無抵抗のまま殴られる桜庭に憤り、クリーム塗布がバレて試合がノーコンテストになれば「どうして、もっとしっかり止めて、入念にチェックしてくれなかったのだろう」と、なぜかレフェリーに憤る。そんな秋山は「魔王」というよりも、実は「天然ボケ」なんじゃないかとボクは思う。そこに悪意がないとでも考えないと、彼の発言は辻褄が合わないためだ。

そうじゃなければ、秋山の反則に抗議したUインター勢に対して、「同じ業界の選手といってもいい、高山善廣さんや田村潔司さんなどによる、雑誌を使っての個人攻撃は正直、嫌になった」とは言えないだろうし、そんな田村との試合が流れたのは当時新婚の田村が「『新婚旅行に行くから』という理由で、オファーを断ってきた」せいだと暴露もしないはず。

三崎にKOされたときも、秋山は「顔面を蹴られ、頭が朦朧としているから、内容はまったく聞き取れなかった」が、「試合直後のリングで、三崎選手がマイクで何かを叫んでいた」映像を後で見ると、『なんやコイツは！』と三崎選手への怒りがこみ上げてきた」というんだから、悪いことをしたって意識はほとんどないはずなのである。なぜなら天然だから。

柔道時代の世界選手権での敗北についても、やっぱり秋山はこう証言しているのであった。

「最大の敗因は、モチベーションの低下だったと思う。僕が破った選手の国から、柔道着が滑るとクレームがついた。国際試合になると試合外の駆け引きも働く。大会を運営する国際柔道連盟のチェックを受けて問題なしと裁定されたにもかかわらず、日本チームから柔道着を着替えるように指示された。予備の柔道着は着慣れていないうえに、日本代表のシンボルである日の丸もついていない。やる気も萎えるというものだ。桜庭戦後、鬼の首を取ったように、そのエピソードがネットに流れたらしい。そのときの柔道着を、ひとりひとりに触ってもらえるなら、そうしたい」

正確に言えば、ネットに流れて問題になったのは柔道家時代、フジテレビ『ジャンクSPORTS』で「道着を滑りやすくして有利に試合をすすめる」「母親が柔軟剤のハミングを使って洗っている」と発言したことなんだが、この本で秋山母は「水洗いしただけですよ。新しい柔道着は、糊を抜くんです」。秋山父は「あれもね、代表選考試合の決勝で当たった中村兼三選手が、息子の柔道着が滑ると言ったのがネットに流れていた。それを対戦国が利用したんですよ」と説明している。……対戦したフランスとモンゴルとトルコが、どこも抗議していたのに？　当時、秋山は「洗ったばかりで石鹸が少し残っていた」と発言していたのに、それでも水洗いだけ？

その後、日本ではヒール扱いの秋山が韓国でヒーローとなっていくのは御存知の通りだが、そこでも秋山は天然ボケを繰り返す。

いくら韓国で人気が出ても「秋山君のために、ボランティアで仕事を取ってきてあげるよ」と言われていたのに、「いつの間にか紹介料、手数料、マネージメント経費が通常より大幅に引かれる契約になっていた。結局、僕に入ってきたギャラは、すずめの涙。同じ時間、コンビニでバイトしていたほうが、よっぽど儲かっただろう」という搾取ぶりだったと秋山はボヤくのだ。……あれ？『魔王』によると当時、秋山を韓国でマネージメントしていたのはＦＥＧ ＫＯＲＥＡだから、つまりこれもＦＥＧ批判ってことなのか？

まあ、ＦＥＧサイドの言い分にも一方的な部分はあるし、秋山としては試合する気だった08年の大晦日について「ＦＥＧは僕の欠場を発表すると、『なぜ出場しないのか、理由が分からない……。今後一切、交渉するつもりはない』とマスコミにコメントを出した」というから確かにフェアじゃない。ただ、ボクがおかしいと思うぐらいなんだから、ＦＥＧとしてもこの本には反論したいポイントは相当多いと思う。総合格闘技でのファイトマネーをほとんど身内に使い込みされたというのも、相手の言い分を聞いたら全然違う話だったりするかもしれないとか思ったりして。

こうして、ひたすら「俺は絶対に悪くないよぉぉぉぉ！」「悪いのは俺じゃないんだよぉぉぉ！」が口癖のターザン山本！を思わせる他罰主義ぶりを発揮させていく秋山。とりあえず、秋山が叩かれているのは国籍のせいじゃなくて、このナチュラルな天然ボケに対し、思わずみんなムキになってツッコミを入れただけって気すらしてきたのであった。

★今月の豪ちゃん★今度、田代まさしさんと一緒にＣＳで番組を始めることになりました。もちろん『ＳＲＳ』みたいな格闘技番組じゃなくて、マーシーとスキャンダラスな人たちとの対談番組のサポート役なんですけどね。10年前、マーシーの隣にはセクシーなドレス姿の藤原紀香がいたはずなのに、いまはボク……。それが事件のペナルティなのか？

47

以前、ボクもここで芦原英幸本を酷評した小島一志氏が自身のサイトで大激怒&大暴走！「吉田さんよ、金輪際、俺らの事には触れんじゃねえよ。雑誌やムック、書籍は当然だ。テメエのHPだNetだなんちゅうアンダーグラウンドでも、何か書いたら許さんけえな」とか書いてます！　大変だ！　懲りずにまたネタにしてるのがバレたら殺される！　それぐらい危機一髪のはずなのに気にせず続ける、書評とは名ばかりの引用書評コーナー。

前田日明との訴訟騒動、田村潔司の移籍騒動など淡々と自分たちの正しさを主張するだけで刺激不足

『パンクラス15年の真実──総合格闘技の舞台裏回顧録』
尾崎允実・編著／エンターブレイン／1600円+税

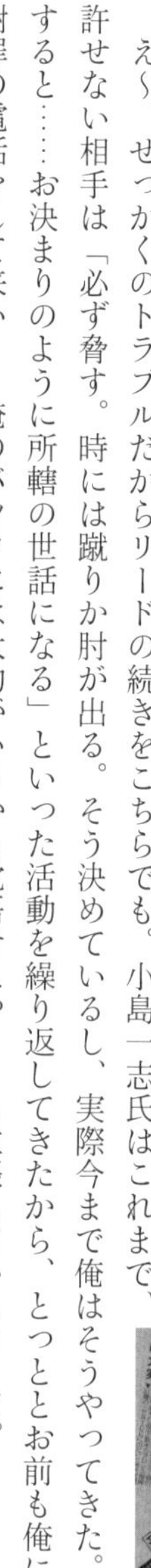

え〜、せっかくのトラブルだからリードの続きをこちらでも。小島一志氏はこれまで、許せない相手は「必ず脅す。時には蹴りか肘が出る。そう決めているし、実際今まで俺はそうやってきた。すると……お決まりのように所轄の世話になる」といった活動を繰り返してきたから、とっととお前も俺に謝罪の電話をして来い！　俺のバックには大物がいるから覚悟せえや！　と主張しているようだ。

「ワシらしつこいでっせ。勿論、ワシらは違法行為はしません。断言しときますわ。けど、Ｋｏｊｉｍａと、何時どこで会うか分からんけえ。俺の秘書はしっかりアンタの写真何枚か集めて、何に使うかワシは分からんけえ、随分コピーしとったわ。電話でええよ、電話くらいしろよ。なあ兄さん」

……あの〜、顔を出さずに仕事している人だったらこれが脅しになるのかもしれないけど、ネットで検索したら画像がいくらでも出てきて、地上波のテレビでも普通に顔出ししてる人間にとっては何の意味もないよ！　写真を入手したって、もしかして浅草マルベル堂でなぜか売られているボクのプロマイドを買ってくれたってこと？　だとしたら感謝！

さらに「俺らは命を狙われてもおかしくねえ商売してんだ。俺はバッグにいつも芦原英幸の形見の手裏剣仕込んどる。Ｙｏｓｈｉｋｏ（小島一志氏が愛する『大山倍達正伝』の共著者・塚本佳子のこと）には護身銃持たせとる」と、銃刀法違反も気にせず拳銃で何かすると匂わせて脅すのも凄いし、「アンタらプロレス・オタクには、俺みたいな空手人間がウザいんとちゃうか？　俺が過去に書いたプロレス批判なんか読んでＫｏｊｉｍａが嫌いになったんとちゃいますか!?」との発想にも驚愕。いまどき「プロレスを否定された！許せない！」なんて言う馬鹿は存在しないし、いまのボクを「プロレス・オタク」の「プロレスライター」と表現するのは、おそらく確実に小島一志氏だけだよ！　むしろ空手オタクじゃないかって気がするぐらいなんだけどなあ……。

小島一志氏はボクの書評が「人格の完全否定だ」と怒っているんだが、ボクがやったのは物書きとしての実力の完全否定であり、「これだけ取材したんだから文句言うな！」「嫌なら買うな！」というのはどう考えてもプロの発言じゃない。ボクは小島一志氏の本ではなく、ネットでの言い分を読んだことで人格も完全否定したくなった次第なのである。

……というわけで本題。『空手バカ一代』に触発されて極真に入門した過去もあるパンクラス尾崎社長の自伝は、面白い体験もいろいろしているはずなのに、それらをひたすら当たり障りなく書いた一冊。この慎重さがあるからこそこれだけ長くパンクラスを続けてこられたんだろうけど、それは本を書く上ではマイナスにしかならないというか。結局、小島一志氏のようにトラブルも恐れず一歩も二歩も踏み込む隙だらけな本の方が面白いに決まってるわけなのだ。ビジネスマンとしては正しくても出版ビジネスとしては大失敗！

前田日明との訴訟騒動然り、田村潔司の移籍騒動然り、そこに怒りもなく淡々とこちらが正しいと主張するだけじゃ絶対に物足りないし、それこそエンターブレインという『ｋａｍｉｐｒｏ』の版元からそっちの人脈を使って著書を出すのに『ｋａｍｉｐｒｏ　ｂｏｏｋｓ』レーベルからのリリースじゃない以上、そこには確実に何かがあるんだから旧『紙のプロレス』時代からの確執とかにも触れればいいのに！　キース・

ベーゼムスというオランダ人キックボクサーが反則暴走した原因は、「のちに伝え聞いたところによると『我々のリングに上がらないか？　反則負けでいいから船木を倒してくることがその条件だ』とある格闘技の某関係者からそそのかされていたようです」とか、オランダとの窓口になっていた人が格闘技関係者に暴行を受けたのも「裏で某関係者が糸を引いていたようですが……」とか書くことにしても、実名で書かなきゃ刺激不足なのであった。

ただ、それでもパンクラス以前の話はツボに入った。尾崎社長がテレビ朝日のＡＤとして古舘伊知郎と知り合い、『週刊プロレス』のアルバイトを経て古舘の初代マネージャーになったのは知っていたけど、『週刊平凡パンチ』でアイドル、菊池桃子の取材」もこなしていたなんて全然知らなかったよ！

他にも、第二次ＵＷＦの神社長に当時「尾崎さん、ＳＷＳの社長にならない？」と持ちかけられていたとか、「じつはパンクラス旗揚げには新日本プロレス所属だった藤波辰巳（現・辰爾）選手が関わるという話もありました。まだ社長に就いてくれる人を探していた頃、ある人物の仲介で船木、鈴木が藤波選手と会ったのです。藤波選手はスポンサーを紹介。義理の弟さんを社長に据えて新団体を運営するという計画を持っていたようです」との発言とか、意外なネタもそれなりにあり。会社で居場所がない藤波はＺＥＲＯ－ＯＮＥみたいな外部団体を作ろうと当時から考えてたってことなんだろうけど、藤波のガチは見たかった！　それでこそ真のハイブリッド！

★今月の豪ちゃん★田代まさしさんとCSで番組を始めると前回書いたけど、この前スタッフの人に会ったとき「番組の収録日も決まってるんですけど、まだどうなるかわからなくて発表できてないんですよ」と言ってたからビックリ。何かと思えばマーシー、占い師の人に「5月にまた事件を起こすかも」と言われていたそうで……。こっちも大変だ！

48

前回、この連載でも暴走ぶりを紹介した小島一志氏が、これまで自身のサイトでさんざん愛を訴えてきたパートナーに冷たくされた途端、いきなり手の平を返して彼女を口汚く罵ったり、かと思えば彼女絡みの描写を全て削除したり、息子になりすましているとしか思えない更新を繰り返したりと、さらに激しく暴走中！　そのせいで、脅されていたはずなのになんだかすっかり心配になってきた男による、書評とは名ばかりの引用書評コーナー。

世間のニーズを無視して大半が芦原英幸の弟子時代の苦労話……だが抜群に面白かった！

『空手超バカ一代』 石井和義／文藝春秋／952円+税

昭和の講談社チックな表紙デザインとタイトルの石井館長自伝が、いまこのタイミングで文藝春秋からリリース。当然、読者としては脱税事件の真相についてはもちろん、著書で奴隷商人呼ばわりされた佐竹雅昭とのゴタゴタについてや、同じ『文藝春秋』の04年4月号でも告白していたような大晦日格闘技戦争と百瀬博教氏&川又誠矢氏についてなど、知りたいことはいくらでもあるんだが、残念ながらその辺りについての記述は皆無！

これは1年2カ月の服役中に、週1回、便箋7枚までと制限された手紙の前半3枚に業務事項、後半4枚に「自分自身の半生を振り返るエピソードを綴っていた」、その後半部分だけを「60通余りの手紙の内容を整理して、再構成したもの」だから、さすがに触れられないネタもあったのかもしれないけど、大半がケンカ十段・芦原英幸の弟子時代の苦労話なのはそんな世間のニーズを無視していること確実なのだ。ただし、それはそれでボクにとっては抜群に面白かったわけなんだが。

たとえば、少し腹に肉がダブついていた芦原が「石井！　心配しなくても俺の腹を叩ける奴は誰もいないよ！」「なあ!!」と、「いつものように笑顔で、しかし目だけは笑っていない三白眼をこちらに向けながら」

言い出したとき、石井館長は「そんな恐ろしいこと、あなたの弟子たちの誰にもできるはずないじゃないですか」という意味で、「そんな行為は、盗人で言えば『警視庁へドロボーに入る』、芸能界であれば、『バーニングのタレントに手を出す』以上に大変なことであります」というスリリングな比喩を使うから最高。

「私が本格的にゴルフを再開するきっかけになったのは、ハワイで初めて会ったバーニングの周防郁雄社長に、『ゴルフできるの?』と誘われたからであります。一九九九年の春と記憶していますが、当時私は周防社長とは面識がなく、息子の彰悟君と毎日よく遊んでいました」というぐらいに周防親子と交流がある(周防ジュニアは真樹道場に通っていたので空手つながり?)石井館長がそんなこと言うと、さすがにリアリティありすぎるよ!

当時、貧乏で西成の「三~四団体のヤクザ屋さんや右翼団体が同時に入居しているという、なんとも物騒なマンション」に住んでいたときのことにしても、「一階から四階までの表札を見て回りますと、『〇〇〇連合青年隊』『アジア〇〇〇研究所』『〇〇芸能プロダクション』などアブナイ名前ばかり」と、芸能プロを完全にそっち側の職業として括っているのもビックリなんだが、そこで石井館長がやっていたことはさらに衝撃的だった。

なんと芦原お手製の手裏剣を頂戴してくるなり、「目的のためには人の迷惑を顧みないタイプでもあった若かりし日の私は、マンション前の六~八メートルの道路を、迷わずナイフ投げの稽古場に選び」「街宣車の横の電柱に、人間の形を描いた畳を二枚重ねて立て掛け、道路を横切るように手裏剣を投げる」という迷惑すぎる稽古を勝手にスタート! その結果、部屋に日本刀を持ったヤクザが乱入してきてバトルになるのも当然の話だよ!

芦原が「石井! 宗教は凄いな、凄い」「目指すは宗教法人だな!」「いいか、理由なんて後で付ければいいんだよ。夜中に観音様のお告げがあったとか、瞑想をしていたら後光が差して菩薩が現れて……」とか言い出したとき、「先生、それは瞑想じゃなくて迷走ではないですか」と内心突っ込みながらも「武道と宗教は共通点が多く、よく似ています」と語っているのもポイントで、空手の世界のゴタゴタはほとんどそこが原因になってるんじゃないかとボクは常々思っている。

「そもそも経費がかからないのが武道と宗教でありまして、人件費といったって、寺の小僧や空手道場の内弟子の待遇を良くしたのでは修行にならないので、ほとんど無給」

大山総裁と芦原について、石井館長は「強さとセコさと商魂にかけては、間違いなく空手史に残るこの御両人」とズバリ言い切っているが、それも全ては空手の世界が宗教団体システムを取っているためなのだろう。金払いの悪さゆえ大山総裁から多くの弟子が離れていったのは有名な話であり、芦原もサラリーマンを辞めて芦原会館に専念させた石井館長の給料を11万円で3年間昇給なしにしていたため、これでは生活も出来ないと石井館長は賃上げを要求。おかげでどうにか1万円だけプラスされて12万円になるが、その裏側で芦原が各支部の幹部たちに「これからはお前たちが関西を運営していけ！　石井は金のことを言い始めた。あいつは危険だよ」と言っていたと聞いて独立を決意。……って、あれ？

佐竹雅昭も著書で、「ベンツを乗り回すほど儲かって」いた石井館長が「佐竹、ウチにくるならこれだけ出そう」って指を5本立てたから「給料50万円か」「それでも安いな」と思って給料袋を見たら1万円札が5枚入っていたとか書いてたけど、自分のときよりも安くなってるじゃん！　芦原が極真会館本部で働いていたときの給料でさえ7万円だったのに！　もはや空手というよりも空手形！　でもまあ、だからこそ石井館長はここまで成功できたのかもしれないのであった。祝・復活。

★今月の豪ちゃん★ボクがやっているポッドキャスト番組『豪さんのポッド』に須藤元気がゲスト出演。新刊はかなり笑いの要素を減らしてきてるけど、トークは相変わらず笑い多めでした。最近ホリエモンに会ったときも思ったけど、やっぱり若いときにモテなかった人は信用できますよ！　もちろん須藤元気も思いっきりそっち側！　くすぶった過去、万歳！

49

三沢光晴とマイケル・ジャクソンという大物2人が亡くなったというのに、なぜマスコミは士道館・添野義二元館長にコメントを聞こうとしないのだろうか？　2人とも士道館で稽古したこともある空手家なのに！　なお、大山総裁が「ダンスの巧い人は空手も強いよ、キミィ！」と言っていただけあって、マイケルにも天性の素質があったそうです。そんな空手家2人への追悼の意を込めてお送りする、書評とは名ばかりの引用書評コーナー。

DVDの特典映像で秘話を明かし対談相手に突っ込まれる前田日明は最高！

『最強伝説 THE OUTSIDER』　ミリオン出版／838円＋税

先日、元『ヤングオート』愛読者の福山雅治を取材したら、「吉田さんも、やっぱりアウトサイダーとか観に行ったりするんですか？」といきなり質問されたからビックリ。いまやアウトサイダーといえば、コリン・ウィルソンの著書でもフランシス・F・コッポラの映画でもガーゼやギズムが参加したオムニバスアルバムでもなく、不良たちのケンカ・オリンピック（『四角いジャングル』）を意味する時代になったわけだが、それなのにどうも格闘技専門誌との相性はあまり良くない気がするというか（『リアルバトルトーク』を除く）。その点、『実話ナックルズ』や『実話マッドマックス』なんかとの相性はバッチリであり、『ナックルズ』特別編集によるこのコンビニ向けムックも、実にそれらしい一冊に仕上がっていたのである。

アウトサイダーのコンセプトは「前田日明が丹下段平になって『あしたのジョー』を探す」というものだったはずなのに、そこに集まってくるのは少年院帰りの矢吹丈というよりも、ゴロマキ権藤（『あしたのジョー』の登場人物の中で最もカッコいい、ヤクザの用心棒）側の男たちばかり。なので、むしろ「喧嘩屋のゴロマキ権藤が元ボクサーのウルフ金串を倒す」名場面を現実にするような格闘技興行と言うべきなんじゃないだろうか？

なにしろ、「懲役6年」で「殺しとレイプ以外は何でもやった」（江田雄一）ような選手たちが、「ナックルズの記事読んで、『俺にぴったりの大会じゃねーか』って思って応募したんスよ」（加藤紘也）ってノリで参戦してくるし、みんな物騒な組織を背負っているから「負けたら、マジで俺が殺されますから」（内藤裕）というぐらい切羽詰まっているし、格闘技経験があまりなくても「やるからにはやっぱ〝てっぺん〟取りたいって思ってます。何のバックボーンもない喧嘩上がりの奴が、格闘技のエリートをブッ飛ばす姿をみんなに見せたいですね」（加藤友弥）と豪語するだけの根性を見せるから、格闘技をちゃんとやっている側も思わず「いつもセコンドに怒られるんスけど……。でも試合前は『寝技で行こう』って決めてても、ガンくれられたり顔殴られたら、もう殺るしかないじゃないっスか？」「殴られたら殴り返さないと、栃木じゃ不良って認められないッスから」（吉永啓之輔）というぐらいムキになる。

こうして選手も無自覚にプロ意識の高そうな試合をするし、観客は選手の身内が多いから会場の熱も生まれやすいし、選手のギャラはプロ興行と比べると格安だしで、これは相当よく出来たシステムなんじゃないか、と。

付録に付いている90分のＤＶＤも、試合は一部でバックステージ中心だから普通の興行なら退屈しそうなところなのに、カメラマンに「何撮ってんだ、この野郎！」（渋谷莉孔）と噛み付いたり、リングドクターを「お前、これで診断ミスだったらどうなるか、わかってんだろうな！」（ＳＨＩＮ）と脅したりで、そこもまた必要以上に刺激的なのである。

そんなリングに上がった「都内最強の男」こと与国秀行は、試合で相手を本気で殴ることができずに敗れた後、「暴力じゃ何も解決しない。そのことを伝えるために今日、出場したんです」と語った。「与国はいま自分の想いを伝えるために、この大会での経験を元に、さらに広いフィールドに羽ばたこうとしてる。『最強』という称号は、今こそ彼にふさわしいのかもしれない」ともここに書かれていたんだが、まさかその「さらに広いフィールド」が「批判も誹謗中傷も全て覚悟の上で、勇気を持って」幸福実現党から次期衆議院選挙に出馬することだったとは……。04年に幸福の科学に出会った彼は、同じく幸福実現党から出馬する元ブルーハーツの河ちゃんと路上で対談する様子をYoutubeにアップしたり、一緒にブログをやったりしているから、これこそまさにコリン・ウィルソンの『宗教とアウトサイダー』だよ！

なお、『kamipro』でお馴染み、ミュージシャンの菊地成孔もアウトサイダーのファン&前田日明原理主義者としてインタビューを受けているんだが、「選手や観客は（会場に）プチタが入ってきて野次りはじめたら囲んで殺っちゃうべきです」と暴言を吐き、『ナックルズ』側が気遣って見出しはこの発言に「（笑）」を入れて無理矢理ギャグ扱いにしているのも最高！

DVDの特典映像で、「アウトサイダーに出たっていうんでマスコミに名前が出て、街でしょうもない奴に喧嘩を売られることもあると思うけど、乗るなよ！」とアドバイスしたかと思えば、自分も某大物漫才師（名前も文字通り大物っぽい人）が「空手の先生とケンカしたら、簡単に勝った」と言ってたから、「空手をバカにしやがって！」となんば花月の前で1カ月待ち伏せしたと告白し、対談相手の川村勝に「やる側じゃないですか（笑）」と突っ込まれる前田日明も最高！

ただ、せっかくだからボクは角川春樹やドクター苫米地がアウトサイダーについて語るインタビューも読んでみたかったのであった。リアル『クローズ』（高橋ヒロシ）よりも『クローズ・ユア・アイズ』（長渕剛）！

★今月の豪ちゃん★何年かぶりに矢沢永吉を取材。相変わらずのフレーズのキレの良さにシビレました！　そして、ボクが選ぶ生涯ベストタレント本『洋子へ』の著者・長門裕之を自宅で取材。役者は喧嘩で顔を殴られたらいけないってことで学生時代にボクシングを習い、チェーンや銃剣を片手に暴れ回り、1日2～3戦こなしたりしていたそうです。

「プロレス雑誌は誤植が多すぎる」と嘆いてるのに、もっと誤字脱字が多く悪文だった『U.W.F.戦史』の続編が出てました。「吉田豪に意味不明な悪文の羅列だと批判されると嫌なので」なんてフレーズが出てくるらしいので読むのが楽しみ！　……と思ってたけど、異常に分厚いし圧倒的なまでの読みにくさで、とても締切までには読破できませんでした。次号こそはこれを紹介しようと心に誓う、書評とは名ばかりの引用書評コーナー。

50

アウトサイダーの選手5人のノンフィクションはゴン格読者も全員共感の不良から例外まで…

『THE OUTSIDER―獣たちの凶宴』　竹書房／1300円+税

近頃人気低迷中の格闘技界の中で、地味にブレイクしつつあるアウトサイダー。技術はなくても気合いとドラマだけはある不良のほうが、強くても個性が足りない格闘家よりインタビューも面白くなるから、こうして主要選手5人にスポットを当てたノンフィクションがリリースされたりするわけなのだろう。

この中身を簡単に説明すると、不良が格闘技によって更正していくドキュメントに過ぎないんだが、「幼稚園の頃から自分の母親がシャブ打ってるのを見てた」「おかんがパクられた。懲役行っちゃうんだ、シャブで」というハードすぎる幼少期を経て、「暇すぎて、金なくて、やることもないから腹いせに交番襲った」せいで鑑別所に行き、レイプ犯を恐喝して少年院に行き、コカインやヘロインにも手を出したりしてきた黒石高大の場合。

人前で試合して注目を浴びるようになった結果、『ゴン格』読者が全員共感するようなことを言うまでになるからビックリなのだ。

「『前田さん、俺をプロにしてください！』とか言う奴もいるけど、そんな奴、はっきり言って俺は嫌い。『僕、プロ志望です』とかね。たいして強くもない奴が『前田さん、もっと強い奴と当ててください！』なんて一丁前な口きいてるの見ると、イラッとするから。『てめぇ、誰に口きいてんだ！』とか思う。『お前がそこまで言える立場か！』と。『誰のおかげで、このリングに立ててんのか！』って。『殺すぞ！』って。だって、すごい強い人って世の中にいっぱいいるんだから。アマチュア大会なんかには世間からはあまり注目されてないかもしれないけど、そこから、一から順に頑張ってる。そういう選手たちを見てると、本当に悪い気がして……」

前田日明を立てて、他の格闘家も立てた、完璧すぎるコメント！　その上で、「だから逆に言うと、そういう強い選手が見せられない本物のケンカを俺は見せたい。じゃなかったら、あんなところでやるのは本当に失礼だよ。死ぬほど頑張ってるのにまだ光が当たってない選手たちに対して」と自己主張されたら、批判なんか出来るわけもないのである。

アウトサイダーは、いわば素手でタイマン張るような世界だからこそ、上下関係のキッチリした、ちゃんとした奴が多いんだろうなあ……と思いながら読み進めていたら、一人だけ例外がいた。「狂気のリアル刃牙」というキャッチフレーズで知られる渋谷莉孔だ。

なにしろ1行目からこれなのである。

「両親の死体を見た時に、『やったぜ！』って思った。ちっちゃい頃、一番嬉しかったことがそれ。父親のことがすっげぇ嫌いで、母親はもっと嫌い。妹と兄ちゃんもいたけど、まぁまぁ……ってくらい。俺が小学校に入学したくらいの頃、家族が全員車の事故で死んだ。正確には、俺が呪い殺した。俺はその時たまたま一人で家出してて、友達んちに入り浸って1週間くらい帰ってなかった。で、1週間ぶりに帰ってみたら死んでた。旅行中の事故だった。まぁでも中学生になったら殺すつもりだった。保険金かけて。だから死んで、早めに金になってくれてよかった」

その後、孤児院に入って勉強しまくるのも、「何のためにそんなに努力したかって？　他人を見下してバカにしてぇなと思って」のことだし、そんなとき施設で酒鬼薔薇聖斗の事件を知り、「俺もこうなりたいと思った」彼は危険な道を突き進んでいくのである……。

まずは「ノコ付きのマチェットにハンマー、ナイフ、ハンドアックスは常に携帯して」武装し、「動物の死骸も四六時中、鞄の中に入ってた」「人の飼い犬も焼却炉に投げ込んだな」「猫も30匹くらい、いろいろ試して殺した。内臓を解体したり、電子レンジに入れて爆発させたりとか」「あと、牛を殺したのもこの頃」という、大山倍達的な牛殺しとは全然違う凶悪なスクール・キラーぶりを発揮。

「世の中にいろんな殺人鬼が出てきて、みんなを殺してくれれば楽しいなって思ってた。俺の代弁っていうか、代役っていうか……。たまに地震とかで人が大量に死ぬと喜んだ。電車の事故とかもすげぇ興奮した。これは貧乏人が『金持ち、死ね!』って思うのと一緒。俺は『生き物、死ね!』って。『幸せな奴は死ね!』って。かと言って不幸な奴に対して哀れみはない。『不幸な奴も死ね!』って」

……これ、刃牙じゃなくて、むしろ強姦致傷事件を起こした鬼畜AVメーカーのバッキーに近いでしょ! 実際、「女を殴ったりするDV映像」を撮ったりしてるわけだし!

そんな彼も「格闘技に出会って、改心したみたいに世間では思われてる」ようでいて、「基本はやっぱり他の奴らをバカにして見下したい。ただ、その中にも、いい奴もいるんだなって。ちょっと分類が細かくなっただけ。人間をバカにしてる、友達もバカにしてる、格闘技もバカにしてる……っていうのが、ちょっと変わっただけ。『格闘技、そんなにバカじゃねぇな』みたいな」と、やっぱり格闘技を立てつつ持論は曲げないからさすがなのであった。こういう放送コードで言えばギリギリというか完全アウトな選手が脚光を浴びられるのは、まず確実にアウトサイダーだけ!

★今月の豪ちゃん★キックガッツに安岡力也来場。大原麗子と同じギランバレー症候群のため激痩せして車椅子生活だとか噂されていた力也さんが、まったく変わらない見た目のまま、男としてのプライドなのか杖も使わず、仲間の肩を借りながらとはいえ自力で歩いていたことに感動しました。山城新伍亡きいま、力也さんには元気でいて欲しいものです。

ダン・スバーンと総合で闘ったりK-1に参戦したりの過去もある松永光弘の新刊がちっとも面白くなくてガッカリ。結局、奇跡的な名著だったのはデビュー作だけなのか……。松永とポーゴちゃんのmixi上のやり取りはとんでもない面白さだから、あれをそのまま単行本にすればいいのに！　でも、あれがタダで読めるんだからみんな本なんか買わなくなるよなあ……と出版不況を実感した男による、書評とは名ばかりの引用書評コーナー。

51

700ページ突破というコロコロコミック以上の厚さは読み通すのが困難！　あとがきに画期的提案も…

『U.W.F.戦史2』　塩澤幸登／茉莉花社／3000円+税

700ページ突破というコロコロコミック以上のボリュームで、当時の雑誌だけを頼りにUWFの歴史を総括するシリーズ第2弾。前作はそんなに語られることもなくゴタゴタだらけだった旧UWF編だから悪文でもまだ読めたんだが、第二次UWFを表面だけなぞったこれは読み通すのも非常に困難！　分裂時のゴタゴタを立体的にしたらまだ読ませるものになったのに、「UWF解散劇の細かな経緯は本書の執筆予定の範囲を超えた問題だから、ここではこれ以上ふれない」とのことで、ほぼ黙殺しているからビックリなのだ！

代わりにどんなことでページを割いているかといえば、小林秀雄『無常といふ事』～ロラン・バルト『神話作用』～ヨハン・ホイジンガ『中世の秋』という難解な抜粋3連発に2ページも使ったりで……。さすがにしんどくてボクが思わず読み飛ばした途端、「あまりこういう話ばかりしていて、また、わけのわからないことばかり書いていると、吉田豪に意味不明な悪文の羅列だと批判されると嫌なので、このことについては、これ以上は書かないが、そういう前近代的な世界観のなかから、マルチン・ルターの考え方やアダム・スミスのような現世の利益を追求する商業行為を肯定する思想が成立し、資本主義的な思想が成立し、現在

の利益追求やマーケティング、損得勘定、現実の世界でモノの豊かさを追い求める人間の生活が成立した、と書いてもいいだろう」とのフレーズが飛び出すのも完成度が高すぎなのだ。「これ以上書かない」と前振りしてから「わけのわからないことばかり」を書く、その悪文ぶりはまさに本物！

相変わらず「極真空手の流れからは、青柳聡行、佐竹雅昭のような人が現れ」といった感じで、青柳政司（誠心会館）と柳澤聡行（正道会館）を勝手に交配させた謎だらけの人物を登場させたりの誤植も多いんだが、それより問題とすべきなのは彼の主張なのである。

まず、「はじめに」部分で「わたし個人の考えでは、強さを標榜できないようなプロレスだったら、やらない方がいいと思う」「これはあえて書くのだが、わたしの知り合いのレスラーで、総合格闘技に出場した某選手の話だが出場するたびに連敗して、そのたびにプロレスのギャラが上がったといって喜んでいた」と、実際には強くもないプロレスラー（おそらく高山善廣）がガチに挑んで負けてばかりいた状況を批判。その上で、今後のプロレス界は「それじゃあどうすればいいのか、わたしもわかって原稿を書いているわけではないので、解決策を提案してくれるだろうなどと思わないでほしいのだが」とサジを投げていたはずが、なぜか「あとがき」部分になる頃には画期的な解決策を提案するまでになるのであった。

「プロレスは最終的にどういう場所にたどりつくべきか、という問題について、わたしはこう思っている。これは残酷な話だが、現役のプロレスラーたちが話に触れるのを非常に嫌がる、「ミスター高橋的な部分」も含めて、アントニオ猪木を先頭とする人たちがあらためて、過去のあらゆることについて情報公開」してカミングアウトするべきだ、と。

つまり、『『アントニオ猪木自伝』の三倍ぐらいの厚さの自叙伝を、詳細な自身の過去の歴史のイイコトも悪いことも全部さらけ出して『皆さん、裏切りつづけてごめんなさい』の言葉を添えて、これを自力で書き上げ（口述筆記の編集者の調整付きの原稿でもかまわないではないか）、上梓すべきなのだ。そうすれば、その本はミスター高橋の本の30倍ぐらい売れるのではないか」ってことなんだが、一体なんなんだろうか、この15年ぐらい前のUWFに騙された修斗の選手みたいな発想は。

「プロレスの完全な情報公開が行われ、タブーがなくなり、みんなが昔のことなんか知りたいと思わなくなったら、興味はいまのレスラーたちにどんな人たちがいて、彼らがどう一生懸命に練習し、どんなふうに戦い、なにを考え、どう生きていこうとしているのか、現実のリングはどういう状況にあるのか、そういう未来的、具体的なプロレスラーたちの生活、戦いの形に戻っていくだろう。そうなったら、『週刊プロレス』もバカ売れして、『週刊ゴング』も復活するだろう」

……なんだ、これ？　なぜカミングアウトしたらいまのプロレスの人気が上がるんだ？　話が飛躍しすぎて全然つながってないし、そもそも「強さを標榜できないようなプロレスだったら、やらない方がいい」はずなのに、カミングアウトでショー化したらプロレスラーが強さを求める必要もなくなるよ！

新日本入門当時の前田日明が、猪木に「プロレスって、今こんなことやっているけど、将来的には誰にもバカにされないようなしっかりしたものにしたい」と言われた件についても、この作者はなぜかこう説明している。

「『誰にもバカにされないしっかりしたもの』というプロレスがどんなプロレスかといえば、多分、『人から八百長とバカにされないプロレス』→『八百長でないプロレス』ということだったのではないか」

猪木は絶対にそんなこと考えてないし、猪木が謝罪本を出してもプロレス人気は絶対に復活しないとボクは断言できるのであった。

★今月の豪ちゃん★ケンドーコバヤシを取材したら、プロレスファンの芸人が激減していることを嘆いてました。「昔は楽屋に『週プロ』や『ゴング』から『ファイト』まで山ほどありましたよ。総合に流れるのは、あれはあれで面白いから僕も好きですけど、最近は総合までみんな捨ててきてる。なんやねん、お前らって思いますよ」って、まさに正論！

52

コンビニ本『実録格闘家不良列伝』（メディアックス）を購入。表紙が辰吉で、それ以外に劇画化されてるのは、鈴木みのる、渡辺二郎、沢村忠、シーザー武志、ロード・ウォリアーズって、時代が15年か20年は止まってるような気が……。このタイトルで総合〜K-1系がゼロって！　とボヤきながらも、前田俊夫による『うろつき沢村忠物語』（仮）はこれはこれで有りかも……と思った男による、書評とは名ばかりの引用書評コーナー。

日本の裁判制度を前田が熱く語る流れで今まで報道されなかった自らのエピソードも…

『日本魂』 山本小鉄、前田日明／講談社／1300円+税

山本小鉄と前田日明という「30年以上、揺るぎない絆で結ばれた師弟が混迷する日本を憂え、政治から教育、環境、社会問題までも喝破、再生への道を提起する！」（帯文より）対談集。正直、プロレス関係の対談ページもあるけどそっち方面では新ネタも少ない。

せいぜい山本小鉄による「格闘技の原点は、古代ギリシャの兵士たちが素手で決着がつくまで何時間でも闘ったというパンクラチオンに求められる。昨今、いわゆる総合格闘技（ＭＭＡ）がパンクラチオンの現代版だと言われるけど、彼らは薄いグローブ（オープンフィンガーグローブ）をつけて闘う。タイツ一つで闘うプロレスこそが本来、パンクラチオンの流れを汲む格闘技であるはずなんだよ」との発言に、「うわっ！　こういう強引な理屈によるプロレス擁護って懐かしい！」としみじみしたり、「俺が若手の頃のギャラなんて、一試合六〇〇〇円ですよ。テレビのゴールデンタイムで放送された、あの（ポール・）オーンドーフとの凱旋帰国第一戦だって、同じく六〇〇〇円だった。それから少したって、一試合一万五〇〇〇円になったけど、それも、坂口さんに『前田なんて一万五〇〇〇円って顔じゃない』とか反対されて（笑）、でも山本さんが強くプッシュしてくれて、やっと上げてもらえたんですよ」との前田日明の発言に「いまプロレスラーは儲

からなくなったと言われてるけど、当時も酷いなんてもんじゃないよ！」と思ったりしたぐらいだろうか。いや、ホントいつもの話ばかりで、本当にガチなのは政治ネタだから、ハードカバーではなく新書で出したほうが売れそうな気がするほどなのだ。

そして、こういう政治的な本を前田日明が出すのは非常にしっくりくるけど、なぜ対談相手が山本小鉄になったのか？　政治ネタを熱く語る山本小鉄ってイメージが湧かないんだけど……と思ったら、案の定そうだった。

なにしろ第一章の「欺瞞にまみれた現代日本」では、前田日明が官僚とゼネコンの癒着について30行たっぷり熱く語ると山本小鉄が3行だけ持論を述べ、前田日明が小泉政権&麻生政権批判を24行たっぷり熱く語ると山本小鉄が5行だけ持論を述べ、前田日明が派遣切りとかについて34行たっぷり熱く語ると山本小鉄が5行だけ持論を述べ、前田日明がアメリカの内政干渉について27行たっぷり熱く語ると山本小鉄が3行だけ持論を述べ、前田日明が48行たっぷり熱く語り……といった感じで、ほぼ前田日明しかしゃべってないのである！　後半の教育論では山本小鉄も饒舌になるけど、やっぱり対談相手は思想的に近い佐山聡とかにしたほうがスリリングで面白くなったはずなのに（絶対無理）！

なお、日本の裁判制度について熱く語る流れでは、こんなエピソードも登場する。

「リングスでブッカー（現場責任者）をやっていた女性社員が俺を陥れようとして、アメリカで俺に暴力を振るわれたと言って訴えたことがあったけど、アメリカの裁判はしっかりしていて、一二〇キロぐらいある男の力で五〇キロあるかないかの女性が暴行を受けた痕跡は見受けられない、という大学病院の所見が採用されて、そのおかげで無罪が立証された。日本では、何でもかんでも痛いって言ったら診断書が取れるし、その診断書を裁判に出されたらもう有罪。だから、冤罪なんていくらでもあるはず。日本の裁判では、正しいか正しくないかじゃなくて、きっちり準備した者が勝つ」

あ、Uさんとの騒動って前田日明側が無罪になってたんだ！　報道された記憶がないから全然知らなかった！　ただ、無罪になった勢いで、どうも新宿京王プラザでのパンクラス尾崎元社長の件についても、何かを言わんとしている気がしてならないというか……。

なにしろマスメディア批判の流れでも、こんなエピソードが登場するほどなのである。

「俺白身に関しても驚いたことがあって、結婚が決まって女房がまわりの人たちに『今度、前田日明を紹介する』って話をすると、言われた人たちが一様に『ええ〜っ、あの人って、怒鳴ったり、手を上げたりしないの』っていう反応を示したんだと（苦笑）。ああ、俺って、ちょっとでも意に染まないことがあると、いきなり激怒して相手を恫喝して、しまいには胸倉をつかんで引きずり回して……って、そういうふうに思われてるんだなって痛感した。マスメディアにつくりあげられたイメージが独り歩きして」

胸倉をつかんで引きずり回したとマスコミで報じられた件といえば……というわけで、実名でボロクソに言って名誉毀損で訴えられるようなミスを犯さなくなっただけでも、前田日明の成長がうかがえる一冊なのである。

アウトサイダーで負けた選手のセコンドが試合後に乱入して大乱闘に発展したことについて、「俺から言わせたら、あの乱入は当たり前の話。首絞めて（相手が）落ちてるのに、勝ったほうが放すのが遅かった。そしたら仲間たちが『お前、何やってんだ！』って（絞め落とされた選手を助けにくる）。そういう熱い友情が、今はなかなか見受けられない」と言い切る辺りも、相変わらずの前田日明で良し！　友情による乱入なら問題なし！

★今月の豪ちゃん★10月30日に『豪さんのポッド―吉田豪のサブカル交遊録』（白夜書房）という、ちょっとどうかと思うタイトルの雑談集が出ます。ゲストはYOU THE ROCK★、水道橋博士、清水ミチコ、須藤元気、リリー・フランキーという、単独で本を大量に売れそうな人たちばかり！　そこにおんぶにだっこでやらせてもらいます。

角川春樹と石丸元章の師弟対談『生涯不良』（マガジンマガジン）最高！　内容的にも素晴らしいんだけど、なぜか「格闘技団体パンクラス」「廣戸聡一というスポーツ整体師」の名前も登場し、彼が角川春樹を整体したら「あの人くらいレベルの高いエネルギーは、未だかつて見たことがない。人間じゃない」と言っていたことも判明！　神様はゴッチじゃなくて角川！　そんな話が大好物な男による、書評とは名ばかりの引用書評コーナー。

53

ひたすら真っ当な視点で書かれた時事ネタコラムが著者にも分からない謎の単行本化

『PRIDEはもう忘れろ！——新時代格闘技のミカタ』

橋本宗洋・kami-pro編集部・編著／エンターブレイン／1600円+税

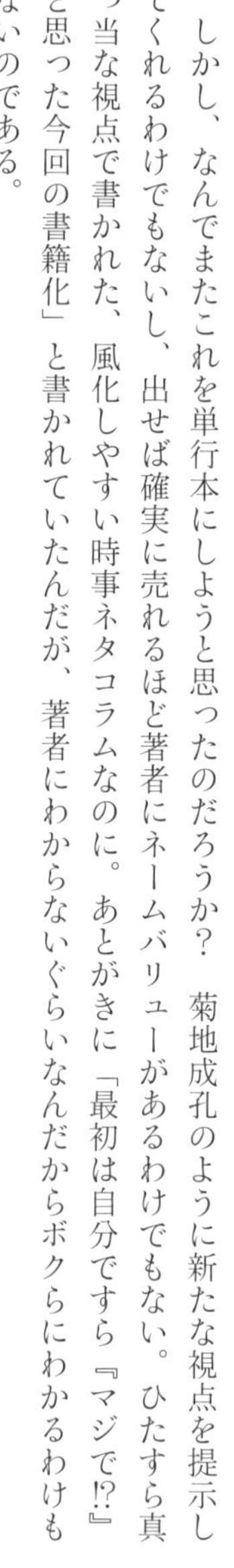

これは、フリーライター・橋本宗洋氏がＰＲＩＤＥ地上波放送終了後に携帯サイト『ｋａｍｉｐｒｏ　Ｍｏｖｅ』や『ｋａｍｉｐｒｏ』で書いた格闘コラムをまとめた一冊。

しかし、なんでまたこれを単行本にしようと思ったのだろうか？　菊地成孔のように新たな視点を提示してくれるわけでもないし、出せば確実に売れるほど著者にネームバリューがあるわけでもない。ひたすら真っ当な視点で書かれた、風化しやすい時事ネタコラムなのに。あとがきに「最初は自分ですら『マジで!?』と思った今回の書籍化」と書かれていたんだが、著者にわからないぐらいなんだからボクらにわかるわけもないのである。

最近、『ｋａｍｉｐｒｏ』のギャラ支払いが滞っているとの噂もあるようだから、このギャラで未払い分をチャラにするんじゃないかと思わず邪推したくなったぐらいなんだが……。

で、肝心の中身はというとＰＲＩＤＥなき時代に格闘技の見方を伝えるのがテーマ。

「現在、ＤＲＥＡＭも『戦極』も話題性や観客動員などで苦戦を強いられている。日本格闘技界を『冬の時代』と呼ぶ者もいる。ＰＲＩＤＥを懐かしむ人間にとって、いまの日本格闘技界が置かれた状況はあまりにも寂しいものだろう。（略）だが、日本格闘技界は否応なしに新たな時代を迎えているのだ。ＰＲＩＤＥを懐かしがっているばかりでは、何も生まれない。逆に『ＰＲＩＤＥはもうない』と認識することが、時代をさらに前進させることにつながるんじゃないか」

そんなわけでタイトルを『ＰＲＩＤＥはもう忘れろ！』としたんだろうが、正直引っ掛かる部分がいくつかあった。たとえばＵＦＣのオーナーによるＰＲＩＤＥ買収の記者会見に関する原稿は、こんな感じなのであった。

「いまはこの『重大発表』をポジティブに受け止めたい。ＵＦＣとＰＲＩＤＥの王者対決なんて、本当にワクワクする。筆者にそう思わせたのは、会見の様子が非常にポジティブでドラマチックなものに思えたからだ。記者会見というより、よくできたイベントに見えた。手と声を震わせながら、ＰＲＩＤＥの今後についての決断を語った榊原代表。その言葉を聞く記者もファンも、水を打ったように静まり返っていた。代表が挨拶を終えると、一転して大拍手。壇上はおろかマスコミ席、客席すべて、会見場全体の空気が澄みきっていた。普通、こういう場面でもどっかしらざわついているものなんだが。さらに髙田本部長が『オフィシャルな場では代表と呼んでいたけど、これからは昔のようにバラちゃんと呼びたい』と語り、それに涙ぐむ榊原氏。フェティータ氏が紹介した『ＭＭＡワールドシリーズ』構想への興奮。さらにはズッファ社のダナ・ホワイト社長までもが登場し、『ロレンゾがＰＲＩＤＥのオーナーになろうと関係あるか。こっちはＰＲＩＤＥを叩き潰すだけだ』と抜群の〝ライバルキャラ〟っぷりを見せる。本部長が藤田和之を『出てこいや！』と招き、藤田は藤田で『このオレがＵＦＣを叩き潰すことを、ここで宣言します！』（挨拶の途中でサングラスを外すしぐさがまたよかった）。要するに、取材で行っていながら会見という名のＰＲＩＤＥ再出発イベントを堪能させてもらったわけである」

……「このときは、本当にこう思っていたのである。不安があるのはわかっていても、とにかく希望だけを見つめようとしていた」という追記もあったけど、あまりにもポジティブすぎるでしょ、これ。あの時点で何かおかしなことになってる感じは伝わってきてたのに（まさかそのまま消滅するとは思わなかったが）、観客も入れた会見だったせいでファンの熱に乗せられて、完全に視点がピュアなファン側になっちゃってるというか。

ミルコがUFC二戦目でゴンザーガに敗れたとき、「高田本部長じゃないけど、まさに『鳥肌立った！』な結末である」「それにしても、自身の敗北によってドラマを生み出すという点でミルコ以上の存在はいない。あらためて、そう思われた。UFCヘビー級の豊かさ、おもしろさは、言ってみればミルコがもたらしたUFCの〝PRIDE化〟かもしれない。もちろん、その中で注目すべきことの一つは、ミルコ復活のドラマ」と前向きに語るのも、やっぱりポジティブすぎるでしょ。

ミルコがジュニオール・ドス・サントスに敗れたときも、著者は「WOWOW中継には〝事実〟や〝情報〟はあったのだが、エモーションを伝えようとしてはいなかった。つまりミルコのTシャツなのである。WOWOWでは『あ、もう脱いじゃいましたけど、ミルコはPRIDEのTシャツ着てましたねぇ』なんて軽く触れられた程度だったのだが、どう考えたってこれが重要だった。ミルコがPRIDEのTシャツで入場してきた真意はわからないが、そこに相当な決意、たぎる思いが込められていたことは間違いない」と断言していた。でも、それはミルコじゃなくて日本のファンを意識したスタッフが仕掛けた可能性は考えないのだろうか？　そんな彼にボクはこう言いたい。「PRIDEはもう忘れろ！」と。とりあえずボクは忘れました！

★今月の豪ちゃん★雑談集『豪さんのポッド―吉田豪のサブカル交遊録』（白夜書房）が発売中。須藤元気が高校時代、彼女に振られた悔しさがレスリングで結果を出すことにつながったこととか（これ、詳しく聞くとすごい面白い）、ボンクラ男子なら共感できるような話について3～4万字分ダラダラ語ってるから、格闘技好きにも楽しめますよ！

54

竹書房のムック『最強の格闘技』読了。いまこのタイトルなのも、格闘技ページの深みのなさも、いまミスター高橋本に対する座談会をやってるセンスも実に近藤隆夫（＝業界内）仕事。面白かったのはケンドー・ナガサキにガチ挑戦を薦めたターザン山本が「僕、本当に後で悪いことしたなあって。やっぱり僕はド素人だなあって」「土下座して謝ろうと思った」と反省してたことだけ！　と言いたくなる男による、書評とは名ばかりの引用書評コーナー。

独創的すぎてちょっと理解できない桜庭流子育てのエピソードが登場

『独創力。』　桜庭和志／創英社・三省堂書店／1500円＋税

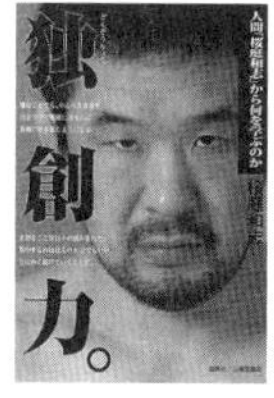

なんだかやけに新書っぽいタイトルの桜庭本『独創力。』。「力も強くない、運動神経が突出している訳でもない」桜庭が「とてつもない身体能力を持つ外国人選手と渡り合えるようになった」のは、すべてこの「独創力」のおかげだと主張する本なんだが、独創的すぎてボクにはちょっと理解出来ないエピソードがいきなり登場する。幼少期の話の流れで、自身の子育てについて語る部分である。

「先日、そろそろ生意気を言うようになった長男を叱った。夏休みのある日、夕方五時を過ぎた頃に、友達の家に勉強しに行きたいという。しかし、我が家の門限は夕方五時。『もう遅いから止めておきなさい』と言うと、『ぼく、いつも六時くらいに帰って来てるよ。だからいいでしょう』と言う。念の為、母親に確認をしてみたところ、『いつも帰りが遅いから、怒っているの』と。屁理屈どころか、嘘も混じっている。これはよくないと思い、きちんと話をした。『こんな遅くに友達の家に行って、もし、友達の家が火事にでもなったら、責任を取れるのか』と聞いてみた」

……え？　この場合、「わかった、じゃあ絶対に六時に帰って来い。その代わり、六時よりちょっとでも

遅れたら許さないからな！」とでも言って約束を守る大切さを教えてあげればいいことなのに、明らかにこの時点で論理が飛躍してるでしょ！　桜庭同様、桜庭の息子が友達の家で隠れてタバコを吸っていて火事の可能性があるとかならわかるけど、長男はまだ小学五年生だし！

当然、これで長男が納得するわけもない。

「息子は不満そうに、『そんなことはないから大丈夫』と言う。『全くないとは言えないだろ。万が一、火事になった時の話をしてるんだ』と更に追及してみると、息子は『大丈夫だもん』と呟きながら、まだ文句を言っていた。だが、許してもらえないことが分かったのだろう。結局、諦めたようだった」

……理不尽すぎるよ、それ！　ところが桜庭は、さらに独創的なことを言い出すのだ。

「子供には責任を取れない領域がある。もし友達の家で、友達とうちの子供しかいない時に、二人に気付かれないように空き巣狙いが入って来て、金品を盗んで行ったらどう考えるだろうか。まずうちの子どもが疑われるはずだ。そんな状況になったら、子供では責任を取れない。だから、駄目な時には駄目と教えてあげなければならないのだ」

もはや意味が全然わからないよ！　なんでわざわざ空き巣が子供2人がいるときを狙って、強盗するわけでもなく気付かれないように金品を盗んでいくのか？　子供一人で留守番するより2人のほうがまだ安全なはずなのに！　むしろ「記憶に残っている悪さの中でも、よく覚えているのが、向かいにあった友達の家からお金を拝借したことである」と語る桜庭のほうがもっと怪しまれそうなぐらいなのである。

そんな桜庭がPRIDEでブレイクしたのも、きっと全ては独創力のおかげ！　髙田道場離脱の真相についてもやっぱり何も書かれてはいないけど、それもきっと独創力のおかげ！　じゃあ、桜庭がここまでボロボロになったのは……というと、それは独創力云々ではなくプロレス出身者ゆえの過剰なサービス精神のせいなんじゃないかとボクは思う。

シウバとの初戦に負けたのも「四点ポジション状態での打撃解禁」という「ルール改正、相手との体重差、インフルエンザという三重苦の状態」だったせいだと思われがちだが、桜庭はあえて言い訳せず「敗因は、前述のようなことにあったのではない。この試合の敗因は、僕の迷いだった」と語る。試合序盤、桜庭のパンチでシウバが膝を落とし、首が前に出たのでグラウンドに持ち込もうとしたんだが、そこで観客が盛り上がっていたため、「こんなにお客さんが喜んでいるのだから、首はとらずに、もっと殴りに行った方がいいんじゃないか」と思って自滅したらしいのだ。

ミルコ戦でも四点ポジションでの膝蹴りを認めないと「観客が引いてしまう」から通常ルールの試合に挑んで眼窩底骨折するし、メルヴィン・マヌーフ戦でも膝を痛めて「今日はムリだから、ゴングが鳴った直後にタオルを投げて」とセコンドに言うほどの状態だったので「グラウンドパンチによりKO負けを喫したのだが、悔しいけれど白黒がはっきりするような試合が出来てよかったと思う。もし、僕が怪我で動けず、相手もなかなか仕掛けて来ないような試合になってしまったら、かなりつまらない試合になっただろう」と言い出す始末。その結果、見ていて痛々しいぐらいの存在になってしまったわけである……。

「今、四十を迎えて、今後のことを考えると不安になる。真剣に考え始めたら、眠れなくなってしまうかもしれない。（略）そんな時、僕は『まあ、どうにかなるか』と思って、その悩みを考えないようにしている。流れ出る思考を無理矢理停止するのである。どうやって、考えるのを止めるのか。ゲームをしたり、ビデオを見たりして、意識を外の物事に移すのである。私がゲームをするのは大体その為だ」

それは独創力じゃなくて現実逃避じゃないかって気もしてくるんだが、桜庭がゲーム好きな理由がわかっただけでも収穫。でも、桜庭の一人称が突然「私」になるのは不自然すぎるよ！

★今月の豪ちゃん★1万字インタビューを連載していた『本人』が休刊したり、『POPEYE』の1万字インタビュー連載が終わったりで、「不況になると仕事の量自体は変わらないけどギャラの高い仕事からなくなっていく」という持論が裏付けられつつある今日この頃。雑談集『豪さんのポッドー―吉田豪のサブカル交遊録』（白夜書房）、発売中！

55

谷川さんのTwitterで年賀状を晒され、去年3月からベースボール・マガジン新潟支社八海山麓倉庫勤務になり、毎週末高速バスで3時間かけて東京のマンションに戻っていることが判明した元『格通』の安西さん。実はボクにもその年賀状が届いてたんですけど、確かにフジテレビ『東京マスメディア会議』に出演しなくなったのもその時期から……とチェックしていたぐらい安西さんファンな男による、書評とは名ばかりの引用書評コーナー。

「体技心」の石井がデビュー戦で見せた心の弱さはバローニの悪影響？

『石井魂――「金メダルを捨てた男」が明かす〝最強〟への道』 石井慧／講談社／1400円+税

去年の大晦日に最も評価を落とした男といえば、間違いなく石井慧である。負けたら死ぬとまで宣言するほど、たっぷりと練習期間を取った上での万全なデビューだったはずなのに、何一ついいところなく吉田秀彦に判定負けって！

そんな彼が、プロデビューの直前にタイミング悪く出していた、この本。編集担当は、かつて『週刊現代』でアントニオ猪木議員時代のスキャンダルを仕掛けた仙波久幸氏、取材&構成は堀江ガンツ&高崎計三なのでちゃんと笑える本になってると思ったら、むしろ失笑するしかないような主張ばかりが詰まった一冊だった。何しろサブタイトルが「『金メダルを捨てた男』が明かす〝最強〟への道」であり、帯文は「伝説を築き上げる侍の『素顔&秘話』」。試合後にこの記述を見ると、恥ずかしくて思わず姿を消したくなるよ！

冒頭、彼はこうかましている。「屁のつっぱり」発言で流行語大賞の候補になって以降は「練習に専念しメディアの露出を控えていたので」「『石井も〝一発屋〟やったんちゃうか』と思われてる方もいるかもしれません。そんな方には、それこそ2008年の流行語大賞にノミネートされた福田元総理ばりに『あなたとは違うんです』と言っておきましょう。石井慧は、その程度の男ではありません」。……このギャグセンスも正直しんどい！

そして、練習に専念しただけあってＷＯＷＯＷの企画でランディ・クートゥアーのジムで寝技のスパーリングに挑み、『『ＵＦＣトップクラスの実力を知るまたとない機会だ』と思い、テレビ用の〝絵作り〟ではなく、本気でいかせてもらった。いわゆる〝ガチ〟を仕掛けたのだ。この時、自分は寝技で上のポジションを取るなど、互角以上に闘うことができた、という実感があった」「あとは打撃さえ覚えれば、オレはＵＦＣでも全然いけるぜ！」と大興奮！　こうして「ヒョードルは自分の中でとてつもなく大きな存在だ。できればいつか、この手でぶん投げてみたい。いや、総合格闘技で越えてみたい」「自分がそこにたどり着く時まで、『最強の男』のままでいてほしい。待ってろよ、ヒョードル」と宣戦布告するまでになるのであった……。

まさか吉田秀彦の打撃であそこまで翻弄されるとも思わず、彼はまだまだ吠えまくる。

「自分もゆるい相手とやるつもりはないので、実績のある厳しい相手は望むところではある。インパクトという面で、吉田選手以上の選手がいないことも確かだった」

いや、『戦極』という枠だとそうかもしれないけど、実績とインパクトがあってもっと厳しい相手は他にいくらでもいたはずだって！

「いざ試合となったら全力で叩き潰しにいくし、まったく負ける気はしない。というか、22歳で毎日ハードな練習をしている自分が、40歳の吉田選手に苦戦しているようでは、まったく夢がないではないか」

「ただ、勝つだけではなく、完全勝利を摑まなければ意味がないと思っている」

「自分はプロになったので、つまらない試合をするつもりはない。アマチュアではないので、『つまらない試合で、泥臭い闘いだったけど勝ちました』ではダメだ。アマチュアは勝つだけでいいけれど、プロはお金を払って見に来てもらうわけだから、お客さんを燃え上がらせるようなエキサイティングな試合をして、その上で勝たなければならない」

……もうそれ以上、自分を追い込んじゃダメ！　ビッグマウスはプロとして重要だろうけど、それはあくまでもプロとしての強さや技術があった上でのものだという当たり前すぎることに気付かされた次第なのであった。

　さて、ここまで強気なことばかり言っていた彼がなんであそこまで駄目だったのかというと、おそらく原因はここにあるのだろう。

「吉田選手との対戦発表記者会見で、タンクトップ姿で出席したのは、鍛え上げた肉体を見せようというプロ意識と同時に、吉田選手との違いを見せつけてやりたいという気持ちもあった。（略）いま、総合格闘技もレベルが上がってきている。みんな研ぎすまされたマシン、ドライビングテクニックを持った選手ばかりだ。そんな中で、同レベルの選手同士が闘えば、レギュラーガソリンとハイオクの違いは必ず出る。だからこそ、自分はサプリメントにこだわっているのだ」

　いや、それはあくまでも同じレベルの選手同士で試合をする場合であって、まずはガソリンにこだわるよりもドライビングテクニックを磨かないとダメでしょ、どう考えても！

　だって現時点ではペーパードライバーがいきなりF１に挑戦したようなものなんだから！

「日本ではよく『心技体』と言われるが、これは嘘っぱちだ。（略）また日本人は精神論とともに、技、テクニックにこだわりすぎるきらいがある。（略）自分の考えは『体技心』。まず体の鍛錬、次に技の鍛錬、最後に心の鍛錬だ」

　なるほど。だからこそ彼は身体はともかく技術的にはまだ全然ダメだし、試合後もノーコメントだしブログも閉鎖したせいで失踪説が流れるぐらい心も弱いってことが、ようやく理解できたのである。これはやっぱり海外修行で仲良くなった筋肉兄弟フィル・バローニの悪影響なんだろうなあ……。

★今月の豪ちゃん★しかし、安西さんがこうなって「会社なんか辞めてフリーになったほうがいいですよ！」と気軽に言えなくなってきた今日この頃。雑誌が潰れてフリーのライターや編集者が激増してるし、このまま格闘技雑誌も噂どおり潰れ始めたらさらに大変なことになるはず。ただでさえ格闘技に世間的なニーズがなくなってきてるのに……。

56

先月、石井慧本を酷評したら編集担当の仙波久幸氏から電話が！「堀江ガンツ（石井本の執筆担当）も一緒にすぐ近くにいるから、いますぐ出て来てよ！」と言われたけど、抗議なのかと思えばただ単に一緒に飲みたかっただけだと判明。それから数日間、電話が続いては「岩佐真悠子は好きか？」と突然聞かれてマネージャーに電話を代わられたりしたという……。そんなリスクを背負って書いている、書評とは名ばかりの引用書評コーナー。

また前田日明に「トリッキーすぎる」と批判されかねない須藤のナンパ事情がたっぷり！

『Let's猫』 須藤元気／朝日新聞出版／1500円+税

格闘家引退後、妻の「アイチャン」、猫の「プーチャン、メイチャン」と共に北海道へと移住した「ゲンチャン」こと須藤元気の新婚生活を猫の写真＆イラストも交えて紹介する　ほのぼのエッセイ集。夫人の写真は引きのものが1枚出ているだけだったりするんだが、なぜかその代わりに須藤元気のナンパ事情についてたっぷりページが割かれている。

もともと「友人たちに言わせると」「昔から女の子に対する趣味が特殊」で「モビルスーツでいうと、ガンタンク的な人がタイプ」だから「独身時代は合コンで友達ともめたこと」もなく、「君は合コン界の永世中立国だ」との理由で「スイス」と名付けられるほどに徹底してピースフルだったゲンチャン。

ああ見えて意外とモテない側の人間だったゲンチャンが、クリスマスイブに男だけで新木場アゲハの『さみしんぼナイト』に行ったエピソードについてはボクの雑談集『豪さんのポッド』でも語っていたが、なんと自分の単行本用に大ネタを温存していたことが判明！

その日のアゲハには場違いな、ガンタンク的というべき「不思議系の女の子」に心を奪われたゲンチャンは、ナンパしたくても「僕はこれでも少しは顔が売れているフェイマスな格闘家。見ず知らずの女の子に声をかけるなんて軽率な行動はできないんだ。そんなことをしたらファイターとしてのマナーに反してしまう」と葛藤。そこで仲間たちと作戦会議を行ない、V作戦もしくはオデッサ作戦とでもいうべき計画を実行に移したのだそうである。

「僕らはさっそく作戦を練りはじめた。彼女のグループはちょうど5人。その中で誰かひとりくらいは僕が格闘家であることを知っているだろうと想定した。そこで、僕が友人たちを相手にわざとらしくシャドウボクシングをし、彼女たちに『ゲンキ・スドウ』の存在を気づかせることにした。そして、その瞬間を見はからい、友人たちがナンパ攻勢をしかけるのだ」

さすがは変幻自在のトリックスター、ナンパすらも前田日明CEOに「トリッキーすぎる」と批判されかねないレベルだよ！　しかも、試合同様にこの戦略が上手くハマり、彼女たちをクラブから連れ出して一緒に飲みに行くことに無事成功。他の子がカクテルを頼んでるのも気にせずクリスマスイブなのに紹興酒を頼んだ「不思議ちゃん」を「もしよろしかったら今度、夜の寝技を教えましょうか」とゲンチャンが〝格闘家あるある〟パターンで口説き、「イヤです。昼間の立ち技だったらいいですけど」と切り返された、「この女の子が今の嫁のアイチャン」だったのである！

本の冒頭で、「お尻のアナだけはなぜかアグレッシブ。荒野を駆けめぐるワイルドな動物のにおいがする」猫の「尻尾を慣れた手つきでつまみあげ、自己主張の強い1か所に鼻を近づけながら」「恍惚の表情を浮かべ」たり、「けっちゅのあな〜」と「オリジナルの歌を口ずさみながら」猫の肛門部分のイラストを執筆する、中川翔子的なグッドスメル愛好家ぶりを発揮するアイチャン。その不思議ちゃんの血は、どうやら父親譲りだったようだ。

ゲンチャンとの初顔合わせで立ち飲み屋に行き、「みずすまし〜、みずすまし〜、みずすましだよ〜（×4回。歌詞はこれだけ）」とオリジナル曲『ミズスマシ』を楽器片手に熱唱する、「ギターとマンドリン弾きのミュージシャンで、日本中を旅しながら仕事をしている」アイチャンの父・「矢野ピー」。

結婚式当日も『『ゲンチャン、聞いてくれ』娘を嫁に出す親からの覚悟のひと言だ。安心してください、お義父さん、僕は娘さんを幸せにしてみせ……『この靴500円なんだ。今日のためにヤフオクで落としたよ』』と切り出すから、かなりの不思議ちゃんだよ！

ゲンチャンの父親も比較的そんなタイプだったから、おそらく話が合ったのだろう。

なにしろゲンチャンの父親は「小山ゆうの『がんばれ元気』が好きだ」という理由で息子に「元気」と名付けたぐらいだから、ゲンチャンが女性に興味を持ち始めたときも「コンドームだけはつけろよ。あとは、本能のおもむくままに、DO IT！」とアドバイス。

最近は夫婦喧嘩の対処法として「もう30年くらい前になるが、俺と母さんは、夫婦の歴史に残るくらいの大喧嘩をした。後に須藤家の乱と呼ばれた抗争の後、俺は母さんとDOした。それで争いは収まったんだ」。つまりセックスでどうにかしろとアドバイスして、「そのときにできた子供が、お前だ」と、余計な告白までしてくれたそうである。最悪！

……とまあ、出てくる誰もが不思議ちゃんのようでいて、北海道の家が「ピラミッド型のログハウス」で最上階に「メディテーションルーム」が作ってあるとか、熱を出してベッドで横になっていたら猫が2匹身体の上に飛び乗り、そのまま眠って気分がスッキリしたら床に猫のゲロが点々としているのを見て「きっと僕の体調の悪い部分を吸い取って、身代わりになってくれたにちがいない」「そうとでも考えなければ、急に僕のカラダがよくなったり、急に彼女たちが体調を崩すなんてことは説明しにくい」と言い出すゲンチャンが、実は最も不思議ちゃんなのであった。

★今月の豪ちゃん★ミスター高橋さんから電話があって、「いままで貴方のことを誤解してましたよ。貴方は僕のことを嫌っているのかと思ってましたけど、プロレスに対する考え方とかはほとんど同じだったから」と言われました。あの人、単なるカミングアウト派だと思われがちだけど、実は片方もけしかけての片ガチ的な試合が好きなんですよね。

57

前田日明が民主党から公認漏れになったと聞いて、久し振りにスイッチが入る。もし普通に追い風が吹いている状態の民主党から出馬しても全然乗れなかったけど、逆風が吹き荒れまくり、さらにそこからも切られたとなったら、これは間違いなく前田日明に乗れる！　まるで誰かがシナリオを書いたかと思うぐらい完璧なアングル！　これは第二次UWFやリングス旗揚げの再来だと興奮中の男による、書評とは名ばかりの引用書評コーナー。

「ストリート代表」的な魔裟斗のキャラはギミックっぽいことが分かった箇所は…

『青春』 魔裟斗／幻冬舎／1400円+税

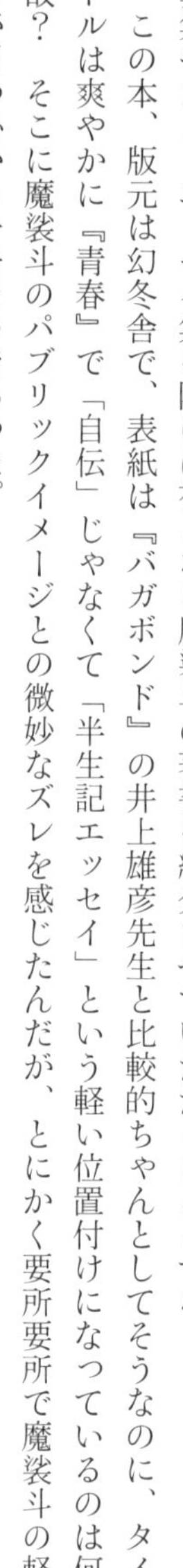

今回は佐山サトルの『佐山原理』（東邦出版）という本を紹介する予定だったんだが、読んでみたらあまりにもガチな思想書でいじるのも難しそうだから予定を変更して、写真集やフォトエッセイ集を除けば初となる魔裟斗の著書を紹介させていただくこととする。

この本、版元は幻冬舎で、表紙は『バガボンド』の井上雄彦先生と比較的ちゃんとしてそうなのに、タイトルは爽やかに『青春』で「自伝」じゃなくて「半生記エッセイ」という軽い位置付けになっているのは何故？　そこに魔裟斗のパブリックイメージとの微妙なズレを感じたんだが、とにかく要所要所で魔裟斗の軽さが引っ掛かる一冊なのであった。

たとえば全日本キック離脱後、フリーになったら練習場所すらも借りられなくなり、やむなくタイに飛んだ魔裟斗は、久し振りに練習できた喜びをこう表現するわけである。

「超ネガティブだった気持ちがドバッと一気に弾け散り、身体の奥底から熱い感情が湧き出てきた。俺、今、超生きてる！　生きてるぞ！　生きてるんだ！」

超、超、うるさいよ！　モー娘。の『恋愛レボリューション21』じゃないんだから！

もちろん、こんな感じでいわゆる魔裟斗的なキャラに則った発言だってあるにはある。「格闘技雑誌をはじめとするメディアは、僕とKIDの戦いをさも世紀の大決戦のようにあおり立てた。それが商売だからしょうがないと思ってはいても、周りから仕組まれたショー的なリングに上がらされているような悪意を感じ、内心はなはだ面白くなかった。そこで、僕は考え方を一回リセットした。KIDとの対戦は一番楽に勝てる一戦だ。王座転落から復活する最初の生贄としては話題性もバッチリ。気持ちよくこの一年を締めくくるためにも、KIDをボコボコにして新年を迎えるというのも悪くない」

こうして魔裟斗がK－1中量級を盛り上げるためにあえてヒールキャラを演じてきたことはいまとなっては常識なんだが、魔裟斗の「ストリート代表」的なキャラもギミックっぽいことに最近、ボクは気付いたのだ。

魔裟斗がTBSラジオの『カキーン』という番組にゲスト出演したとき、リスナーのメッセージテーマを「魔裟斗が30歳にしてヒゲを生やすのは早いか早くないか」という心の底からどうでもいいものに設定したり、魔裟斗が曲を選ぶときも真冬なのにテーマを「夏」にしてMONKEY MAJIKとDef Techと鬼束ちひろを選曲したりの時点で、おかしいとは思っていた。事務所の社長兼マネージャーがSTAB BLUEというヘヴィロック系バンドのフロントマン（後に女性トラブルを起こしたせいなのか、彼に関する記述はこの本に一切出てこない）で、一緒にイベントをやったり入場曲を作ってもらったりしていたから気付かなかったけど、もしかしたら音楽のことを全然知らないんじゃないか？　と。

すると案の定、「当時、ストリートファッションやサブカルチャーとリンクする形で」ブレイクしていた『修斗』を観戦した際、「観客の大半がストリートファッションに敏感な若い人たちで占められていたこと」に魔裟斗がショックを受け、「めちゃくちゃ、うらやましかった」からウルフ・レボリューションという自主興行を立ち上げた、と語るとき、その説明でこう書かれていたわけなのである！

「今時のカリスマDJがブースから大音響で放ち出すヒップホップやディスコミュージックのリズムに身を

ゆだね踊りまくる若者たち。その熱気に溢れかえるクラブハウスに設置されたリング上で、エキサイティングなキックボクシングの試合が行われる」

すごいでしょ、これ！　ＮＯＡＨ立ち上げ当時の三沢光晴が連呼すればするほど古さを感じさせた「今風」を思わせる「今時」に始まって、「カリスマＤＪ」！「ディスコミュージック」！「若者たち」！さらには当たり前のように3回も使われる「クラブハウス」というフレーズ！　ゴルフかよ！　そこは尻上がり発音の「クラブ」だけでいいんだって！　とにかく全ての言葉が古すぎる！

これぐらいのボンヤリ感でイベントを立ち上げたら石井館長に声を掛けられて……という辺りは大幅に端折って、「3度の王座挑戦に失敗したとたん、僕が世界王者になってから近づいてきた人たちが一斉に僕から離れていってしまったのだ。それまで僕は親しくお付き合いさせてもらっていたと思っていたのに、手の平を返したように冷たく接してきたり、まったく連絡が取れなくなったりした。それはまるで、バブルが弾けた後の株価大暴落のように、僕の商品価値が急降下したかのようだった」と語るのは、ちょっぴり意外。

しかし、引退直前の肉体改造が「『超』が１００個以上つくほどハードなものだった」ことや、脳へのダメージで試合後に記憶が途切れるようになってきたけど、「僕は超攻撃的なファイトスタイルを変えることは絶対にしたくなかった」ために引退を決意したことなど、いくら壮絶な話をしても「超」を連発するから、やっぱり軽いままに終わってしまうのであった。（文体が）軽くて（読み終えるのも）早いという意味でも、まさに中量級！

★今月の豪ちゃん★『Number』の30周年記念号で、アントニオ猪木と石井館長が国立競技場での『Dynamite!』を振り返る対談を仕切りました。どうにか格闘技界のトップに返り咲きたいことが伝わる石井館長の野心＆ビジネス感覚と猪木さんのデタラメさ（都合の悪い記憶は全部抹消済み）がまったく噛みあわなくて、そこが最高！

元『週刊ファイト』編集長・井上譲二氏の新刊を読んで、『ファイト』と全日本プロレスとの間になぜ溝があったのかが判明。「俺の鎖鎌の挑戦を受けろ！」と猪木に迫った空手家・水谷征夫と猪木が手を組み、彼をジャイアント馬場に挑戦を迫るよう差し向けたのは知っていたけど、その挑戦状を持って行ったのがファイトの井上義啓編集長だった、と。いい話！　そんな話にばかり興奮する男による、書評とは名ばかりの引用書評コーナー。

58

ズレきった主張により何が言いたいかわからない大谷Show氏の奇跡の一冊

『「PRIDE」最後の日──「殺し」の継承』　大谷泰顕／幻冬舎／1400円+税

発売直後から「ひどい出来」だという噂だけは聞いていた、この本。いまとなっては著者である大谷Ｓｈｏｗ氏のことを知らない人も多いと思うから、簡単に説明しておこう。

誰も興味のない自分の愚痴と山口日昇の受け売りで埋め尽くした単行本を00年前後の格闘技バブル期に乱発した彼は、その濃い顔をＴＢＳテレビ『ワンダフル』で晒したり、臆面も無く「大衆芸術家」や「格闘解剖家」などと名乗ったりで、とにかく人をイラつかせる特殊な才能の持ち主だった。

それでも旧『紙のプロレス』時代、彼の書評コーナーがあまりにも不愉快だから「代わりに書きます」と名乗り出たことが、ボクが「プロ書評家」を勝手に名乗るきっかけになったことを思えば、言わばボクの恩人！

そんな彼が05年に車田正美対談集を出して以来、久し振りの単行本として書き下ろしノンフィクションを書いたわけだが、相も変わらず前書きから後書きに至るまで、終始読者をイラつかせる一冊だった。「ズバリ言って」を多用しているのに全然ズバリ言わず、ひたすらまだるっこしい文章がもう最悪で、「グレイシー柔術とはなにか?」についてウルトラマンと仮面ライダーがもし闘ったら? をモチーフに使って3ページ以上説明したり(結果はお互い密着しての時間切れ……)、「ねるとんパーティー」の「告白タイム」を使ったつまらない比喩を4ページほど使って「試合が膠着してしまえば、それは『告白タイム』のない『ねるとん』になってしまうのと同じ」と結論付けたりするだけで、文才もセンスもないことがわかってもらえるはず。

内容自体、シウバ戦、高田戦、吉田秀彦戦といった「分岐点となる試合」を担当してきた山口日昇から引き継ぎ「田村に対する交渉役を担うことに」なった彼が、桜庭戦に向けて田村の説得に自ら動いた話が中心なのに意外なエピソードは皆無だし、その代わりに彼の意外すぎる視点が明らかになるのだった。

彼に言わせれば、田村vs桜庭戦は「『殺し』という大河が行き着く先にある」試合であり、桜庭戦を終えた田村が現時点で1年半ぐらい試合をしていないのは、「もしかしたら田村は、桜庭に勝ったことでリングに上がるモチベーションを使い果たしてしまったのか」と勝手に仮定して、「それだけ『殺し』の根幹を成す一戦を勝ち抜くことは、我々の想像以上に心身を蝕んでいく行為なのである」と勝手に断定! こんな感じで、何を言いたいのかハッキリしないのも彼の文章の特徴なのだ。

そもそも、いまは亡き『ファイト』I編集長が考案した「殺し」というフレーズをちゃんと理解していないでタイトルに使っているのも確実で、彼はこう語っているのである。

「『PRIDE』に関していえば、もうひとつ『殺し』を連想させる、お互いに『勝ちたい』を剝き出しにした伝説的な一戦が行われている。(略)いまだに語り継がれる歴史的なド突き合いとなった、高山善廣×ドン・フライ戦がそれである」

……は? あの試合にあったのは「殺し」じゃなくて、なんとかイベントを盛り上げなきゃいけないという お互いの「プロ意識」と「男気」だよ! 高山の試合には「いつ何時、どんなルールの試合であろうと、そこに『殺し』の片鱗が見え隠れする」って、そんな見方をしているのは全世界でもShow氏一人だけ!

さらに、格闘技人気の低下問題では、「とはいえ昨年、テレビ番組の平均視聴率第一位に輝いたのは、十一月二十九日の夜、ＴＢＳ系でさいたまスーパーアリーナから中継されたプロボクシングＷＢＣ世界フライ級タイトルマッチ、内藤大助×亀田興毅戦」だとなぜか胸を張り、珍妙なことを言い出すのだ。

「この一戦が、遡ること二年前の二〇〇七年十月十一日、有明コロシアムで行なわれた、同タイトルマッチ、内藤大助×亀田大毅戦に端を発していることは御存知の通り（大毅が様々な反則を犯したことが物議を醸した）。そう考えれば、この一戦が『ＰＲＩＤＥ』という奇跡の運動体と似た側面を持つことがわかるのではないか。つまり『ＰＲＩＤＥ』が、いまなお語り継がれるほど、『観る側』の意識に大きな衝撃を残すことができたのは、問題児を許容でき、それすら活かせる器量が存在したからではないかと思うのである」

ああもう、ズレきった主張とまわりくどくて主語のわかりにくい文章が相乗効果になって、ホントにイライラする！「暴露本の氾濫」を嘆いたかと思えば、「もちろん私とて、いつ何時、そういった逆恨みの感情が、憎悪に満ち満ちた文字の羅列を生み出す危険性はなくはない（そうなったら自分でも怖い！・）」と告白したりとか、お前は何がやりたいんだよ！

最後に、本の締めとして大ネタを披露したつもりになっている、ボブチャンチンが主催者側に「話がある」と言ってきたので賃上げ交渉かと思えば「私のＴシャツが欲しい」「パンフも欲しい」「紅葉の季節に来日したい」と頼んだだけだった話も、とっくの昔に山口日昇や榊原代表が披露済みだと報告して書評を終わらせていただくとしよう。ここまでくると、ある意味奇跡の本だよなあ……。

★今月の豪ちゃん★最近調査しているのは、かつてプロレスや格闘技が好きだと言っていた有名人がいまどうなっているのかということ。取材時にそれを聞くと、当然のように「最近は見なくなった」とか「大晦日だけは見てます」とかの答えが返ってくるので、しみじみしますよ。世間の格闘技離れは想像以上！　ＰＲＩＤＥ地上波消滅は相当デカかった！

59

宝島社からターザン山本の告白本が発売されることが一部で話題になっているが、後藤組の後藤忠政組長の告白本が出ることのほうが正直気になる。果たして一部で報道されたPRIDEとの関係は語られているのか？ そう期待したら、目次を読む限り「留置場で芽生えたプライド」「カネでプライドを失った日本」というプライド違いの記述しかないような……。それでも本はちゃんと買う男による、書評とは名ばかりの引用書評コーナー。

物騒な面々のコメントが最高！ SMクラブ好きな真樹先生の仰天エピソード満載の傑作

『史上最強の69』 東邦出版・編、真樹日佐夫・黙認／東邦出版／1429円＋税

……というわけで、5月15日発売の後藤忠政『憚りながら』（宝島社）を読んでみたところ格闘技関係の描写が約1ページほどあったから、まずはそこから紹介。03年の猪木祭騒動を、彼はこう語っていたのである。

「6、7年前の大晦日にも、いくつかの格闘技のイベントが重なって、選手の取り合いになって、それぞれの主催者やプロデューサーがヤクザを引っ張り込んで、グズグズになったことがあっただろ」「それで猪木のイベントのほうにはウチの兄ちゃんたちが入って、PRIDEには別のヤクザが入り、選手の取り合いになった。猪木のイベントのプロデューサーをやってた男が、ウチの兄ちゃんたちに、ケツを持ってくれたら何千万だか差し上げます、なんて約束したのに、金も払わずにションベンひっかけて逃げちゃったんだ。だから、兄ちゃんたちに追っかけ回されてな。結局は、ハワイかどっかに逃げちゃったな。興行なんてもんは『労多くして実り少なし』だな。おまけに平気でヤクザを騙すような、太い野郎がゴロゴロしてるしな（笑）」

ヤクザ側の視点で語られると、お馴染みの騒動も新鮮そのもの！ こんな物騒すぎる流れから、見た目はヤクザばりに物騒な真樹日佐夫先生が69歳になったことを記念して、各界の物騒なメンバーのコメントを集

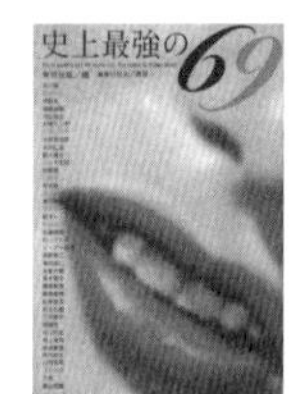

めて作られた本の紹介へと移行してみるとしよう。

この本、格闘技界からは伊藤隆、小笠原和彦、佐山サトル、シーザー武志、藤原敏男、山田英司といった面々が参加しているんだが、空手家のコメントがいちいち最高だった。

たとえば極真～佐藤塾の佐藤勝昭の場合、テコンドーの第1回世界大会に大山総裁や真樹先生と行ったのを振り返り、「韓国に行くと旅行者はキーセンパーティーっていうのをやることが常だった」「今でいう日本の芸者遊びみたいなものである。大山館長もキーセンパーティーを経験したらいいだろうということで、みんなでこのツアーを受け入れた」と、いきなり余計な告白開始！　キーセンとは「チマチョゴリを着て接待してくれる女性」のことであり、「パーティーが終わると、共伴してくれた女性が客に付き合ってくれる」（＝売春）んだが、「カーテン1枚で仕切られた部屋で『おい、こっちのと交換しよう』って言ってきて。先生、本当にそういうの好きだったし『ワル』って、あれ、本当に真樹先生の話なんだね。そしたらキーセンが怒っちゃって『私にもプライドがある。こんなこと初めてよ。私のボスに言いつけてやる』ってなっちゃった。それで、早々に引き上げてきた、っていう思い出がある」って、どんな思い出だよ！　……と思ったら、他の人も大体この調子なのである。

「昔、食事に連れていってもらった後に『もうちょっといいだろう？』と言われて、階段を降りていったら、正面に落ち着いた感じの店があって。ああ、こういうクラブで飲むのか、と思って直進しようとしました。そしたら『おおい、ちょっとちょっと。そっちじゃない。こっちだ』と言って騒々しいほうに行く。あれ？と思って行ったら、その店はＳＭクラブ。そこにいる女の子たちは真樹先生の門下生なんですが、叩いたり蹴ったり、もう好き放題してました。女の子も喜んでいたように見えました」（松井章圭）

「私も一度、ＳＭクラブに連れていかれたことがあって、初めての体験でとてもカルチャーショックを受けた記憶があります。真樹先生がＳＭ嬢のおしりをバシンバシンと叩く。痛がる女性を見て心配した僕が『あんまり叩いちゃだめじゃないですか』と、止めに入ったんですが、逆に『何言ってるんだ、喜んでるじゃないか！』と言われました。私はそういうところに行くのが初めてで、よくわからなかったんですね。『緑もやってみるか？』と言われましたが『いえ、私はけっこうです』とお断りしました」（緑健児）

三池崇史監督との「三池君は酒は飲むんだろう」「は、人並みには……」「よし。ちょっと行こう。顔出さなきゃいけないクラブがあるんじゃ」「え、先生踊るんですか？」「ばかもん。クラブといえばＳＭ。ＳＭクラブじゃ！」というやり取りにも爆笑したが、そんなＳＭクラブの女王様たちのインタビューや、ボクが聞き手を務めた真樹先生のロングインタビューも掲載。ただ、個人的に最もツボだったのは士道館・村上竜司が語る真樹先生との出会いのエピソードなのであった。

「私が最初に先生と会ったのは、実は取り立てで集金に行ったときだった。25歳くらいのとき。梶原一騎追悼記念の『空手リアルチャンピオン』の大会で、賞金が１００万円だった。その賞金は優勝したら貰えるということになってたんだけど。決勝では相手とほとんど五分五分の試合で、最後に旗は私のほうに上がったんだけど、あれは引き分けだろうということで、賞金はいいだろうって話になっちゃって。『おまえ、優勝させてやったんだから、賞金はいいだろ』と真樹先生。さすがに私も頑張った意味がない、話が違うでしょ、となって、貰いに行った。初めて真樹先生としゃべったのがそのときだった」

本業が借金の取り立てだった人が、真樹先生にも取り立てを！　結局、賞金を貰えたのかどうかは明らかになってないけど、それで仲良くなれたから良し！

★今月の豪ちゃん★単行本の宣伝のためなのか、大谷Ｓｈｏｗ氏がツイッターとブログを開始。ちょっと読んだだけでもイライラするという天性の才能溢れる文章のおかげで、逆宣伝にしかならないのがさすがだと思いました。あれを読んで「面白そうだから本を買おう」って思う人が出るわけないよ！　ネット界隈での本の評判の悪さも相当でした！

竹書房のコンビニ本『実録格闘王　最強ワル伝説』を購入。確かに蝶野正洋や緑健児や川崎タツキはワルだったんだろうけど、小川直也がワル化したのはプロレスラーになってからだし、秋山成勲の場合は明らかに試合で悪いことをしただけだよ！　それでも「某整髪料のポスター」で「秋山の顔だけシールで隠されていた」ことを被害者のようなスタンスで嘆く秋山は本物だと痛感させられた男による、書評とは名ばかりの引用書評コーナー。

60

最後まで良くも悪くもズレていた吉田秀彦の『終わりなき挑戦』とは？

『終わりなき挑戦―柔道家・吉田秀彦の生き様』　吉田秀彦／小学館／1200円+税

吉田秀彦の引退記念本を読んでボクがつくづく思ったのは、この人は最後まで良くも悪くもズレてたんだなってことである。それは「ゲッツ！」「ガクトーッ！」「名倉さん、見てくれましたか！」といった珍マイクアピールを思い出すだけでも分かってもらえるだろうし、この本の著者紹介に「総合格闘技において、いかなる相手も怖れず、魂を込めた熱いファイトで立ち向かっていく様は現代のサムライを彷彿とさせる」と書いている時点で明らかにおかしいと気付くわけなのだ。少なくとも吉田秀彦に「魂を込めた熱いファイト」や「現代のサムライ」を感じたことはないよ！

国立競技場で行なわれたデビュー戦で9万人の観客を前にしながら「緊張はしなかった」理由についても、彼はあっさりとこう語る。

「その少し前に、リハーサルになればと思い、横浜スタジアムで行われたＴＵＢＥのコンサートに行った。何万人という人が集まることで生まれる雰囲気、会場の興奮はどんな感じなのか、自分も観客の立場になってその雰囲気を感じるだけでもなにかが得られると思ったのだ。（略）実際、何万人の人の真ん中にいる自分の姿を想像したりしていた」

真夏のイベント出演のため、TUBEのコンサートでイメージトレーニング！　こういうファンの感情移入を阻むエピソードがまた吉田秀彦らしくてたまらないというか。

そして無事デビューを果たした後、初の打撃ありの試合でドン・フライを相手に選んだ理由を、彼はこう語るのだ。「総合格闘技での経験を積むために、もっとやりやすい相手と闘う選択肢もあったかもしれない」「なぜ、初めての『バーリ・トゥード』ルール試合で、危険なドン・フライ選手と闘ったのか。なにより、彼のファイトスタイルが好きだった。その背中に侠気を感じたのだ。どうせ『なんでもあり』のリングに挑戦するのなら、本物の格闘家とやりたかった」……って、おい！　どう考えても当時のフライは「危険な相手」じゃなくて、相当「やりやすい」相手だよ！

シウバ戦についてのコメントも、かなり衝撃的だった。「総合格闘技のリングで初めて味わう敗北だった。なんの言い訳にもならないが、この試合で僕は痛恨のミスを犯していた。PRIDEの試合はいつも3ラウンド制なので、この試合も次のラウンド、3ラウンド目があると思っていた。だが、グランプリは1ラウンド目が10分、2ラウンド目が5分の2ラウンド制だったのだ。一瞬、自分のバカさ加減が嫌になった」って、そんなことすらも分からないで試合していたなんて！

そう。吉田秀彦とは、とにかくこういう男なのである。「『ただひたむきに柔道を強くなりたいと願い、14歳で親元を離れた吉田少年は……』といった文脈で語られることも少なくなかったが」「本当に軽い気持ちで柔道を続けていた」と自ら告白するように、そこもまた世間の見られ方とズレているのだ。

だから柔道を始めたときのことを振り返っても、「『柔道って、女の子にもてないだろうな』。突然、目の前に現れた『柔道』というスポーツに対して、まず思い浮かべたことはそんな印象だ。どこでそうした意識を持ったのか、太っている人たちがやっている競技という先入観があった。『柔道は嫌だなあ』と思った」「柔道場のなかへ初めて足を踏み入れたとき、『臭いなあ』と思った記憶がある」という調子だし、中学三年から親元を離れて講道学舎で柔道修行に励んだのも、「東京で開かれる大きな大会が終わると、みんなで後楽園ゆうえんちで遊んでから大府に帰っていた」ので、東京なら遊園地で遊べると思っていたからだし、実は同級生の付き添いとして呼ばれてもいないまま講道学舎に行ったら代わりに入れられただけだったりもする。

つまり、彼は最初からズレていたわけであり、そのズレに自分で気付かなかったのは、バルセロナ五輪では金メダルだったのにアトランタ五輪で1回戦負けしてマスコミで叩かれたことがきっかけになっているんじゃないかと思う。

「アトランタ五輪で屈辱を味わって以来、僕が実践していることがある。それは自分のことについて書かれた記事を見ないことだ。極端な言い方に聞こえるかもしれないが、他の選手は記事を見てしまうから、その内容を気にしてしまう。負けた選手はさらに落ち込み、勝った選手は自分が一段上のステージに立ったような気持ちになってしまうのだ」

そう。「自分の心を乱されたくない」から自分の記事を読まない吉田秀彦は、おかげでズレに気付かないままずっと生きて来られたわけなのである。大晦日の目玉として闘い、あれだけメディアに注目された小川直也について「柔道の先輩である小川選手とは正直言ってやりづらかった」と1行だけしかコメントしてないのも、要はそういうこと。「勝負の世界でしか生きられない。もう平穏な世界には戻れない……」と語る彼が引退後は「メキシコで開かれる高額賞金をかけたトローリング大会に出場したい」という松方弘樹みたいなことを言い出すのも、彼のズレを証明しているのであった。タイトルの『終わりなき挑戦』が、まさかそんな意味だったなんて！

★今月の豪ちゃん★すっかり忘れていたけど、あの小島一志氏から「吉田様に対して、その人となりも知らない私が、勝手につまらない事を理由に自らのBlogにて吉田様を批判する記事を書きました」「改めて私の言動の不適切さに反省した次第です」との不可解な謝罪メールが到着。直接電話で話したいとのことなので迷わずスルーしておきました。

61

ターザン山本の『「金権編集長」ザンゲ録』、本人が書いてないだけあって面白かったです。ただし、暴露の言い訳として本の中ではさんざん懺悔してるけど、本人は全然反省してないので念のため。ボクが聞いた限りでは「俺に裏金を渡す方が悪いよ！」「ギャンブルという刺激的なものを理解できない前のカミさんが悪い！」とのことでした……。といった感じで暴露本の裏側も平気で暴露する男による、書評とは名ばかりの引用書評コーナー。

サンボを巡る陰謀論より技術体系が中心なのはさすが和良コウイチ氏のデビュー作

『ロシアとサンボ──国家権力に魅入られた格闘技秘史』
和良コウイチ／晋遊舎／2200円+税

この連載の担当者でもあった『ゴング格闘技』元副編集長・和良コウイチこと藁谷浩一氏が、デビュー作となる著書『ロシアとサンボ』を出版した。この題材を選んだのは日本サンボ連盟理事&NPO法人ディフェンスプランサンボ振興会理事として当然なんだろうけど、格闘技ブームがとうに過ぎ去ったいまとなっては、かなり無謀な行為と思われる。まあ、だからこそプロローグをプーチンとヒョードルというサンボ出身のビッグ2の話にして少しでも間口を広げようとしたんだろうが、出版直後に「ただの一度も敗北を味わうことなく、頂点に立ち続けた」ヒョードルが敗北……。幸先が悪すぎるよ！

……まあ、いい。とにかくサンボの歴史には謎が多く、プーチンの本にも「スターリンの粛清の嵐が吹き荒れていた一九三八年、世界初の社会主義国家から生み出された格闘技サンボ。この誕生物語の主人公は、アナトリー・ハルランピエフであった」と書かれている。しかし、真の創始者は他にいて『日本のスパイ』として粛清」されていたことを明らかにするのが、この本なのであった。

帝政時代の流刑地・北サハリンでアレクサンドロフスク収容所の徒刑囚の私生児として生まれたワシーリ

ー・セルゲイビッチ・オシェプコフは、2歳で天涯孤独になり、14歳で日本留学。ソ連のスパイとして活動しつつ講道館で柔道を学んだ。それをベースにしてサンボを作り上げた彼こそが真の創始者だったわけなんだが、そこで柔道を本で学んだ職業軍人ビクトル・アファナシービッチ・スピリドノフという男が登場してくる。KGBの前身であるスターリンの政治警察NKVDと繋がりが深く、その一部門として軍隊向けの柔道の技術体系を作ろうとした彼とオシェプコフは折り合いが悪く、そんな彼の策略なのか、1937年10月1日深夜にオシェプコフの家の前に「不気味なライトバンが止まった。ライトバンの側面には大きく黄色で『パン』と書かれていたが、この時間にパン屋がやって来たと思う者は誰もいなかった」。

日露戦争と第二次世界大戦との狭間というデリケートな時期だったため、NKVDは「過去に外国と関係を持った人間は〝スパイ〟である可能性が高い」「日本と関係を持つ人間を逮捕する」と打ち出し、「日本に有利なスパイ行為を行った」容疑でオシェプコフを逮捕。オシェプコフは、その10日後に未決囚のままモスクワの留置場で死去するのだった。

ここでようやく偽りの創始者アナトリー・ハルランピエフが登場。「私たちにはスターリンがいるからこそ、〈ソ連式フリースタイルレスリング〉という素晴らしいスポーツを作ることができました!」などと平気で叫ぶことが出来る彼がオシェプコフの功績を全て奪い取った、と。しかも「実は、オシェプコフが逮捕された数日後、市営共同住宅の部屋からハルランピエフが資料を持ち出したことが分かっている」との情報もあるから、実はオシェプコフを陥れたのはスピリドノフじゃなくてハルランピエフなのかも?……的な部分にスポットを当てたらもっと一般向けになったと思うんだが、技術体系を中心とした構成になっているから、さすがは和良さん!

そして、ロシア人の名前がややこしすぎるせいもあってなかなか本の内容が頭に入ってこないのも、また事実(アナトリー・ハルランピエフをアナトリーと呼んだりハルランピエフと呼んだりで表記が統一されていないのも、混乱に拍車をかける)。これが大山倍達と芦原英幸と松井章圭とか、佐山聡と浦田昇と坂本一弘とか、堀辺正史と廣戸聡一と矢野卓見とか、そういう既に知っている人が出てくるんだったら興味深く読めるはずなのに！

ただ、そんな問題点には作者自身も気付いてはいたんだと思われる。もともと「S社が主催するノンフィクション賞」に応募したところ「二次で落選」したこの原稿を、「数年間、さまざまな出版社の知り合いに話を持ちかけたが、ボツの連続」だったようだし。

「この原稿には多くの欠点があった。すでに松原隆一郎先生、木村元彦さん、オバタカズユキさんといった、私が敬愛し信頼する方々に目を通してもらい、コメントしていただいていた。その指摘は温かくも非常に厳しいものであった。それぞれに共通するものもあれば、相反する指摘もあった。そして、今この単行本になったものを読んだ御三方は驚き、呆れるに違いない。それは自分たちが指摘した欠点が、そのまま放置されているからだ」

え！　なんでまた！　……と思えば、「私自身、この構成と書き方が読者にとって良いものだったかどうかは、全くもって自信がないのが正直なところ」だけど、「版元から与えられた期間と自分の能力からは、原稿の構成をガラリと変えることはできず、今あるものの延長で発展させることが現実的な選択だった」とのこと。リングスへの言及がほとんどないのも個人的には残念だが、ロシアに柔道を広めた元国会議員・苫米地英俊のことは出てくるから、その孫・苫米地英人が日本にサンボを広めた前田日明と親交を深め、なぜかいまアウトサイダーのスポンサーになっていることを思うと非常に感慨深いのであった。

★今月の豪ちゃん★高知で梶原一騎を語るトークショーをやったり、ジュンク堂で真樹先生とトークショーをやったり、佐山聡や藤原敏男も本人役で出演する真樹先生原作の映画版『新☆四角いジャングル　虎の紋章』にボクも本人役で出演決定したりの毎日。台詞が死ぬほど多くて死にそうです！　前にやった台詞なしの殺し屋役は気楽に目立てて最高だったのに！

62

なんとテレビ東京の『ゴッドタン』から出演オファーが！　思わず浮かれたら、『実話ナックルズ』の久田さんとセットで下衆な話をして欲しい」とのことだったので、やっぱりそっちの枠かと合点がいきました。要はアングラ枠！　それでもCSの田原総一朗特番に出演することになったりで、そんな仕事が増えることによって「テレビ局も予算削減なんだなあ……」と不況を実感している男による、書評とは名ばかりの引用書評コーナー。

切ないラストにグッとくる真樹先生の空手ミステリー独特すぎる文体にも注目！

『哀しき空手王』　真樹日佐夫／東邦出版／1714円＋税

格闘技専門誌に空手のことが一切載らなくなったいまとなっては考えられないことだろうが、劇画王・梶原一騎の全盛時代、格闘技といえば空手のことだった。そんな空手ブームの直撃を受けたわけでもないのに、古本を通して梶原一騎が作り上げた空手幻想にすっかり魅了されたボクが、今月もまた読者のニーズを無視してお届けする空手本の書評。しかも、今回はただの空手本じゃなくて空手ミステリー小説！　ボクもタレント本以外の小説、ましてやミステリーというジャンルは一切読まない主義だけど、表紙が長髪バージョンの真樹日佐夫先生というだけで、もう読むしかないでしょ！　これは『空手バカ一代』で、つのだじろう先生の描く大山倍達総裁が長髪だったことへのオマージュなのか？

ストーリーは「日本空手界の総帥を殺したのは誰だ!?　動機は？　殺害方法は？　そして、驚くべき結末！」と帯に書かれている通りだが、もちろん真樹道場総帥の肩書を持つ真樹先生みたいな空手家が殺される話ではなく、モチーフとなっているのは真樹先生が手ほどきを受けていた頃の極真空手であり、殺されるのは大山総裁みたいな空手家だった。

天下一空手道連盟の天下一斉（あましたかずなり）総帥が、第1回世界大会でビール瓶斬りなどのデモンストレーションを元気に終えた後、何者かに殺害される。主な登場人物は、芦原英幸がモデルだと思われる道場生で主人公の芦川英光。その先輩で、大山茂と中村忠がモデルだと思われる大山忠。そして黒崎健時先生がモデルだと思われる知花昌英。そこに『カラテマガジン』『ダイナミック空手』『月刊空手道』といった空手専門誌やヤクザとの抗争なんかも絡んできて犯人探しが始まるわけなんだが、そこに遺言状や後継者問題も絡んでくるのがいちいち極真っぽいというか。空手組織の内幕のみならず、舞台となっている六本木周辺や警察内部の情報がやたら細かいのも、さすがは真樹先生だろう。

殺された空手家が「プライベートともなりゃ、女と見れば誰彼構わず鼻の下を長ーくする好き者」で「絶倫って噂」が流れていたり、アメリカで空手のデモンストレーション、ボクサーやプロレスラーとの他流試合を繰り返すうちに、「どこへ行ってもアジアン・ミラクル、ゴッド・アームと持て持てで、ご当地ギャルとのセックスが付いて回った」という辺りの描写もポイントで、フィクションという形式を使うことによって真樹先生でもなかなか書けない部分に踏み込んだんじゃないかとボクは勝手に推測する次第。

大山総裁も、表にこそほとんど出てこないけどそういう噂は根強いし、大山総裁原作の漫画『強くなる東洋食のすすめ』でも「ヌルヌルネバネバの食材は人間の精液に似てるだろ。だから精がつくんだ。食って食って食いまくれ!」なんて感じで、ひたすら肉体的にというよりも性的に強くなる食品ばかりオススメしてたし、晩年になって飛行機に乗っても客室乗務員の尻を触ったりしていたらしいし、亡くなってから韓国にも妻子がいたことが判明したしで、限りなく黒に近いグレー!

真樹先生は「このトリックは自信あるんだよ!」と言われていたが、それよりもボクはラスト数ページの『哀しき空手王』ぶりがグッときたのであった。大山総裁の「英雄色を好む」伝説を踏まえると、さらに切ない!

あと、個人的にポイントだと思ったのは独特すぎる真樹文体。世界大会で大山忠と芦川英光の直接対決が決まったときの、「芦川には、大勝負を前にしての緊張感というものがまるでなかった。逆にるんるん気分とも言えるほどに心が浮き立ち〜」といった適度に若者感あるフレーズの使い方や、「ですよね、ですよねえ」という台詞に、ちょうど真樹先生原作・脚本の映画『新☆四角いジャングル　虎の紋章』に出演したばかりのボクは不思議なぐらいに既視感があったというか。

ボクはこの映画に「自転車で都内をフラフラするライターの吉田豪」という本人役で出演したんだが、ヤクザを演じる鈴木みのるに新日本プロレスの道場前でハチ合わせして「今晩はぁ。ライターやインタビュアーをやっている吉田豪です」と挨拶したり、「ですよね、ですよねえ」と同意したりと、こうやって自分の口調とは異なる真樹文体でしゃべるのはホント難しかった！　それでも、まだ昼間だったから「今晩はぁ」を「どうも！」に変えたりして自分らしさを出しつつ、真樹文体を損なわないように注意したつもりだ。

そして、ボクの目の前で「KYってわかるか?」「KY?　えーと、誰かのイニシャルか何か」「まだ若いのに、流行りのKYも頭に入ってないとは。空気が読めない」「なるほどー。空気が読めない……失礼しました」という格闘技雑誌の記者同士のやりとりが始まったときも、実に真樹先生らしい展開だなあと、るるん気分で聞かせていただいた次第なのである。しかも、道場の中ではミノワマンがTARU（元・士道館）とスパーリング中。あまりにもシュールすぎる！　それぐらいに格闘技界の移り変わりは激しいが、真樹先生の描く世界と真樹先生の外見はいつになってもほとんど変わらないのであった。

★今月の豪ちゃん★真樹先生原作の映画『新☆四角いジャングル　虎の紋章』撮影のため、自転車で新日本プロレス道場に。道場横の合宿所に真樹先生、藤原組長、鈴木みのる、和田良覚といった面々が集まり、そこにボクも混ざって談笑しているのがなんだか妙にシュールでした。前にボクがここに来たのは、新日本プロレス時代の橋本真也取材だったなあ……。

63

テレビ東京の『ゴッドタン』にボクが出演してきたのは前号でもお伝えしたが、なぜかそれが放送される前に二度目の出演が決定！　おそらく、ポテンシャルの高い芸人さんを複数集め、ひたすら追い込んで奇跡を起こさせる企画が好調な番組だからこそ、そこで予算を使った分の帳尻合わせでボクらの企画が必要になったんじゃないか、と。そんな感じで何をやっても不況ばかり実感している男による、書評とは名ばかりの引用書評コーナー。

目指すは合法賭博!? 野球と相撲から考える格闘技の八百長問題

『野球賭博と八百長はなぜ、なくならないのか』 阿部珠樹／KKベストセラーズ／1500円＋税

「あれは八百長だ！」と言われるような怪しい試合も激減し、「あの団体は八百長をやるから交流出来ない！」的なことを言い張る関係者もいなくなった昨今。これは、いい時代になったということなのか、それともビジネスの規模が小さくなりすぎて八百長をわざわざ組む必要性がなくなっただけなのか。

そんなわけで、この本は「大相撲、プロ野球、競馬を巡る闇」＝八百長についての、スポーツライターによるノンフィクション。格闘技についての記述がないのは残念だが、それは格闘技でいくら八百長が行なわれようとも法的に問題がないからなのだと思われる。

つまり、「過去に摘発された野球、競馬などの八百長事件は、ほとんどが賭博にからんだものである。逆に言えば、賭博にかかわらない八百長は違法行為として立件させるのはむずかしい」ということなのである。UFCに八百長が蔓延しないのはアスレチック・コミッションの存在も大きいだろうが、試合が合法な賭博になっていることも重要なのだ。

日本の場合、大規模な格闘技興行だと知名度があって集客に結び付く選手をプロテクトしなければならな

いので、だからこそ昔から八百長の噂が絶えなかったし、ボクみたいなプロレスファン上がりにはそこがまた面白かったりしたわけだが、それだけ知名度のある選手がいなくなったいまは、もうやり方を変えるしかない。そんな選手に感情移入させるには、賭け事にするのが手っ取り早いんだろうなとボンヤリ思った次第なのである。そうすればギャンブル狂のターザン山本も、再び編集長として復活出来るかもしれない！

……話を戻そう。この本では「勝負の当事者以外に利益を得る者がいて、そこから金銭的な見返りを得て、選手が勝敗をコントロール」する「言い逃れのできない八百長」のことを「黒い八百長」。「一方の当事者が、大きなカネを得たいとか、地位を守りたいといった目的で対戦相手を買収する」、「当事者同士だけに、発覚はしにくい」ものを「灰色の八百長」。金銭が絡まず一方的に勝ちを譲るものを「白い八百長」と定義付けている。

意外にも「なにからなにまで『真っ黒な』八百長、純粋八百長は実は珍しい」そうで、「格闘技のように一対一の勝負ではなく、野球のようなチームスポーツや、競馬のような人と馬が多数からんで勝敗を争うスポーツでは、八百長の実態をはっきりつかむのはむずかしい。こころみた当事者でさえ、結果がままならないことのほうが多い」というのだ。

じゃあ、相撲の八百長問題はどうなのか？

一対一の勝負だから、わざと負けるのも簡単だし、ガチンコなんて隠語が存在するぐらいだから、そうじゃない試合が普通に存在するのも確実だろう。ただし、競馬や野球賭博と違って相撲賭博の存在がわかりにくいからなのか、「相撲の八百長騒動で不思議なのは、週刊誌の告発が出ても、ほかの週刊誌がいわゆる後追い報道をすることがないばかりか、テレビ、新聞などのほかのメディアもほとんど無視してしまう」のが現実なんだが……。

そんな相撲の八百長問題は野球賭博と密接に結び付いていると、この作者は指摘する。

「賭博はたいていの場合、最後に胴元が勝つような仕組みになっている。負けが込めば、賭博で取り返そうとするのはギャンブラーの常だが、それで深みに引き込まれるのも常である。その際、清算をどうするか。勝負の世界に生きるものの清算の手段は勝負を売り物にするほかない」

それを踏まえた上で07年に『週刊現代』誌上で展開された朝青龍の八百長糾弾キャンペーンを読み直すと、非常に興味深いことが分かるのだ。「のちに野球賭博に関わったことで解雇処分を受けることになる琴光喜との一番。琴光喜は有利なもろ差しになったのに、なぜか躊躇したように前に出ず、まんまと朝青龍に巻きかえられ、大技のすくい投げで仰向けに転がされた。さらに琴光喜は二〇〇七年のつづく初場所でも有利な体勢に持ち込みながら、攻めに出ずまたしても敗れた」って、どうにも怪しすぎるよ！　この時点で「琴光喜は賭博に目がなく、優勝賞金七百万円をそっくり巻き上げられたこともある。そのため金のからむ八百長の誘いに簡単に乗った」と書かれたりもしていたぐらいだし。

格闘技界には「妻が病気で大金が必要だった」的な理由で負け役を飲むパターンもあるようだが、そうそうそんなことがあるわけもないので、違法なギャンブルで多額の借金を背負わせておくと、相撲賭博で簡単に勝敗をコントロール出来て、荒稼ぎ出来るようになる、と。それ、野球や競馬よりも明らかに悪質かつ真っ黒な世界じゃん！　でもまあ、あまりその問題を追及すると96年、『週刊ポスト』で大鳴戸親方と、元大鳴戸部屋の後援会長・橋本成一郎が相撲の八百長告発を始めたところ、暴露本『八百長』（鹿砦社）が「発売される直前、告発者の元大鳴戸親方と告発者の橋本成一郎が同じ病院で、同じ病気が原因で同じ日に亡くなるという事態」にもなったので、ボクもせいぜい殺されないレベルでいじり続けたいと思います！

★今月の豪ちゃん★最近は本業よりもイベント司会業のほうが忙しくなりつつある今日この頃。永井豪＆水木一郎のアニソンイベントとか、劇場版『ガンダム00』のイベントとか、なぜかアニメ仕事も急増中。ちなみに永井豪先生とは控室で骨法やビッグバン・ベイダーの話で盛り上がりました。どうせなら『アステカイザー』の話もすれば良かった！

64

格闘技本はリリースが少ないから毎回題材に困ってるのに、ミスター高橋の『流血の魔術』第2弾が出たり、GK金沢による小原道由とかのブルージーなインタビュー集が出たり、さらにはヒクソン本に、ささきぃの女子格本と、書評し甲斐のある本が次々と出版されるようになってきた今日この頃。それなのに、書籍担当者から「紹介しないでもいいです」とのメッセージ付きで届いた本を紹介する、書評とは名ばかりの引用書評コーナー。

嫉妬、言い訳、怠慢……自業自得な高瀬大樹の空気を読めない自己主張

『嫌われ者。―プロ格闘家が見たPRIDE時代とその後の〝光と影〟』

高瀬大樹／イースト・プレス／1400円+税

一部で話題だった高瀬大樹ブログの「光と影」シリーズが、なぜかいま単行本化。「1日40万アクセス！　伝説のブログが待望の書籍化!!」という帯文は明らかに言い過ぎだが、ここまで感情移入出来ない本も珍しいという意味では、確かに伝説レベルだと思う。

「日本では、俺はメジャー団体の舞台に立つことが出来ない。この国の格闘技業界は、純粋な実力以外のところで、政治力や上の人の覚えの良さばかりがものをいうからだ」

「ただ理解してほしいのは、これを読んで同情してほしいと思っているわけじゃないし、誰かを叩きたいわけじゃない。すべて自分が招いたことで、人に〝可愛がられる努力〟を怠ったからだ。実力が中途半端なのに可愛がられているから出場している選手って実際にいたし、今もいる。けどそれを否定するのでなく、上から可愛がってもらえないと実力を出す機会なんてないのは、この日本では特に当たり前。俺はPRIDEで社会勉強させていただいたと思っている。俺が可愛がられてなかったのは、誰のせいでもなく俺のせい」

確かに大山峻護のように、当時のPRIDEに「可愛がられ枠」みたいな選手がいたのは事実だとは思う。

でも、可愛がられればブレイク出来るというわけではなく、逆に目立つ場で恥をかくだけだったりもするわけで。

彼は、自分が悪かったと言いつつも、それを「可愛がられる努力を怠ったせい」と捉えているのが間違いであり、彼がタイトル通り「嫌われ者。」になった理由は、この発言を読むだけでも分かってもらえるはずなのだ。

「武士道ではホドリゴ・グレイシーとやれと言われたんだけど、ホドリゴは他のグレイシーとは違って、当時は手堅い試合をする最強の選手だった。しかし、日本チームのエース扱いだった桜井マッハさんは、相手がヘンゾ・グレイシーだった。俺からしたら『ヘンゾよりホドリゴの方が強いのに、なんでエース扱いされる人間が俺より楽な相手と戦うんだ?』という、誰もが思う普通の疑問がわいてきた。『なんか、おかしい……?』。結局、マッハさんはケガで武士道を欠場するんだけど、俺は新しいツルツルリングで滑り止めも忘れて試合して、下になった印象で判定負け。練習も前回ほどしてなかったたっけ……。バッティングで鼻の頭切って血は吹き出すし、レフェリーは気づかないしで散々だった。でも、グレイシーなのに寝技ビビってたなあ(笑)。そん時も桜庭さんカラースパッツで、ついには社長にマジギレされた」

ここまで無駄に全方位で敵を作るだけの発言も、ちょっと珍しいだろう。そこにあるのは嫉妬、言い訳、怠慢といった、要は空気を読めない間違った自己主張だけなのである。

とにかく高瀬は試合について「ハッキリ言ってナメていたのだ。練習も慢心からか、うっかり細かい怪我をしてしまい、ちゃんと走り込めなかったり、特に研究したりすることもなかった」だの「プライベートで足を引っ張られ、ヤケクソになって試合した俺にも問題はあるけどね」だのと毎回のように言い訳しすぎ! 寝技の練習だけしてたら打撃で攻められ、「俺は格闘技のバックボーンが何もないため、試合前に練習したことしか試合にでない」とか言い出すのも自業自得だよ!

しょっぱい試合で判定勝ちし、「ちゃんと一本を狙う姿勢をジャッジが評価してくれたことに、思わずガッツポーズ」したら、「PRIDEの榊原社長はそのガッツポーズを見て『なんであんな試合で彼はガッツポーズを取るんだ!?』と……」嫌われたことをボヤいてるけど、それも断じて榊原社長が正しい！

デビュー戦で圧倒的な体重差を乗り越えてヤーブローに勝った後、マイクで「今年こそ阪神タイガースが優勝するぞ！　待っとけ巨人！」と叫んでブーイングされたときから、高瀬は致命的に空気が読めなさ過ぎるのだ。

桜庭人気に便乗しようとしているとしか思えないコスチュームのセンスはボクみたいなファンでも受け入れられなかったんだから、当時所属していた吉田道場がそれを受け入れるわけもない。アンデウソン・シウバから変形三角絞めでタップを奪ったとき、「試合で着用した桜庭さんを真似たスパッツやTシャツ、そして試合後の『桜庭さんや吉田さんのようなヒーローになってみせます！』っていう発言で、社長に『〝桜庭吉田〟じゃなく〝吉田桜庭〟だろ!!』と事務所でさんざん怒られた……」のに、気にせずライバル道場の選手モチーフのコスチュームを着てたら社長も怒るよ。

これを読んで思い出したのは、ライター志願者にボクがアドバイスする言葉だった。

「当たり前の常識を理解すること。電話には出る、挨拶はする、原稿は落とさないとか。同じレベルのライターが二人いた場合、愛想がなくて非常識な奴とフレンドリーでちゃんとした奴のどっちに仕事を頼みたくなるか分かるでしょ？」

圧倒的すぎる実力なりスター性なりがあるなら、ちょっとばかり傍若無人でも仕事は頼まれるとは思う。でも、自分がそこまでの存在じゃないのであれば、まずは普通の常識を身に付けてちゃんとするべきなのであった。

★今月の豪ちゃん★『ゴッドタン』出演と『TVブロス』で玉置浩二のベッドイン取材を担当した効果なのか、なぜか日本テレビの『不可思議探偵団』というゴールデンタイム番組の特番や『やりすぎコージー』からも都市伝説の人として出演オファーされる異常事態が発生！　ハッキリしてるのはボクが話すのは都市伝説じゃなくて、事実だけですよ！

前回の記事に対して高瀬大樹が過剰反応。小学生いじめ事件の教育委員会を引き合いに出して、「吉田豪ちゃんもさ、マイケルムーアみたいになって、こういう真の悪人達を叩けばいーのにさ。高田さんの事を小馬鹿にしたり、吉田秀彦さんの事叩いたりする度胸があるならそんぐらいの事しろよな。まー音楽雑誌でバレないようにコソコソ叩いてるだけだからなぁ（笑）」などと言い掛かりを付けられた、書評とは名ばかりの引用書評コーナー。

65

女性じゃないと聞けない恋愛事情が浮き彫りの女子格闘技ドキュメント

『殴る女たち―女子格闘家という生き方』 佐々木亜希／草思社／1500円+税

女子格闘家と男子格闘家は完全に別物であり、ファン層も全然違う。それが某格闘技雑誌で読者葉書を読んでいた頃のボクの結論であり（「女は載せるな」という短絡的な意見多数）、そんな両者の違いの部分をクッキリと浮き出させてくれたのが、この本である。

これは相手の顔面を殴るということを共通テーマにした女子格闘家インタビュー集なんだが、心の傷のエピソードが多いのも男子との違いだろう。石岡沙織はこう言っている。

「中学時代、密かにリストカットをはじめた。身体の痛みを感じることで、一瞬、心の苦しさを忘れられた。（略）やがて男性と付き合うようになると、嫌われたくないと思って不安になる。自傷をして、相手に寄りかかり、被害者を演じて相手の気を惹く。結果、心の空白はさらに広がった」

どうですか、この分かりやすいまでの地雷ぶり！　多少モテても「それなりに嬉しかったですけど、どうせ表面だけなんでしょ、みたいな。私の中身を知ったら、どうせ嫌いになるんでしょう、みたいな感じでした」「自分なんて愛される価値がないと思っていた」という彼女は、「その当時、付き合っていた男性が格闘技をはじめたので、共通の話題を作るために」格闘技を始めたというのも、ちょっといい話。その後、プロになってからも「恋愛で傷つき『死にたい』としょっちゅう漏らし、『チャンピオンになるまで彼氏はつくりません』と誓約書を書かされても、翌日には破っていた」ほどの立派な恋愛ジャンキーへと成長！　そんな彼女も、いまは立派な格闘家になったわけだが、「やっぱ彼氏が欲しくないかと言えば欲しいわけですよ。いまでも、ときには人肌恋しくなったり、寂しくなったりもしますけど」と素直に告白しているのも生々しい。彼女は「自分に自信もないし、自分のことを好きにもなれていないので、いまのままだと、私は絶対、幸せな結婚なんかできないんで」、格闘技を通じてどうにか自分を変えようとしているのである。

「私は普通の人になりたいんです。普通になりたいから、格闘技をやってるんです」

「普通に、真ん中のへんで生きていきたいんです、私は。ずっと、生きることがしんどくて、なんのために生きてるのか、わからなくて。イヤなことから逃げて、楽な道ばっかり選んできた。そういう自分を変えたくて、格闘技をやってるんです」

こんな発言、男子格闘家からは絶対に出てくるわけがないし、この手の自分語りであれば圧倒的に女子格闘家のほうが興味深いよ！

続いて渡辺久江は、とあるスキャンダルによって心を病んだことがまず明らかになる。

「渡辺の足を引っ張るためか、噂やゴシップを流す存在もあった。真正面から否定するのもくだらないと、取り合わずに無視していたが、自分に向けられる半笑いの表情や、ときには、心配してかけられる言葉さえもが渡辺を刺激した。知り合いなのに、裏で笑っている人もいた。自分の試合を楽しみにしてくれる両親に心配をかけること、自分ではなく両親を悪く言われることが何よりいやで、また泣かせるのかと思うと落ち込んだ」

その後、結婚引退して幸せになれたかと思えば、さらに大変なことになっていた模様。

「格闘技と離れてしまったことで張りつめていた糸が切れ、渡辺の落ち込みは、よりひどくなった。『うつ病の完全体って言える状態だった』と、当時を振り返る。実家にこもって精神科へ通うも、外に出られると

き と出られないときの差が激しく、症状を的確に伝えられない。大量に出される薬を見て怖くなる。腫れ物に触るように接してくる両親と温泉に出かけるも、結局、車から外に出られず、家に帰る。自分の行動でよけいに両親を傷つけてしまったと思うと、わけがわからなくなって、部屋の壁に思いきり頭を打ちつけた。幾度もそうしていると落ち着いたが、母親に、泣きながら抱きとめられた」

しかも、「結局、結婚生活っていうか、一緒に暮らしてはいないんだけど、10カ月で離婚したことになりますね」とのことで、あっさり離婚していたことも発覚。同棲中の彼氏が新生UWFに続いてシュートボクシング女子大会のビデオを借りてきたことで格闘技を始めたNORIKOもそうだが、とにかくみんな恋愛が格闘技に大きな影響を与えているのも、男子格闘家との決定的な違い。どうせなら、もっと「恋と格闘技」に針を振ってもよかった気もするほどだ。男の場合は結婚したときに夫人を申し訳程度に公開するぐらいで、それ系のことは全然話さないし、彼女の影響で格闘技を始めることも、恋のゴタゴタでおかしくなることも少ないだろうし。結局、女々しさと雄々しさが普通に同居しているのが、女子格闘家の面白さなのである。

ただ、ここまでみんな恋愛を語り、作者も後書きで夫に感謝を捧げてるぐらいなんだから、RENAは年齢的にしょうがないとして、辻結花や藤井惠がその辺りについて一切語ってないと、つい余計な邪推をしたくなってしまうところ。これ、女子が聞き手じゃないと出来なかった本だろうなあ。

★今月の豪ちゃん★しかし、公称15万部の雑誌をコソコソ呼ばわりするのも凄いが、「吉田さんや髙田さんは俺の尊敬してる人達だから、あんまりバカにしてるとシバくけどな」発言からは「自分がダメなのは可愛がられる努力をしなかったから」と本気で信じて、いま必死に可愛がられようとしているのが伝わってきて、ちょっと切なくなりました。

66

先日、とある人に「吉田豪は、高瀬大樹という格闘家の本を書評して、『お前、絶対にやってやる！』とか脅されながらも書評し続けるような男で……」と紹介されてビックリ。そんな記憶はないけど、まさか裏ではそこまで言われてたりするとか？　しかも、彼がよく出没する場所がボク同様にタワーレコード新宿店だということも判明……とか言いつつ今日も新宿タワレコでアイドルCDを漁る男の、書評とは名ばかりの引用書評コーナー。

ウラ話は全く書けずも田村潔司話はガチンコな佐伯繁のデタラメ人生本

『日本格闘技界のウラ・オモテ—DEEP10周年記念独白』

佐伯繁／エンターブレイン／1143円+税

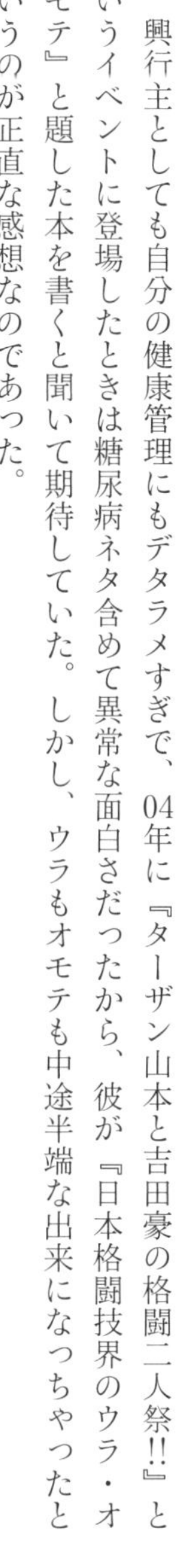

パチンコ好きが高じてなのか借金が1億円近くなり、家賃滞納でマンションを追い出され自己破産したと噂が流れたぐらいに金銭面でデタラメなシティボーイズの斉木しげるとほぼ同姓同名なだけあって、ＤＥＥＰの佐伯繁社長もデタラメぶりはかなりのものである。

興行主としても自分の健康管理にもデタラメすぎで、04年に『ターザン山本と吉田豪の格闘二人祭!!』というイベントに登場したときは糖尿病ネタ含めて異常な面白さだったから、彼が『日本格闘技界のウラ・オモテ』と題した本を書くと聞いて期待していた。しかし、ウラもオモテも中途半端な出来になっちゃったというのが正直な感想なのであった。

オモテ面をちゃんと追って、戦績表も載せつつ過去の大会を振り返るなり、ウラ面を追って、いまだから語れる裏側や馬鹿話に特化するなりしたほうが良かったとボクは思う。

父親は競輪にハマりすぎて夜逃げし、母親は小四のとき心筋梗塞で亡くなるという過酷な家庭環境で育った彼は、まずプロレスラーを目指し、バイクにハマり、『ふぞろいの林檎たち』でキャンパスライフに憧れるが、面接で「最近、読んだ本は?」と聞かれて「読んでませんけど」と答えたせいか大学受験に失敗(なお、当時は初代タイガーマスクのファンで、『いきなり王者。吠え吠えタイガーマスク』っていう、一番初めに出た本も読みましたから。いわゆる自伝本。あとにも先にも、字ばっかりの本を最後まで読みきったのはその一冊だけです」とのこと。この本の構成担当は、国際前科4犯のドラッグの運び屋として『プライベート・マフィア草兵』という本になったり、80年代前半の『噂の真相』で極真スキャンダルを担当した池田草兵氏)。そのため父親が「お前がいくとこないんなら、会社を作ろう」と配管工事会社を立ち上げてくれたのに、パチスロにハマって会社を辞め、攻略法を知っている台がなくなれば映像制作会社に入り、四駆に乗ってナンパに励み、やがてカメラマンに転身。風俗雑誌の事務所を立ち上げると、ファミコンショップやバーやTシャツ屋も経営する実業家になり、プロレスラーや格闘家と「一緒にメシを食ったり、風俗に連れていったり」するタニマチを経て、興行師デビューを果たす——。

そんな経歴もボンクラすぎて面白いし、最初はDEEPで「髙田延彦vsカクタス・ジャックとか、ロード・ウォリアーズvsノーフィアー」を組もうとしていたり、旗揚げ戦だけで赤字が5000万になったりのデタラメぶりも面白いのに、その後のエピソードになるとあまり面白く転がらないというか……。

まあ、それもしょうがないんだとは思う。

「大阪大会も乱闘があったんだ。たしか、入江(秀忠、キングダムエルガイツ)が『ドスJr.とやりたい』って言ったのかな。休憩時間に拡声器で騒いでね。署名運動をやろうとしたんですよ。あれ、じつはそのうち鬼木(貴典)と入江をやらせようと思ってて、入江が騒いでいるところを鬼木が襲うっていう段取りだったんです。入江には内緒だったんだけどね(笑)。そしたら、三島(☆ド根性ノ助)選手のマネージャーだった竹内竜太くんが鬼木より先に襲いかかって乱闘になっちゃった(笑)」

こうして格闘技の大会でプロレス的なアングルを組もうとする佐伯さんのどうかしたセンスは、武士道では活きなかった。佐伯さんが武士道を「けっこう最後のほうなんかは、一時期の修斗がオシャレでブレイクしたように『ここが最先端だ！』みたいな雰囲気もあったじゃないですか」と振り返っているのは呑気でいいんだが、絶対にそれはないよ！

ＰＲＩＤＥ消滅について「すべてが突然の出来事だったし、僕みたいな外部の人間とか選手にとっては、何がなんだかわからない状況でした」とコメントしているのにも、「佐伯さんは、どちらかといえば内部だよ！」と突っ込みたくもなったが、当時の仕事内容について「結局、僕のやるべきことっていうのはもの凄く微妙で、自分でもよくわからない部分があるんですよ。マスコミ対応っていっても言える話と言えない話があるじゃないですか。というより、言えない話のほうが多いんですよね。どこまで言っていいかも微妙だし」と振り返っているように、本の後半は言えない話が多いからこそウラが書けなくなっちゃったんだろうな、と思った次第なのだ。

ただ、田村潔司は「性格的には……たしかＡＢ型でしょ、血液型が。わかりにくい性格っていうか、妙に細かいときもあるし、そうじゃないときもあるし、ホントにわからないですね。一緒にメシを食ってて、横の席にヤンキーみたいなのがいるとするじゃないですか。で、あきらかに未成年なのにタバコ吸ってたりすると凄くカリカリしてね。いまにも注意しに行きそうな感じで」「本当にわからないですよ、田村潔司という男は。長い付き合いなのに、急に『佐伯さん、なんでタバコ吸ってんの？』って注意されて、そこから機嫌が悪くなったりしますからね（笑）」と、田村のウラを明かしている部分では爆笑しました！　ＰＲＩＤＥで連勝していた頃の桜庭が煙草を吸ってるのを見て田村が注意して桜庭が激怒したというのも、これで納得！

★今月の豪ちゃん★テレビ東京『ゴッドタン』出演によって「タレント都市伝説の人」としてのテレビ出演オファーが増え、真樹日佐夫先生の執筆50周年パーティーで遂に「あ、都市伝説の人ですよね？　握手して下さい」と声を掛けられ、大変なことになったと思う今日この頃。ボクが話すのは伝説でもなんでもなくて、全部裏を取った事実なのに！

67

桜庭和志の『ぼく。』ばりに見事なタイミングで出版された長島☆自演乙☆雄一郎の『自伝乙』。個人的には自演乙チームにコスプレの衣装提供をしているまんだらけが、「普通ならテレビに映るのだから、会社のロゴを入れたりする」のに「そうしたらファンが嫌がる」とのことで、衣装に手を加えない話にグッときました。普通ならそんな自演乙本をちゃんと紹介したほうがいいのにあえてやらない、書評とは名ばかりの引用書評コーナー。

UWF本シリーズ第3弾は前田日明が憑依したような暴走ぶりにビックリな一冊

『U.W.F.戦史3』 塩澤幸登／茉莉花社／2800円+税

600ページを超える分厚さで、取材もなく過去の本や雑誌をひたすら大幅に抜粋しまくり、肝心の文章も悪文すぎて読むと確実に睡魔に襲われるから、ボクが完読して書評したってだけで水道橋博士に絶賛されたシリーズの第3弾が登場。前作との重複も相当多いし、それどころかこの本の中だけでも同じ文章を長文で引用してたりで読みにくさは相変わらずだが、今回は前田日明を直接取材したことで、かなり面白い展開になっている。ただし、帯に「前田日明が重い口を開いた」と書いてあるけど、前田日明の口は確実に重くないよ！　むしろ、なんでもすぐに話す人！

とにかくポイントは、作者がまるで前田日明が憑依したかのような暴走を始めていくことである。「新しいガチンコ格闘技の団体である新UWFにレスラーとしての宮戸や安生たちが座る椅子はなかったのである。おそらく中野も同じだ」って感じで、オランダ勢を加えてガチに移行するのを嫌がったUインター勢の反発でUWFが分裂したと主張したり、神新二社長との間に溝が出来たのは後のパンクラス尾崎社長が余計なことを言ったからだと推測したり、選手間でコミュニケーションが取れなくなったのは「それは誰のせいかといえば、端的にいって、わたしは髙田のせいだと思う」「向井亜紀との恋愛で大忙しで」役割分担を果たせ

なかったためだとしたりで、もはや全てが名誉毀損で訴えられそうなぐらいのレベル！　でも、そこが最高！

「『前田さん、今夜はアキちゃんが見に来るから、これ（親指を立てて、地面に向ける＝マッチメイクの負けを受け持つサイン）でお願いしますよ』と言われて、髙田の好きにしてあげたというような、対向井亜紀用の恋愛作戦がらみの粋な采配もあったらしい」

こんなことも平気でバラすし、UWFの道場で事故死した練習生の堀口和郎君についても、加害者はUインターの□□だと伏せ字で糾弾。「□□なんか、堀口君の15回忌までやりましたけど、来たの3回くらいですよ」と前田日明が言うぐらいならいつものことでも、「□□は、堀口和郎君の死亡事故には全く責任もないし、絶対に関係ないというふうにいったそうだが、悪いけどプロレスの世界と人間の世界には100％もないし、200％もない。そういえば、昔、200％男というのがいたけど、いま、どうしているだろうか」と、それが安生であることを匂わせるから強烈！

さらには「05年にプロレス関係のソフトを作っていた制作会社が彼のところに関係している人間を取材して、その原稿料の支払いが社内の手違いから約束の期日に遅れたことがあった。このとき、□□はその制作会社の現場のスタッフに入金がないといって電話して呼びつけて、ジムのフロアに土下座させて謝らせ、いすを投げつけて怒りをぶちまけた」こともバラすわけなのだ！

そして、安生といえばUWFの道場で最強だったと評判なのに、最後にはこう結論付けていく。

「山本小鉄は本当に強かったから弱いもの、未完成なものに対して愛情というか、優しさと尊敬の念を抱くことができたのではないか。一方のUWFの某は本当は弱く、頭のなかの理屈だけが闊達に働いたから、実際に強くなることや現実に強いことに対して基本的なところでの畏怖の感情を拭えなかったのではないか。その違いが新日の道場からは多くの人材が巣立ち、UWFの道場では練習生の事故が起こった（UWFも多くの人材を輩出したが）ということではないだろうか」

高山善廣らしき男の本を作るよう百瀬博教氏に言われ、プロレスを八百長扱いしないとの条件でゴーサインが出たのに、そんなことばかり書いて企画がポシャったという話に、作者の人となりが現れていると思う。そして、相変わらずの事情通ぶりで「(ターザン山本は) 神 (社長) から金をもらっていた。この前、山本の本をアマゾンで買って読んだら、神だけじゃなく、田中社長からも、馬場さんからも坂口さんからも金をもらっていたと書いてありました。オレは呆れたね」と語る前田はさすがなのに、作者が「この本というのは多分、『金権編集長ザンゲ録』という題名の本だと思うが、不勉強で申しわけないが、わたしはまだ、読んでいない」と続けるのは正直どうかと思う。「ここからは噂のようなものなのだが新日の社長の坂口、全日の馬場は『週刊プロレス』のターザン山本に話を持ちかけて、徹底的な反SWSキャンペーンを展開させた、というのである」とかボンヤリ知識で書くぐらいだったら、ターザンの本も読まなきゃ駄目でしょ！そのことが噂じゃなく事実だってことが、ちゃんと書いてあるんだから！

そんなことを思いながら最後まで読み終えようとしたとき、「こんなところで、わたしが勝手に書いていいことかどうかも分からないが、わたしが『(長州さんの) 借金はどうなったんだろうね』と聞くと、前田は『自宅を3億円で売り払って、借金をキレイに返して奥さんと離婚して、すっかり身軽になっちゃったと、マネージャーがいってましたけどね』という話だった。これは極秘情報である」という文章が飛び出して、目ん玉が飛び出るような衝撃を受けたのであった。それ、確実にまだ書いちゃいけない極秘情報だよ！

★今月の豪ちゃん★ももいろクローバーのK-1参戦が格闘技雑誌で全然記事になってないのは何故なのか？ どアウェイな状況下ながら彼女たちがリングで歌いきったのは、どアウェイな状況下ながらK-1ワールドGP優勝を果たしたオーフレイム以上に感動的だったのに！ 実際、去年の格闘技関連でいちばん熱くなれたのが、あの映像でした。

08

とある筋から聞いた「髙田延彦と伊藤リオンが六本木で一戦交えていた」との情報に大興奮。真樹日佐夫先生が「いま石井館長が伊藤リオンに目を付けている」と言ってたけど、これはもう大晦日にリマッチするしかないでしょ！　あと、朝青龍対髙田延彦戦は朝青龍が意外にも大人だったため試合不成立となったとの情報にもグッときました。髙田延彦の酒癖の悪さは海老蔵級！　そんな噂も紹介する、書評とは名ばかりの引用書評コーナー。

ベッドの上でも最高の男！ヒクソン像が完全崩壊する400戦無敗の男の自己啓発本

『ヒクソン・グレイシー　無敗の法則』　ヒクソン・グレイシー／ダイヤモンド社／1600円+税

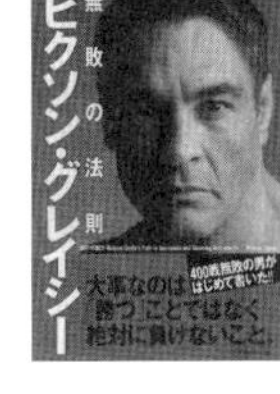

なぜ、いまヒクソンの本を出そうと思ったのだろうか？　それもビジネス系出版社が、カルロス・ゴーンの自叙伝に執筆協力してたりする「語学、社会、経営、政治、経済」のライターを起用して？　その時点でサッパリ分からなかったんだが、中身を読んでさらに驚いた。これ、いわゆる自己啓発本なんだ！

我が子を守るためならライオンとも闘うというヒクソンは、「それで死んでも本望だ。もし手足を失って、頭と胴体だけになっても、自分がやるべきことをやったのだと分かっていれば、満足に思うだろう。手足があろうとなかろうと、残りの人生を、幸せに過ごすことができる」と言い切る。そこまではまだいいとして、「残念だが、今の日本人にはそんなサムライ魂がほとんど感じられない」「本書を手に取った読者には、現代を生きる戦士としての自覚を持ってほしい」と、読者にもそれを強いるのはさすがに無茶でしょ！

ヒクソンがヨガの先生から動物の動きを真似するレッスンを受けていたときのエピソードも最高だった。「動物の動きを始めたら、目は見ているものを素通りするはずだ。何の分析もしてはいけない。ここに誰かがいることは分かる。でも、いくつなのか、若いのか、年寄りなのかは、何も分からない」。つまり、本気で動物になりきれとのことで、まずは鷹になれと言われたヒクソンが「やり遂げたと感じたとき、私は窓枠に乗っている自分に気づいた。『何だって窓枠にいるんだ』と思い、部屋を見渡すと、先生が泣いていた。私は一時間十五分もそんな状態だったのだという」。

すっかり鷹になりきったヒクソンが真剣な顔で窓枠に乗っている光景を想像しただけでもたまらないんだが、このトレーニングのおかげで、「私がリングに上がって試合相手を前にしたとき、見えていたのはシマウマだった。たいていのファイターは感情を次々とぶつけてくる。それを見ていた。肉体として見ていた」ほどの境地に達したらしいのであった。

そんなヒクソンも、実はいま「経済的には最悪の状態」らしい。「数年前まではブラジルに農場を持ち、リオのイパネマビーチに部屋を所有し、カリフォルニアのマリブに家があった。しかし今は何も持っていない」。それも全ては離婚して元夫人に全てを渡したせいだった。「長い間、私たちの結婚生活はうまくいっていなかった」「妻は、私のしたことがどうしても許せないと言うようになり、私は、妻と一緒にいても胸の高鳴るような幸せを感じることができなくなっていた」って、要は浮気がバレたってことなんだろうなあ。

こうしてヒクソンは「ライフスタイルを変えた。普通の車に乗り、普通の商品を買う。節約をする。クレジットカードは使わず、贅沢はやめて」はみたが、「心の中には、いつもくっきりとした自分のイメージがある。『最高の食事をしている。誰にも負けない素晴らしい食生活だ。品質の高い有機栽培の食品に、搾りたてのジュース。眠りの質にもこだわっている。テンピュール社のマットレスは寝心地が最高だ。もちろんベッドでも最高の男だ。どうがんばっても誰もかなわないだろう』。これが今の私の気持ちだ」と、ベッドの上でも400戦無敗ぶりをアピールするのである!

格言っぽいことを言おうとしても、「人生は、食べること、セックスすること、仕事をすること、そういう何もかもを合わせたもので、それらはどれも人生の喜びなのだ」と、やっぱりセックスの話になったり、戦略について語るときも、「たとえば、女の子を口説いて家に連れて帰り、最高の時間を過ごすという戦略があるとしよう。それでも状況によっては、ベッドに誘うのは明日にして、今日のところは『じゃあ送っていくよ』と言って静かな時間が過ごせれば、明日はもっとチャンスがあるかもしれない」と、なぜか再びセックスについて語り始めるヒクソン。

さらには「私はいつも、できるだけかっこよく、流行を取り入れ、おしゃれに見えるように心がけている。人からどう見られているのかを意識している。それに無関心でいるわけにはいかないからだ」と、死ぬほどカッコ悪いことを言い出すから、ボクの中のヒクソン像が完全崩壊。「なりたい自分について、心の中にはっきりしたイメージを持ち続ける。そして次に、鏡を見ながら『俺はいい男だ。強い。力がある』と言おう。そうすれば生まれ変われる」と、ヒクソンが毎日、鏡を見て「俺はいい男だ！」と言ってる姿を想像するだけでも、ヒクソンが大好きになれるよ！

結局、いわゆるヒクソン像は「インタビューを受けるときも、私は多くを語らないほうがいいと信じてきた。口にする言葉が少ないほど、人々の好奇心は増し、期待も膨らむ。インタビュアーから質問されたことを、何でもかんでもべらべらとしゃべってしまったら、人々が知りたいことなどなくなってしまうし、私のイメージが壊れたかもしれない」という戦略にみんなが騙されただけのことだったことが、いまさらながら分かったのだ。

あと最後に、最近の総合格闘技について「ファイターは賞金のために試合を受ける。その賞金もますます上がり続けている」って嘆いてたけど、お前だけはそれを嘆く権利なし！

★今月の豪ちゃん★映画を降板させられるなり監督を刺し、気合いをアピールするため倉本聰宅で切腹し、松竹本社ビルに車で突っ込んだことで知られる中山一也さんから、格闘技的にはUFOレジェンドのプロデューサーとして知られるケイダッシュ川村会長との食事会を極真の一撃カフェでやるので一緒にどうぞと誘われ、相当悩んだけど忙しくて断念しました。

69

SRC（戦極）からドンキホーテが離れ、『kami-pro』からエンターブレインが離れ、ストライクフォースがUFCに身売りするのと同時に大地震発生！　この状況で新たなスポンサーを探すのも新たな版元を探すのも困難の一言だろうなあ……としみじみ思う今日この頃ですが、この連載はそんなゴタゴタとは無関係に今月もやりますよ！　ブッカーKも『ゴン格』で必ず最初に読む連載だと絶賛する、書評とは名ばかりの引用書評コーナー。

美女アスリートと対談してもスピリチュアルな須藤元気は聞き手には向いていない？

『美は肉体に宿る』 須藤元気／マガジンハウス／1300円＋税

これまで各社から自己啓発本をリリースしてきた須藤元気が、ようやく格闘技本と呼べそうな本をリリース。基本的にはスポーツ美女との対談連載を中心にしつつ、「編集部の要望により、格闘技との出会いから〃WORLD ORDER〃までを語った僕自身のインタビューを巻頭に掲載することになった」とのこと。ただ、本人自らそう前書きに書いているのに、帯には「総合格闘技からWORLD ORDERのパフォーマンスまで、自らのスタイルを語る」と大きく書かれ、その下に小さく「『ターザン』連載の『美女アスリート発見伝』も収録」とあって、いきなり爆笑。「も」って！　そっちはついでかよ！

そういうわけで『ゴン格』らしく、まずは格闘技的な話から引用していくとしよう。

高校時代、レスリング部だったときのことを彼はこう語っている。「レスリングでは、相手の体勢を崩すためにタックルを多用しますが、僕はタックルに入らなかったんです。理由は単純でタックルすると疲れるからです。ある意味その考え自体がおかしいかもしれませんが。疲れないで勝つ方法として手っ取り早いのが、反り投げだと分析した結果わかったんです。タックルって相手を倒してポイントを取ったとしても、スりーポイントでフォールにはならないんです。しかし反り投げは、カラダを反って、投げを成功させれば必ずフォールの体勢になります。だからその技さえかかればどれだけ負けていても逆転勝ちできる。その代わり、反り投げが決まらないと僕は全く勝てませんでしたが」と。

つまり、当時からすでに合理的な発想の持ち主で、「試合が終わるとサッカー選手のように飛び跳ねたり前転したり、ガッツポーズして雄叫びを上げたりして、何かしら小さなパフォーマンスはやっていました。当時のレスリングの選手で、そんなことをする人はあまりいませんでしたから、今思うと悪ノリして空気が読めない選手だったと思います（笑）」という姿勢も変わらなかった模様。

もちろん、いつものようにパンクラス時代のことにはほとんど触れられてはいないんだが、K－1ワールドMAX参戦時の心境がちゃんと語られていたのは興味深い。

「試合まで2カ月半くらいしかなかったので、打撃の技術を磨く時間もありませんでしたが、その状況の中でどうやって強者に勝つか考え抜いたんです。そこで出た結論は『正面を向くのはやめよう』。普通に正面向いて試合したらすぐに顔面殴られてKOされますから。ルールをいろいろ調べたら（後）頭部を打つのは反則ということに気づいたんです。『では、あえて後ろ向いて闘えばいいんだ』ってひらめきました。試合中に背中向ける格闘家なんていなかったから目立つし、殴られないから自分にとっては一石二鳥。自分が攻撃するときは振り向きながら相手を殴ることができる技がいいなって。そこで思いついたのが〝バックハンドブロー〟でした。振り向きざまに手の甲で殴るこのパンチは、相手はカウンター取れないんです。いわゆる回転技なのでタイミングを合わせることができない。試合では一流選手に混じってリングの中をくるくる回る三流選手の自分がいました」

ホントに全てが計算通り！　当然、この連載が始まったのも計算通りだったようで、彼はこう言っている。

「男なら当たり前だが、僕は女性が好きだ。そもそも僕が格闘技を始めたきっかけも、本を正せば単に女の子たちに注目されたかったからだ」「そんなわけだから、雑誌『ターザン』から対談連載のお話をいただいたとき、僕は打ち合わせの前からもうテーマを決めていた。それが、この本に書かれている『美女アスリート』対談だ。仕事でも連載でもなんでもそうだが、本人が楽しくないことはうまくいったためしがない。ホープの男性アスリートと対談なんかになってしまってはすぐに飽きてしまうはずだ」。

その読みは当たって、「あっという間に、『あわよくば連絡先を交換したい』という、こんこんと湧き上がる下心をエネルギーに、1年3ヵ月の対談を終えてしまった」のである。毎回、ゲストに対して彼氏の有無について聞いていたのはそういうことだったのか！

ただし、テニスの瀬間詠里花に「気を使うより気を得ることに興味がある感じですね。現役時代のボクなんて、休みになったら遊びが大変で（笑）。すいません、ボクのことはどうでもいいですね。話は変わりますが、瀬間さんが思う美しいアスリート像って？」と聞いてたりで、彼が聞き手にあまり向いていない気がするのはボクだけじゃないはず。

インタビュー中、「物事って必ず両義性があって、メリット・デメリットがあるから。だから、良い部分のほうに意識を向けることによって現実は良い方向に展開していくわけであって、それがこの三次元世界の面白いところで。結局、パートナーを替えること自体に関しては全く意味がないんですよ。自分がどうやって意味付けするかによって本当に意味合いができるのであって。あれ？　なんかボク、いつになく真面目ですね」といつものスピリチュアル話を始めるのは、ゲストとしては楽しいけど確実にインタビュアー失格！

★今月の豪ちゃん★大地震の当日から「電話がつながらないですけど原稿を忘れずに」という催促メールが相次いだからすぐ通常営業に戻ったわけですけど、3日後には黒田勇樹をインタビューして、そのまま2人でキャバクラに流れてみました。『東スポ』情報だと歌舞伎町のキャバクラはガラガラなはずだったのに、えらい繁盛してたからビックリ。

ホテルにネット環境がなくてメールチェックが出来なかった広島出張から帰ってきたら、『ゴン格』編集部から「書評の原稿はまだですか！」「このままだと原稿が落ちます！」という危機感たっぷりの催促メールが大量に届いてました……。どうやら、もう相当ヤバいらしいです！　でも、それってDREAMやK-1の現在と比べて、どっちがヤバいのか？　とか余計なことばかり気になる男による、書評とは名ばかりの引用書評コーナー。

70

2回連続で登場の価値あり！須藤元気史上最もストレートな自己啓発本

『今日か残りの人生最初の日』　須藤元気／講談社／1300円+税

これは須藤元気史上、最もストレートな自己啓発本である。過剰にポジティブな彼も、「プロの格闘家になる前」には「悩みや葛藤が強く、いつも不安定な状態だった。悩んで病院に入るか、暴れて刑務所に行くか、いまだから言えるが、それくらい不安の極限状態だった時期もある」というからビックリ！

そんな「まるで地底に取り残されたかのように、不安な日々」の中で「抜け穴を探すためにしたこととといえば、精神哲学の本を必死に読み漁ることであった」と。これは、「出会った人や本、格闘技から得たセオリー、呼吸法など、さまざまな習慣と思考法で、負のスパイラルの発生自体を抑えられるようになってきた」彼が、自ら学んだ前向きに生きるためのアドバイスをまとめた一冊なのだ。

「現役時代、インターネット掲示板の書き込みを見て一喜一憂していた。『ゲンキのファイトスタイルが好き』と書いてあれば、『ふふふっ、そうだろう。僕のファイトスタイルは最高なんだ！　自分最高！』と、デスクトップを見つめながら微笑んでいた。しかし、ある日、『あいつはトリッキーすぎて、なんか嫌いなんだよね』と書いてあるのを見つけた。こいつは何を言っているんだ！　と思い、すぐさま書き返した」

……って、プロの格闘家になってからも負のスパイラルに巻き込まれてるどころか、自分からその渦に飛び込んでいってるじゃん！

まあ、いい。『ありがとう』には、心のデトックス（解毒）効果がある。嫌なことがあったとき、試しに一〇〇回唱えてみるといい」とか「歩くことで、気分はポジティブになり、悩みからも解放される」とか「家や近所にパワースポットがあれば、そこを目指して歩いてみるのもおすすめ」とか、実際に四国でお遍路をしながら「ありがとう」と21万90回唱えてきた彼ならではのアドバイスには、不思議な説得力が感じられたりするし。

個人的には、「僕は一日一個、『もの』を手放している」「古いものや使わないものは古い振動数があるので、自分自身のエネルギーを奪うものだと考えている」「捨てるのがもったいないと思ったら、僕はその日に仕事で一緒になった人や友人たちに、何かをあげてしまうのだ。ＣＤや読み終わった本、しばらく着ていない洋服……気に入ったものでも、ある程度保有していたら、すぐに人にあげてしまう。使わないものや着ない洋服に、何年も家賃を払うのはもったいないし、古いものに囲まれて暮らしていると、どうしても過去に引きずられてしまう」との説に、とてつもない衝撃を受けた次第。古本やら中古ＣＤやら古いタレントグッズやプロレスグッズばかりを買い漁り、ものに囲まれて暮らしているボクは、古い振動によって自分のエネルギーを奪われて過去に引きずられてたんだ！

格闘技関係のエピソードでいうと、「格闘家としてデビューした後の二〇〇一年。僕は交通事故で怪我をして、しばらく試合に出られない時期があった。そのとき、おもしろいほど仕事仲間や後輩が離れていった」という有名なエピソードの裏話が、ちょっと面白かった。そのとき、彼は本で読んだ「自分がチャンスを得たければ、人にチャンスを与えること」との言葉を思い出す。「当時の僕は、誰にも何も与えていなかった。とくに後輩への扱いがひどくて、パシリとして使っていただけで、そこには感謝も何もなかった」。

そこで急遽、「高級イタリアンレストラン『サイゼリヤ』」や「高級焼肉店『牛角』」や「高級ハンバーガーショップ『モスバーガー』」など、高級と銘打つ割にはリーズナブルな飲食店で1週間で10万円ほど後輩に奢ったところ、喫茶店でバッタリ会った知り合いの社長に20万円を貰ったとのこと。

そのエピソードには正直ピンとこないんだが、後輩によくしておいたおかげで助かったのは、むしろこのときだと思われるのだ。

K－1ワールドMAX初参戦時（2002年2月11日、代々木第二体育館）、グローブチェック後に「緊張していた僕は、喉が渇いて水をたくさん飲んだせいで、トイレに行きたくなってしまった。両手には指が使えないグローブ。自分でファウルカップ（金的の防具）すら外せないし、手伝ってくれる人がいないと、用を足すことは不可能だ。試合まで我慢できないことはないが、ボディーブローを受けておもらししたら……。ひょっとすると、瞬間最高視聴率は取れるかもしれないが、二度とリングには上がれない」。そう思い悩んだ彼は、意を決して後輩に、「先輩命令で息子を支えてもらった」のである！

ただ、「男性は大便器で小さいほうの用を足すときに、気をつけても多かれ少なかれ便器のまわりを汚してしまうものである。大げさに言うと、すべての男性は、トイレに入るたびにちょっとずつカルマ（業）を背負うことになるのだ」とのことなので、他人にチ○コを支えてもらったおかげで、余計なカルマを背負わなかったのかが心配になってきた次第なのである。とはいえ「トイレが汚ければ汚いほど、そこをきれいにすれば、自分のカルマが軽くなると思ったからだ」とのことで、掃除さえすれば大丈夫みたいなんだが。

★今月の豪ちゃん★この8日間で7日はももいろクローバーZのイベントを観て、そのうち1日はゲストとして同じステージに立ち、残り1日は広島でもももクロを筆頭とするアイドルについて語り、広島から日比谷野音に直行して、その後はももクロの作曲家・前山田健一インタビューという、正直どうかしているぐらいにももクロ漬けの毎日。仕事のレベルを超えてハマりすぎだよ！

71

元『格通』の安西さんが、10年遅れでいまモーニング娘。にハマっている模様。10年前にはグレイシー一族やUFCに夢中だった安西さんが、ボクに「中澤裕子がカーウソン的存在なのでしょうか？ ボクにはどうしても、矢口っちゃんがヘンゾに見えるのです。辻ちゃんがハウフ、加護ちゃんがハイアンって感じでしょうか」と質問するようになるなんて！ そんなことが楽しくてしょうがない男による、書評とは名ばかりの引用書評コーナー。

旧『紙プロ』的な一冊 谷川＆山口＆柳沢対談はネガティブぶりに驚き！

『go fight Vol．1』 スコラマガジン／933円＋税

最近、なぜか大谷Ｓｈｏｗ氏にツイッター上でいきなり「『ｇｏ ｆｉｇｈｔ』？ 吉田豪レベルの付き合い方でアントニオ猪木と百瀬博教のなにがわかる。あの頃の俺ら、文字通り命がけでやってた。それを思ったら片腹痛いわ。バカらしい！」と噛み付かれた。だったら自分でその命がけで付き合ってきた歴史を書けばいいとボクが返したら、今度は「いまさらだけど、豪ちゃんが書いた原稿に関して、俺が百瀬さんと話したことなんて一度もない。天地神明に誓ってない。間に入って諸々吹聴してたヤツがいたってそんなことに構ってる場合じゃなかった。とにかく、もう少し時間ちょうだい」と態度が急変。

これはどういうことかというと、要は『ｇｏ ｆｉｇｈｔ』というムックで「かつて〝ＰＲＩＤＥの怪人〟と呼ばれていた男・百瀬博教氏とは何者だったのか？」をテーマに水道橋博士と対談したボクが、百瀬さんと距離を置くようになったきっかけを「ボクが『ゴン格』かなんかでＳｈｏｗ大谷氏の本を叩いたら、『おまえ、なんでＳｈｏｗの悪口を言うんだ』って（百瀬さんに）言われて」と答えていたことに対する言い訳だったわけである。言い訳する前に呼び捨てで突然噛み付いてきてどうする。

これはそんな物騒すぎる対談（当然ほとんどがカット）も収録した、『ＳＲＳ－ＤＸ』の元スタッフ・井上崇宏による、旧『紙のプロレス』の匂いをいまとなっては唯一感じさせるムック。アントニオ猪木の取材日が大地震の当日だったりで、震災後をどう生きるのかが裏テーマになっているが、基本的にはブームが去った後の格闘技界をどう生きていくかがテーマなのだろう。「今日は日本の格闘技界についてのお話です」と最初に言われて「潰れかかってますね……（苦笑）」と船木誠勝が返す、そんな時代ならではの一冊だ。

出版の世界から興行のド真ん中へと入っていった谷川貞治＆山口日昇＆柳沢忠之対談にしても、相変わらず養老孟司がどうだのという話はしているのに、かなりのネガティブぶりで驚いた。なにしろ、対談が始まるなり谷川さんは「先に言っとくけど、この三人に未来はないよ？」「もはや俺たちに語れることなんて何もないよ」と企画自体を否定し、こんなにらしくもないことを言い出すのだ。「やっぱり自滅だよ。みんなダメになったのは自滅ですよ……僕を含めて」「もうこれ以上自滅しないようにちょっとさぁ、最後の最後までがんばろう、と。何か世の中のためになることをやりたいんだけどね」「トシも取ってきたしさ、そろそろ世の中の役に立とうよ」「ホント、とにかく僕はいいことがしたいです、これから。『世の中にとっていいことだったなあ』ということをして、それでちょっと、失ったお金を取り戻して、あったかいところで暮らしたい」。……これ、もはや完全に死期を悟った者としての発言だよ！

柳沢社長は「だけど、格闘技はもう世の中と関係がなくなりかけてるからね。二極化なんだよ。格差社会じゃないけど、物事がホントにちっちゃなことか、大きなことかの二極化になってる。で、日本の格闘技ってもうその『ちっちゃなこと』に片足突っ込んでるんだよ」と言っているが、実際にはもう両足ぐらい突っ込んでいる気もするわけで……。

だからこそ対談を途中退席する際、谷川さんは「これだけは言えるけど、たぶん僕ら三人は最後の最後まで苦労するよ。時代的にもメチャクチャ苦労すると思う」と言い残したんだと思う。それに対して「でも、サダハルンバ（谷川）と（柳沢）社長は二人でいるからまだいろいろ考えられるよね。それは心強いでしょ？」

「俺は天涯孤独になっちゃったもんなあ……」と返す山口日昇……。ジャンルが危ういからこそ外からいじる立場から中から作る立場へと変わっていったと語る彼らだが、アイドル業界を外からいじる立場から徐々に内側へとだんだん引き寄せられてきているボクは決して中から作る側にはならないようにしなきゃ！　と改めて決心した次第なのである。

企画としてはU系スタッフ座談会も面白かったが、ブッカーKこと川﨑浩市氏がいきなり「今日はこれ、負け組の会なんですかね？」と切り出し、「ブッカーという仕事自体はもうほぼ廃れてきたという感じ」「次に何をやろうかと模索中ですよ」と言ってたりするから、やっぱり寂しいものを感じるわけで。

宮田和幸が前田日明のスパーリングの強さを証言し、「だから、いろいろ言う人は一回やってみたほうがいいですよ。僕もこの世界に入った頃は、噂で『プロレスラーは弱い』っていうのを聞いていたんですけど、マジ強いですから！」と言ってたりと、前田日明がビジネス面のみならず肉体的にも相変わらず元気なことがわかったのは良かったが、現役選手ももっと頑張らないと！　そういう意味では、初めて青木真也インタビューで面白いと思えたのは収穫だったものの、幼少期から両親に「完全に甘やかされて育っちゃった」結果、かなりの問題児になったけど、父親がモンスターペアレント的に学校に乗り込んで来たりのエピソードには一切感情移入出来ず、どんなに面白くても青木真也を好きになれるわけじゃないのが悲しい現実なのであった。

★今月の豪ちゃん★そういえば、元ドンキーカルテットで元ドリフターズで現在は催眠術師のジャイアント吉田が大山倍達やヒクソン・グレイシーを語るインタビューをしたのに告知し忘れてました！　もともと三船久蔵十段に柔道を習い、太気拳の澤井健一に師事した人だから話に説得力があるし、催眠術つながりで佐山聡とも接点があったとのこと。

72

先日、TBSラジオ『ニュース探究ラジオDig』改め『プロレス探求ラジオRing』にボクが出演したとき、三田佐代子キャスターが「総合格闘技は日本では根付かずに終わりました」と発言して一部リスナーが憤慨する騒動が勃発。ボクは「現時点ではそう言える部分もありますよね」的なフォローを入れたんだが、同じく一部リスナーに「ミスター高橋の仲間を使うな！」と抗議された男による、書評とは名ばかりの引用書評コーナー。

全女のガチンコ＝押さえ込み その特殊さにスポットを当てた女子プロレスのインタビュー集

『1993年の女子プロレス』 柳澤健／双葉社／1900円＋税

プロレスという言葉が何かの比喩で使われる場合、大体「茶番」とか「八百長」的な意味でしかないのが、ボクにはどうにも納得がいかない。プロレスとは本来、もっとややこしいものなのである。筋書きのあるショーのはずなのに強さを求められたり、試合が突然ガチになったりもするし、ただ強いだけでも演技が上手いだけでも駄目な、説明しにくい特殊なジャンル。そういうものの言い換え語として使うべき代物なのだ。たとえば、ボクが「近頃のアイドル界は対抗戦時代のプロレスみたい」と言っているのは、ショーの中に内包されたガチの要素を意味しているのであって、ただの茶番だったらこんなにも熱くなれるわけがない。ただのガチでもただのショーでもない複雑さが面白いわけである。

そういう意味では全日本女子プロレスという団体の特殊さを伝えるのが、いちばん分かりやすいんじゃないかと思う。かつてビューティ・ペアが大人気だった頃、両者のシングル対決が武道館で組まれ、負けた側が引退することになったんだが、それが結末を決めないガチンコで行なわれたと10年ぐらい前に聞いたとき、ボクはかなりの衝撃を受けた。何分経過という合図と共に試合を終わらせる段取りに入る通常のプロレスとは違い、全女の場合はタイトルマッチでも何分経過の合図と共にアマレス的な押さえ込みで勝敗を決めていたんだが、意味がサッパリ分からないよ！

その特殊さにスポットを当てたインタビュー集がこれ。なぜ全女がそういう世界でも稀なプロレスを作り上げ、そしてＵＷＦなどの男のプロレス的な要素を取り込んだクラッシュギャルズと、女には真似の出来ない方向に針を振り切ったブル中野＆アジャ・コングという２度の革命を経て、東京ドームで興行をやるまでになりながら崩壊へと至ったのかを追求していく。ミスター高橋本と時の流れのおかげでプロレスの仕組み的な話を選手がしやすくなったのも取材する上でプラスになったんだろうが、どうこう言ってもガチンコをやってきたという自負があるからこそ、みんなこういう裏話もしてくれるんだと思われる。

ジャガー横田も、こう言っている。

「それはあたりまえだったから。当時、私が育った環境は。タイトルは全部そういうもの。実力で勝っていかなきゃいけなかった」

「（その前のタイトルマッチで）60分引き分けた理由は、最後の5分だけしか押さえ込みができないルールにしちゃったから。会社からは『途中から押さえ込みルールで』って言われたんだけど、対戦相手の先輩に『試合がグチャグチャになるからやめよう』って言われたの。後輩だから『そうですか』って」

「だから八百長だって言われると腹が立つ。『どんなに嫌な思いしてきてるんだよ、私は』って。（事前に結末が）決まってるほうが楽だよね」

「もし全日本ジュニアの王座決定戦（80年11月）で佐藤ちのに負けていたら、辞めなきゃいけなかったかもしれない。（略）後輩に負けた人は全員辞めていったよ」

後輩にガチンコで負けたら、どんなスターでも団体内での居場所を失う。ビューティ・ペア対決でマキ上田をガチンコで破ったジャッキー佐藤も、19歳の横田利美、つまり後のジャガー横田とのタイトルマッチで敗れ、引退へと追い込まれていくこととなる。

「でも、あの試合は駄作だと思う。（略）勝ったジャガーさんというのは凄いですよ。でも、あのあとの表情を自分はいまでも忘れません。（略）ジャガーさんは全然うれしそうな顔をしてなかった。それをいまでも覚えているし。ハッキリ言って、あの試合は、あのやり方（押さえ込み＝ガチンコ）じゃなかったほうがよかったと思いますね」

押さえ込みのプロレスを否定する側だった長与千種はこう語る。確かに、相手の技を全部キッチリ受けた上で、最後だけガチンコにしても試合としてはおかしなことになりがちだろうし、図体がデカくて柔道なりレスリングなりを経験している人間には誰も勝てなくなったり、会社として売り出したい選手が負けたりの事故も多々起きたはず。ただ、そんな長与のことをジャガー横田が「ショーマンシップで凄い力のある人はプロとして最高だと思うけど、ガチンコは凄い弱いって人はいっぱいいる。千種はその一人かもしれない」と言っていたりと、こういう選手間のイデオロギーの違いが見えてくるのも面白い。

ただ、話を聞いて分かった新事実を次のインタビューで別の人にぶつけるスタイルだから、単行本でも時系列順に並べなきゃいけないはずなのにそうしてないから、すでに当たり前のこととして語られている話で後から驚いてたりすること多数なのは引っ掛かった。

あと、北斗晶と広田さくらが好きな作者の趣味を活かしたためか、全日本女子プロレスとガイア・ジャパンのこと中心になっているけど、対抗戦時代についての本なんだから、FMW女子とLLPW側の意見も聞くべき！

当時、ボクが取材してもその2団体は全女に格下扱いされた鬱憤を告白してて面白かったから、そんなイデオロギーの違いまでもちゃんと掘り下げて欲しかったのである。でも、いい本！

★今月の豪ちゃん★しかし、その『プロレス探求ラジオR-ing』出演時、橋本真也ジャージを着ていたら「いまのプロレスも見てない癖に許せない！どうせ橋本大地がデビューしたことも知らないんだろ！」と抗議されたのにはビックリ。矢沢永吉グッズを使っていたら「娘の矢沢洋子もちゃんと聴いてない癖に！」と怒られたような気分。理不尽。

格闘技不況と出版不況が重なったせいか、最近ほとんど格闘技本がリリースされなくなったので、前回は実験的に女子プロレス本を紹介してみたわけですが、その書評が意外なぐらい評判が良かったのでビックリ。プロレスネタを扱っても大丈夫なんだ！　そして「ネット上で悪評だらけの橋本真也前夫人の書評もお願いします！」とのリクエストも多かったので、さっそくその期待に応えることにした、書評とは名ばかりの引用書評コーナー。

73

相変わらずのShow大谷にガッカリさせられてしまう元・夫人の橋本真也追悼本

『火宅―プロレスラー・橋本真也の愛と性』　橋本かずみ／宝島社／1524円+税

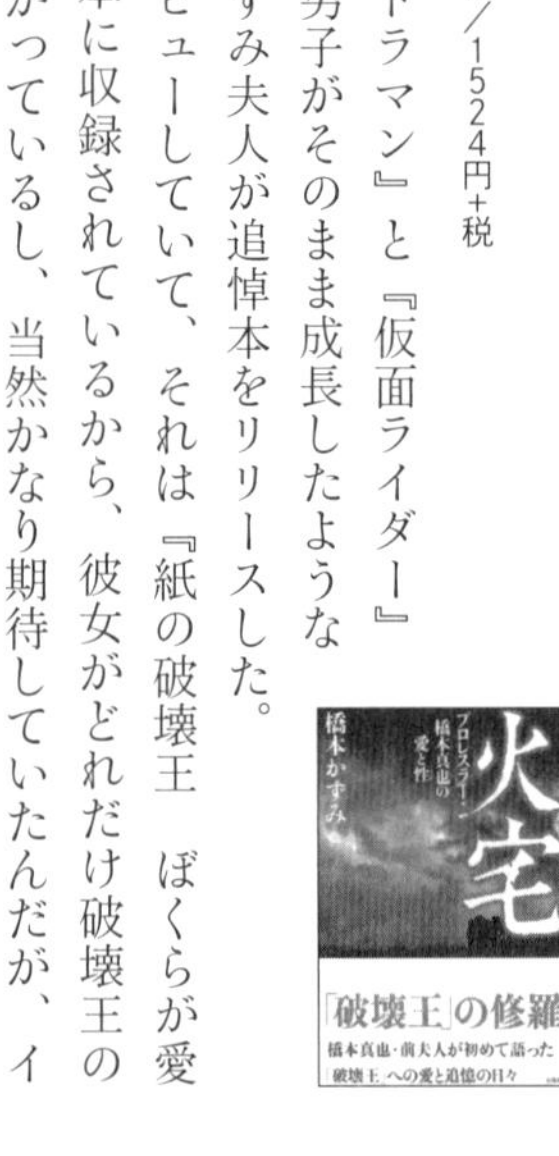

アントニオ猪木と極真と梶原一騎と沢田研二と『ウルトラマン』と『仮面ライダー』と『宇宙戦艦ヤマト』と時代劇が大好きという、中学生男子がそのまま成長したような男だった橋本真也。彼の七回忌にあわせて、離婚したかずみ夫人が追悼本をリリースした。

かずみ夫人はボクも破壊王が亡くなった直後にインタビューしていて、それは『紙の破壊王　ぼくらが愛した橋本真也』（05年／エンターブレイン）という単行本に収録されているから、彼女がどれだけ破壊王の破壊的なエピソードを持っているのかボクもファンもわかっているし、当然かなり期待していたんだが、インタビュー&構成が〃Ｓｈｏｗ〃大谷泰顕だと知った時点でガッカリ。文章力もセンスも致命的に欠けている彼に、なんでまた仕事を頼んじゃうんだろうなあ……。

実際、あとがきの「橋本がいなくなってからの6年間、私はずっと死にたいと思ってきました」部分など、かずみ夫人の文章は素晴らしいのに、いわゆるモノローグではなく一問一答のインタビュー形式だから、彼の言葉選びの悪さばかりが引っ掛かるというか。

たとえば、破壊王の酷くて笑えるエピソードをかずみ夫人が話したときは、ちゃんと大笑いした上で突っ込んであげるのが、読む側に「あ、これ笑っていいんだ」と伝えつつ、「でも、社会的には間違ってますよ！」と表明する上でベストだとボクは思っているんだが、彼は「獣神サンダーライガーが水がいっぱい入った湯船に新弟子を入れて蓋をし、その上に乗って出させないようにする」という有名なエピソードを受けて、こう返すのだ。

「『世間』の人からするとものすごい話なんでしょうけど、こっちの世界で生き残るには、それを乗り越える精神力がないとって全肯定してしまいたくなるんです。それでも少し怖い話ですけど（苦笑）」

説明が長すぎるし、したくなるだけなら全肯定じゃなくて肯定程度だし、（苦笑）って付けられると読む側も苦笑するだけで終わっちゃうんだよなあ……。キレが悪すぎ。

他にも「さっき話が出た」と書いてあるのにいくら読み返しても出てこない部分とか、いちいち気になることだらけだし、「おそらく『破壊王』好きの方ならかずみさんによって初めて明かされた衝撃の事実に驚いているに違いない」と彼は自負しているようだが、衝撃事実がなさすぎたことのほうが、むしろボクには衝撃的だった。こんなに面白く出来る素材をこの程度にしちゃうなんて、と。

新たな情報としては、かずみ夫人が銀座のホステス出身で当時から「天龍（源一郎）さんとは仲良くしてもらって、一時期はよく飲んでた」とか、破壊王と別居した頃にも近所のスナックで3ヵ月ぐらい働いたとか、そしたら破壊王に「お前は水商売が好きなんだろ？　ホントは男がいるんだろ？」と責められたとか、それでも「いま思うと、私が橋本の女性関係にもそれなりに寛容でいられたのは、私が銀座にいた経験があるからだと思うんですよ」とカミングアウトしていたこと。

そして、トーナメント式だった3回目のG1クライマックスで、破壊王が1回戦で馳浩に負けたとき、「私はすごく頭にきて、帰って来てから『なんで負けたの！』って怒ったことがあったんですよ。そしたら逆ギレされて怒られて」「その時は正座をさせられて、2時間くらい説教されたんですよ」というエピソードから始まるプロレスの仕組みの話。

「ある人から『プロレスっていうのはエンターテインメントだから、最初から結果が決まってるんだよ』って聞かされて。すごいショックで、私。『ウチの試合は絶対にそんなことはない！』って言い張ったの。そしたら、『もうそろそろそういうこともわかっといたほうがいいよ。ビジネスなんだから』って。だからそれを（橋本に）問い詰めたの」「（問い詰められた橋本が）『お前、俺は命を張って闘ってるんだぞ！　ふざけんじゃない。どれだけ俺たちがカラダを鍛えてあのリングに上がってるのかわかってんのか。２度と俺の前でそんなことを言ってくれるな』って。その時は橋本も泣いてましたね」

むしろ個人的に衝撃的だったのは、解説部分で大谷Ｓｈｏｗ氏が「唐突だが、私はいまだ結婚歴のない独身男である。生息先は、自分では『プロレス界』でも『格闘技界』でもなく『マット界』だと思っている。細かなルールやマナーの違いがあるのは当然としても、四角いリングの上で対戦相手と同時に『観る側』を相手に闘うイベントである限り、どうしても異なる世界だとは思えないからである。ただし、そんな私にも趣味嗜好が合わないイベントや世界観が存在するのは、人間だから詮ないことだとは思っている。ともあれ、思えば『破壊王』が天寿をまっとうしたのが２００５年７月11日」などと、余計な自己アピールと悪文ぶりを発揮する部分と、かずみ夫人に「失礼な言い方になるかもしれないですけど、かずみさんは自分がサゲマンだから橋本さんが早死にした、と思ったことはないですか?」と質問するデリカシーのなさなのであった。今年のクリスマスイブは……とか、そんな自分語りには誰も興味ないよ！

★今月の豪ちゃん★元ＸジャパンのＴＡＩＪＩが飛行機の中で暴れて拘束された後に自殺を図る事件が勃発。ＴＡＩＪＩといえばボクがテレビの企画でインタビューしたら、常に手が小刻みに震えて呂律も回らないし、前にインタビューで普通に話してたことも「全部デタラメ！」と否定し、最後はボクに向けて中指を立てたこともあったんですが……。

74

某格闘技ライターの人が「ももクロに魅力があるということは、格闘技にも魅力があるということだ。そういっても大げさではないだろう」と某スポーツ専門誌のサイトで書いていたからビックリ。それはどう考えても大袈裟だし、全然関係ないよ！　「格闘技が冬の時代というのも大嘘」と書いていたけど、とりあえずいまの日本は冬だと認めないと対処も出来ないと思うんだけどなあ……と言いたくなった、書評とは名ばかりの引用書評コーナー。

思わずジャケ買いの一冊　弟子暴行死事件は否定する時津風親方の八百長論！

『悪者扱い』　第十五代時津風親方 山本順一／竹書房／1200円+税

相撲にほとんど興味ないボクも、これはさすがにジャケ買いしてしまった。なにしろ著者が時津風親方でタイトルが『悪者扱い』、キャッチが「八百長はやった。でも弟子暴行死事件はでっち上げられた！」である。

なかなか世間が聞き入れてくれなさそうなことを主張するときは、まず最初に自分のマイナスになることを認めるのが手っ取り早いんだろうけど、だからって八百長について、そんなにあっさりと認めちゃっていいんだ！

まあ、今年は八百長力士が大量に——ただし辞めさせても問題なさげな面々ばかり処分されたこともあって、告白しやすくなった部分はあるんだと思う。「日本相撲協会は、この処分によって、すべての問題が終結し、また、それ以前に八百長はなかった……と結論づけましたが、それも違います。八百長は、私の現役時代にもあり、以前にもあり、また以降も脈々と続けられてきたのです。私も八百長をしたことがあります」と時津風親方は告白する。それでいて、近頃の八百長力士と自分は決定的に違うと言い張るのであった。

「その行為には、罪悪感が伴うものでした。八百長で勝ちを譲ってもらった後に花道を引き返します。その時に、『双津竜、よくやった』などと声をかけられると、後ろめたさを感じました。そして、八百長を行ったことがバレたら大変だとビクビクしてもいたのです。特に親方の目を気にしていました。ですから、自分が八百長を行ったことは、当事者である相手力士以外には誰にも知られないように努めました。私も現役時代に、いくつかの八百長試合をしましたが、それらのことは相手力士と、その時の付き人以外は誰も知りません。（略）携帯メールに八百長の証拠を残すなんて考えられないことなのです」

今回、メールがきっかけで八百長がバレたのは「以前と比べて相撲界全体が、『軽く』なってしまったからだと私は思います」という説も含めて、時津風親方の考える相撲論がボクにはビンビンきた。「相撲は闘いです。ほかの部屋の力士は、すべて敵なのです」とか、まるで「プロレスは闘いである」と言い続けたアントニオ猪木のように、昭和の相撲幻想がどんどん膨らんでいくわけである！

「対戦相手に『負けてもらいたい』と頼むときには、それなりの勇気も必要でしたし、緊張感もありました。『負けて欲しい』と頼むのは、言い換えれば、『命乞い』です。相手に、敵に、弱みを晒すことになるのです。絵文字を用いて、メールの文面で軽い気持ちで交渉するようなものではありませんでした」

なんだか骨法の堀辺師範みたいな論調になってきた気もするが、そのうち八百長の技術論まで語り始めるから、もうたまらない。

「私は八百長を肯定しているわけではありませんが。しかし、敢えて、どうすれば八百長がバレずにやれるかと言えば、それは、シンプルに、スマートに動くことです。取り口の打ち合わせをしているようでは、覚悟が足りず、八百長を行う資格もありません」

ただし、こうして昔の八百長の話を語るのはカッコいいのに、最近の八百長の話になると妙に歯切れが悪くなってくるから不思議。

「私は数年前まで時津風部屋の親方でした。相撲界にいたわけですから、本場所で八百長が行われていることには薄々気付いてはいました。それでも誰と誰が八百長をやっているのか、どのような形で行われているのか……そこまではわかりません（略）。自分の弟子が、どの取り組みで八百長をしているのかは、親方であっても知らないのです」

そんなの薄々程度なわけないじゃん！　同業者なら無気力相撲かどうかは見ればわかるよ！

なお、弟子暴行死事件は、どうやら相撲協会と主犯格の弟子と検察と警察によって自分だけに罪を背負わされたってことらしい。

もしもと亡くなった新弟子のTは、親に無理矢理連れて来られただけで本人にはやる気がなく、隠れてタバコばかり吸っていて、それで兄弟子に折檻され、脱走を繰り返していた、と。なので、「『Tを鉄砲柱にしばっておけ』。そんなことを弟子たちに命じてもいません。『しばっておけ』とは言いました。でも、それは実際に稽古場の鉄砲柱に縄や紐でしばりつけるのではなく『Tがまた脱走したら大変だから、皆でよく彼のことを見ておいてくれよ』という意味」などと反論開始。

ビール瓶を振りかざしてTを何度も殴り付けたとされる件も、「話をする中で、『いいか、しっかりやれよ』と言いながら、瓶を逆手に持って、5、6回コツンコツンと小突いた程度です。最後に小突いた時に、Tは逃げるように顔をそむけました。そのためビール瓶の角が彼のちょうど額に辺り、Tは少し出血をしました。でも大したことはなく、ティッシュペーパーで押さえると、すぐに止まりました」と反論……って、これはちょっと無理がある気もするなあ……。ただ、警察でどれだけ否認しようとも、新聞に「逮捕前には、『軽く小突いた程度』と話していたが、捜査本部の調べに対して、10回ほどビール瓶で殴った後、1回は顔を殴ったと供述している」と書かれ、どんどん追い込まれていく怖さは、ビンビン伝わる一冊なのであった。

★今月の豪ちゃん★街で知らない人から「あ、テレビで見たことある！　……何の番組だっけ？」と聞かれたのもビックリしたけど、いちばん驚いたのは目が合うなり「サブカルチャー」と言われたことでした。サブカルチャー……。最近、テレビにあまり出てなくてもこれだから、明石家さんま司会のゴールデン特番に出たらどうなるんだろう……。

75

TBSテレビ『クイズ☆タレント名鑑』のガチ相撲トーナメントをスタジオ観戦。相撲部出身の田村潔司対アリスター・オーフレイムが実現したとき、「地上波ゴールデンでリングス復活！」「リングス最強！」とテンションが上がる自分は、やっぱり前田日明が好きなんだと痛感しました。こんなときPRIDEをリングス出身者が席巻したときみたいに前田日明にどや顔して欲しいと願う男による、書評とは名ばかりの引用書評コーナー。

前田日明が上手い表現と余計な毒を撒き散らすヨーガ行者との対談本

『男の瞑想学』 成瀬雅春、前田日明／BABジャパン出版局／1300円+税

前田日明と「ヨーガ行者の王」成瀬雅春が瞑想について語る対談集が登場！　……と言っても、「成瀬雅春って誰だよ。アントニオ猪木信者としても知られたカシオペアのベーシスト？　それは鳴瀬喜博か」とか思う人のほうが多いだろうけど、ボクは彼のことをよく知っている。彼に会ったのは前田日明の結婚式のときだけだが、その結婚式にも出席していた角川春樹をインタビューすると、しょっちゅう出てくる名前だったからである。

たとえば角川春樹が関東大震災級の大地震と富士山の噴火を止めた（本人談）とき、宇宙とチャネリングしたりでサポートしたのが「正道会館を石井（和義館長）と一緒に作った武道家の前田比良聖と、成瀬雅春というヨガリストと神道のチャネラーと尼さん」（本人談）であった。ヨガリストというフレーズに淫靡な響きも感じるけど、気にせずに話を進める。

さらに、角川春樹が木刀よりもはるかに重い木剣を1万6000回振ったときも、彼が「角川さんはもう神の領域です。人間の領域じゃない。超人です」と言い切ったことで、角川春樹が「俺は日本一の武道家になった」「だから石井和義とK－1で戦う」と宣言するまでになったりと、とにかく重要な人物！

そんなヨガリストがこの本で何を語っているのかと思えば、いわゆるトンデモ的な要素は少なくて、かなりちゃんとした感じ。なので、ここでは前田日明が語る瞑想論をたっぷり紹介してみようかと思う。やっぱりあの人、言語センスが独特だから面白いですよ！

前田日明曰く、「人間の脳」が「いろんな人とつきあって、いろんな情報に触れて処理しているうちに、処理しきれなくてストレスとしてたまっていく」とき、パソコンでいえば「キャッシュを取る」効果が瞑想にはある、と。上手い表現だなと思ったら、「自分なんかが小賢しくちょっと本を読んでこういった話をすると、よく陰口で『あいつは頭の中も筋肉のくせに、何を言ってるんだ』なんて言われますけど（笑）」「でもね、脳ってのは、頭蓋骨の中にあるだけじゃないんですよね。神経の末端までが脳なんですよ」「それを自分らは、感覚的にわかるんです。俺の脳が筋肉なら、頭で考えている人たちの脳はね、脂肪ですよ（笑）」と噛み付き始めて、余計な毒を撒き散らすのも、実に前田日明。ホントいちいち変わらなさすぎて最高！

瞑想に関しては86年から「10年くらいはほぼ毎日、朝晩やって」いたそうで、第二次ＵＷＦ分裂時にはさすがにしんどくて「まともな瞑想はできなかった」けれど、「あんな瞑想でもやったからこそ、きっと自暴自棄になって首を吊ったりしなかったのかもしれない」とのこと。しかし、その後は「瞑想していろんなものを見れるようになったりとか、いろいろな経験はあったんですけど、嫌な経験も多くなってきて、しばらくやめた時期があった。自分の知らなくてもいいことがわかったり。自分の過去世とか。それを通して、今の時間、今生を見てしまうんで」「すべてを因果応報で考えて、疲れちゃうんですよね。そんなものばかり見るのもあれだなと思って、しばらく瞑想から離れたんですよね。つい最近まで離れてました」のだそうだ。要は、自分と敵対する人間は過去世で何かあったとか、それが見えていたわけなのだろう。

で、瞑想によって具体的にどういう嫌な体験をしたのかといえば、以下の通りである。

「瞑想中は目をつぶっているんだけど、いろんなところへ行っていろんな人と話をしたりとか。そのときに瞑想中に会った相手から、『きのう来て話をして、急にいなくなったね』とか言われたりして。それで自分はびっくりしたんです。瞑想が進歩したと思って多少いい気になっているうちに、ある日戻れなくなったみたいな感じで。（略）あるときは『一週間くらい連絡とれなかったけど、どうしたの？』って言われたりね。そんなこと、いちいち説明できないじゃないですか。言ってもわからないことだし。（略）ちゃんと生活していたつもりだったんですけど、『一週間、連絡が取れなかった。どうしたんだ』って会社の人間からも言われて……。いろんな友達からも、『連絡が取れなかったけども、なんかあったんか？』ってね。自分としては、現実に普通に会ってたはずなのに」

瞑想を始めて10年後というと、ちょうどリングスに田村潔司が入り、パンクラスとの確執も深まってきた頃だろうか。そんな頃に前田日明が瞑想で音信不通になったり、まるで幽体離脱でもしたように突然姿を現したりしていたなんて！　まさにアストラルバウト（スーファミのリングスのソフトの名前）！　奇跡体験としては興味深いけど、会社の代表兼エースがそんな状態だと社員は不安だよ！

巻末には震災直後の対談も収録。震災のとき「『あれ、目まいがしてるな、明日は病院に行って薬をもらわなければいけないな』なんて思っていたんです。あんまり長く続くから（笑）」と呑気に受け止めつつも、「地震とわかったらすぐにパッと日本刀を押さえて（笑）」いたのも、実に前田日明でした。

『オーラの泉』で美輪明宏から刀を処分するように言われたのに、まだ持ってたんだ！

★今月の豪ちゃん★現在SDN48所属の佐藤由加理がAKB48に入るため5年前に上京したとき、「住む家もなくて水道橋にある親戚の格闘技ジムの更衣室で暮らしてたんです。練習生がいるあいだは屋上で息をひそめて……」と語っていたけど、近頃の格闘技ジムはAKBのメンバーが普通に生活してるぐらい夢のある世界なんだ！　入門させてよ！

76

増田俊也『木村政彦はなぜ力道山を殺さなかったのか』が面白いのは当然なんですが、あまりに力作すぎて今回は読み終わらず紹介出来ませんでした！　あと、『ああ五十年身に余る―真樹日佐夫ワル自伝』も読まなきゃいけないんだけど、いつも紹介する本がなくて困ってることを思えば嬉しい限り！　その結果、すでに読んだ須藤元気の震災ボランティア本の書評はお蔵入りとなることが決定した、書評とは名ばかりの引用書評コーナー。

ブームが過ぎた暴露本！前田日明と永田裕志の格闘技話にツッコミなし

『プロレス復興支援』　オークラ出版／952円+税

ブームが過ぎてビジネスにならないと判断されたのか、しばらく刊行されずにいたプロレス〜格闘技の暴露系ムックが、なぜかほぼ同時期に2冊発売。しかも、どちらもDDTの経営について語る高木三四郎インタビュー&ローカルプロレス団体特集があったりとネタが被っているのはどうかと思う。『プロレス復興支援』＝プロレスを復興させるテーマの本でそれを扱うのは分かるけど、『マット界噂の三面記事』には無関係でしょ！　それを三面記事扱いにするにはあまりにもパンチ不足！

そんな『プロレス復興支援』だが、とにかく「プロレスは『週プロ』、総合は『ｋａｍｉｐｒｏ』が潰した」というタイトルの前田日明インタビューがインパクトありすぎた。

島田紳助引退会見の翌日に取材したため、まずは「島田紳助は高校時代からよく知ってるよ。本人とは面識はないけど、やったことをよく知ってる。コレ関係でめちゃくちゃ悪いことしてるから（小指を立てながら）。今だったら逮捕だね、逮捕」と余計な暴露を始めるし、紳助みたいなヤクザとの関係は「ＲＩＮＧＳ、ＵＷＦに関しては一切無い。い・っ・さ・い・無い」けれど、「●●●●（大会名）なんて前列にわーっと（暴力団関係者を）座らせてさあ、アソコの組って東京中の……（確たる証拠も無しにはとても書けない話なので略）。ＰＲＩＤＥなんてオレ、ずーっとフジテレビとかいろんなとこに告発し続けて、ようやく、オレじゃないけど、なんやあの、週刊現代の。表に出て良かったよ」とＰＲＩＤＥへの怨念を爆発させていくから、この変わらなさはちょっとすごい。

そして、「青木（真也）だなんだってあんだけ出してもなぜ売れないかっていうとね、やっていいことと悪いことっていうのを誰も青木に教えてないんですよ。だって大晦日に家族団らんで格闘技を見ようってさあ、子供からおばあちゃんまで見ている前で、腕の骨折らせてどうすんの」と青木へのダメ出しも繰り広げるから、思わず青木も「腕折りは格闘技である以上しょうがない。プロレスじゃなくてガチンコなんだから。一回ガチンコやれば分かるはず」などとTwitterで反論。あと、シャオリン戦についてのコメントにも激怒していたけど、それはしょうがないと思う。

「見てるほうもマッチメーカーも、青木の日本的な独特なグラウンド技術と、シャオリンのブラジルの技術とやったらどうなるんかなあと、ワクワクして見てて。で、カーンと鳴ったら（キックの格好をしながら）青木はムエタイで。（右腕を頭上に突き上げて）『ボクの作戦勝ちだ！』って。アホかお前は。アマチュアでやってろって。ギャラ返せって。でしょ？（略）シャオリンにキックやって判定勝ちって、誰が応援するねん。一人でセンズリこいとけよって」（前田）

実際、みんなそう思っていたわけだし、もし反論したいんだったら、まだこっちを争点にするべきだったと思う。前田日明が青木の腕折りに苦言を呈し、三沢光晴を引き合いに出してバックドロップの危険性を説きながらも、宮田和幸に危険なバックドロップを教える話の流れで物騒なことを言ってた部分だ。

「こうやったら危ないよっていうのは教えるけど、でもあれは首イッちゃうから、首イッたら死ぬかカタワだから、それをね、外人にやったら別にいいよ。知らんぷりしてやればいいよ。ＵＦＣのタイトルマッチだとかだったらね。でも日本人やったらね、別に頸椎じゃなくて、どさくさに紛れて脚を折ったりとか手折ったりするおもしろい技がいっぱいあるから、そっち教えてやるからそっちやれって」

つまり大晦日の地上波じゃなければ腕は折っても良かったんだ！　しかも、外国人なら頸椎もＯＫ！　さらには所英男が内藤大助が所属する事務所所属になったことに対して、ここまで怒りを爆発させるわけなのである。

「特に内藤には腹立ってるよ。ボクシングの世界なんて一番、ジムの移籍問題なんて大騒ぎになるじゃん。うるさい世界なのに、なんでやるのかと。オマエんとこのボクシングのジムの選手にオレが同じことやったら、オマエ黙ってられるかと。今度会ったら言ってやるよ。世界チャンピオンなら殴ってもなんにも言われないでしょう。殴られたほうが悪いってなるでしょう。壁に押し付けてバコーンと殴ったるよ。世界チャンピオンなら蚊が止まったぐらいにしか感じないハズですよって刑事には言うよ。世界チャンピオン殴ってケガさせたらオレの勲章だろ」

何のツッコミもフォローもないまま、この発言でインタビューが終わるスリリングさ！

それと永田裕志インタビューで、ミルコ・クロコップ戦について「絶対勝つと思ってた。いやホントに。負けるなんてこれっぽっちも思ってなかった」「（ドン・フライとスパーリングしても）組み合ったら絶対倒されなかったし逆にぶん投げたり浴びせ倒したりして、『オレいま強ぇなあ』って思いましたもん」と豪語し、ハイキックを喰らってわずか21秒で敗れたことを「瞬間的ですよね。本当に侍の、斬るか斬られるかでスポンってやられちゃって」と語ってたけど、少なくとも永田に斬るチャンスはなかったと思います！

★今月の豪ちゃん★とある番組の収録中、初対面のマツコ・デラックスに手をいじられながら、ひたすら「あなたの●●●がくわえたい」と口説かれました。ボクが新宿2丁目に引っ越してきたときからずっと把握していて、そっちの業界では「やっぱリ吉田豪はゲイなんじゃないか」と噂されてたとか。知らなかった！

77

雑誌『ダ・ヴィンチ』の年間ベスト本に、柳澤健さんのクラッシュ・ギャルズ本と増田俊也さんの木村政彦本、そして中原昌也自伝を選んでみました。ただ、最初の2冊については『EYESCREAM』というお洒落な雑誌でも紹介したんですけど、さすがに木村政彦本は濃厚すぎて初心者にはオススメしきれず、そんなに知識がなくても読みやすいクラッシュ・ギャルズ本をメインで紹介。そんな男による書評とは名ばかりの引用書評コーナー。

木村政彦の名誉回復へ著者の過剰な熱が伝わる本誌読者必須の一冊！

『木村政彦はなぜ力道山を殺さなかったのか』 増田俊也／新潮社／2600円+税

いやあ、ホント面白い！　最初から読んではいたけど一気に読むと全然違うし、連載時より分かりやすくなっているから、とにかく本誌読者なら迷わず買うべき！　これは、柔道の鬼・木村政彦がプロレス史どころか一般認識としても「力道山に負けた人」というだけで終わりがちな状況に対し、柔道経験者として「木村政彦は本当は強いんです！」と主張し、名誉回復するためだけに18年掛けて書き上げた一冊なんだが、だからこそ過剰なまでの熱が文章からも伝わってくる。なにしろ99年に出版された『週刊20世紀』というムックの力道山vs木村戦の記述にも、こう噛み付くのだ！

「ショーであると認識した上で、プロレスマスコミが業界を盛り上げるのは当然である。しかし、業界外の新聞や雑誌までプロレスと他の格闘技を同じ土俵に載せて論じていては、多くの人にはいつまで経っても境界がはっきりしない。こんな馬鹿げたことは他のジャンルにはありえない。セ・リーグとパ・リーグの他に八百長だけのプロ野球リーグがあって、本物のプロ野球を『あいつらは俺たちより弱い』と馬鹿にして押しのけ、それを支持する狂信的なファンがいる世界がありえるだろうか。サッカーのワールドカップの他に、はじめから勝敗を決めた世界大会があって、ワールドカップのチャンピオンと八百長大会のチャンピオンと、

どちらが強いかなど論じられることがあるだろうか。しかも八百長チャンピオンが本物のチャンピオンを貶め、蔑むのである。ショーであろうと八百長であろうといいではないか……そう言う者もある。だが、それによって踏みにじられる人生がなければの話だ」

ナイス極論である。というか、八百長プロ野球リーグもサッカーの八百長ワールドカップも、それはそれですごく見たい！　そう思うのはボクがプロレス寄りだからなのかもしれないが、木村政彦も力道山も大好きで、昔から関連書物を読み漁ってきた（といっても増田俊也さんの本気ぶりとはレベルが違いすぎる）ボクに言わせれば、どんな手を使ってでもプロレスの世界で生きていく覚悟をしていた力道山と、アルバイト感覚でプロレスラーとなり、前日に大酒を飲んだままリングに上がる木村政彦との、覚悟の違いが出たってだけの話なのである。木村政彦がどれだけ強いか分かった上でガチを仕掛ける力道山のハートも相当なものだし、どれだけ卑怯でも実際にＫＯしてのける強さは認めるべきだろうし。

「力道山陣営は言う。『プロなんだから、いつなんどきでも戦いの気構えがなければならない。気を抜いた木村が悪いんだ』。こんな論理は通用しないだろう。時代劇を撮影中に、役者Ａがこっそり真剣を持って、普段から嫌いな殺陣師Ｂを斬り殺したとする。それを咎められたその役者Ａはこう言い訳するのだ。『プロの役者なんだから、真剣で斬り掛かられる心構えがないＢが悪い』と。これほど的外れの言い訳はないだろう。だが、その通らないはずの論理が、この木村vs力道山戦では今現在も通用してしまっている」

ところが時代劇という完全な芝居とは違って、Ｕインターのリングに上がった北尾光司がショーのつもりで試合をしていたら髙田延彦にハイキックでＫＯされたように、プロレスはガチに転ぶ可能性も含まれている特殊なジャンルなのである……といっても、そうなった原点がこの試合にある気もするんだが。

とにかく、本気でやれば木村政彦の方が強いに決まってる！　そんな証言を集めたくて様々な格闘家に力道山vs木村戦の映像を見てもらったのに、自分にとって不都合な証言しか集まらず、どうしていいのか分からなくなって戸惑いまくる展開が、また面白いのだ。

「これからどうしていったらいいのだろうと途方に暮れた。私は木村が勝ったはずだと証明するために、そのためだけにこの本を書きだしたのだ。それが、取材が進むうちに、少しずつ雲行きが怪しくなってきていた。試合映像は、そのくらい木村の準備不足によるコンディションの悪さを残酷に映し出していた。せめて前の晩に酒を飲まなければ……」

こうして木村政彦に感情移入しすぎてボロボロ泣きながら原稿を書いていたとか、「力道山に負けたなんて僕、書けません！」「もう連載も辞めたい」と言い出したとかボクとの対談でも明かしていたが、それだけ本気だったからこそ伝わるものが確実にある一冊なのだ。

後書きには、こう書かれている。

「木村政彦が力道山戦後に揺らぎ続けたように、とくに力道山戦の章以降は私自身も揺らぎ、喘ぎ、苦しみながら書き続けた。事実に向き合うために苦しみ抜いた。書籍化にあたっても、連載時の時系列の私の揺らぎはあえて改稿せず、そのまますべて残した」

どうせならボクとの対談で告白していたような、揺らいでいたときの具体的な心境についてを後書きで加筆してくれたら、さらにグッとくる本になったようにも思えるんだが、これ以上文字数を増やすのは勘弁して欲しいと編集サイドから止められたんじゃないかと思えば納得出来るだけの濃密さでした！

★今月の豪ちゃん★かつて『ゴン格』誌上で取材した具志堅用高さんとテレビで共演。狙いすましたボケをピンポイントで入れる様子を見て、ガッツさんもそうだけど元ボクサーはパンチドランカー的なボケを演じないとテレビには対応出来ないものなのかと思いました。内藤大助とか、これから大変だろうなあ……。もちろん、引退した格闘家も含め。

/8

増田俊也著『木村政彦はなぜ力道山を殺さなかったのか』が各誌の年間ベスト企画でプッシュされまくった結果、書店で平積みされたりで売れてるみたいなのは、本当に喜ばしい限り！　ボクが木村政彦の幻の名著『鬼の柔道』を文庫で復刻しようとしたとき、「いまは格闘技本は売れないから……」とスルーした某出版社の偉い人も、いまごろ後悔していればいいのに！……とか思ったりする男による、書評とは名ばかりの引用書評コーナー。

金儲けありきの世界から抜け出した佐竹雅昭行き着いた世界はなんと……

『武師道―士から師へ』　佐竹雅昭／角川書店／1300円+税

Ｋ－１を「奴隷と奴隷商人の商売」呼ばわりして石井館長にガチを仕掛けた名著『まっすぐに蹴る』（03年／角川書店）以来、佐竹雅昭が８年振りに新作リリース！　次はどんなガチを仕掛けるのかと思ったら、「現代の武士道のありかた」について書いた硬そうな本だったから、立ち読みもせずスルーした人も多いんじゃないかと思う。実際、中身も企業の講演会で話してるような感じだったりするんだが、まさかあの佐竹が義理人情の大切さを説き、恥の概念が持てない若い世代を嘆き、日本の現在を憂う日が訪れるなんて！

それでも、何箇所か登場する格闘技関連のエピソードは、やっぱり面白い。カラテとは金にならない世界なので、「実際カラテのチャンピオンになったが、やはり食っていけず、いつもぶらぶらして、パチプロのような生活を送っていた。周りに良くない人間も増えてきた。これではダメだと思い、人に認めてもらうにはどうすればいいか考えた」。

そんなときにテレビで前田日明vsドン・中矢・ニールセンの試合を見て、「この男と戦えば食っていけるのではないか」と考えてニールセンと対戦。こうしてプロとして認められ、リングスに参戦するわけなんだが、「そこでは強いだけでは人気が出ないと思い、強いんだけど面白い佐竹をしてやろうと思って、敢えてバカにされようとした。テレビや雑誌で敢えて『お笑い』的な発言をしたり、ゲームやアニメ、フィギュアなどのコラムを執筆したりと、おちゃらけて見せたのだ。格闘技ファン、格闘家・武道家からはバッシングを浴びたが、ただ『そこまでしないと俺たちは認められないんだ』という思いであった」。

そういえばボクが佐竹の撮影現場に同席したとき、フィルムチェンジで間が空くとこっちを見て上半身裸の胸を寄せ、「だっちゅーの！」と言ってきたことがあった。当時ですでに2年ぐらい古いギャグだったため現場は凍り付いたんだが、佐竹はダメ押しとばかりに2度目の「だっちゅーの！」。根負けした編集者が「佐竹さんは面白いなあ」とかフォローするのを見て、佐竹の面白キャラはしんどいなあと思ったことはあったんだけど、やっぱり本人としても無理してたんだなあ……。

そして佐竹はK－1の日本人エースになるが、「金儲けありきの団体はだんだん蝕まれていって、そこにはお金が関係することによって生じた『ねたみ』『うらみ』などの苦しいことばかりが集まるようになってきた。私は潔く辞める決意をした。その後、頭蓋骨骨折や背骨の骨折を経験し、引退を余儀なくされた。その時『俺はこういう礼節の欠けた文化を作ってしまったんだ』という後悔にも似た思いがあった。罵声、怒号が飛び交うリング。敗者へのいたわりもない。格闘技界は気持ちの入らない居心地の悪い場所になっていた。だから、京都で道場を開いた時、お金ありきの発想はなかった。3年間はあえて外に出ず指導に専念していた」

まるで佐山聡みたいな発言である。前田日明然り、佐山聡然り、佐竹雅昭然り、裏切られたと感じた人たちは礼節の重要さを説き、日本を考えるようになるものなのだろう。なお、今回は石井館長の名前は出てこないが、「私にも、師匠をトップに輝かせようと頑張っていた時期があった。その時は心労もあり大変であったが『忠誠』を誓っていた」「そういう生き方をしていく中でお互いの信頼関係が出来ていた。しかし、一度トップになってしまうと面白いもので、当時の最前線にいた者が邪魔になってくるらしいのだ」「『スター・ウォーズ』と一緒でお金や権力におぼれるとダークサイドにはまってしまう」と、相変わらず館長にだけはガチで仕掛けてるから最高！

「せっかく格闘技の世界でナンバー1になったのだから、そこにしがみつくという選択肢もなかったわけではない。だが、私は新たな世界に挑戦することを選んだのである。人によってはテレビにも格闘技の世界にも出てこない私を落ちぶれたのではないかと言う人もいた。知らない人にはテレビに出ている時が花だと思われてしまうのだ。しかし、今やっていることは誰もしたことが無いことである。以前の殻を破り、違うもっと大きなところで戦っている。なんとか日本を良くしよう、世界を良くしよう、宇宙を良くしよう、と考えている。おそらく私は、このために生かされたのだ」

なんだか佐竹も違う世界に行っちゃったなあ……。そう思ってたら、「ウルトラマンは何故遠いM78星雲からはるばるやってきて地球のために戦ってくれるのか？　何か見返りを求めているのか？　ウルトラマンは何も見返りは求めていないのである。それは『強きをくじき、弱きを助ける』という精神で戦っているのである。困っているから助けに来たのである。そこには『無償の愛』がある。それがあるからウルトラマンという架空の物語が、これだけ長い間放送されているのである。しかも人形になったりもして、それにより潤う人もある。本当の『無償の愛』が生んだ名誉やお金である」と、いいことを言うのにわざわざウルトラマンを引き合いに出したりで、佐竹はやっぱり佐竹なのであった。

★今月の豪ちゃん★『ゴン格』掲載の須藤元気さんとの対談はオフレコ部分が異常に面白かったりしたんですが、そういう格闘技との距離感が面白い人だからこそ今回の本が面白くなったんだと思います。書評は次号で！　あと、神保町の古本街で撮影したことで、金髪＆原色の服で無駄目立ちするボクと自在にオーラを消せる須藤さんとの違いを痛感させられました。

79

本来なら本誌前号で対談した須藤元気の、ポップなノリで各方面にガチを仕掛けまくっている初の格闘技本を今回は書評するつもりでしたが、ボクが15年以上勝手に師事していた真樹日佐夫先生が亡くなったとなれば、さすがに予定変更するしかない。ボクがここで追悼しないでどうする？　そんなわけで、すでに『ＡＥＲＡ』でも軽く書評済みの本ではあるんですが、今回は書評とは名ばかりの引用追悼コーナーに急遽させていただきます！

〝地上最強の不良〟ではない本音を漏らし始めていた故・真樹日佐夫先生の遺作

『ああ五十年身に余る――真樹日佐夫ワル自伝』　真樹日佐夫／東邦出版／１９０５円＋税

　ボクが真樹先生を最初に取材したのはもう15年以上前で、ここ10年ぐらいは毎月必ず取材で会うようになっていたんだが、去年の10月に取材したとき、この本をサイン入りでプレゼントされた。そこには「吉田豪君へ。変わらぬ友情に乾杯！　２０１１・10・13　真樹日佐夫」とのメッセージが……。

　この本は２０１０年10月、ボクも発起人の一人となった真樹先生の作家生活50周年パーティーの模様から始まる。自伝のタイトルが『ああ五十年身に余る』なのはそういうことなんだが、表紙にも帯にもなぜ50年なのかの説明がないので、知らない人は真樹先生が50歳なんじゃないかと誤解しかねないぐらい、真樹先生はいつまでも若々しかった。

　ただ、そのときのことを真樹先生は「パーティーを差配した東邦出版からは、ここ何年か確かに自著がコンスタントに上梓されており、この年の六月には三冊同時刊行なる離れ業も。で、それを記念し池袋のジュンク堂書店でインタビュアーにして書評家、奇書の蒐集家としても知られる所謂サブカルチャーの旗手・吉田豪とのトークショーまでこなしと、何とか前線をキープしてはいるものの、さてどこまで気力は素より体力が続くやら危なっかしいったらないであろうよなあ」と書いているのが、いまとなってはしみじみするばかり。それまで「地上最強の〝不良〟」（帯文より）としての真樹日佐夫を演じきっていたのが、この本でだんだん本音を漏らすようになってきたような気もする。そして、いままで隠し続けてきたエピソードも告白していくのだ。

梶原一騎先生の未亡人である高森篤子さんも「真樹には昔から何をやっているのか分からない時間があって、誰も知らない真樹がいたの」と言っていたのが、おそらくこのことだったのだろう。パーティーの1週間後、真樹先生が18歳のときに出会った19歳年上の子持ちの水商売の女性、いや、「過去半世紀以上にも亘って俺を愛し続けた」恋人・村神昌代が死去。晩年は骨粗鬆症で車椅子生活で、89歳で亡くなったというから、その歴史の長さは尋常じゃない。というか、真樹先生はそこまで責任を取る人だったんだ！

もともと「傷害に恐喝に学校荒らしに器物破損」で「逮捕状が出ているのを知って高跳びするつもりのところへ、何かの足しになればとのことで金を届けてくれた」ので、彼女と安宿で朝まで過ごしたらそのまま逮捕されたりとか、少年院にも差し入れをしてもらったりとか、そんなまだ何者でもない時代からの付き合いだったことに、まずビックリ。

そんな不良少年が作家になり、結婚もし、女遊びも激しくなった頃、他の女とバーで飲んでいるのを彼女に目撃され、グラスを投げ付けられる事件が勃発。真樹先生が正直に説明して一緒に帰ると、彼女は睡眠導入剤を飲み、ガス栓をひねって自殺未遂。「俺は昔、一緒に寝てたら女にガス栓をひねられたことがあるんだよ！」って話は真樹先生から聞いたこともあったけど、このことだったのか！

そして、病院で目を覚ました彼女に「何も言わなくてよろしい。ほかの女性とのこと、それはそれとして俺は死ぬまで村神昌代を放さない。勝手にそう決めたところなんだけど、いいかな」と言い放ち、その約束を守り通したわけなのである。さらに、「私が骨になっても故郷に帰さないで欲しいし、ずっと乗りたかったクルーザーにも乗せて欲しい」という彼女との約束を守って、逗子マリーナで船の上から散骨し、「いずれまた二人はあの世でも……」と語り掛ける真樹先生。

しかし、なぜこのタイミングで愛人の存在をカミングアウトしたのか？　それについては今年（12年）1月13日に開催予定だったトークショーで聞くつもりだったから、その理由は永遠に謎だ。ボクが真樹先生に聞いたのは、なぜか01年、沖縄の真樹先生の興行で実現した村上竜司対スタン・ザ・マンの話だった。

「中盤、満場を笑いの渦に巻き込む万人も予想し得なかったに違いないシーンが。村上の切り札である左フックが、浅いながらスタンの横っ面にヒット。と、次の瞬間。『ああ〜っ』と誰よりも先に俺の隣で菊田（早苗）が絶叫。足許を縺れさせただけでパンチの衝撃を凌いだスタンであったが、打った村上の方も唖然たる面持ち。何とスタンの短めの髪が横向きにずれてしまっている！　『鬘（かつら）だったか』と俺が得心するのを待ちかねたように、観客席は爆笑また爆笑」

このエピソードを自分の頭を使ったジェスチャーで「カツラがズレたんだよ！」と説明する真樹先生の姿が、いまも忘れられない。

しかし、10年にリリースされた『史上最強の69』という本でボクが真樹先生をインタビューしたとき、70歳になっても大酒を飲んで空手やって女遊びもしていると語り、「この調子であと10年、80歳ぐらいまで大丈夫だろ。大病すれば別だろうけどな。まあ、10年前といまは何も変わってねえんだしさ」と言っていたことを思うと、亡くなるには早すぎた。ただ、亡くなる直前まで空手をやって、大酒を飲んで、逗子マリーナで倒れて、苦しまずに亡くなったことだけは救いなのである。海の男が海で死ねたのは本望！

★今月の豪ちゃん★『kamipro』元編集長の山口日昇と某誌で対談。書評を書いたら髙田延彦に呼び出されて怒られた事件以来、8年ぶりに会話しました。出版を捨てて興行の中心に入っていった谷川貞治&柳沢忠之&山口日昇がみんな大変な状態になってることを思うと、ボクはあくまでも文筆業をベースにし続けなきゃいけないと改めて痛感。

80

真樹日佐夫先生を偲ぶ会でサダハルンバ谷川さんにバッタリ遭遇。「豪ちゃん、ラジオでボクの悪口言ってたらしいじゃない」「違いますよ！　言ってたのは山口日昇の悪口で、谷川さんのことは心配だって話をしてたぐらいで。真樹先生も心配してましたよ」「真樹さんには迷惑掛けちゃったからなあ。でも、ボクは元気だよ！」と、相変わらずな谷川さんを見てそれはそれでしみじみした男による、書評とは名ばかりの引用書評コーナー。

他の格闘家とは違う視点で書かれた須藤元気の新刊。佐藤嘉洋のツッコミも的確！

『須藤元気のつくり方』　須藤元気／イースト・プレス／1400円＋税

「僕が格闘家として比較的うまくやれた要因のひとつは、僕が現役選手だった頃は、ちょうど格闘界が上りエスカレーターだったからだと思う。何もしなくても、格闘家という肩書きだけでチヤホヤされた時代だったのだ」

須藤元気が他の格闘家と違うのは、こういう冷静な視点を持っているところだと思う。格闘家には「自分はすごい」「自分は強い」とアピールしたがる人が多いけど、そんな選手には「周りの人間だって誰もついていきたいと思わない」。だから彼は自ら格好悪い話をして「自分自身をさらけ出して、あえて低いポジションに身を置く」わけである。

そんなタイプなので、初めて格闘技についてのみ書いたこの本も余計な一言が多くて面白かった。当時のパンクラスは「『9・5割ガチだけど、0・5割はプロレス的な要素もある』というグレイな存在であるところが、格闘技専門誌にもプロレス専門誌にも取り上げられるポイント」なので、そこに魅力を感じて逆輸入ファイターとしてパンクラスで国内デビュー。そして、パンクラスを辞めたら圧力で干されたことも告白するし、K－1ワールドMAX出場後はモテまくり、「ある日、ケータイを機種変更しようとショップに行くと『この新しい電話に、私の番号を登録してもいいですか?』と店員さんに上目遣いで言われた」り、「遠征で飛行機に乗っている最中、キャビンアテンダントに『よかったら宿泊先のホテルの名前を教えて下さい』と彼女の電話番号つきのメモを渡されたこともあった」りで、「もしかしたら何か流出して第2の、いや第1の〇〇ハ選手になっていたかもしれない……」と余計なことを言いつつ反省もする始末……。

ビバリーヒルズ柔術クラブ時代、ヒクソン戦を前にした髙田延彦が出稽古に来ていたことについて、「かわいそうなことにマルコ・ファスを先生にしていた。なぜかわいそうかというと、マルコは力を抜くことができないという本当に危険なファイターであったからだ。練習中にも力を抜かず何人も病院送りにしている」「しかし、髙田選手は勘が鋭かった。早い段階でマルコの危険性を感じとり、関節技を教わるたびにタップする用意をしていた」と語るのも最高すぎる。要は、タップの練習のためロスに来てたってことじゃん!

ヒクソン戦を前にした船木とのスパーリングで、グラウンドパンチで船木の眉上をカットしてしまい、船木がキレた事件について、「これでトラブルはすべて解決したはずだったのだが、なぜかその後、ある格闘技ライターの手がけた本の中で、『あの事件のとき船木はバットを持って須藤を追いかけ、須藤はただ逃げ惑うだけだった』というような根も葉もない内容を書かれてしまったのだ。そもそものライターは、あの事件の瞬間、現場にいたわけではなく、事実を調べもしないで、話をでっちあげていた」という【ヤスカク許してチョンマゲ事件】も遂に表沙汰に!

なぜ彼がこんなことを書いたのか、「船木さんの結婚式に参加したとき、僕は理由をはっきり理解した。というのも、やはり式に参加していた当の格闘技ライターが僕の目の前で『船木、結婚しちゃったな……寂しい』とぼそり呟いた。『船木さんのこと好きだったんですね』と僕が言うと『ああ、好きだ』と言った。この人は船木選手を好きではなく、愛していたことに気がついた」というオチもいいし、こんな感じの格闘技ちょっといい話ばかり収録。

あと、選手どころか試合の解説までやっていた側の人間が「K－1の判定は明らかに変であった。僕は格闘界の衰退の大きな原因のひとつであると思う。主催者側の意図していることが視聴者にばれればファンはおのずと離れていくに決まっている。ファンはそこまでバカではないのだ」と言い切っているのも重要なポイント。誰よりも視聴率を気にして試合していた須藤元気だからこそ言える、「強い選手でも数字を取れない人だと嫌がられるのだ。魔裟斗選手と激闘した佐藤嘉洋選手なんかは強いが地味なスタイルということもあり数字が取れなかった。そんなこともあり魔裟斗選手と試合して僅差で敗れたとき『あれで佐藤選手が勝っていたらK－1は潰れていました』と業界のお偉い方が試合後のパーティーで堂々とみんなの前で言っていたのが印象的だった」という発言もあったが、そのことについて当の佐藤嘉洋がツイッターでつぶやいていたこともまた印象的だった。

佐藤は「須藤元気のつくり方を読了。半分暴露本（笑）」と笑わせつつも、「どっちにしろTVはなくなったし、潰れかけているじゃねえか」と的確すぎるツッコミ！　そして、試合後のパーティーに怪我を押して参加し、「業界のお偉い方達からは口々に『物凄い試合をありがとう』と言われた。でもその言葉の最後には僕には聞こえないようにみんな心で口々に呟いていたわけだ。（でも負けてくれてありがとう）」と憤慨し、「私の人生の山は今のところ2008年が頂上で、選手としてはそこから転げ落ちている」「正直なこと言うと、あの日自分の人生は狂わされたと思っている」と本音を漏らすのであった。

佐藤嘉洋、試合はつまらないけど文章は抜群に面白いのがまた皮肉なんだよなあ……。

★今月の豪ちゃん★青山葬儀所で真樹日佐夫先生を偲ぶ会に出席した翌週、今度は同じ会場で川勝正幸を送る会に出席。いとうせいこうさんやみうらじゅんさんといった文科系の面々も一時はやっていた通信講座『マス大山空手スクール』のことを、ふと思う。いわば、サブカルと呼ばれるジャンルの大物もみんな真樹先生の孫弟子みたいなものなんだよなあ。

そういえばここで紹介し忘れてたけど、前田日明のインタビューが原稿チェックもないまま某ムックに掲載された問題で、その編集者曰く、前田日明が『ゴン格』の書評ページを見せながら「ほら、こんなに話が大きくなってるんだよ！」と怒ってたせいで、トラウマになって『ゴン格』が読めなくなったという話に爆笑しました。そんな前田日明曰く「ちょっと目を離すと上から目線になる」男による、書評とは名ばかりの引用書評コーナー。

81

格闘技不況を軽く凌駕！プロレス団体ノアが危機的状況に陥った理由

『別冊宝島　内側から見たノアの崩壊』

宝島社／952円+税

ＰＲＩＤＥはもう忘れろ（ＰＲＩＤＥを高値で売り抜いて悠々自適の榊原元代表が）！というわけで、ＰＲＩＤＥが消滅し、Ｋ－１も危機的状況真っ只中な格闘技界だが、プロレス界でも一時は業界トップだったＮＯＡＨがいま順調に大変なことになっている。

そんな流れで登場した『別冊宝島』の暴露ムックシリーズ最新作は、ヤクザの女房だった女詐欺師・成田眞美に９０００万円を騙し取られ、多額の借金を背負い自殺寸前に追い込まれた元ノアの泉田純が、同じ女詐欺師によって崩壊寸前に追い込まれたノアの裏側を語るという代物だ。ただし、長州力率いる伝説のデタラメ団体・ＷＪのゴタゴタとかと比べると全然笑えないし、読んでもひたすらテンションが下がるだけなので要注意である。

「成田眞美と彼女を支援した勢力にとって、プロレス団体とはカネづるでしかなかった。眞美は、善意のスポンサーに扮してプロレス団体の内部に入り込むことにより、カネを恒常的に巻き上げる装置を作ろうとした。だが、干上がったプロレス業界に、もはや吸いとる血が残っていなかったのは眞美にとって大いなる誤算だった。ノアという団体からカネを回収できないと見た眞美は、代わりに三沢夫人と泉田純から有り金を

奪い取った」

この女詐欺師に騙されたってことは肉体関係でもあったんじゃないかと疑われがちなため、「俺は痩せている女とタバコをプカプカ吸う女は全然ダメなんだ。大声で言うことじゃないが俺はいわゆる巨乳好きだ」と告白したりと、おかしな否定の仕方をする泉田。

そして、彼女をタニマチにしようとガッツいた多くのノア所属選手と違って、「家庭人の秋山（準）と、女と飲むのをあまり好まない小橋（建太）さんは、どちらもヤクザ的な人間には警戒心を抱くタイプ」なので、深い付き合いはしなかったらしい。「小橋さんには熱狂的な女性ファンも多く、全日本時代から、女優や芸能人から合宿所に『小橋さんいますか』と電話がかかってくることも珍しくなかった。しかし、そこで安易にファンの女性と付き合ったりすることがないのが小橋さんで、その女性に対するストイックさも人気のゆえんであった」との描写もあったりで、小橋が女詐欺師に騙されないで済んだのは小橋が女嫌いだったからだと判明するのだ！

なお、女詐欺師とズブズブになっていったのは三沢（光晴）派というか仲田龍GMの派閥で、泉田は三沢と仲良くなかったそうなんだが、それにはこんな理由があったらしい。

「俺はあの当時、周囲からは『（馬場）元子派』と見られていた。いや、もっと正確に言うと元子さんに近い『渕（正信）派』だ。俺からすると、三沢派も元子派もバカバカしい話だったが、そう見られていたのは、おそらく渕さんがよく、独身の俺を飲みに連れ出すことが多かったからだろう。渕さんは俺や本田（多聞）選手を連れていくことが多かった。どうしてかというと、小橋さんや秋山を連れていくと、女の子がみんなそっちに行ってしまい、渕さんがいいところを持っていけないからだ」

渕がキャバクラで姑息なモテ方をしようとしたせいで、余計な派閥が生まれたなんて！

泉田は、ノアが失敗した原因としてジャイアント馬場時代の伝統を捨てたせいだと語っている。「馬場さんは絶対にヤクザ連中や小金持ちのスポンサーと付き合わなかったし、そういう匂いのする選手をも好まなかった。俺はその考えが好きだった」などと泉田は絶賛するが、余計な付き合いをしなくて済んだのは当時それだけ儲かっていたからであり、それだけ選手のギャラを抑えていたからでもあったと思う。泉田が馬場夫妻とハワイに行って買い物に付き合わされたとき、ショップの店員たちが全員直立不動で元子さんを接待するのは何故なのか聞いたら、「ここらじゃ、イメルダ夫人かミセス・バーバかと言われている」と返されたのを美談のように書いてるけど、それは確実に搾取の結果だよ！

あと、「いま、プロレス業界は悪いときしかニュースにならない。訃報か犯罪かトラブルの連続。せっかく馬場さんが築き上げたものが、もはやすっかり瓦解してしまっているのだ」と、詐欺事件というトラブルを表沙汰にしながら他人事のように言うのはどうかと思ったが、この取材を受けた理由としてまず「生きるため」と正直に答え、「いま、俺は寒風の現場で肉体労働生活を送りながら、ひたすら春を待っている」と言われたら、しょうがないとしか言えなくなるのであった。

しかし、百田光雄の全日本時代のファイトマネーが1試合2万円だったとのことで、ノアだと果たしていくらになったのかは分からないが、泉田クラスで「当時、俺は家賃18万円という浦安のちょっとしたマンションに住んでいた」という事実にもビックリ。

ボクの元上司であり、K－1の偉い人だった柳沢忠之が去年の暮れに車を売って電車移動になってるとか、山口日昇も自転車移動だとか某誌で語っていたが、一度生活レベルを上げちゃった人はいろいろ大変だろうし、黒っぽくて怪しいスポンサーに気をつけなきゃいけないのはどこでも同じなのである。

★今月の豪ちゃん★先日、藤原組長をインタビューしたら、前田日明のことが大好きなのは知ってたけど、髙田延彦に対しては想像以上に冷たいコメントばかりで、船木誠勝に対しては全否定に近い状態だったからビックリ。新日本時代の話をするときは楽しそうなのに、藤原組時代の話になるとあからさまにテンションが下がるし、何があったんだ……？

82

いまから15年ぐらい前、板垣恵介先生とのタッグで『どげせん』をヒットさせたＲＩＮ先生と元正道会館の田上敬久氏を取材して漫画にしたりしてたんですが、いま名古屋のアイドルユニット「しず風ｗｉｔｈ絆」の空手の師匠が田上敬久氏で、しず風の事務所社長から「当時の話を田上氏から聞いた」とか言われて、近頃のアイドル界はおかしなことになっているといまさら痛感。そんな男による、書評とは名ばかりの引用書評コーナー。

呪術師に秘技を習う須藤元気のガチすぎるスピリチュアル本！

『自分が変われば世界が変わる――呪術師ルハン・マトゥスの教え』

須藤元気／講談社／１４００円+税

前作『須藤元気のつくり方』（11年）で格闘技ネタにガチで斬り込んで好評だった彼の新刊は、伝説の奇書『バシャール　スドウゲンキ』（07年）以来のガチすぎるスピリチュアル本！「地球の時間で三〇〇〇年後の、オリオン星のそばにある3次元からは決して見ることができない惑星エササニに住む宇宙船の操縦士」バシャールとの対談集に続いて、今度は呪術師についての一冊だよ！

呪術師なんて黒い呪術師アブドーラ・ザ・ブッチャーしか知らないし、シャーマンよりジャーマン（スープレックス）が好きなボクなんかと違って、柔術よりも呪術、そして「古代マヤの呪術（シャーマニズム）の伝統を受け継ぐ現代の呪術師、ルハン・マトゥス」に興味がある須藤元気は、彼の『平行的な知覚に忍び寄る技術―人間の意識の革命的なマニュアル』（09年）という、タイトルの訳が硬すぎて読む気をなくす本に感銘を受け、すぐに渡米。そのルハン・マトゥスに会いに行く。

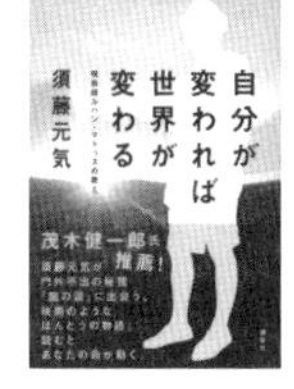

帯には「須藤元気が門外不出の秘技『龍の涙』に出会う。映画のようなほんとうの物語。読むとあなたの命が動く」と書かれているが、確かにこれは須藤元気が呪術師に秘技を習うだけの本だ。それだけでもすご

いじゃないかと思うだろうが、呪術師らしいエピソードも、秘技らしいエピソードも、映画みたいに劇的なエピソードも全然出てこないし、もちろんボクの命も全然動かなかった。

唯一それっぽかったのが、この話。数年前までバリに住んでいたルハン・マトゥスが、「バリには気をつけろ。私とミズファ（妻）は暗殺されかけたんだ」と言い出す部分だ。

「バリ島の呪術師は魔術師の神と契約しなければいけないが、私は契約をしなかった。なぜなら自由を奪われるからだ。だが、ある日、狂った犬が道を徘徊していて、誰も捕まえられない場面に出会ったんだ。近所の人が、あの犬を捕まえてくれないかと頼んできたので、私はなにげなく犬の前に手をかざして気を送り、おとなしくさせて捕まえた」

魔術師の神との契約だの、狂った犬だの、手かざしで狂犬退治だの、すぐ映画化したくなるような展開なんだが、それだけじゃない。

「ところが、それをたまたまある呪術師に見られたのだ。その呪術師は、以前私が誰かになにげなく洩らした夢のなかでバリの神が私の胸を触ったというエピソードをどこかから聞きつけていて、私のチカラに嫉妬していた。この出来事をきっかけに、彼は私への悪意をむき出しにしてきた。そして、ある日、私の家の洗濯機に毒物を入れ、別の日には食べ物に毒を入れた。黒魔術でおなじみの攻撃をしてきたのだ」

え！　それが黒魔術でおなじみって！　呪術師って、もっとスピリチュアルな攻撃をするものじゃないんだ！　確かに毒物混入は、魔法使いのおばあさんっぽくもあるけど！

「もし、この悪意に気づかなかったならば、半年もしないうちに死んでしまっただろう。バリに行ったよそ者の呪術師たちはみんなこれでやられてしまう。私はもちろん気がついた。ミズファが命を狙われたときに、私は初めて攻撃のために呪術を使った。攻撃と言うより警告と防御だな。夢見のなかで、剣を相手の夢のなかに投げ込んでやった」

ほら、やっぱりこういう夢戦士バトルのほうが呪術師っぽいでしょ？　当然、須藤元気が学んだ秘技『龍の涙』にしても、恐ろしいスピリチュアルな殺人技なんだと思ったら、須藤元気はこう言っている。

「『龍の涙』は、たとえるなら、気功体操とか太極拳のようなものだ。『龍の涙』を毎日実践することで、人の体に7ヵ所あるといわれている生命エネルギーのツボ〝チャクラ〟を開くことができるという」……って、え？


これをやったおかげで須藤元気が瞑想しているとラップ音が聞こえるようになったりもするけど、スピリチュアルっぽいエピソードはそれぐらいで、後は呪術師と須藤元気が2人で仲良く太極拳みたいなことしたり、カンフーごっこをしたりするだけ。

「ルハン・マトゥスは、風貌からは想像がつかない純粋な子どものような無邪気さがあった。力こぶを見せて筋肉自慢をしたり、僕の部屋をノックしておいて、そっと柱の陰に隠れたりした。僕がドアを開けると柱の陰にルハン・マトゥスがうれしそうに隠れているのだ」とか2人が楽しそうなのは分かるけど、ギャグも少なく、作中のゆったりとした時間の流れに読者も巻き込まれていくような感じの本であり、実際のところ秘技の効果もこんな感じだったようだ。やっぱりなあ……。

「以来、僕は毎日欠かさず『龍の涙』を実行している。その結果、全身の活性化と同時に、自分のなかの繊細な知覚が高まっていくのを実感するようになった」「『龍の涙』実践の成果は、身近なところで現れた。今までは決して僕の布団には入ってこなかったネコのプーちゃんが、僕が朝起きるときに、必ず布団のなかに入ってくるようになったのだ」


つまり、「読むとあなたの命ではなく猫が動く」というほうが正解！　もっと猫と仲良くしたい人は、呪術師に秘技を習うほうがいいですよ！

★今月の豪ちゃん★プロレスラーをインタビューしたら昔の馬鹿話で盛り上がるのが普通なのに、どんな話題からでも今後の初代タイガーマスク戦と曙戦の宣伝っぽいトークに持っていこうとする大仁田厚は強敵でした。気が弱いミスター・ポーゴが、いいように使われてきたのも当然！ちなみに「俺は整形はしてない。痩せただけ！」とのことでした。

83

数年前、ここで書評したら「吉田さんよ、金輪際、俺らの事には触れんじゃねえよ。雑誌やムック、書籍は当然だ。テメエのHPだNetだなんちゅうアンダーグラウンドでも、何か書いたら許さんけえな」「ケンカ売らせてもらいますわ。アンタらプロレスオタクには、ワシみたいな空手人間がウザいんとちゃうか?」などと脅迫してきた小島一志の新刊が登場！もちろん今回も気にせず触れにいく、書評とは名ばかりの引用書評コーナー。

ドキドキワクワクよりもモヤモヤしてしまう小島一志氏による極真本

『大山倍達の遺言』 小島一志、塚本佳子／新潮社／2200円+税

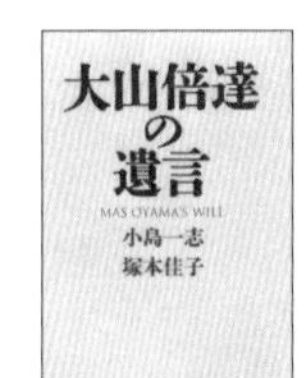

これまで著書の中で個人攻撃を繰り広げたり、一緒に本を作った相手（芦原ジュニア）に出版後なぜか果たし合いを持ちかけたりしてきた狂乱の空手ライター・小島一志が今回どんな暴走ファイトを見せてくれるのかと思えば、いきなりこんな文章が飛び出してきた。

「本書を書くにあたり、私たちはひとつの原則を設けた。それは、著者としての主張はできる限り入れずに、事実のみを記すということだ。そのため、すべての出来事は当事者、またはその関係者の言葉によって構成している。（略）それぞれの立場によって正義が異なる以上、同じ出来事に対してまったく正反対の言葉が発せられることも少なくなかったが、極力平等に各人の意見を記している」

え！　そんなこと、芦原ジュニアの語り下ろし本にも自分の主張を織り交ぜてトラブルになった、あの小

島一志に出来るわけないじゃん！ すると案の定、「ただ唯一、私たちの考えを理解してもらえず、取材を拒否された組織がある。新極真会だ」と、冒頭でたっぷりページを割いてお互いの弁護士を通じた新極真会とのガチなやり取りを載せる辺り、ちっとも平等じゃないし、そんなわけでこれを読むと新極真会の緑健児と三瓶啓二が極悪人だとしか思えなくなるのであった。

この2人、自分を慕う後輩たちについて、「俺の周りの連中は、自分でものを考えられない馬鹿ばかりだ。だから、俺が洗脳してやらなくてはいけない」と語ったり、後輩に向かって酔った勢いで「松井（章圭）が後継者になったら極真は朝鮮人のものになってしまう。総裁が亡くなったら極真を日本人のものにしなくてはいけない」と言ったりするぐらいなんだから、これは確実に極悪でしょ！

そして、小島一志の調査によると、極真の分裂の原因は組織を乗っ取ろうとした「三瓶の策略」のせいなんだとか。「三瓶の百人組手の内容は惨憺たるものだった。一応、完遂はしたものの、この認定には賛否両論がある。途中、一時間近い休憩を数度はさんだことや、女子部の色帯を相手にしたこと、見守っていた大山が途中で退席したことなどを理由に、三瓶の百人組手完遂を認めない声も多い」とのことだが、それでもやることには意味があるので、三瓶はこう言っていたらしい。

「いずれにしても内容なんて時間が経てば皆、忘れる。ようは百人組手を完遂した事実が、これから一〇年後、二〇年後に必ず起こる極真のパワーゲームというか、権力闘争の大きな武器になることだけは確かだ」

三瓶、極悪すぎる！ そんな「三瓶の忠実な下僕であった緑」も極悪！ 親の財産目当てで緑健児に近付き、野心から大山総裁の三女・大山喜久子と不倫して、「俺は総裁の孫の父親だ」と公言したりと、それが事実なら完全アウト！ 事実じゃなければ小島一志が名誉毀損で訴えられて、これまたアウト！

「総裁の自宅を訪ねたら三瓶さんがいて、総裁が愛用していた毛糸の帽子をかぶり、総裁がいつも着ていたパジャマを着てビールを飲んでいました。智弥子さんは平然としているし、喜久子さんはニコニコしながら三瓶さんに寄り添っていて、おなかが大きかったので怒るも何も、ただ唖然としてしまいました」

こうして三瓶啓二のことは徹底糾弾し、松井章圭には多少の問題はあるけれど正しいように書く小島一志。なぜかと思えば、松井とは「簡単に言えば、似たもの同士ということになるだろうか。松井氏は何よりも正直な男だった。正論だと信じることはどんな相手にも怯まず主張する。その言動が『敵』を作ることになると知りつつも正論を貫く男だった」と認識しているからなのだろう。とりあえずハッキリしているのは、小島一志の発言は正論ではないよ！

なお、「今回の作品ほど執筆に苦痛が伴ったものは、過去になかった」「執筆中も厭でならず、ときに吐き気に見舞われ、文字を打つことの痛みを味わった」「それゆえ、発売・発行関係も当初の予定とは大きく変わり、二年以上遅れた。まる二年間、私はたった一行の文章さえ書けないほどの心身不安定な状況に追い込まれていた」というからビックリ。そんな状態でなぜ本を出すことができたかというと、「執筆を理由に会社を塚本（部下であり恋人）に任せ、勝手にハワイで長逗留」「都合一年におよぶハワイ滞在」でのんびりしたため！

こうして最後まで読んでも、話に動きがほとんどないし、読んでてドキドキもワクワクもしないし、むしろブルーになるばかり。結局、増田俊也氏の『木村政彦はなぜ力道山を殺さなかったのか』が面白かったのは、木村政彦の名誉回復をしたいという前向きなモチベーションで書かれていたためであり、この本がモヤモヤするのは三瓶啓二や緑健児の名誉を毀損するために書かれているとしか思えないからなんじゃないか、と。あと、子孫に美田を残さないと公言していた大山総裁の遺言は「極真会館運営には家族を決して関わらせない」ということであり、それを守らなかった遺族派や支部長協議会派が失敗したとか何度も書いた後、後書きの締めに「今年、（株）夢現舎の二代目代表になる倅にありがとう」と書き、自分は子孫に美田を残そうとする姿勢にもガックリときた次第なのである。

★今月の豪ちゃん★大山倍達記念館、ボクが行ったときはガラガラだったけど貴重な過去の大会グッズも底値で販売されてたなあ……。でも、3回目ぐらいに行ったらもう閉鎖されてたなあ……。極真の本部道場に初めて入ったのは大山総裁が亡くなったときで、谷川さんを初めて目撃したのもそのときだったなあ……。とか、いろいろ思い出しました。

84

前号で書評した『大山倍達の遺言』の著者・小島一志が代表を務めるオフィスMUGENが西池袋の極真松井派ビル内に移転したことが判明して、それで中立な本なんか書けるわけないじゃん！　と言いたくなった今日この頃。ただ、組織は共通の敵がいると団結しやすくなるものなので、このまま小島一志が松井派とも決裂すれば、極真はひとつにまとまれるんじゃないかと考えるに至った男による、書評とは名ばかりの引用書評コーナー。

髙田延彦の意外な本音とプヲタ編集者によるガチインタビューは最強！

『覚悟の言葉―悩める奴らよでてこいや！』

髙田延彦／ワニ・プラス／800円＋税

　ＰＲＩＤＥに関係した人間の中で、いま最も成功しているのが髙田延彦だと思う。格闘家としての戦績こそアレだけど、桜庭和志の活躍によってＤＳＥで確固たるポジションを築き、本部長として「出てこいや！」などの持ちネタを確立。その後、ハッスルの髙田総統としてトークスキルも磨き上げ、未払いが深刻になる前に身を引き、タレントに転身。

　そして、とうとう新書をリリースするまでに至ったわけだが、「振り返れば、ヒクソン・グレイシーとの一戦が決まった経緯も、いかにも回転寿司的な流れだったと思う」なんて下手な例え話が続いた時点で、この本には期待できないとまず思った。そしたら、意外な本音も詰まった一冊だったのである。だって、髙田が「自分のことを、こんな風に言うのは、あまり良くないことかもしれないが、いまの私は輝いていない。

自分が一番分かっていることだ。テレビや雑誌で私のことを見てくれている人たちからすると、私などは毎日をノーテンキに楽しく過ごしているイメージなのかもしれない。しかし、そこまで私もノーテンキではない」とか言ってるんだよ?

なかでも、「一人の素晴らしい選手」に「高田道場を懸けた」という感じで名前も一切出さずに語られる桜庭の話が切なすぎたのだ。

「かれは当初、一級品のグラウンドテクニックを駆使してPRIDEの舞台で連戦連勝し、世間的にもずいぶんと知られた存在になったが、センスに頼り過ぎた自己流の打撃を遠因として次第にダメージが蓄積し、キャリアの上でもすこしずつ陰りが見え始めるようになった。私は、かれのキャリアの先行きを考えた。そうして、当時の気持ちを言えば、私はその選手の名前に『道場の看板』を掛け替えさせても構わないとさえ思っていた。私は、嫌がる本人を強引にブラジル修行へ行かせたのだった。総合格闘技の基本的な打撃術を学ぶだけではなく、外国に行けば、気分もリフレッシュできるだろうと考えたのだ。実際、武者修行は楽しかったようで、その選手は一皮むけて日本に帰ってきたが、むけたのは悪い癖だけではなく、残念なことに私たち道場の関係者への心遣いも失ってしまったようだった」

そしてPRIDEからDREAMへと移籍したことで、さらに溝が深まっていくのだ。

「このことは、私の人生の対人関係における考え方に大きな変化をもたらした。また、これ以上の落胆もなかった。この事件を経て、私は組織と個人の関わり合いの現実を思い知らされざるを得なかったし、おそらくいままでよりも、もっとドライな人格になってしまったかもしれないけれど、それでもいまでは人間としての成長の一環だったと思うことにしている」

小学生のとき以来会ってなかった実の母親に対する態度(「私の人生から出ていった人だから、べつに会う気なんかまったくなかった」とのこと)とか、「古く重たい意味で『親友』と呼べたかもしれない存在(前田?)がいた時期もあった。だが、いまはいない」との発言とか、高田は他人に対してやけに冷たい。

そして、巻末に収録されたプヲタな担当編集によるインタビューでのやり取りも相当冷たかった。まあ、「なにか、これまでの人生のようにターニング・ポイントで誰か神輿に乗せてくれるような人は現れませんか?」との質問に、「それは、ちょっと意地悪な質問じゃないですか?」と返しても、気にせず過去に高田が神輿に乗せられていた前提での話が2ページ続き、「『神輿は軽くて、パアがいい』という言葉もありますよ」と言い出す編集者のガチぶりに戦慄! プヲタ最強!

あと、プヲタゆえ引き出せたUインターでのスーパー・ベイダー戦の話も最高だった。

「あの試合はね。当初の契約段階では、ベイダーが『ダウンする』(最終的に負ける)ことに決まっていた。これは確かにワークだね。ところが、試合の前日か前々日になって、突然『オレは寝ないよ』って。それを交渉の責任者だった人間が直前になって、手に負えないから何とかしてくださいと私に泣きついてきたんだ。(略)私はベイダーの目を見て言った。『本当に寝ないのであれば、シュートしかないよ』と。ようするにワークなしで、100パーセントの真剣勝負をやるということ。(略)(するとベイダーは)まったく動揺することなく、冷たい目でじっと私を見てね。それから、ニヤッと笑って言ったんだ。『OK。じゃあ、ここからはビジネスの話をしよう』って」

あの『泣き虫』でも、実は試合の裏側についてここまで踏み込んではいなかったし、むしろここまで書けばプロレス業界から髙田があそこまで批判されることもなかったはずなのである。

PRIDEの関係者の中では最も成功しているはずなのに、「ただ強くなりたくて新日を飛び出し、最後はプロレスも超えて総合のリングで必死にやったけど。最終的に、自分が望んだようにはリスペクトされなくて。それが、オレの格闘技人生なわけじゃん」と自虐的に語る髙田。この本のサブタイトルは「悩める奴らよ出てこいや!」なんだが、髙田の悩みがいちばん根深そうな気がしてならないのであった。

★今月の豪ちゃん★船木誠勝をインタビューして、やっぱり本物だと痛感させられました。今年1月4日、新日本プロレスのリングで永田裕志のヒザ蹴りを喰らい頬骨骨折で物が二重に見えるようになったとき、まずはブチ切れ、そして「このまま治らなかったら永田選手を訴えようかと思った」と言い切るマッドネスぶりに震撼！　セッド・ジニアス級！

85

元新日本プロレスフロント上井文彦氏が今だから語る総合格闘技駆逐計画……!?

『評伝ナンシー関』によると、PRIDE4で髙田延彦がヒクソンに2連敗した直後、会場で「ヒクソンの嫁になりてー！」と叫んだというナンシー関。そんな彼女がまだ生きていたなら、いまテレビの世界で元気に活躍中の髙田のことをどう評したのだろうか。嫁になりたくはない？　それより、むしろヒクソンが離婚したとき本気で嫁になろうとした可能性も？　そんなベタなことも考える男による、書評とは名ばかりの引用書評コーナー。

『「ゼロ年代」――狂想のプロレス暗黒期』 上井文彦／辰巳出版／1238円+税

1ページ目から「かつてプロレス業界最大手の新日本プロレスで、フロントのトップとして陣頭指揮を執ったこともある私だが、現在は借金の返済に追われる毎日を過ごしている」というテンションの下がる告白から始まる、この本。上井文彦氏が新日本で陣頭指揮を執っていたのは02年4月から04年10月まで。つまり、武藤敬司や橋本真也といった大物が大量離脱して選手は足りないし、PRIDEやK－1の勢いはすごいことになってるしで、しんどい時期に面倒な役割を背負わされたというのに、当時はこんな大それたことを考えていたのだそうである。「ハッキリ言ってしまおう。この当時、私の最大の目的は総合格闘技を駆逐することだった」と。

その意気や良し。ただし、本気で対策を練った上でプロレスラーが総合格闘技に進出して結果を出そうとするのではなく、新日本プロレス勢の力を過信していたことが伝わる描写ばかりで、それがいま読むとしみじみするばかりなのであった。

「PRIDEで髙田延彦がヒクソン・グレイシーに敗れた時は、（プロレス業界が）大きなダメージを負った。しかし、私は信じていたのだ。（な〜に、うちの選手が出て行ったら、ああはならない！　中西学が本気になればヒクソンなんか問題じゃない！）」

なぜそこで中西が出てくる！　もちろん永田裕志vsミルコ・クロコップ戦が実現したときも、やっぱりこんな感じだったのである。

「総合格闘技初挑戦とはいえ、アマレスでトップクラスの成績を残している永田ならば、ミルコは問題ない相手だと認識していた。（永田が負けるわけないよ！）。ところが、私の思いとは裏腹に永田はミルコのハイキックによって、あっさりとKO負けを喫してしまったのだ。控え室のモニターでこの様子を観ていた私は釈然としなかった。レフェリーが試合を止めたのを見て、思わずこう叫んでしまった。『おいおい！　なんで止めるんや！　まだやれるやん！』。プロレスの場合はハイキック一発などでは終わらない。いや、ここからが本当の勝負だろう」

いや、確かにプロレスの場合はハイキックとかをキッチリ受けるところから始まるだろうけど！

「『あのレフェリー、素人ちゃうか？　ホンマに……』。私は怒りに打ち震えていた。しかし、本当に素人なのは私のほうだったのだ。『いいじゃないですか、ダメージも少なかったし』私の後方からそんな言葉が聞こえてきた。（誰や、こんな時にそんな冷めたことを言う奴は！）。後ろを振り返ると既に試合を終えていた石澤が立っていた。（なんで、親友の永田があんな煮え切らん負け方にされたのに、こんなに冷静なんや）。私は心の中でカーッとなっていた。だが、石澤の表情を見た途端、その怒りも消え失せた。石澤は目に涙を浮かべていたのだ」

当時は中西の評価が異常に高かったのは、これまた最近出たばかりの、上井氏の前に新日本プロレスの仕掛人と呼ばれた永島勝司の著書『プロレス界最強仕掛人・永島オヤジのまあだま〜って読んでみてよ』（晋遊舎）にも書かれていたから、そちらからもちょっと引用してみよう。永島氏がヒクソンと新日本との対抗戦を画策していた頃の話である。

「中西学、藤田和之、佐々木健介とこちらから対戦候補の名前を挙げて、一応、中西戦ということで彼（ヒクソン）はOKした。話していた感触ではけっこう乗り気にも見えた。だけど、ここからは憶測になるけど、そのあとヒクソン側は色々と調べて『同じ日本人レスラーでもこれまでやってきた船木や髙田とはちょっと違う』と思ったんだろうね。最終的にはあっちのほうから断ってきた。フィルムを見て何か警戒する部分があったのか、とにかくそれで一回流れてしまったんだ。じゃあ藤田はどうだ、健介はどうだという話をしていくうちに最終的に向こうはNOということになった。新日本の選手たちに身体があるからなのか、他にもなにかあったのか、理由はわからない。こっちが勝手に解釈したものだけど『そうか、ヒクソンというのは自分が百パーセント勝てると踏んだ相手としかやらないのか』とは思ったね」

ヒクソンは中西から逃げたチキン！　……というわけもないので、おそらくプロレス的な決めごとのある世界にヒクソンを引きずり込もうとしたせいで話が流れたんじゃないかと考えるほうが自然なんだが、この過信が「谷川さんはのほほんとしたキャラクターではあるが、実態はもっと恐ろしい男である。頭の鋭さなど、警戒する部分の多い人物であった。彼と会う時、私は必ず気を引き締めて挑むようにしていた」と上井氏は言っていたけど谷川さんに順調につけ込まれ、新日本を危機的状況へと追い込むことになったのは確実なのである。

あと、永島本でツボに入ったのは「ひとつだけ　俺の大失敗だったのが1996年、横浜アリーナでやった（武藤と）ペドロ・オタービオとの異種格闘技戦だ」「なんでアレを組んだのかなあ……というほど印象に残らないくだらない試合で、武藤じゃなくてムタでやらせたほうがまだマシだった」って、グレート・ムタvsオタービオは見たかった！

★今月の豪ちゃん★もう何度目なのかも分からない佐山聡インタビューをやったら、マネージャーに面白いエピソードを全部削除されてただの真面目なプロレスラーみたいになってたからビックリ。他誌の編集者に聞いたら「最近はそんな感じだから、もう取材しないことにした」と言ってたりで、そういう意味でも完全にやり方を間違えてる気が……。

86

八田イズムを受け継いだ福田富昭の知られざるアニマル浜口プロデュース

先日、菊田早苗を取材したら「昔の自分は頭が硬くて駄目だった」って感じで、過去を反省してえらい面白いことになってました。昔からこうだったらPRIDEの会場でブーイングを浴びることもなかっただろうけど、そんな経験を経たからこその境地に辿り着いたわけで。かつてPRIDEのリングで闘ったアレクサンダー大塚よりも確実に面白くて乗れるのに！　……といまさら思った男による、書評とは名ばかりの引用書評コーナー。

『日本レスリングの物語』

柳澤健／岩波書店／2600円+税

これまで『1976年のアントニオ猪木』『1985年のクラッシュ・ギャルズ』と、プロレス界のカリスマを主軸にした人間ドキュメントを書いてきた柳澤健氏が、アマチュアレスリングの歴史を、あえて主軸になる人物も作らずに描いたこの本。あまり知名度のない人物が次々と登場するから過去の作品と比べると話に入りにくいし、八田一朗、笹原正三、福田富昭という個性の強い大物3人の物語にでもすればもっと読みやすくなったはずなんだが、主役は「日本レスリング」なんだからしょうがない。そして、『ゴン格』的には「重要なことは、十九世紀末に行われていたグレコローマン・レスリングの試合の多くが、いわゆるプロレスであったことだ。試合結果はあらかじめ決められており、選手たちは一致協力して試合を盛り上げた。現在のアマチュアレスリングの起源がプロレスにあることは興味深い」的なエピソードを紹介すべきなんだが、やっぱりボクは八田&笹原&福田の話をしたくてしょうがないのである。

「笹原は、選手生活を終える二十七歳まで女性を知らなかった。初めてのキスはソ連遠征の際、ヒゲ面の巨漢に勝利を祝福されて唇を奪われるという悲しいものだった」

これなんか、結果を残すためには大事な何かを犠牲にしなければならないことがよく分かる、いい話でしょ! ただ、どの選手がどれだけ強かったか文章で説明されるよりも、選手に陰毛を剃らせたり、夢精やオナニーの回数を管理したりで話題を作り、予算不足のレスリングを世間に届くジャンルに仕立て上げた八田イズム描写のほうがボクには届いたのだ。

「マイナースポーツのレスリングに記者たちの目を向けさせるために、八田さんはあらゆる手段を使った。選手たちを上野動物園に連れて行ってライオンとにらめっこさせたのがいい例です」(市口政光)

ロッキー青木のベニハナが「エキゾチックなムードが漂う店内では、ガンホルダーのように包丁を腰に差した料理人が、塩や胡椒の容器をクルクルと回しつつ肉を焼く」というショーアップされたレストランになったのも八田一朗のアイディアで、それによってアメリカで大成功したからレスリングに資金援助し続けることになったとか、八田イズム恐るべし!

で、そんなやり方を思いっ切り継承したのが福田富昭だった。谷津嘉章や豊田真奈美といったプロレスラーをガチのレスリングの大会に引きずり込んで話題作りをしたり、女子プロレス志望者をレスリングの世界に取り込んだりで選手を増やしたのはいいが、おかげでこんなことになっていたから爆笑なのだ!

「性格も家庭環境も様々だから、トラブルも多かった。福岡の番長、(千葉県)市川の番長、(北区)十条の番長と、悪いのが三人いた。後から聞いた話ですが、ロッカールームで着替える時にケンカをして『よし、あとはスパーリングで決着つけようじゃねえか』という話になっていたそうです。一応序列がはっきりした頃に福田会長にお願いして一緒にメシを食わせて仲直りさせました。やきもちもありましたね。コーチは誰々ちゃんのことしか見ない、私のことは見てくれないとか。それが原因で辞めちゃった子もいました」

女子はめんどくさすぎる！

そして福田富昭がさすがだったのは、アニマル浜口というタダで使える素材をフル活用して話題を作っていく、そのやり方である。

「アニマル浜口の娘・浜口京子が十四歳でレスリングを始めると、福田は積極的に支援した。最初のうちは父親が教えていたが、ボディビルダー出身のプロレスラーにレスリングの技術があるはずもない。『専門家につけないとダメだ』と福田は京子を新潟県十日町の桜花レスリング道場に呼び、レスリングのイロハを教えた。（略）まもなく福田はアニマル浜口に『娘のコーチにつけ』と命じた。レスリングを知らないプロレスラーを日本レスリング協会の正式なコーチにするという大胆な申し出に、アニマル浜口は仰天した」

ああ見えてアニマル浜口は常識人だった。

「親父は信じられないという顔で僕に言いましたよ。『私にそんなことができるんですか?』と。僕は『いいからやれ』と親父に言った。『俺ができると言ったらできるんだ。娘について吠えるんだ。娘だけじゃないよ。十日町の合宿に行った時も、選手全員に向かって、マスコミの前でガーガー吠えろ』と。親父は半信半疑だったけど、うれしそうだったね。『気合いだ!』って何度も吠えているうちに、だんだん本物になっていった。もちろん批判はありましたよ。素人をコーチに据えるとは何事だ。気合いで勝てるなら練習はいらないとね。でも、批判を意に介さず突っ込むのが僕の主義」（福田富昭）

そう。アニマル浜口のパフォーマンスも、実は福田富昭の指示によるものだったのだ！

浜口京子が世界大会で優勝したとき、「新聞記者たちにうながされた」アニマル浜口が娘を肩車して、それがスポーツ紙の1面を飾ったりする、福田富昭のプロデュースと、キャラクターを作ってそこに徹するアニマル浜口のプロぶりに金メダルを差し上げたい。

★今月の豪ちゃん★百獣の王を目指す男・武井壮を取材。戸井田カツヤとかのトレーナーもしているけれど、「実は教えるふりをしてるだけで、無料で寝技の技術を教わりながら、トレーニングのパートナーにもなって、お金も貰える！　それをみんな気づいてないんですよ。でも、これが載っちゃうとバレるので」と言ってたから、ここでバラします。

87

ガチなトラブルをビジネスに転換していく面白さを最近はプロレスじゃなくてAKB辺りに感じているわけですが、黒田勇樹夫妻のツイッターを舞台にしたガチな離婚騒動を面白がってたら、黒田勇樹がこの件について語るイベントを任されることに。面白がった以上は腹を括るけど、嫁側がガチで乱入しようとしてるとか耳にしたり、その件で嫁に相談されたりで、かなり面倒なことになっている男による、書評とは名ばかりの引用書評コーナー。

格闘技界に衝撃が走った桜庭和志の高田道場退団とHERO'S移籍はなんと……!?

『考えずに、頭を使う』　桜庭和志／PHP研究所／740円+税

格闘家としては高田延彦とは比較にならないほどの実績を残している桜庭和志だが、現在の社会的なポジションでも最近出した新書のクオリティでも、ハッキリ言って高田に完敗である。桜庭（本の中では「かれ」と書いてあるだけで名前すら出さないという、その距離感も衝撃的）に裏切られたことで「いままでよりも、もっとドライな人格になってしまった」高田が、「親友はいらない」「いま輝いていないとしても、それでも生きる」などと、メディア上では輝いているはずなのに絶望的なまでの孤独感を告白する『覚悟の言葉』は読んでいるうちにどんどん引き込まれていったけど、桜庭の新書『考えずに、頭を使う』は、考えない桜庭の悪い部分が出たせいか、全然頭に入ってこなかったのだ。

正直、「はじめに」の1行目から「ある出来事がきっかけで、ぼくは人を信用できなくなった……。二〇

〇六年三月三十一日、ぼくは一九九八年一月からずっと所属してきた高田道場との契約を更新することなく、退団を決意しました」とくるから、高田本への返答かと期待は高まったのに、肝心の「ある出来事」が何かについては触れないし、「だれかの庇護を受けつづけていたら、いつまでたっても一人前になれない」と思って退団したはずなのに、こんな行動に出るわけなのだ。

「ぼくをここまで育ててくれて、活躍の場をつねに与えてくれたのはＰＲＩＤＥのリング。ライバル団体のリングに移るなどという選択肢は、つゆほども頭にありませんでした。ところが、状況は思いがけず二転三転し、結局、ぼくはＨＥＲＯ'Ｓと契約を結んでしまった。ＰＲＩＤＥのトップの方にはあらかじめ伝え、ＨＥＲＯ'Ｓ参戦の挨拶をしました。ＰＲＩＤＥの象徴と思われていたぼくの電撃的な移籍は、ファンや関係者に相当な衝撃を与えたと聞きます」

え！　他人事みたいに書いてるけど、「契約を結んでしまった」じゃないでしょ！　そのやり方自体が、全然一人前じゃないんだって！

「世間にどう思われるかとか、筋を通すとか、そんなことよりも、そのときのぼくは、いろんなことがイヤだった。それまでＰＲＩＤＥのリングで築いてきた数々の経験や実績、誤解を恐れずにいえば、ある意味、当時の人間関係さえも、ぼくにとっては厚く重たい『壁』に感じられてしかたなかった」

結局、高田道場に挨拶もなく辞めたことを「ふだんから兄貴ぶんとして信頼を寄せる知人」に「烈火のごとく怒られた」ため、「正直、へこみました。自分としては考えに考え抜いた末の行動のつもりだったけれど、やっぱり順序が違う」と気付くに至るのである。

「ＰＲＩＤＥのオフィス、そして高田道場に挨拶に向かったのは、そのあとのことです。事後報告ですから、だれもいい感情なんか抱けるはずがありません。高田延彦さんにしても、怒っていたにちがいないと思います」

そう反省した4ページ後、「闘いに怒りはいらない」という章で、「怒りは、反射的なものもありますが、たいていは挑発されたり、相手の態度や考え方が気に入らないといった理由がもとで生じるもの。でもそれは、いま自分が怒ったところで変わるものではない。変わらないことに取り組んでも意味がないのです。起きている現象にどう対処すべきか、それだけを冷静に思いめぐらせればいい」と書くのも、高田の怒りが無意味だと指摘しているようにも思えてくるから、もう少し考えたほうがいいんじゃないか、と。

そもそも桜庭は大学3年でレスリング部の次期キャプテンに任命されたとき、「基礎練習を何百回もさせたり、ひどく古典的でムダの多い練習を盲目的にくりかえさせたり」する監督の姿勢に反発して監督とギクシャクするようになり、「どうしても耐えられなかったので」「レスリング部を途中で放棄」。

「ただ、そうしたことをきちんと話し合いや意見交換で消化する術を、当時のぼくは知りませんでした。ネガティブな気持ちをストレートに顔や行動に出すことでしか、意見表明ができなかった。頭には自分しか無いから、周囲の空気を悪くしてしまっていることにも気づかない。気づいたとしても、自分の感情をコントロールすることができない」

つまり、同じ事を再び繰り返していたわけなのである。まさかボクが桜庭ではなく高田の側に感情移入する日が訪れるとは……。

しかも、「内にある闘争心、理想を追い求める気持ちは若いころと変わらないつもりです。ぼくは総合格闘家として、自分がいまだ成長過程にあると信じているんです。何より、ぼくが闘いをやめないいちばん根源的な理由。それは、どこまでも〝強さ〟を求めたいということ」とか総合について熱く語った本が出る前に、桜庭が「演出やドラマ性を重んじるため、純粋に勝敗を競うスポーツではなく、観客もそれを承知で楽しむ」とハッキリ定義付けていた新日本プロレスに参戦すると発表されたりと、出版のタイミング自体も悪すぎ。とりあえず、ある出来事がきっかけで桜庭が高田の信用を失ったことだけはよく分かる一冊なのであった。もっと考えるべき！

★今月の豪ちゃん★新刊『人間コク宝 まんが道』発売中。板垣恵介先生が対松原隆一郎戦や対夢枕獏戦について語っているパートだけでも、本誌読者なら必読！ あと、『ブレイクマックス』で『進撃の巨人』の諫山創のトラウマ的な部分のみ掘り下げたインタビューをやったんですけど、UFCについて熱く語っているパートは文字数の都合で削除！

88

「谷川さんの本、まだ出てないのか……。空手本は何冊か新刊が出てるけど、地味だしなあ……。塚本徳臣ならまだちょっと面白いかもしれないけど、見た限りでは大麻騒動のことにもろくに触れてなさそうだし……」と思ったボクが間違いでした！ たまにそんなミスは犯すけど、あの宮戸優光も「『ゴン格』の書評、面白いよね。でもあれ、かなりキツいから怒られたりしない？」と絶賛してくれた、書評とは名ばかりの引用書評コーナー。

塚本徳臣は空手を通じて宇宙と一体化し世界王者に

『空手革命』 塚本徳臣／ネコ・パブリッシング／1429円+税

塚本徳臣『空手革命』の帯には「フルコンタクト空手の世界観を変えた男が極意を初披露」とあるが、まさか披露するのが空手の技術的な極意じゃなくてこんな極意だとは！

冒頭、「はじめに」部分に出てくるこのエピソードだけでもボクは完全にＫＯされた。

09年のことである。「全日本大会前の取材でテレビ局のスタッフの方々が私の取材に来てくれました。そのスタッフの方から『どんな人が優勝すると思いますか？』という質問を受けたので、私は心がきれいな人が優勝すると思います、と答えました。そのスタッフの方は『えっ⁉』と驚くような表情をしていました。想像するに、私に優勝宣言をしてほしかったのではないでしょうか」。

取材者側がまったく求めていない、想像すらも出来ない発言！ さらには、「その映像がテレビで放送され、見ていたある人から、『自殺をしようと考えていたのですが、考え直しました』という内容が書かれた手紙をいただいたのです。この手紙を受け取った時、メッセージを発することができて本当に良かったなと思いました」と喜ぶ塚本。

続く第一章「天の章」は「天地一つ」という項目から始まり、これがまた強烈だった。

「最初に、私がなぜ『天地一つ』が、大切かを思うようになったことから記したいと思います。私が常に持ち歩いている『バカボンド・7巻』からの引用です」

いきなり井上雄彦作品という身近すぎる題材の登場！　常に持ち歩くのもどうかと思うが、その解釈は『バカボンド』の域を逸脱したレベルへと到達するのだ。

「空手で相手を倒すタイミングというのは、自分よりも天がわかっているんです。この天というのが宇宙で、地が地球。すべては一つということです。（略）天地が一つであるということを自覚すると、正しい心が持てるようになっていきます」

つまり、宇宙と地球が一つだと自覚すれば正しい心が持てるようになり、心がきれいになれば新極真の大会で優勝することも出来るのだ！

「宇宙エネルギーを鼻で吸った時に取り入れて、口で吐いた時に足の裏から大地につながります。そうすることで、私は地球と宇宙のパイプ役となり、宇宙と一つになれます」

そう。塚本徳臣は空手を通じて宇宙と一体化していたことが、いま判明したのである！

彼がこんな思いを抱くようになったきっかけは、「世界大会の2ヵ月ほど前に、『ドリームヒーラー』という本によって、天地一つの意味が理解できました。アダムという天才ヒーラーの本です」ということだった模様。

これを学んだ結果、彼のもとには「食事に関しても今日は肉を食べなさい、今日は魚を食べなさいというメッセージがくるようになりました。宇宙のエネルギーを取り入れて、地球の真ん中につながっているという意識を持つようになったからです。ただし、そのエネルギーを取り入れるには、しっかり反省をして、正しい心を持っていなければなりません」。こうして、彼はしつこいぐらいに正しい心の重要性を説き続ける。『優勝して有名になる』『俺が勝つんだ』こういった我欲が出ている限り、天地のエネルギーを感じることはできません」し、「強くなるためには心が正しくないといけません」って感じで。

「常日頃から、そういう心でありたいと思っているんです。（略）自転車に乗る時もただ黙って乗るのではなく、『今の自分は心がキレイなのかな』と考えて乗るようにしている。（略）もちろん、自分も人間ですから、完全ではありません。電車の中で携帯電話のアプリをいじりたい、ゆっくり眠りたいと思うこともあります」

いや、電車で携帯電話のアプリをいじったぐらいで悪しき心に侵されるわけでもないでしょ！

さらには、この発言である。第10回世界大会で「天地一体の意味にようやく辿り着くことができ」て優勝し、現役引退した彼は、「不思議と世界大会以後、会社の重役クラスの道場生が増えたのです。心を正しくしようと心がけていると、そういう方々も集まってくるのかもしれません」と言い放つんだが、それこそが我欲だし、正しくないでしょ！　道場生の肩書きなんてどうでもいいし、偉くなくても正しく生きる（エンペラー吉田）！

とりあえず、「第32回全日本大会はドーピング検査で、大麻の陽性反応が出て、優勝したものの、資格を取り消されました。勝とうとしか考えていない我欲の塊である、自分の心の曇りのせいで、家族がバラバラになり、好きな空手もできなくなり、死のうとまで考えた時期もありました」という辺りの描写はあっさりしすぎだけど、それ以外のインパクトが強すぎるから問題なし！　本の中には「情熱と愛を伝えていければと思って引き受けさせていただいた」「生まれて初めての講演会」参加者の直筆感想文や、「丹田に銀河系を作る」といったメッセージも多数掲載。

「これは、私が道場や目につく場所に貼っている言葉です」「みなさんも、好きな言葉や勇気づけられる言葉があったら、仕事場や自宅のどこかに貼ってみてはいかがでしょう」って、ボクは絶対に貼らないです！

★今月の豪ちゃん★同じような世界の病んだ経験のある先輩たちを直撃したボクのインタビュー集『サブカル・スーパースター鬱伝』（徳間書店）が、人生初の5刷に到達！　世の中に病んだ人や、病みそうな不安感を抱えている人が異常に多いことを痛感しました！　『人間コク宝　まんが道』（コアマガジン）も『電池以下』（アスペクト）も発売中。

89

谷川さんから「絶賛してね！」「読む前から褒めまくって！」という呑気なメッセージ付きで、著書『平謝り』が送られてきました。本当にありがたい限りなんですけど、「送本したんだから、まさか悪口なんか書かないよね？」というプレッシャーに打ち勝つためには、やっぱり本やCDは自腹で買うべきだと痛感させられるばかりなんですが、気にせずいつものように好きなことを書かせていただく、書評とは名ばかりの引用書評コーナー。

元K-1プロデューサー谷川貞治氏が明かす番狂わせの連続と……

『平謝り―K-1凋落、本当の理由』　谷川貞治／ベースボール・マガジン社／1500円+税

K-1を手掛けていた谷川貞治&柳沢忠之とPRIDEやハッスルを手掛けていた山口日昇の3人がいま借金で大変なことになっているわけなんだが、みんな出版の世界で生きていたら確実に名前も財産も残せたような人たちなのに、もったいない！　とボクは思う。

そして、谷川さんには文才がすごいあるはずなのに版元がベースボール・マガジン社のせいかどうにも内容的に無難すぎるし、編集者が説明不足なのが気になるのであった。「当時働いていた株式会社ローデスで、僕がK-1のマッチメイクを、社長の柳沢忠之がPRIDEのマッチメイクを本格的に始めるようになった」

という説明だけで「柳沢」という人名がその後も登場するのも、「(石井館長は)デンジャー松永なんかをK−1 JAPANのリングに上げた人」と書くのも、読者がみんな小さな頃の『紙プロ』やW★INGのミスター・デンジャーを知っていると思ったら大間違いなのである。「寛水流空手出身ながら、当時はW★INGでブレイクした凶器攻撃を得意とするデスマッチファイター」とか説明しないと伝わらないよ！

百瀬さんについての記述もあっさりしたものだし、川又さんもKさんというアルファベットで登場するしで、さすがにデリケートすぎるテーマだったんだとは思う。ただし、Dynamite!!USA開催時の苦難の数々は何を書いても自由そうだから、いちばんリアル。アスレチック・コミッションの嫌がらせも激しくて、なぜかX−JAPANのYOSHIKIも熱くなって「こうなったら、ヒラリー・クリントンを動かそう！」と言い出したとか、「後にこのアスレチック・コミッションのコミッショナーは淫行で解任されました。やっぱり、とんでもない奴だったんだ！」とか、いい話多数！ さらには現地で雇った日本人運転手の本業はカメラマンで、こんな愚痴をこぼしていたそうなのである。

「ひと旗上げようとアメリカにやってきたんだけど、もう日本に帰ろうかと思ってるんです」「アメリカでカメラマンをやるにはユニオンに入らなきゃいけない。ユニオンに入って、ユニオンから仕事をもらう。そうやって仕事を続けて名前が売れてくると、ユニオンの中枢部に近づけてどんどん仕事がやりやすくなっていくんだけど……」「カメラマンのユニオンの中枢部はゲイばかりなんですよ……。ゲイになって有名なカメラマンになるか、ゲイになりたくないからカメラマンを諦めるか選択に迫られて。僕はゲイになりたくないので、諦めて日本に帰ります(涙)」

これを聞いて「僕もゲイになってUFCの軍門に下っちゃおうかなぁ」と言い出す谷川さんの呑気さ&デリカシーのなさも最高！ ただし、K−1が落ちていった理由については、第1回K−1グランプリがなぜ盛り上がったのかを忘れてしまったせいだとボクは勝手に確信している。

「当時はまだよく知らなかったオランダのアーネスト・ホースト、ブランコ・シカティックをオランダのキック関係者に推薦されて入れることにしました。また、一人ぐらい白人のアメリカ人が欲しいなということで格闘技が本職じゃなかった元ボブスレーのオリンピック選手トッド・ハリウッド・ヘイズをアメリカのプロモーターのデル・クックの推薦で入れることにした。これは一回戦ぐらい佐竹に勝って欲しかったので、あまり強くない選手を一人入れる意味も正直ありました」

それが「大番狂わせの連続！　あの組み合わせだと、本当は佐竹対アーツになると踏んでいたのです。しかし、そうならなかったのが良かった！」と分かっていたはずなのに、勝って欲しい選手に有利なマッチメイクをするだけじゃなくて、勝たせるためにはどんな無茶でもするように見えたらアウトなのだ。

「石井館長の人脈も、テレビ局、スポンサーとなり得る優良企業、芸能界と広がり、名を売っていきましたね。銀座や六本木でも有名となり、東京で住んでいるホテルのランクも上がっていった。女性にもモテたでしょうね。まさに我が世の春。モテキ。（略）僕は相変わらず、ベースボール・マガジン社のある水道橋でカレーを食べながら石井館長のことを見守り、必死にサポートしていました」

しかし、K－1プロデューサーになった頃には谷川さんが夜の街で豪遊していたとの噂なのに、その辺りには一切言及されてないのも、もともと奥さんに頼まれてゴミを捨てる庶民派キャラだったのに、「家も車も失ってしまい、人生で一番のどん底を味わうことになってしまいました」と書くだけで、家庭のことに一切言及していないのも引っ掛かる。

そしていちばん引っ掛かったのは、藤原紀香が「すごい努力家」だと証明するいい話として、「最初の頃、田代まさしさんが『紀香、スカート短くねぇ』と言ったら、ウフフって感じで、次の週はもっと短いスカートを穿いてきて」「その根性というか、プロ魂に、この人は売れるんだろうな～って思っていました」と語っていることなのであった。それ、マーシーがスカートの中を盗撮した『ミニにタコ』騒動の後だと完全にアウトだよ！　目の前に餌をぶら下げちゃダメ絶対！

★今月の豪ちゃん★昨日は森喜朗元首相、今日は須藤元気を取材。森喜朗バッシングのピーク時から「絶対に面白くて、嘘のつけない人」だと思ってたけど、やっぱり豪快な田舎のおっちゃん的な憎めない人でした。そして須藤元気は音楽活動でも歌詞やPVにフリーメイソンやイルミナティの要素を混入させていたから相変わらずだと思いました。

90

元UWFインターナショナル代表・鈴木健を取材したら、あまりにもなんでも話してくれるので（プロレスの仕組みに気付いた瞬間や下半身事情から向井亜紀への嫉妬心まで）ビックリしました。そして翌月、高山善廣を取材したらちょっとガード堅めな気がしたんですけど、冷静に考えたらたぶんこっちが普通！　鈴木健を基準にしたらいけないという当たり前のことにようやく気付いた男による、書評とは名ばかりの引用書評コーナー。

余命1カ月と宣告された極真ビデオ制作会社社長が自伝で語る大山倍達とは

『命の恩人　大山倍達』　前田達雄、真崎明／蕗書房／1600円+税

極真空手のビデオを作っていたメディアエイトの社長・前田達雄氏が、末期ガンで余命1カ月と宣告されてから書き残した自伝。

この人、実は空手にも大山倍達にも思い入れがなかったようで、「日銀総裁じゃあるまいし、自分で総裁名乗ってさぁ、本当にそんなに偉くて強い人なのかね。俺には図体のでかい池袋の親父ぐらいにしか見えなかったけどね」と飲み屋で言い放ったり、アポなしで極真の池袋本部道場に乗り込み、「長年映像制作に関わって参りましたが、私が思いますに、大山先生の空手を私が制作すれば大ヒット間違いなし」とハッタリかましたりと、どうかと思うような言動連発。それでいて、大山総裁義理の弟・藤巻潤も出演していた『ザ・ガードマン』の助監督を偶然やっていたことで認められ、「なぁんだ、地上最強の男と聞いていたが、結構

単純ではないか」と言い出すからどうかと思うんだが、なぜか急にダウナーになったりもするから厄介なのだ。

「大山倍達――。それは、燦然と輝く太陽のようだった。まともに見ようとしてもまぶしくてとても見られず、思わず下を向いてしまいそうだ。一方、私は何だ。石ころや雑草ならまだいい。泥沼の底にある汚泥に埋もれた、腐った屍のような存在ではないか――」

何かと思えば、このとき彼は会社を3度倒産させて数億円の借金を背負い、離婚し、ヤクザに追い込まれ、「恐怖と地獄のような苦しみの中で酒に溺れる日々が続き」「アルコール依存症になって」いたのである。泥酔してレールを枕にして横になり自殺も決意するが、それでも意を決して再び大山総裁と会うことを決意。すると、「ところで君、食欲はあるのかね。顔色が悪いぞっ」「君、食欲が無くてどうして仕事ができるんだねっ」「そんな奴とは私は付き合いたくないね」「食欲が無い人間には生命力がないよ。生命力が無い人間なんかと私は付き合いたくない、と言っとるんだよ、君ィ」と大山総裁にハッパをかけられ、素うどんを奢られるのだ。

そして、「私はねぇ、実を言うと少し骨相学の研究をしているんだよ」「君の人相は非常にいいんだよ」「君は、必ず成功するぞ」「その代わり、酒を減らしてアタシが言うことを少しでも聞かなくっちゃダメだよ」と言われ、大山総裁が命の恩人になった、と。

いざ一緒に仕事するようになれば「なるべくハゲを撮らないように……うまく撮ってくれよ。見てハゲが出てたら怒りますよ」「見ていい男だと思ったら一杯奢りますよ」と言ったりと、大山総裁のチャーミングなキャラクターがよく伝わってくる一冊なのである。そして、だからこそ前田氏のどうしようもない感じも余計際立ってしまうわけなんだが……。

前田氏の過去のエピソードでも爆笑した。最初の会社に就職して1カ月目、「私はついノックを忘れて便所のドアを開けてしまった。中には、ちょうど用を足そうとしてしゃがんでいた社長がいた。社長は素早く振り向くと、こっちを睨みつけた。この時以来、社長は掌を返したように私に冷たく当たるようになった。私は初任給の六千円を貰った晩、同僚の友人と二人で夜逃げした」って、なんだそのどうでもよすぎる運命の分かれ目は。

会社を倒産させて債権者会議を開き、金を借りていた古い友人に「助けてくれ」とすがりつかれた夜、酒場で酒を飲み、ツケで飲みすぎて出入り禁止の店を増やしまくったりと、彼は現実逃避のために酒を飲みまくる。

再婚相手の両親に挨拶にいくときもベロンベロンに泥酔。「失礼で済まされる話ではない。水をぶっ掛けられて『帰れっ』と怒鳴られるのが関の山だ。だが気の小さな私は、酔っ払いでもしなければ到底ご両親の前に立つことなど出来なかったのだ」って、こういう人もキッチリと受け止めるから大山総裁は大物なのである。だって、地方大会に同行したときも宴席で泥酔し、「大山総裁っ、総裁は牛を一撃で倒したって聞いたんですけど、あれって本当の話ですか。牛と人間が素手で戦うなんて信じられませんけどねぇ。本当にやったんですかっ」「総裁、笑ってちゃ分かりませんよ。本当に牛と戦ったんですか。何なら今ここで、俺とやってみますか」と言って、大山総裁相手にファイティングポーズしたりするようなタチの悪い人なんだよ？

中村誠がチンピラ5～6人に挑発され、全員を病院送りにしたため禁足処分にしたら、支部長たちに「極真は昔、ケンカ空手という汚名を着せられていたが、最近ようやく武道空手として社会に認められるようになった。それなのに再びケンカ空手と言われるようになってしまった。道場生も中村のせいでどんどんやめていく。だから中村を破門にすべきだ」と言われた大山総裁が、前田氏に相談した果てにこう決意するのも最高だった。

「バカ野郎。そんな道場なら閉めてしまえ。何のために空手やってるんだ。売られたケンカも買えないなら空手なんかやめればいい。私は彼らにそう言うよ」「もしケンカを売ってきたら、その時はのばしてしまえ。それ位の覇気がなければ空手やってる意味がない」

大山総裁がさらに好きになれる本でした。

★今月の豪ちゃん★名古屋で有吉弘行さんと居酒屋で飲む番組に出演後、東海テレビ御用達の熟女バーに行ったら、そこのママが森下直人DSE社長に妹のように可愛がられたという人（肉体関係なし）で、「あの日も森下さんとメールしてたんですけど、自殺なんかする人じゃない」と断言。思わずPRIDEのドキュメント本が読みたくなりました。無理かなあ。

91

宮戸優光、鈴木健と続いた『BUBKA』の元Uインター関係者インタビューですが、ようやく安生洋二にまで辿り着きました。いま何をやっているのかと聞いたら「なんとも言えないんですよねえ……」と答える安生。本人は平和主義者なのに、与えられた役柄として各団体やヒクソンや前田日明にケンカを売り、恨まれ、それが事件にまで発展したことを考えるとなんだかしんみりしてきた男による、書評とは名ばかりの引用書評コーナー。

大人になった鈴木みのるが前田日明との関係を語る！ZSTでの再会裏話もあり

『鈴木みのるの独り言100選』 鈴木みのる／ベースボール・マガジン社／1500円+税

昔は子供すぎていろんな大人たちと衝突してきたけれど、いまはいろんなことを反省してすっかり大人になった鈴木みのる。インタビューしても、あまりの謙虚さとトークスキルの高さに感動したぐらいなんだが、こういう本になるとプロレス専門誌連載なのでいろいろ気遣いが必要になるという足枷もあったかもしれないけれど、やっぱり文章を構成する側のセンスに左右されるんだな、と。GK金沢克彦が聞き手となった鈴木みのる本『風になれ』（06年／東邦出版）は面白かったけれど、今回ボクの正直な感想は「もっと面白く出来たはずなのに！」というものだった。

「格闘技はたまに見るよ。道場に来たら雑誌とか置いてあるからそれを見たりもするし。こないだ『格闘技通信』のマエダアキラのインタビューを読んだけど、相変わらずだな（笑）。まあ、あの人はいくつになってもマエダアキラだよ。だからあれだけ需要があるんじゃない？　引退して何年もたつのに『マエダアキラの言葉が聞きたい』って人がいまだにいるわけじゃん。いまの総合とかプロレスを視てると、そういう存在の人間がなかなか出てこないよね。みんな言葉が普通だもん。言葉に力がないというか……」

まだ『格闘技通信』が存在した頃のコラムだということにまずしみじみするし、人名を片仮名にするセンスにも引っ掛かるんだが、興味深いのはやっぱり前田日明との関係だ。

「ボクシングのカメダ兄弟が出てきたときに、『あぁ、薄っぺらいな』って思ったんだよ。たぶん吹き込まれてはいたんだろうけど、自分が経験したことのないことを、さも自分が経験してきたかのようにしゃべってたじゃん。そういう姿を見て、『コイツ、ペラペラだな』って思った。でもそれってオレも昔、ペラペラに見えてたんだなって思っちゃった、あんなふうに。若い時から自分なりの正論をしゃべり『オレはこれで間違ってない』『オレは正しい』って思ってたけど、当時いちばんオレの文句を聞いていたであろうマエダとかフジワラサンにしてみれば『コイツ、ペラペラだな』って見てたのかなっていう気がするよ（苦笑）」

キャリアも実力も伴わないまま注目され、ヤンキー魂溢れる挑発的な発言を繰り返していたという意味では、確かにあの頃の鈴木みのるは亀田兄弟的だったのかもしれない。

「マエダは経営する側に立って、オレと考えかたが違うのは当たり前だったし、さすがに今はそれも分かるけど、当時は理解できなかった。当時は〝コイツはウソつきだ〟としか思えなかった。（略）UWFのときはマエダに対しては、常に反発していた。顔を合わせてなにか言われて、ムスッとして『知らないっすよ』とか言ったら、ボコボコにされたり。そのうち、道場に来ても挨拶もしなくなったり、そんな状態が続いていた」

デビュー1年ちょっとで移籍してきたばかりの新人がそんな態度だったら、ボコボコにして当然！　前田日明は全然悪くない！

そんな当たり前すぎることに、鈴木はだんだん気付いてきたというわけなのである。

「ＵＷＦ末期、マエダは自分の貯金を切り崩してオレたちに２ヵ月ぐらい給料を払ってくれていた。そんなの当時は当たり前だと思ってたけど、いざ自分がパンクラスをつくって同じような状態になったとき、イナガキもいて、クニオク、ヤナギサワもいて、そいつらを食わせないといけない。それで貯金を切り崩して食わせているうちに、どんどん貯金もなくなって、物を質屋に入れていって家財道具もなくなっていったりした。当時、応援してくれていた人の紹介でお金を貸してくれそうな人のところに行った。いろいろと話をして、『どれぐらいあったら、そのやろうとしていることができるんだ？』って聞かれて、〝これぐらいあればできるんじゃないですかね〟って軽い感じで言ったら、『甘い』って言われた。『１万円も貸さない』って言われた。それで『なんだよ、わかってねえな』とか言いながらつぎのところに行ったら、そこでもまた同じことを言われた。そのつぎも同じことを言われて……だれも１円も貸してくれなかった。銀行に行っても、もちろん１円も貸してくれなかった。何がダメなのかもよくわからなかった。そうやって自分たちでいろんな経験をしながら、徐々にむかしのことも理解をしていった」

その結果、前田日明や藤原組長に謝罪して和解するに至ったのだ。ちなみにＺＳＴで前田日明と久し振りに再会したときの会話は「ラウンドガールのお姉ちゃんのオッパイはどの子が大きいかとか」だったそうで、前田日明の「男はオッパイの話をすれば仲良くなれる」イズムはつくづくブレなさすぎ！

なお、「読んでいて気付いた読者もいるだろうが、オレの文章はとにかく読みづらい。カタカナがやたらと出てくるし」「カタカナって、なんか冷たい印象を受ける。感情がナイっていうのか……。それを人名に持ってくる事によって『敬称略』と、人名から受ける感情をなくして『客観的』に人を指すものとして使っている」と本人も言っているけど、そこを読みやすくするのが編集の仕事なのに！

★今月の豪ちゃん★そんな『BUBKA』のプロレス～格闘家インタビューが白夜書房から単行本化決定。本誌読者にオススメなのは菊田早苗インタビューぐらいのように見えて、ことトークに関していえばプロレスラーが格闘家に完勝しているって事実が分かってもらえる本になってると思います。そういう意味でも極悪大王ミスター・ポーゴ最強。

100万部を突破した阿川佐和子『聞く力』バブルのおかげで、ボクにも「プロインタビュアーとしての新書を出して下さい」という依頼やテレビやラジオへの出演依頼が急増。そして遂に阿川さんとの対談企画が組まれたんですが、編集者の電話で起こされて思いっ切り遅刻しました！　阿川さんとは前に一度会っていて、そのときは師匠のリリーさんが対談をスッポかしてたのに！　そんな男による、書評とは名ばかりの引用書評コーナー。

92

"興行師"協栄ジム会長、金平桂一郎が父から学んだ現代に捧げる人材育成法！

『非エリートが世界を制す』　金平桂一郎／アスペクト／1500円+税

最近、格闘技関連本のリリースがあからさまに減っているので、今回はとうとうボクシング本の登場である。まあ、協栄ボクシングジム・金平桂一郎会長による「人材育成の秘訣」をテーマにした不似合いなビジネス本ならきっと面白いはず！　案の定、「世の中にビジネス書はあふれています。私も時々読むことがありますが、本当に心に残るのは、一冊読んでせいぜい一言です」といきなりハードルを下げてきて不安になったが、それでも印象に残る一言が飛び出してきたのだ。

「偉そうな描き方になってしまいますが、私にあって悩んでおられる読者の皆様に欠けているものがあるとすれば、『自分は興行師である』という自覚なのではないでしょうか」

そんな自覚なくて当たり前だよ！　ただ、金平会長もそこはわかっているようで、「あなたがビジネスパーソンである以上、いきなり興行師になれと言われても、面食らってしまうはず」だけど、それでも「経営者・上司は興行師であるべきだ」と説くわけなのだ。

どういうことかというと、もともと彼は興行師的な視点もないまま、トレーナーとしてかなり厳しく選手を鍛えていたそうである。

「自分でも自制が効かず、口より先に手が出るどころか、リングに駆け上がって、他の選手が見ているのもお構いなしで殴っていたのです。蹴りも繰り出しました。スパーリングしている選手がロープに下がってくると、リングの外から殴って、『試合で殴られるのがいいか、俺に殴られるのがいいか』とどやしつけていたのです」

鉄拳制裁上等な彼に対して、「私の父であり、協栄ジムの先代会長である金平正紀」は「そんな古いやり方じゃあ、選手は誰もついてきませんよ」と忠告。実際、「勝ったにもかかわらず、ＫＯを奪えなかったことで私の怒りを買い、ボコボコに殴られてしまったボクサーは、その後、自らジムを去って行きました」なんてこともあったみたいだから金平父の忠告は正しすぎるんだが、彼は「何を言っているのか、そのころの私には理解できませんでした。あなたこそ、現役選手時代はトレーナーに竹刀でぶん殴られ、育成する側に回ってからも、やっぱり選手をぶん殴っていたじゃないか」と憤っていたとのこと。

「父は現在の広島県呉市の出身で、地元でも札つきの『がんぼたれ（広島弁で『暴れん坊、やんちゃもの』の意）』だったそうです。呉は映画『仁義なき戦い』のモデルとなった抗争事件の舞台の一つです。物語のモデルになった方たちは父と年齢が近く、中学の同級生や先輩後輩の関係でした。そんな彼らをして『まあちゃん（父・正紀）は、あれはワルかったんど！』なんて言わせるのですから、父は小柄でしたが相当ケンカには自信があったのでしょう」

そんなヤクザみたいな男に正論だけは言われたくなかったはず。しかし、金平父は「アメリカで現代的なボクシングのトレーニングやマネジメントを学んだ後、ぴたりと鉄拳制裁をやめ」て、こんなやり方になったのである。

「二言目には『ユーすごいよ、チャンピオンだよ』とおだてるようになりました。私はジャニー喜多川さんのものまねをするジャニーズのタレントさんを見るたび、勝手ながら父のことを思い出してしまいます」

殴るより褒めろ！　そして、話下手な息子には「お前の話はつまらない。つまらないから、立川談志師匠の弟子になってこい！」と命令！「父は実際に談志師匠と親しかったのですから、断りを入れるのに、ずいぶん苦労させられました」って、それも本気だったんだ！

こうして彼は興行師として選手という商品を活かすやり方に目覚めたわけなのである。

タトゥーが入ってて、スケボーばかりやってて、スケボー修理用の「スパナを持ち歩いて職務質問を受けたり」、「サンドバッグを打つことには何の意味もない」「ロードワークがそんなに大切なら、オリンピックのマラソン選手がボクサーになれば、簡単に世界チャンピオンになれるはずだ」などと公言する問題児・佐藤洋太も、変に叱ることなくチャンピオンになるまで育て上げてみせる。

亀田兄弟にしても、興行師という視点に立てば「ボクシングがわかっているファンの中には、亀田一家のやり方は認められないと思っている方が多いでしょう。亀田の試合なんて、突っ込みどころ満載でお子さま向けで、ただでチケットをもらったとしてもテレビ観戦で十分。その程度のものかもしれません。それでもなお、この時代にボクサーの名前をここまで広く知らしめたことそのものは、明らかな事実です」というのも当然！

こうして無理のありすぎるビジネス書の出版オファーも引き受け、「もし今度、少しお仕事に疲れるようなことがあったら、部下に怒れない自分を笑いたくなったら、ボクシングをご覧になりませんか。きっと、何かを刺激されるはずです」と最後は宣伝で終わらせるから、見事な興行師ぶりなのであった。

★今月の豪ちゃん★TBSラジオのレギュラーがなくなって以降、たまに他局でゲストで出るぐらいで、ラジオで好き勝手なことをしゃべりたい欲が溜まりすぎたから、ニコ生&メルマガ形式で『豪さんのポッド』を復活させることを決意。そしたら、その途端にラジオのレギュラーの仕事が入ってきたという……。もちろんこれも引き受けてみせます!

93

おそらく本誌読者の方々なら増田俊也著『七帝柔道記』は読んでることと思いますけど、ボクはすでに次回作となる評伝『ムツゴロウと畑正憲のあいだ』が気になってしょうがない状態。木村政彦に続いて、またもやボクの大好きな人を増田さんが掘り下げるとは! つまらない人間に適当なことを書かれるのは腹立たしいけど、増田さんなら信用出来る! 現時点で確実に誰よりも期待している男による、書評とは名ばかりの引用書評コーナー。

今回はなんと自著を書評!? 意外な人物と意気投合し、幻想の復活を訴える一冊

『吉田豪の喋る!!道場破り』 吉田豪/白夜書房/1524円+税

手前味噌で申し訳ないが、「プロレスなんてただの八百長裸踊り」だと思っているような格闘技好きの人にこそ、『吉田豪の喋る!!道場破り』を読んでいただきたいと思う。

あの天龍源一郎も「相撲のときにプロレス観てて、『ああ、プロレスなんか明日にでもやってやるよ』って感じでしたよ」「いい加減な商売と思ってた」というぐらい舐めていたはずなのに、また昔みたいな激しい試合をするため、いまは腰を手術して歩くのも困難なぐらいなのに62歳にして激しいトレーニングに励む、その魅力とは何なのか? プロレスはただのショーでもただの真剣勝負でもないところが面白いというボクの持論をベースにしたこの本を読めばわかるように、どうせただのショーなんだろうという醒めた考え方では大成できない世界なのは間違いない。

レスリングの大会で松浪健四郎と対戦したときドロップキックを出して反則負けした伝説を持つドン荒川は、「僕は木村（政彦）先生の弟子だから」「私は拓大なんて出てません！　みんな勘違いしてるんですよ。でも、拓大を訪ねたらみんな『押忍！』って言うから、僕も『押忍！』って言って、そのまま知らん顔して」といういい加減なスタイルで拓大柔道部に勝手に出入りし、そんな技術をベースにしてふざけたプロレスを続けていた。

「拓大のＯＢが、拓大柔道部の卒業生はだいたいが警察かヤクザのどっちかになるって言ってましたけど……」というボクの質問に、「間違いない（キッパリ）。拓大の岩釣（兼生）先生が、山口組から柔道を教えてくれって言われたんですよ。そしたら、警察の人が『それだけは勘弁してくれ』って（笑）」と答えたり、そんな人脈でなのか「日本のトップの……（頬に傷のジェスチャーで）こっちの人たちと仕事もして」きたりで、ヤバそうな過去もあるからなのかプロレスのショー的な要素について、こう語っていたのである。

「お客さんはお金を払って観に来るわけですから、楽しませなきゃ。殺し合いじゃないってことをみんな覚えなきゃいけない。ゴッチさんがいくら強いっていったって、１人も殺してませんからね」

だからプロレスは平和だっていう、黒社会と交流のある人ならではの物騒すぎる発想！

ただし、それほど平和なわけでもなくて、明らかにおかしな試合が存在したことも検証しているんだが、それらが全てドン荒川のイタズラ心が原因っぽいのも、また恐ろしい！

そして、打撃はガチで入れるから、それで試合の結果が変わってもＯＫという物騒な裏ルールを導入していたＵＷＦインターナショナルについても多角的に検証している。いまも幻想を守り続けようとする宮戸優光、異常な元気さと口の軽さで自身のプライベートまで何でも話す鈴木健、そしてコミュニケーション能力皆無なのに英語が出来るというだけで渉外担当にされ、台本通りに嫌われ役を演じ続けた安生洋二。ヒクソン・グレイシーの道場破り失敗でボロボロにされた後、「そのままイギリス行ったんですよ。当時Ｕインターを世界中で放映してたんで、そのプロモーションで。だけど仕事になんなかったです、顔が腫れ上がってて（笑）。しかもそんな状態なのに、入ってた仕事がイギリスの子供番組に出演するっていう（笑）」という、そんなときでも仕事に徹する姿勢に泣ける。

かつてのパンクラスのツートップだった船木誠勝は、プロレスのリングでアクシデントで怪我させられたことに対して「訴えようと思いました」と真顔で言い切るマッドネスぶりを発揮し、かつての悪童・鈴木みのるはすっかり大人になっていて（組長は「あれは利口すぎる」とコメント）、パンクラスの外敵であり、プロレスを否定する発言によってPRIDE出場時は完全にヒール扱いされた菊田早苗も、やっぱり大人になっていた。

「格闘技は競技的にやってたんですけど、最近やっぱり幻想は大事だっていうか、楽しいっていうか……」「自分の試合を振り返っても、わけわかんないアレクサンダー大塚選手の試合とかありましたけど、ああいうのもおもしろかったんだなって思えてきて」「いま、ああいう試合ないですね。こないだビデオ見たんですけど、いまだったらエンターテインメントっていうのを多少意識するわけですよ。でも、あのときはなんにも考えてないから。何も見えてないんですよ。あれがいい！」『負けた者は去れ』（って試合後のマイク）とか、ああいうの最高ですねー。自分で久々に見て笑っちゃいましたよ」

まさか宮戸優光や菊田早苗と、ここまで意気投合できる日が訪れるとは思わなかった！

菊田が「いまの格闘技、幻想がなくて競技じゃないですか。UFCぐらいいけばいいんですけど、いまの日本の格闘技を見ると、昔憧れたプロの世界という輝きが無くなってますよね」と言っているように、プロレスラーもグレイシー一族も幻想が売りだったし、いまはそこが致命的に物足りないのであった。

★今月の豪ちゃん★力道山ジュニア百田光雄を取材。木村政彦戦の話をたっぷり掘り下げたんですけど、「ウチに長い試合映像がある」と言ってたからビックリ。プロレス側&格闘技側の解説者と実況アナの声を副音声で入れてDVD化して欲しい！　書店販売出来るのであれば、増田俊也さんの本の効果もあってそれなりに売れるとは思うんだけどなあ。

94

実はこの回のリードは連載時、先々週の連載のリードが手違いでそのまま入っていたことが判明。なんで連載時の担当編集が気付かないんだよ！　と責任転嫁したくもなるんですが、もう完全に時効！　その結果、7年前の原稿のリードをいま書き下ろすという無謀な行為にチャレンジすることになったわけですが、ボブ・サップは17年にも元恋人からDV告発されることになる、と予告しておく。そんな男による、書評とは名ばかりの引用書評コーナー。

単なる暴露本ではない！格闘技界隆盛の裏にあるボブ・サップの光と影

『野獣の怒り』　ボブ・サップ／双葉社／1400円+税

「人を殴るのは、悲しいことだ。拳に確かな感触があった瞬間、相手はガクンと膝を落とし、マットに倒れる。場内から湧き上がる歓声。脳内に溢れ返るアドレナリン。口を突いて出る雄叫び。だが、勝利の余韻など、一瞬だ。マットに沈んだままの相手が気になる。オレの一撃が、何か彼の体に致命的なダメージを与えてしまったのではないか。もし、二度と起き上がってこなかったら……」

冒頭のこの一文が、ボブ・サップの人となりを分かりやすく伝えてくれる。サップは格闘家としてはあまりにも知性がありすぎて、そして臆病すぎた。名勝負となったノゲイラ戦でも相手が深刻なダメージを受けないかと心配で、殴りながら「オイ、大丈夫か？」と聞いていたぐらいだし、曙戦でもこの調子。

「あのKOシーンは本当に危険だった。前につんのめった状態でマットに沈んだため、窒息する可能性があったからだ。映像を見てもらえばわかるが、KO直後、オレは抱きついてきたスタッフを振り払って、勝利を喜ぶよりも先に曙のもとに駆け寄っている。すぐに仰向けにさせないと、彼の命が危ないと思い、焦っていた。（略）この日のリングサイドには、彼の妻と2人のかわいい子供が手を取り合って、父親の試合を見つめていた。K－1の演出の一つだったのかもしれないが、ああいう残酷な姿を愛する家族に見せるべきではないと思う」

正論だけど、ちゃんとしすぎてる！　ここまで考えられる人間にしてみれば、自分の身体にどれだけの後遺症が残るのかも考えずノーガードで打ち合うような行為は馬鹿のすることであり、ダメージを受ける前に試合を放棄することこそが正しいという結論になるのだろう。どれだけ不甲斐ない試合を繰り返しても知名度だけはあるからオファーはなくならないし、だからこそ格闘技メディアは彼を叩く。しかし、それも本来ならK－1なりがやるべき格闘家の引退基金のためでもあるんだと彼は語る。

「確かにいまのオレは、ビースト全盛期のように勝利を収めることは難しい。リングに上がることが、困難を抱えたファイターのサポート活動になっている事実など知らないのかもしれないが、勝敗だけですべてを判断するメディアの人間にはうんざりするばかりだ」

「K－1時代を振り返る、言い訳だらけの著書を出して嬉しそうにしている谷川は、ケンカ別れしたオレが〝K－1の尻拭い〟をしている現実をどう思っているのだろうか」

いや、そこは勝敗ですべてを判断されてもしょうがないでしょ！　この本でサップは、K－1がいかにデタラメで、谷川さんがいかに酷い男だったのかを主張し続ける。おそらくそれは正しいんだとは思うが、NFLで結果を出せず引退を決意した翌日、全財産＝1億5000万円を持ち逃げされ、やむなくプロレスを始めてWCWと契約したら、その直後にWCWが崩壊して解雇されたりで、人間不信になっているせいでもあるのだろう。

そして、「ファイティングビジネスでなんとか成功したいと必死だったため、言われるがまま、すべてに従順だった」サップは、K－1やPRIDEでブレイクを果たすことになる。もともとハルク・ホーガンをモチーフにしたコスチュームを用意していたのに、島田裕二レフェリーのプロデュースで、ピンクの派手なガウンと入場テーマが用意されていて、「なんでオレがこんな女みたいなピンクのローブをまとわないといけないんだ。まるでさらし者じゃないか……」とへコみ、「リングにたどり着く前、一刻も早くピンクのローブを脱ぎ去りたかった。その気持ちから、ゲートから昇降機で花道に降りる瞬間、両手を広げて派手にローブを脱ぎ去るアクションを思いついた」ら、それがトレードマークになったというのもちょっといい話。

しかし、成功もまた不幸の始まりだった。

「瞬く間に人気者となっていく中で、他のK－1ファイターから大きなジェラシーを感じるようになった。『あんなに技術のないヤツはファイターなんかじゃない』『ヤツはパワーだけのプロレスラー崩れだ』。ホーストをはじめ、ピーター・アーツやジェロム・レ・バンナなど、誰もが口を揃えて、オレを陰日向なく罵った。いまは友達だが、ニコラス・ペタスだって最初はそうだった。バックステージでは誰もオレに話し掛けてこなくなった。宿泊先のホテルのロビーで、よくファイター数人が集まって女の話などをしていた。話の輪にオレが加わろうとすると、一人、また一人と離れていくのだ」

さらには実弟が美人局（つつもたせ）的な罠で慰謝料を奪おうとしてきたから、家族とも距離を置くことになったとのこと。なお、両親は幼い頃から派手な夫婦喧嘩を繰り返し、母親は浮気を繰り返して離婚し、精神に重い病を患い、自分たちを置き去りにして失踪し、現在はホームレス。この辺りに、サップが女性には奥手で家族も作らず、後におしっこプレイにハマったりする原点がある気もするのであった。

★今月の豪ちゃん★新宿御苑周辺を歩いていたとき、前からミスフィッツのクリムゾンゴーストTシャツを着た金髪男が歩いてくるなあ……と思ったら会釈されて、誰かと思えば小林聡。引退後、西新宿ガード下のロックTシャツとかを売っている店でバイトしていると聞いて、その野良犬キャラとはミスフィットすぎる着こなしに合点がいきました。

95

谷川貞治&ターザン山本の共著『ハレンチじゃなくて、いったい、人生にどんな意味があるんだ!』の書評はもちろん今月もスルー! でも、『アウトデラックス』という地上波テレビ出演決定でテンションが上がったターザンが「そんなところに私が出ていいの? いいとも(笑)」と日記で書いてたのは爆笑しました。そこは「いいかな?」って聞かないとアウトだよ! と突っ込みたくなった男による、書評とは名ばかりの引用書評コーナー。

須藤元気が新刊で語る格闘技ブーム全盛期と、予想外の引退後とは?

『やりたい事をすべてやる方法』 須藤元気/幻冬舎/1300円+税

格闘技関係者の中で須藤元気だけが著書を定期的に出せていた時代が数年前に終わり、格闘技不況もかなり深刻になってきたわけだが、音楽活動で再び脚光を浴びた彼が再び新刊をリリース。そこには、想像以上に大変だったらしい彼の正直な告白が書かれていた。

「二〇〇六年、大みそか――。あの日、僕は以前から思い描いていたように、一切の前振りもなしにサラッと引退をした。もしかすると、あの日は僕の引退よりも〝ヌルッ〟の方を覚えている人が多いかも知れないくらいにサラッと引退できたと思っている。翌年からは本を書いたりテレビに出たりインタビューを受けたりと、いろんな仕事をしながら暮らしていた。格闘家を引退してもまだその余韻があり、ありがたいことに仕事は順調に入ってきていた。そこで僕は完全に調子に乗って、いい気になってしまっていたのである」

07年にPRIDEやHERO'Sが崩壊した影響も受けず、未払いもないままに実にいいタイミングで引退して芸能活動へと移行すると、北海道にログハウスを作って著書を出しまくったりで夢のような生活をしていたように見えて、「二〇〇八年に『リーマン・ショック』が起こり、一気に夢から覚めてしまった」らしいのである。平成不況、恐るべし!

こうして彼は、「買ったばかりの高級車を三ヶ月で売る羽目になってしまった。しかも調子に乗ってマフラーをいじったりしていたものだから、買ったばかりの高級車を安く買い叩かれてしまう羽目になった」、と。さらには「車を売るだけでは収支も合わず、家のなかのモノを売る事態にまで陥ってしまったのである。ギターアンプ、衣服に至るまで、持っているモノを売りに出してはお金を捻出して生活することに」なっていたとは、もっと大変そうな格闘家が多かったせいか、これっぽっちも想像出来なかった！

そんな紆余曲折があったというのに、今回の本でもまえがきの1行目から「いま、プラトン年で言うところの五千二百年周期の時代が終わり、僕らは一つの文明の変わり目を生きていると言われている。五千二百年前といえば伝説の年バビロンの時代だ」という須藤元気イズム溢れる文章を発揮しまくる彼氏。

第一章では格闘技についての文章から始まっていて、それも説得力ありすぎだった。

「当たり前だが格闘家の場合、みんな『ドラゴンボール』のサイヤ人のようにひたすら強くなることを望んでいる。強くなって天下一武道会のような大舞台に立ち、ブルマにパフパフしてもらいたいと願うのは当然のことだ。そして、ほとんどの格闘家は、強くなれば大舞台に立てると考えている。しかし、これは勘違いである。強い格闘家が大きな舞台に立てるとは限らない。何故なら大きな舞台（興行）というのは、それだけお金が動くからだ。選手はそれぞれ観客を動員しなければいけない。しかし、強い選手がお客さんを呼べるとは限らない。『ドラゴンボール』でもそうだ。強さがそのまま人気に繋がるわけではない。正直言って、リアルタイムではあんなに強かったフリーザも、魔人ブウ編では、いつのまにかすっかりザコキャラ扱いであった。しかし、人気面ではどうだろう。どう考えても、魔人ブウよりフリーザの方がお茶の間の心をつかんでいた。つまり、すべての格闘家は強さもそうだが、自分という存在を、魔人ブウではなくフリーザにしなくてはならないのである」

メディアの側からしたら常識でも、格闘家の側からしたらあまり理解しにくいことを、『ドラゴンボール』を使ってわかりやすく説明していく、このスキル！「テレビで放送されていたメジャー団体はその傾向が最も強く、視聴率が取れないと思われる選手はいくら強くても声はかからず、話題だけで出ている選手もいた。『なんであいつが出られるの?』は格闘家たちがよく交わす会話の一つであった」とのことだが、確かに強さはなくてもキャラが立っていて知名度もあるクリリンや天津飯みたいな選手のほうが、興行主側としては使いたくなるはずなのである。

だからこそ、彼は現役時代に強さ以外のエンターテインメント部分も磨いていったわけなのだろう。同じレベルの強さだったら、ビジュアルも試合も入場も派手なほうが興行主側にしてみればいいに決まっているためだ。

「格闘家時代、僕はデビュー当時から入場パフォーマンスに力を注いでいた。大みそかの大会への出場を重ねるにつれ、だんだん小林幸子氏をライバル視するようになっていったのも、テレビ視聴率を考えていたからだ。もちろん、小林幸子氏と総合格闘技で戦えば、KOとはいかないまでも判定で勝つ自信はあった。しかし、勝負はそこではなく、エンターテインメント性での戦いだったのだ」

実際、総合で小林幸子戦が組まれたとしても凄惨な試合にせず空気を読んで判定勝ちに持ち込みそうなセンスがあるからこそ、彼はいまも音楽で成功しつつあると思うのであった。

★今月の豪ちゃん★先日、とあるプロレス界の大ベテラン選手(※その数カ月後に亡くなったユセフ・トルコ)を取材したら、数年前までは一緒にイベントやっても元気に物騒すぎる話を連発していたのに、ほとんどの記憶が抜け落ちていたからビックリ。それでも女子編集者へのセクハラと猪木批判だけは相変わらず元気で、もしかしたら猪木への怒りが生きる糧にもなってるのかも、と思いました。

96

久し振りに石井館長とのイベントで一緒になったターザン山本があまりにも酷すぎて、ツイッターの批判が大変なレベルになってました。とりあえず現状のターザンを持ち上げる山口日昇&柳沢忠之&谷川貞治組とはしばらく絡みたくないなあと思って、そんな『かみぷろ』勢と一緒にニコ生をやらないかとドワンゴの人に言われたとき即座に断った(でも、谷川さん×石井館長イベントなら絡みたい!)男による、書評とは名ばかりの引用書評コーナー。

なぜか本人に取材せずアントニオ猪木からビジネスを学ぶ本とは？

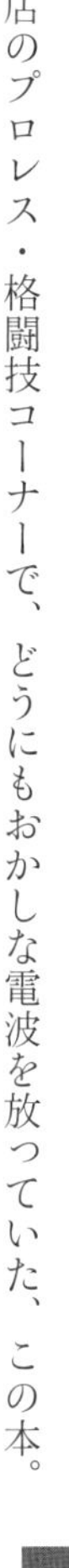

『元気があれば何でもできる アントニオ猪木流「燃える」成功法則58』

松本幸夫／総合法令出版／1300円+税

書店のプロレス・格闘技コーナーで、どうにもおかしな電波を放っていた、この本。

前書きによると、「プロレスについてのことは、本書のテーマではない。アントニオ猪木から、何か学べないか？　そして、誰も説いていない『ビジネス』の観点から、何か、私たちへのヒントはないだろうか？」「本書は、アントニオ猪木からビジネスパーソンが、何を学べるかを問い、煮詰めて生み出されたものだ。今までにないとらえ方で、アントニオ猪木を書けたものと自負している」、完全なビジネス本らしい。ビジネスで失敗して多額の借金を背負った猪木にビジネスを学ぶのは、あまりにも無謀！　それはサダハルンバ谷川や山口日昇にビジネスを学ぶようなものだよ！

後書きに「闘魂の遺伝子を出版界にも伝えたい著者・松本幸夫」とクレジットされている、この男は何者なのか。プロフィールによると、「ヒューマンラーニング株式会社代表取締役。NPO法人日本プレゼンテーション協会認定マスタープレゼンター。1958年東京都出身。東京ヨガ道場主任インストラクター、経営者教育研究所を経て、現職。能力開発、メンタルヘルス、目標管理や時間管理、スピーチ、プレゼンテーション、交渉などの『コミュニケーション論』を主なテーマに、年間200回以上の研修・講演を行う」ビジネスのプロだそうで、これまでに孫正義やスティーブ・ジョブズの本を出してきたとのこと。ちなみにこの本と同時期に彼が出版したのは『生島ヒロシに学ぶ聞く力・考える力・伝える力』だった……。気のせいか、毎回学ぶ相手を間違えてるような気がする！

猪木本人に取材しているわけでもないし、参考資料もここ最近の猪木関連本9冊だけだしで、「もっと使えそうなフレーズやエピソードがあるのに！」と思うが、いちばんモヤモヤしたのは、なぜかいまUFCや総合格闘技ではなく、「アルティメット」と「PRIDEでの寝技」を批判することなのである。

「アルティメットのように、自分の技だけパッパと出して必殺してしまう、というような戦いはただのケンカ、ファイティングであって、そこにはプロレス的な『相手の技を受ける』『相手の良さを引き出す』というニュアンスは感じられない」

「部下の能力や主張を全く出させずにおさえこんでしまっては、良い意味での『プロレス』的にはならない。まず、こちらは相手の技を『受ける』こと。これが猪木プロレスから学べるビジネスである」

「もともと猪木は、グラウンド、寝技は得意である。しかし、これは、観客にしてみたら『面白味』に欠けるものだ。私もPRIDEの試合で、寝技が長いと、やや『つまらないな』などと思ってしまうことはあった。プロレスは、立ち上がって殴ったり、蹴ったり場外に出してみたり、凶器で攻められたりというように、バリエーションが有る。（略）プレゼンテーションにおいても、この『バリエーション効果』は有効だ」

「『プロレス』を『プレゼン』に入れ替えて考えてみて欲しい。どんなインパクトのある必殺技を今日はプロレスで見せようか？　どんな『驚き』を今日のプロレスでは用いてみようか？　どんな感動的なプロレスの試合のストーリーを見せようか？（略）やはり、プロレスとプレゼンは重なっているのだ」

重なってないよ！　というか、「プレゼンにケツは決まってない」とか確実に反論されるだろうし、それならプレゼンも格闘技と同じで真剣勝負だとか、地味でもいいからグラウンドで追い詰めて判定でもいいから結果を出すべきだとか、どうとでも言えるでしょ！

どうも著者は、「猪木が100パーセント正しいとはいわないまでも、『誤解』による人間関係のトラブルは、ビジネスパーソンにとっても、ストレスの最たるものといっていい」とか、「猪木は、人に『裏切られる』ことが多かった。多分それは、性格によるところが大きい。『おおらか』『細かいことを気にしない』、そして『人を信じる』のである」とか主張していたりで、猪木という人間をイマイチ理解していないように見える。基本的に猪木が正しくないことのほうが多いし、猪木が裏切ることのほうが多いと、猪木ファンを長年やってきた人間なら分かるはずなのに！

それと、猪木の政界進出について「当時は『消費税廃止』とか『削除』をうたう候補者は多かった、もちろん票が多く取れるのが大きな理由だろう。しかし、アントニオ猪木は自分の信念のもとに、平和と外交をメインにしてアピールしたのだった。もちろん、猪木の『天命』でもある環境や食糧問題を打ち出して、世界平和を目指すというのであった」って、猪木が売りにしたのは「国会に卍固め！　消費税に延髄斬り！」だよ！　これについては、消費税に攻撃を仕掛けているように見せて、実は当たってもなかったりするという意味で延髄斬りという技をチョイスしたんだろうとボクは勝手に確信しているのであった。

★今月の豪ちゃん★しかしイベントでの石井館長のトークは異常に面白かった！　佐竹雅昭『まっすぐに蹴る』や谷川さんの本への反論とか、道場破りをとんでもない目に遭わせた話とか、関東連合との関係とか、ターザンをあっさり懐柔していった話とか、百瀬さんとのこととか、もちろん獄中のこととか話してくれたんですけど、まだネタはたっぷりありそう！

97

最近はアイドルバブルのせいなのか「私たちって、みんなすごい変わってるし面白いんですよ！」とアピールするアイドルが増えてしんどくなってきてたんですが、指原莉乃を取材したら「私は本当に普通で全然面白くないです！」と言い続けていたから、さすがだと思いました。やっぱりハードルを自分で下げておくことは重要！　だからこそ昔からこんなキャッチフレーズを自分で付けている、書評とは名ばかりの引用書評コーナー。

踏み込んだ内容が匿名で書かれている一冊の意外な格闘技（？）情報

『いびつな絆―関東連合の真実』 工藤明男／宝島社／1300円+税

ボクは物事を立体的にしたくなる人間なので、様々な事件で叩かれている芸能人の言い分を聞く取材もよくやるけれど、さすがに殺人が絡んできたらアウト。その基準だとロス疑惑の三浦和義がギリなので、関東連合・石元太一の取材を頼まれたときも最初は正直断ろうかと思った。ただ、同時期に市川海老蔵も取材していたので、海老蔵事件を立体的にするための取材を決意。こうして実際に会った石元太一は、意外にも笑顔の爽やかな腰の低いナイスガイで、人は会ってみないと分からないものだと思ったら、その直後に知人から「いま目の前で石元太一が暴れてる」というタレコミが入ったり、さらには逮捕もされちゃったりで、人は会ってみても分からないものなんだろうなと痛感した次第である。

そんな石元太一の著書は薄味のタレント本だったが、こちらはかなりの濃厚さ。関東連合のメンバーが匿名で書いているためか、触れづらいことにもキッチリ踏み込んでいる。

「関東連合のS55年生まれからS53年生まれのメンバーが、若者の集まる渋谷の有名なクラブ『A』で、当時のK－1の選手数名を相手に大乱闘になったことがある。結果は、関東連合が現役の格闘家たちを一蹴した。格闘家顔負けのストリートファイトは関東連合の喧嘩の強さの証明となった」

関東連合対K－1軍団って、それこそK－1ジャパンでやるべきだった対抗戦でしょ！

そして、朝青龍を廃業に追い込んだことで知られる川名毅のことだと思われるKという人物の、こんなエピソードも明らかになる。

「当時のKの本業は、アダルトビデオに出演するAV女優が所属するプロダクションの経営だ。（略）Kは、集まった女性たちのなかから選りすぐりの美女をピックアップして、大手芸能プロダクションの社長や不動産会社の社長、新興格闘技団体の館長などの接待に使っていた。（略）Kの下でアダルトビデオ（AV）のプロダクションを手伝う者、Kの紹介で六本木の高級クラブのスカウト会社を立ち上げる者、そのオーナーの運転手をする者、あるいは新興格闘技団体の館長や大手芸能プロダクション社長の運転手をする者など、様々な仕事があった」

こんな感じで格闘技界とも深く関わっていた関東連合。ボクが取材した石元太一も代官山で格闘技ジム『EXCITING GYM SOUL MATE ALLIANCE』をオープンしていた。

「このジムのオープンを裏で後押ししていたのが、あの見立君だった。『知名度のある太一を客寄せパンダに使って、地下格闘技の世界を牛耳りたい』。見立君には、そんな思惑があったようだ」

これはもちろん六本木『フラワー』人違い殺人事件の主犯格・見立真一のことである。一緒にヤクザになろうという誘いを断った同級生2人を脅して、この格闘技ジムの費用ほかの名目で数百万円を奪ったりとかもしていたようだが、彼がどういう人物なのかよく分かるのが、この話だ。

「ある有名なヒップホップ・アーティストのヒット曲に、こんなフレーズがある。『俺は東京生まれHIP HOP育ち、悪そうな奴は大体友達――』。歌詞を知ったKが、このアーティストを呼び出して聞いた。『悪そうな奴は大体友達って誰のことだ？　俺はお前なんかと友達じゃないぞ！』」

え！　「大体」って曖昧にしておいても駄目なんだ！　そこまでアグレッシブな関東連合と、酒癖の悪すぎる市川海老蔵がトラブルになるのは必然だったんだってことである。

新宿集団暴行殺人の被害者であり、亡くなった金村剛弘氏も、関東連合の一員ではないが腕っ節が強く、加害者側の先輩としてこんな振る舞いをしていたんだそうである。

「金村君は格闘家も驚くような〝異常〟な肉体を持っていた。発達した僧帽筋から広背筋にかけての常軌を逸した筋肉の盛り上がりは、見ただけでもその破壊力が想像できた。金村君はこれだけの筋肉をつけるため、激しいトレーニングに加えてステロイドも使っていたらしい。（略）その圧倒的な体格差で相手を威嚇し、時には暴力を振るう。（略）自分の部屋の中を漫画で埋め尽くすほどの漫画愛好家でもあった金村君は、よく流行りの格闘技漫画に出てくる技を後輩にかけ、そのせいで大怪我をした地元の後輩もいたほどだ」

ステゴロ好きな「金村君はよく、抗争のためにバットやナイフを所持する後輩を叱りつけた」そうだが、「彼がこよなく愛した漫画『グラップラー刃牙』のように、現実には、武器を持った複数の相手を素手で倒すことは難しい」ので命を落とすことになった、と。

ただ、「マスコミを使った海老蔵に対するネガティブ・キャンペーンのプロモーション」を関東連合で元AV監督の松嶋クロスが仕切ったエピソードも出てくるので、ここに描かれていることも誰かが自分の側を有利にするための情報なのかもしれないと思ったのである。

★今月の豪ちゃん★寝起きのまま近所（新宿2丁目）のゲイクラブでアイドルライブを観た後、所ジョージ&ビートたけしと共演したときは自分でも何をしてるのかと思ったんですけど、そんな豪華メンバーでブラジリアン柔術の先生が女生徒を両足タックルでテイクダウンすると見せかけてプロポーズする映像を眺めるという不思議体験をしました。

98

ボクが10年以上コラムを連載している某大手洋楽専門誌の休刊が決定。新たなスター不在で表紙に出来るだけの知名度があるのがベテランぐらいしかいない洋楽の状況を思うと、格闘技の世界はガチゆえに嫌でも世代交代していくから、たとえ世間に届かない存在であっても現在のトップ選手を表紙にせざるを得ないのは、プラスでもあればマイナスでもあるんだろうな、と。そんなことを珍しく考えた、書評とは名ばかりの引用書評コーナー。

「選手を応援することはその人生を応援すること」夢枕獏のブレない格闘技愛

『作家の道楽』 夢枕獏／KKベストセラーズ／1000円+税

趣味人として知られる作家・夢枕獏先生が、歌舞伎、漫画、落語、格闘技、カヌー、登山、書、陶芸、写真、釣りについて語る一冊。年齢を重ねて枯れた趣味が増えてきたようにも思えるが、漫画と格闘技を忘れていない点は信用できる。

落語に目覚めてから格闘技を生観戦する機会も減ってきたようだが、落語家・林家彦いちと意気投合したのも、酒の席で「魔裟斗みたいな奴は昔、オレたちみたいな人間の敵だったよね。カッコいいしさ、強いしさ、女にモテるしさ。オレたちが憧れたもの全部持ってるじゃないか。オレは、あの世界から挫折して小説家になってるわけなんだよ！」って話で盛り上がったからだったりと、そこにブレは一切ないのである。

歌舞伎にハマれば「その美しい空気に衝撃を受けるとともに、『これは一本、書かなきゃいけないな』と思っちゃって」「勝手に台本を一本書いて」直接渡したり、落語にハマれば「オレ、新作作るから、高座にかけてくれない？」と言い出し、頼まれてもいないのにどちらも実現させる。それが夢枕獏という人の距離感なんだと思う。そこに私利私欲はなく、あるのは単純にピュアな親切心のみ。

だからこそ格闘技にハマれば「応援したくて、だいぶ長い間、賞金を出してたんです。タイへムエタイの修行に行くとか、そんな希望を持っている優勝選手に、『好きなところへ行ってこい！』って言ってあげたくて、渡航費や滞在費も出してあげてた。僕の夢ものせて戦ってもらってるんだから、それぐらいしないと」って姿勢になったわけだろう。

「格闘技の選手を応援するっていうのは、その選手の人生を応援することですよね、基本は。その選手がこういう家庭の中で育って、こういう苦労をしてきたんだ——って、自分の人生と重ね合わせて共感し、自分のできなかったことを預けて、自分の人生を選手に乗っけちゃう。自分の代わりに世界一になってくれ！って応援するんです。彼と同化していくんだよね、いろんな思いを。だから、負けちゃった時には、一緒に負けた気分ですよ。一緒に、人生の一部分が無くなっちゃったような気がするんだよね。ぼくらの喪失感なんていうのは、長くて一ヶ月や二ヶ月もすればだいたい消えていくけど、選手たち当人にとっては一生ものですよ」

その過剰な入れ込み方と喪失感の決定的な違いが大道塾・市原海樹のUFC挑戦&後の謝罪文掲載の遠因となったんだろうし、この本でも大道塾の選手は全てイニシャルで登場。夢枕獏というペンネームの通り、彼は他人の夢を食べて生きる獏みたいな存在なのかもしれない……。

ただ、以下のエピソードを読むと相変わらずのピュアさが分かるし、やっぱり憎めない人だと思うのだ。

「『大道塾空道』が、オリンピック競技を目指していてね。世界競技人口がすごいことになっている。特にロシアでは、これで飯を食っている人がたくさんいる。もう、オリンピック基準を満たすだけの世界的な競技になっていて、あとはオリンピック競技委員会が『やろう！』と言ってくれれば、オリンピックの競技になれるところまでは来ている」

「先日、都知事の猪瀬直樹さんにあるパーティーで会う機会があったので、東（孝）師範を紹介したんです。（略）すごく売れたノンフィクションで、『木村政彦はなぜ力道山を殺さなかったのか』（新潮社）という本があったんですが、この著者の増田俊也（原文では俊成と誤植）さんという人が面白い人でね。（略）増田さんは、その本の取材で猪瀬さんにも会いにいっているわけです。それがようやく本になって、大宅壮一ノンフィクション賞を受賞したんだけど、猪瀬さんはこの賞の審査員もやっていて、その過程で、実は猪瀬さんも大の格闘技好きであることが分かっちゃったんです。なので、ぜひとも東京オリンピックが実現した日には、『空道』を正式競技として認めていただきたいなと」

なお、いちばん衝撃的だったのは、歌舞伎愛を訴えた後に出てくる、このエピソード。

「歌舞伎を観に行った時に、『眠ってしまう』自分を多少許せるようになってきました。最初は、一生懸命観ちゃうんだよね。客が寝ちゃうのって、役者さんには失礼な話だし、分からない自分が、眠くなる自分がいけないいんだって、自分を責めちゃう。最近になってやっと、こっちはお金を払って観に行ってるんだから、好きなところでうとうとしていいんだよって、やっと自分に言い聞かせることができるようになった」

え！　それって許されるの？　と思ったら、「一度、舞台を見ながら眠ってしまって、その間に出てきた玉三郎さんに『睨み起こされた』ことがあってね。玉三郎さんの出るのを待っているうちに、ついうとうとしてしまって、急にあっ、と目覚めた。あわてて舞台に目を向けたら、舞台の上から、演じながら玉三郎さんがこちらをみていたっていう……。あのときばかりは、びっくりしましたね」とのことで、やっぱり許してもらえてなかったみたいなのである。

★今月の豪ちゃん★いま子安慎悟も登場したDDT両国大会の会場でこれを書いてるんですけど、素人（アイドル）がプロレスに絡むとどうしても攻撃する場合もされる場合も手加減ゆえのお遊戯感が出ちゃうから、桜庭あつこみたいに総合格闘技でもやるほうが素人なりのリアリティが出ていいですね。せめてピコピコハンマーぐらいはフルスイングしないと！

99

この前、特技が極真空手だというアイドルの子を取材していて、「ボクも空手やってこそいないですけど、極真と大山総裁のことならいくらでも話せますよ！」と言ったら、「大山総裁って誰ですか?」と真顔で言われたからビックリ。なぜかアイドル誌で大山総裁の偉大さについてボクが話す羽目になったんですが、結局はこれぐらい一般化しなきゃ成功したとはいえないんだろうなと思った男による、書評とは名ばかりの引用書評コーナー。

裏話にはまったく萌えない菊地成孔が格闘技界について表話から語るインタビュー本

『あなたの前の彼女だって、むかしはヒョードルだのミルコだの言っていた筈だ』

菊地成孔／アスペクト／2200円+税

菊地成孔といえば「その名前の全てがア●ルを連想させる」というネットの書き込みで爆笑して以来、すっかりそれが刷り込まれてしまったんだが、アナライズ（分析）能力もかなりのもの。それは休刊した『ｋａｍｉｐｒｏ』誌上でほぼ毎号行なわれていた、本人曰く「ワタシの大量で多岐にわたる仕事の中でも、最も反応の薄かった」彼のインタビューをまとめたこの本を読むだけでもわかるんだが、いま改めて読み直すとＰＲＩＤＥから地上波が離れたのを契機に総合格闘技やＫ－１がどんどん落ちていくドキュメントになっていて、その合間に三沢光晴の死去の話とかがインサートされるという、なんかすごいテンションの下がる構成！

あとがきまで書いた本がほぼ完成していたのに、担当編集のジャン斉藤が「まだ生傷過ぎて読み返せない」と言って1年放置されたというのも、当事者に近い立場だとそうなるんだろうなあ……。

そんな菊地成孔のスタンスは、「ワタシは裏話にはまったく萌えない派ですので」「ワタシは常に〝表話〟ですべてがわかると信じています。裏話は自分の想像力に自信の無い、弱者の欲望です」と語るように、あえて情報をほとんど入れずに表の話だけで推測&妄想&分析していくというもの。ボクも表に出せない裏話に興味がないという点では似ているが、ボクの場合はその裏話をどうやれば表に出せるのかを考えたり、裏話をベースにして踏み込んだインタビューをしたりするのがモットーなので、スタンスは決定的に違う。ただ、『前田（日明）という人は、常に一人で考える人。一人で考えざるを得ない人。であって、そこが美しいところでもあるんですが』という彼の見立ても、ボクが周辺の選手を何人も取材した結果と同じだったりするのがさすがなのである。

そんな彼が主張し続けているのは、桜庭和志は本来すごく性格が悪いはずなのに、そのキャラクターをほのぼのとしたものに作り変えた山口日昇編集の桜庭インタビュー集『さくぼん』の罪は大きいということ。

「桜庭は本来、非常にスマートな人物で。スマートってことはつまり批評的であって、意地が悪くて嫌がらせに長けてる。だからリング内戦術に関しても、リング外戦術に関しても『嫌がらせがうまい人なんだ』って捉え直してあげないと。国民あげての善人扱いは、桜庭を精神的に壊してしまうと思うんです。周囲が本人と向き合わずに善人に仕立てあげるのは虐待よ。アイドルなんかは、仮面だろうとうっすらわかってるんですよね。でも、アスリートはガチだからキツいはずですよ。まあ、それでPRIDE辞めたんだろうぐらいに思ってます、僕は」

本来、山口日昇はホイス・グレイシー戦の直前の00年4月に発売された桜庭本『ぼく。』（東邦出版）の制作を頼まれていたのに外部の知り合いに仕事を回し、そしたら大ベストセラーに。今度こそ自分で桜庭本を作ろうとしたら発売が延び、01年4月に発売したらその直前にヴァンダレイ・シウバとの初対決で桜庭が惨敗したというタイミングの悪さも奇跡的だった。もしこのとき巨大なビジネスチャンスを逃さず、出版で大きな成功を収めていたなら、山口日昇が興行をやる側に転じていくことはなかったのかもしれないのだ。

「これはいまさら言うことじゃないけど、日々、機関誌化してるわけじゃないですか。当初はミニコミ的な武器としても、ある種の美学としても、編集者の顔が出ていた。編集部のデスクの並びさえ読者に夢想させていた」「もうあとひとおしすれば、完全な機関誌化して、匿名の雑誌として、インタビュアーの名前が出なくても成立する。インタビューの内容が良いから。でもそれは堕落とかつまんなくなったとかを意味してるんじゃなく、まあ大人になったというか」

「『ｋａｍｉｐｒｏ』のＤＳＥとの距離感がハッキリ問われますよね。つまり左翼的な機関誌として立ち位置や自立性を保つのか？　聖教新聞化して共倒れになるのか？」

「とはいえ『ｋａｍｉｐｒｏ』が、もし仮になくなっちゃっても、あんまり咎められないのが格闘技界の常ですよね。『ＳＲＳ・ＤＸ』もいつの間にかなくなってたし」

こんな感じで『ｋａｍｉｐｒｏ』が実際に消滅したいま見てもさすがの見立てなわけだが、「谷川（貞治）氏の根本にあるのは、分析や批評をあんまり恐れてないということなんですね」「この人の一挙手一投足を見ると、何から何までが『黙ってちゃわかんない』って思ってるんだろうなあ、と（笑）。これは明らかにインターネット以前の発想です」と言われていた谷川さんが、いま山口日昇と組んでネットにビジネスチャンスを見出したのは何故なのか？　とりあえずネット配信の魅力に気付いた頃の谷川さんには、「デジタルニューメディアとか、永久機関とかに希望持ったら赤信号です。だから、ちょっと遅くかつズレてるわけですよね」という4年前の菊地成孔の言葉を贈っておきたい。

★今月の豪ちゃん★最近、ＡＳＫＡのシャブ疑惑が世間を騒がせているわけですが、それきっかけで関連書物を読んだらＡＳＫＡが大好きになってきました。シャブ中なヤクザの友達がいることを昔から公言し、キレやすくて、生意気なタクシーの運転手は蹴っ飛ばしたりと、伊達にジャッキー・チェンに似てるわけじゃない！　もはや横山やすし級だよ！

Column　あのころ②

出版社社長が逮捕され、休刊してもすぐ復刊……
二転三転どころか四転五転しても生き抜く雑誌とボクの連載！

ボクは『紙のプロレス』というふざけた雑誌で仕事してきたせいで、真面目なプロレス評論家の方々からは嫌われているとばかり思っていたんだが、『週刊ゴング』の大ベテラン座談会企画『三者三様』のレギュラーであり、ぼやき評論の第一人者・門馬忠雄さんには非常によくしていただいた（雑誌『Number』で昭和の外国人レスラー話とかを何度も取材し、その後で何度もお酒を飲んだ。脳梗塞のせいでいつも杖をついていたんだが、本当にお酒が好きな人で「そのせいで、こんな身体になっちゃったんだよ」と笑い飛ばしていた）。そして、同じく『三者三様』レギュラーで『週刊ゴング』初代編集長の竹内宏介さんにも非常によくしていただいた。おかげで真面目でおとなしいプロレス保守派だと思われがちなこういう人たちが、実は昭和の豪快なタイプだったりすることに気付けたし、プロレスの枠を逸脱したとされる99年1月4日の橋本真也対小川直也戦について、プロレス専門誌が「小川の暴走を許すな！」「プロレスを守れ！」って感じになってる中、竹内さんが「いやー、興奮したねー！僕はああいう試合が大好きなんですよ！」と笑顔で言っていたことにも衝撃を受けた。竹内さんといえば『ゴング』でミル・マスカラスを推しまくったジャイアント馬場派の人だったはずなのに！

世間的なイメージでは『週刊ゴング』が保守で『週刊プロレス』が革新だと思われていたけど、実はそんな単純な話でもないんじゃないのか？　とか思いながら、なぜかある時期からボクは『週刊ゴング』

の仕事もするようになっていった。『週刊プロレス』からは一切仕事を振られることはないけれど、『週刊ゴング』は新日本プロレスの東京ドーム大会の速報号にボクを起用したりする。なんでそんなことになっていたのかというと、『週刊ゴング』や『ゴング格闘技』の母体となる会社に波乱が起き続けていたのと無縁ではないはずなのだ。ゴタゴタしていたから好き勝手なことをする余裕もできたし、半ばヤケになってたんじゃないかとすら正直思う。

ここでちょっと『ゴング』&日本スポーツ出版社絡みのゴタゴタを振り返ってみよう。まずは02年、『ゴン格』宮地克二編集長体制が強制終了となり、日本スポーツ出版社から独立した舟木昭太郎編集長率いるアッパーへの『ゴン格』制作委託開始。04年に創始者である竹内宏介氏が日本スポーツ出版社の社長を退任し、『週ゴン』編集長だった小佐野景浩氏も執行役員を辞任。歴代編集長の退社も相次いだりと明らかに不穏な感じになってきたと思ったら、M&Aにより再建請負人と呼ばれた前田大作氏が社長に就任。その後、GKこと金沢克彦氏も『週刊ゴング』編集長を退任し、05年には舟木アッパー体制の『ゴン格』が終わって再び宮地体制となり、GK金沢氏も退社。06年には『ゴン格』宮地体制が終了して今度は松山郷体制に。さらには『ゴング』最長連載企画だった『三者三様』も終わったりと、こんなゴタゴタを繰り返していた07年2月19日、いわゆるアドテックス事件が勃発したわけなのである。

前田大作社長が乗っ取った会社・アドテックスで、同社副社長であり暴力団元組長が経営する会社のコンピューターシステムを買わせて資金6300万円を不正流用したなどの不透明な取引が発覚。2人は日本スポーツ出版社の子会社である同窓会サービス『ゆびとま』の社長&副社長でもあり、株式売却で多額の利益を得ようとしていた疑いもあったため、前田社長はその元組長ともども民事再生法違反の疑いで逮捕され、日本スポーツ出版社代表取締役も解任。『ゴン格』スタッフも全員解雇され、執筆陣への未払いも相次ぎ、間もなく『ゴン格』も『週ゴン』も休刊。そう、前田日明のみならず、こっちの前田もクラッシャーだったのだ！　要は、資金難となった日本スポーツ出版社を怪しい人物が食い物にして会社に致命傷を与えたってことなんだと思うが、この時期、フジテレビ撤退によりPRIDEも終焉したりと格闘技界も大変なことになっていたのである。

しかし、『格通』や『kamipro』といった格闘技雑誌が次々と休刊する中、しぶとい『ゴン格』は『GONKAKU』名義でイースト・プレスから復刊。08年には商標権を取り戻して『GONG格闘技』と改名。11年には日本スポーツ出版社が破産するが、格闘技不況の中、なんとか生き延びていく。それでも17年、イースト・プレス体制の『ゴン格』は300号記念号で休刊することとなるが、19年にアノリスタイル（元イースト・プレスの芝崎浩司氏が独立して作った会社）から隔月刊誌として、今度はK-1の資本体制で復刊。

こんなに二転三転どころか四転五転としながらも生き抜いた雑誌はちょっとないし、すっかり梶原一騎色もいかがわしさも昭和の匂いもなくなり、ちゃんとしたスポーツライクな総合格闘技&キックの雑誌になっても、まだ生き抜いている連載もちょっとないはずなのである。■

100

ダニエル・グレイシー&ホーレス・グレイシーが新日本プロレスに参戦し、永田裕志&桜庭和志とタッグマッチで闘うことにモヤモヤしている人が多いと思うが、これでもし永田裕志がダニエルからギブアップを奪ったらPRIDEでダニエルに負けた中邑真輔はどう思う? ただしグレイシー一族を倒すのではなく、彼らにプロレスの魅力を伝えられてこそプロレスの勝利だよなあ……と思った男による、書評とは名ばかりの引用書評コーナー。

『実話ナックルズ』元編集長久田将義氏が関係者に取材! 地下格闘技とは何なのか?

『関東連合─六本木アウトローの正体』 久田将義/筑摩書房/780円+税

元『実話ナックルズ』編集長・久田将義による関東連合本は、いわゆる地下格闘技よりもさらにアンダーグラウンドな闘いの話から始まる。

「その場所にリングはなかった──。『彼』はやるしかないと思った。やってやる。相手が誰であろうとも。恐怖はある。それでも自分には長年培ってきた拳法がある。殺す覚悟でやるしかない。対峙した相手の顔は覚えていない。覚えているのは体型ぐらいだ。がっちりとしていた。『柔道かアマレスじゃなかったですかね』。そう彼は回想した」

この闘いは、「客もまばら。相手選手が誰なのかも事前に知らされず、武器以外は『本当の何でもあり』」。さらには「レフェリーもいなければ、ルールもない。興行としてはとても成立しない。つまり『闇』でやらなければならない。そこには必ずヤクザが介在する」「一般客を見込めないその『大会』を開くメリットは賭け金でしかないはずだ」。

まさにノールール(法律なし)! こんな物騒極まりない闘いに引っ張りだされ、目隠しされて会場に連行され、踊らないほうのクラブで闘わされ、ファイトマネーはたったの5万円。なぜそんなことをやるのかといえば、「どうしても断れない先輩の頼み」であり、その先輩がヤクザってことなのだろう。

地下格闘技といえば先日、アウトサイダー大阪大会に「大阪で興行をするのに挨拶がなかった」と地元の地下格闘技組織・強者（つわもの）のメンバーがリングサイドの前田日明にペットボトルを投げ付けて殴り込み。消火器を撒いたり前田日明に摑みかかったりで大会が1時間ほど中断され、警察沙汰になったのは記憶に新しい。ここ最近、大阪・ミナミで強者Tシャツ姿の男たちが飲食店にイベントのチケット購入を迫ったり、組合費と称して金銭を要求し、断られると大暴れ。わずか3カ月で十数件の暴力事件を起こし、活動停止へと追い込まれた、そんな強者メンバーのインタビューもここには載っているのだ。

「『半グレ集団』『大阪の関東連合』と記事にはある。現在流行のアマチュア不良格闘技団体ではなかったのか？　と思い、さっそく選手に接触した。すると、関東連合とはまったく別モノだということが分かった。選手であり、現役のヤクザであったのに驚いた」

ここまであっさり言い切るのが、さすがの久田節。要するに、広域指定暴力団三次団体所属の現役ヤクザが、強者の試合に出たり、強者のTシャツを着て飲み屋に金銭を要求して、断られると暴れていたのである。

「もともと飲み屋も悪いんですよ」「キャッチとかが暴排条例を盾にミカジメを払わなかったり、自分でケガをしてヤクザにやられたと警察に嘘をついて届けを出したり」「それで自分らが夏前かな？　10人くらい呼び出されて飲み屋に悪さをしたり、ミナミで暴れろと言われて」「だけどある組織とは揉めるな、とも言われて。だけど分からないじゃないですか。分からないでボコボコにして問題になりましたけど」

強者のメンバーは悪びれもせず、あっけらかんとこう語る。こういうノリでアウトサイダーに乱入したと考えると、ようやく事情が飲み込めてくる。「徐々に協賛する店とか企業が減ってきたから、いろいろ強引な徴収方法を行った？」「『強者』の洋服を売りつけたり？」と久田さんに聞かれて、「チケット売っていくらかのバックはあるけど、それ以外に売る物ないじゃないですか、格闘技団体がおしぼりとか植木を持っていくのもおかしいでしょう」と答えていたのも妙に納得できた。そういう感覚でTシャツを売ってたんだ！

この強引なやり方によって、一回の興行の儲けは「分からないけど、1000万は行くんじゃないんですか？　じゃないと直参の組織がケツにつかないですよ」というレベルにまでなったが、事件化したことでこれまでのように興行をやっていくのは困難になった。

「それはそれでいいんじゃないですか、自分らクラスには関係ないし」「前はジムを作って興行をしたいと考えてました、おいしいですもん。もう無理ですね」

そして、彼はこう言い放つわけである。

「暴排条例ですべて抑えてると思ってるかもしれないですけど、自分らも人間ですし、食うためには何でもしますよ。そのような生き方をしてきたし。だからどんどん『強者』みたいなグループは出てくると思うし、実際にいます。ニュースになってないだけで。格闘技、関係ないですよ、破門された人間、現役の人間が集まって泥棒している集団もいくつもあるし。純粋に格闘技をしたい人間には悪いけど、自分はこれを今はひとつのシノギとして考えてます。実際に関東連合の逮捕されてる人間もジムをやってたでしょう？　汚く儲けてもそれがばれなきゃいいんですよ」

地下格闘技は、このままだと格闘技というジャンルに致命的なダメージを与えかねないと思えてきた次第なのであった。結局、格闘技にとって暴排条例はマイナスでしかなかったのかなあ……。

★今月の豪ちゃん★石井館長と一緒にイベントをやったとき、携帯の番号を聞かれたんですけど、それでお互い登録したら館長の名前がLINEに表示されるようになった上に、ボクがタイムラインに大森靖子というシンガーソングライターと事務所で撮ったツーショットをアップしたら館長が「いいね」を押してました。すごい時代になったなあ……。

101

なぜかヒクソン・グレイシー本が2冊ほぼ同時発売される怪現象が勃発。洋泉社MOOK『最強伝説 ヒクソン・グレイシー』は初期PRIDEのオフィシャル本を作っていた近藤隆夫氏の仕事で、当時の記事も再録されてたり、いまヒクソンを語るのに「寺田恵子がリング上で『冷たい雨』を静かに歌っていた」という文章や写真が出てきたりで、良くも悪くもあの頃の本みたいだと思った男による、書評とは名ばかりの引用書評コーナー。

ヒクソンのバイオリズムが50年に1度の最低レベルに落ちたときの出来事とは?

『最強伝説 ヒクソン・グレイシー』 洋泉社/1500円+税

あのヒクソンが下ネタとおしゃれと自分の無口なキャラがギミックだったことについて語る自己啓発本『ヒクソン・グレイシー 無敗の法則』(10年/ダイヤモンド社)に比べると、ちょっと刺激に欠ける新刊が登場。帯には「私が強かった理由――それは〝心〟が強かったからだ」と書かれているが、要するに髙田延彦は心が弱かったってことなのだろう。

最初の対戦では「彼が私に対して恐怖を感じているように思った」し、再戦でも「髙田は、前回同様、あっという間にタップした。一年前の試合と比べて、進歩したところは、まったく感じられなかった」「むしろ、より消極的で、受動的になったように感じた」とキツい一言。しかし、それ以上に酷評されているのが当時リングスの山本宜久なのだ。

「二度闘って二度ともあっさりギブアップした髙田延彦にしても、少なくとも勝とうと思ってリングに上がったはずだ。髙田は、技術と精神力がお粗末だったから、勝てなかっただけのことだ。勝とうという気持ちすらなかった山本と比べれば、髙田の方がまだまし」

髙田は技術と精神力がお粗末! その点、ヒクソンは柔術や総合のみならず「レスリングとサンボは、自分でも練習して、大会に出た。そして、出場したどの試合でも負けたことはない」ぐらいに技術も高度！　さすがは400戦無敗！　……と思ったら、こんなことを言い出すから衝撃を受けたのであった。

「レスリングは、十五歳のときに始め、多くの大会に出場して、ほとんどすべて優勝している。ただし、一度だけ試合を放棄したことがある。それはブラジル選手権だった。リオのある大学が、この大会で優勝するために、二人のパナマ人選手を短期留学させ、大学所属の選手として出場させた。彼らはオリンピック選手で、さほど高いとはいえないブラジルのレスリング選手のレベルと比べると、桁違いに強かった。弟のホイスがそのうちの一人と対戦したが完敗し、次に私がもう一人のパナマ人と対戦することになった。ホイスはこう言った。『どうせ勝てないのなら、負けるよりも失格になった方がいい』。私もそうするつもりだった。試合が始まり、失格になろうと反則技を繰り出した。すると、パナマ人の別の選手がマットに入ってきて抗議をした。このため、主審がパナマ人選手に失格を宣告した。だが、『俺も試合はしたくない』と言って、私は自分から試合を放棄し、両者失格となったのである」

……って、ちょっと待て！

ロープを掴んでグラウンドの攻防を回避しようとした山本宜久を「彼のやり方は卑怯であり、精神が貧困」とまで言ってたけど、あれはルールで認められていた行為だし、どう考えてもヒクソンのほうが卑怯だよ！

でもまあ、負けそうな試合はどんな手を使ってでも回避するやり方も戦術として正しいんだとは思う。ヒクソンのプロデビュー戦となったズール戦の前も、伯父のカルロスからこんなことを言われていたようなのだ。

「バイオリズムを研究したり、生年月日や姓名から運勢を占う数秘術に凝ったりしていた。一族には非常に珍しい名前を持つ者が多いのだが、これは彼が数秘術の知識を駆使して命名したからだ。そのカルロスが、私がレイ・ズールと対戦する日が決まると、警告を発した。『その日は絶対にまずいぞ。ヒクソンのバイオリズムは、五十年に一度の最低レベルに落ち込むんだ。試合日を変えろ』

それでも気にせず試合をしたら、「本当にバイオリズムのせいだったのかどうかはわからないが、私は非常に苦しんだ。試合中、どういうわけか力が入らず、すぐに疲れてしまった。しかも、いつになく弱気になった」ので、セコンドのエリオに「お父さん、僕は死にそうに疲れている。もうこれ以上、戦えないよ」と漏らしていたらしいから、そんなときは闘いを回避したほうが正解ってこと！

そう思っていたら、こんな記述にブチ当たった。「私は前妻キムと七年ほど前に離婚した」ということも、離婚の原因が「私たちの結婚生活にも波風が立ち始めた。そのきっかけは、私がまだとても若く、外部からの誘惑があり、それに抗しきれなかったからだった。キムは怒り、苛立った」、つまりヒクソンの浮気のせいだったっぽいことも知ってはいたが、「キムとは、二年間の交際を経て、レイ・ズールとの最初の試合の後に結婚した」。つまり、ヒクソンのバイオリズムが50年に1度の最低レベルに落ち込んでいるときに結婚したことが判明したのである！

そして、夫婦関係が最悪になった、「そんな状況で、ホクソンが死亡した」「私は、妻と三人の子供と一緒に過ごすことに専念し、互いに支え合うことで、ショックを乗り越えようとした。以来、六年間、妻に貞節を守った」って、すごく正しいことをした風なことを書いてるけど、それまでは相当浮気してたんだろうなあ……ってことばかり気になってきた次第。でも、そんなヒクソンの人間らしさは嫌いじゃないです！

★今月の豪ちゃん★先日、新生東京パフォーマンスドールの番組で再会した古田新太さんとの雑談でプロレスラー取材の話になり、軽い気持ちでミスター高橋さんから聞いたばかりの反選手会同盟の話を振ったら、「あのとき新日本に上がった誠心会館の田尻茂一は劇団☆新感線のアクション監督なんですよ」と言われてビックリしました。そういえば！

102

大道塾・東孝塾長の教育本『人と結びて有情を体す』読了。急性アルコール中毒で亡くなった息子さんのことについてもかなりページが割かれていて、その裏事情もようやくわかって非常に切ないんですが、過去に息子さんをテーマにした本を出していたことについて「薄い本にまとめて訴えた」と書いていたことに「……え！　ボーイズラブ？」と過剰反応する癖をなんとかしたいと思った男による、書評とは名ばかりの引用書評コーナー。

父・史郎氏の人生哲学と、三兄弟の子育て論から分かる亀田一家の強さの秘密とは!?

『親亀の背中―亀田家一代の真実』 亀田史郎／徳間書店／1400円+税

亀田三兄弟を好きな人は、おそらく本誌読者にほとんどいないんじゃないかと思われる。「あんなのインチキじゃねえか！」とか「実力不足なのに！」とか「テレビと組んで強引なことやりすぎ！」とか、そんな感じで。

でも、逆に考えたら実力不足なのに三兄弟を全て世界王者にする亀田父のプロデュース能力は、かなりすごいんじゃないだろうか？

かと思えば、「亀田トレインは、オレがすべて考えた。入場曲もオレの選曲や。海外の試合で、肩に手を乗せてみんなで歩く光景をよく見るやろ。グレイシー一族もよくやっとる。それを家族だけでやりたいと思った」といったように、ほとんどこのレベルでプロデュースしているみたいなのだ。

「子どもらの会見の言葉はすべてオレが考えてる。デビュー戦の試合前の記者会見の演出も、全部オレや。マンガ雑誌を興毅はしゃべるのがあまり得意やないから、何かおもろいパフォーマンスをやれって言った。バーっと2つに破ったれって。前日には会見の練習もした」……って、おい！　会見の練習って！

「『相手、弱いやろ?』『秒殺や』『三途の川、行かす』。こういう子どもらの会見の言葉を聞いて、記者は喜ぶ。ネタになる言葉やからや。そして記事を書く。するとオレらは注目される。世間に覚えてもらえる。勝てば人気が高まるし、負ければバッシングが強まる。いずれにしても、世間の目はオレらに向く。オレらはボクシングで稼がなあかん。だから、よくも悪くも、注目されることが必要なんや。ただ試合をするだけじゃ、誰も試合を見てくれへんよ。残念やけど」

この姿勢、真剣勝負なら凡戦になってもしょうがないと思っている格闘家にも学んで欲しいぐらいなんだが、問題は毒舌のセンス。

「大毅は（内藤大助との）試合前、『負けたら切腹する』と言ってたやろ。あれだって、試合を盛り上げるためのパフォーマンスのひとつや。その言葉を真に受けて、『おまえら切腹せえ』って脅してくるやつもおったで。ただのパフォーマンスやのに、揚げ足をとってきたわけや。18歳の未成年者に対して『はよ、切腹せえ』なんてよく言えるな。オレはほんまそら恐ろしくなった。今やから言う。じつはあのとき、オレは自宅の包丁をすべて隠した。大毅はなぜか、自分の部屋におらず台所でボーッとしてるんや」

いや、可哀想だとは思うけど、そこを突っ込まれるのはどう考えても自業自得でしょ！

そんな亀田父の子育て哲学も最高で、「子どもには、やっぱり愛情や。いい子に育てる魔法なんてない」と書いた3行後で、「子どもの頃から、どっかに連れていくにしても、つい練習になってしまう。たとえば、同年代の子が公園にいるとする。そこでオレは、『根性試しでメンチ切ってこい』って言う。自分の殻を破って、すぐにポンと行ける子ってどれだけおる?」「相手の体がでかいからって、強いとは限らない。でかくても、かかっていったら弱いやつもおるよ。そういうのを遊びの中で教えていくんや。三兄弟の中でいちばん最初に行くのは、だいたい大毅や。ガーンとメンチ切りにいきよる。笑って、帰ってきよる。なんや、大したことないやんけって」という悪い子に育てる魔法を告白。

これなんかは、明らかに亀田兄弟のボクシングにも通じるエピソードだと思うのだ。

「ミニ四駆のレースはよくやった。家の2階に本格的なレース場をつくって、みんなが持ち寄ったマシンで競うんや。1位にはお菓子の景品を出すから、大盛り上がりやった。1位はいつも興毅や。なんせ、特別のモーターを仕込んだオレの手作りやからな。レース場から飛び出すこともあるくらい速かった。友達のはみんな既成品やから、その差は明らかやった。反則といえば反則かもしれんけど、自分の子どもを勝たせて何が悪い？ 親やったら、子どもを一等にさせたいなあかんやろ。そういう経験をたくさんさせて、自信をつけさせるためには、『ズル』をするのもときには必要なんや。興毅には、とくにこういう配慮が必要やった。あいつは、一等になれないとすぐにすねる。特別仕様でも、たまには負けることもあって、そんなときは決まって癇癪を起こしてしまうんや。ミニ四駆を壁に投げつけたり、それは激しかった」

これをそのままボクシングに応用して世界王者になったとしか思えないのである。

結局、どれだけ反則やズルをしようとも結果を出し、なおかつマスコミも巻き込んでビジネスにしていくことが重要なんだろうなあと思ったら、「最後に、これだけ伝えてこの本の結びにしたい。正しさを貫け。自分が正しいと思うことを信じてやり遂げろ。これがオレの人生哲学や」「正しい行いや正しい言葉は、自分を強くするんや」と言い出すからビックリ。さんざん正しくないことばかり主張した後で、何ら恥じることもなくこんなことを真顔で言い切ることができるのが、亀田一家の強さの秘密だと確信したのであった。

★今月の豪ちゃん★テレビ出演やイベント司会業が増えすぎて、控室でもずっと原稿を書いてるんですけど、それでもいま原稿が3本ほど落ちそうになってます！ 年末進行ギザオソロシス！ 昨日のアイドルイベントの控室はカーテンで仕切られていてカーテンの先はアイドルの着替え部屋だったんですけど、そんな状況で亀田父の原稿を執筆……。

103

『BUBKA』のインタビュー連載が、谷川貞治さんの取材をきっかけに、プロレス関連から格闘技方面にも広がっていきそうになってきました。石井館長とかPRIDEの榊原さんとか、いろいろ話を聞きたい人はいるので、連載はまだ続きそう！ なお、この前のゲストは新間寿さんでしたが、ジャパンライフの素晴らしさ&森喜朗元首相の長男がいかにいい奴だったのか話してててビックリ！ そんなプロインタビュアーによる、書評とは名ばかりの引用書評コーナー。

芦原英幸に関する本なのに著者の親子関係も気になるトラブルメイカーの一冊

『芦原英幸正伝』 小島一志、小島大志／新潮社／2000円+税

ミスタートラブルメイカーこと小島一志の新刊は、なんと芦原英幸本！　芦原会館二代目館長・芦原英典との共著『芦原英幸伝 我が父、その魂』（08年／新潮社）を出版した際、芦原ジュニアの語り下ろし形式なのに「英典氏の言葉を借りながら、生前の芦原英幸を知る私の『想い』を加味させて頂いた」結果、芦原サイドを激怒させたかと思ったら、なぜか逆ギレして「昨日、息子の大志が芦原会館芦原英典館長に『試合』または『私闘』を直接申し入れた。1対1。『試合』ならばノールール。『私闘』は手段を選ばず」と対戦表明したり、芦原ジュニアからの謝罪がない限り「私を支持・擁護してくれる、また私の後見人・後援者が率いるあらゆる団体・組織が芦原会館の敵として過激な『私闘』に挑むだろう」と脅迫したりのトラブルに発展したはずなのに、なんでまた！

と思ったら、後書きには「私は一度、芦原英幸関係の作品でつまらぬトラブルに巻き込まれている。あの時、芦原英幸を書くというライフワークが潰えたと私は諦めた。しかし私は『大山倍達の遺言』を上梓した直後、再び安倍（石巻で被災した空手仲間）の言葉を思い出した。芦原英幸を書くことは、私たちの『青春時代』を記すことでもあるのだ」と書かれていた。自分の不用意さで起こしたトラブルを「つまらぬ」の一言だけで片付け、それを震災で勝手にチャラにする姿勢はさすが！

今回、共著として名を連ねているのは、息子・小島大志。ほぼ素人みたいな人間を起用するのは正直どうかと思ったが、これが結果的には正解だった。小島一志が芦原英幸の素晴らしさと、その息子のダメさを熱く語るほど、だったら小島親子はどうなんだって気になってくるし、この親子関係がまた問題だったのだ。

物心が付く前から父親に空手をやらされてきた小島大志は「僕は空手が好きではなかった」「正直に言えば、嫌いだった」と語る。それどころか「父は僕にとって最悪の抑圧者だった。陳腐な言い方をすれば、『独裁者』という言葉が最も適しているかもしれない。さらに困ったことは、この独裁者は常に僕の近くにいるということだ」とまで言ってるのに、いまもこうして空手の本の共著者に選ばれている事実……。「結局、僕は父の影響下から一切逃れることができないまま、今日に至っているというわけだ」という告白が切ない。

「こんな父の傲慢な音楽論の影響で、僕はまさに『物心が付く』頃から、『Cream』や『Doors』など、一九六〇～七〇年代にかけてヒットした洋楽ばかり聴かされていた。ほとんど強要されていたと言っていい。しかし『物心が付き』、本来ならば少年期から青年期に移る頃、僕は父の批判を承知しながら、ある日本のバンドにのめり込んでいった。仮に父のすすめる欧米の音楽のレベルに比べ、演奏面で劣ろうとも、それでも技術だけでは表現できない独特の魅力がそのバンドにはある。自らシングルやアルバムのCDを購入し、ライブDVDも揃えた」

どんな音楽を聴こうと自由だけど、それを押し付けるのは最悪だから、反発して違う音楽も聴きたくなるに決まってるよなあ……と思ったら、ここから想像を絶する展開に突入する。

「ある日、僕が持っているCD、DVDを全部出せと父は言った。言われたようにすると、父はケースからディスクを取り出し、空手の試割りで使うブロックの上に並べた。そして五キロのバーベルプレートを僕に持たせると、『これでディスクを全部割れ』と言った。父が言い出したら絶対に引かないことを僕は知っていた。だから、僕は奥歯を食いしばりながらまるで『踏絵』を踏むように一枚、また一枚とCDを割っていった。その時の僕の感情は、簡単には言葉にできない。悔しさや惨めさは当然あった。もっと言えば、父への殺意さえ一瞬頭をよぎった。ここまでの酷い仕打ちを常人ができるものか」

もちろんできないと思います！

大道塾・東孝塾長が極真会館から破門されたのには「一切表に出ることなく、闇に葬られた事実」が存在し、『要は、東がある暴行・傷害事件に当事者として関わっていた』とまで言っておきながら、「この事件は複雑な背景を持っており、今でもこれ以上書くことは私には憚られる」なんて形で終わらせたりと、フェアじゃないと思う部分も多い本だが、内容的には思ったよりも悪くなかった。

ただ、小島大志曰く「最近、父と親しく、僕の後見人でもある添野義二・士道館館長が直々に英典に連絡し、父との和解を提案してくれた。英典は添野の申し出に『トラブルというより、ずっと小島さんの息子から脅されていたんです……』と答えながらも、和解には喜んで応じたいと添野に確約した」「改めて和解の場を設け、簡略的な和解の儀式を行うことが既に決まっている」のに、和解する前に芦原ジュニアへの批判満載の本を出し、息子に罪を被せる、その迂闊さだけはやっぱり相変わらずなのであった。

★今月の豪ちゃん★アマンダ・ルーカスと試合したこともある柔術家・品川祐のことを本気で調べたくなって、いま母・マダム路子と、その愛人で父親代わりだった作家・笹沢左保についても調査中。両親と愛人が並んで記者会見してたりとか、母親が愛人体験についての本を出してたりとか、家庭環境だけでもどうかしていて、いちいち興味深いです。

104

読者の方から、小島一志の芦原本掲載の番号に電話したら「その後、怒鳴り声や叫び声、ノイズのいたずら電話の着信が20件ほど入るようになり、とても怖くなりました。豪さんに聞くのが筋違いであることは百も承知なのですが、小島氏が一般の人間にこのような事をしてトラブルになった前例などはあったのでしょうか?」というメールが届いて爆笑。そんな前例しかないと断言する男による、書評とは名ばかりの引用書評コーナー。

格闘技話は全くなくても前田日明の考え方が分かる鈴木邦男氏司会のゼミ本

『錯乱の時代を生き抜く思想、未来を切り拓く言葉 鈴木邦男ゼミin西宮報告集Vol．3』 鈴木邦男ゼミin西宮・編／鹿砦社／1400円+税

兵庫・西宮のカフェで開催されている一水会・鈴木邦男司会、鹿砦社主宰のゼミの模様をまとめたムック第3弾に、前田日明が登場！

知らなかった、すぐ買わなきゃ！　と思った人も多いだろうが、冒頭部分で鈴木邦男氏はこう語っている。

「講師の計画や聴衆の期待は、毎回のように裏切られる。『対談者』という名前の野次馬（＝鈴木邦男）のせいだ。たとえば、日本の思想界の第一人者で、ベストセラー作家の内田樹さんを前にして、この野次馬は合気道・格闘技の話ばかりを聞く。なんと、それだけで終わってしまった。一番前にいた人から『タイトルの《溶解する国民国家》の話が何もない！』と叱られたほどだ」

「逆に格闘王・前田日明さんを前にしては、格闘技のことも、プロレスのことも一切聞かなかった。日本の文学や中国の古典の話ばかりを聞いた。『こんな体験は初めてだよ』と前田さんも言っていた。前田さんは愛国者であり思想家だ。もの凄い勉強家だ。このゼミで話したのが『本当の前田日明』だ。そこを見抜いたのは僕だ、と自負している。『せっかく前田さんを呼びながら格闘技やプロレスの話をしないのか』と会場

からは不満もあった。しかし、しない。僕の独断でそうした」

なので、彼らの本業にしか興味のない人には一切引っ掛からない内容になっているんだが、これはこれで前田日明の考え方がわかって面白かった。たとえば、前田日明はどうやら武将だと織田信長にシンパシーを感じているみたいで、比叡山焼き討ちについてこう語っていたのだ。

「当時は、比叡山に限らず大きなお寺は、武装し、酒造業者から税を取り立てて私腹を肥やし、妻帯したり妾を囲ったり、稚児を可愛がったりしている。（略）有名なお坊さんでも、『肉食や女を断つことはできても、稚児を愛することだけは仏様に許してほしい』なんていう日記が残っているんですよ。（略）純粋な信長にしてみると、そういうことも許せない行為だったんですね。（略）織田信長は残酷でもなんでもなく、すごくまともで真面目な青年のような純粋さを持った武将だったんじゃないかと思います」

ああ、なんかすごい前田日明っぽい気がする！　さらに前田日明は、趣味で刀の鑑定を20年以上やってきたことで、刀のコレクションを見るだけで所有者の性格がわかるようになったことも判明。日本刀占い！

「信長が好きだった刀を見ると、青年のような純粋さにあふれたものが多いんですね。ちなみに徳川家康は、煮ても焼いても食えないようなクソ真面目な刀が多く、いじめたらいじけちゃうような印象をコレクションから受けました。上杉謙信のは、神秘的なものがある反面、女性的なところもあり、複雑な印象」

まさか家康も、死後４００年近く経って刀の趣味だけでここまでボロクソに言われるとは思ってなかっただろうなあ……。家康にも、ついでに家康信者の藤波辰爾にも同情！

この本、文学の話も興味深くて、小林秀雄の文章は難解だったけど、講演のテープはすごくわかりやすかったので、仕事で会う編集者たちに「小林秀雄の音源を聞かせてくれ」と頼み込み、雑誌『文學界』で河上徹太郎と対談している音源を入手。

「これを聴いたら、もう大笑い。二人の酔っ払ったじじいがくだをまいているだけなんです。小林秀雄が『なんだ、その頭の禿げ方は！』って言って、『小林秀雄、表へ出ろ！』とかってやっているんですよ（参加者爆笑）」

「それで怒っていた河上徹太郎が小林秀雄に、『でも、お前だけは俺のことをわかってくれたよな。お前は俺のことをよく書いてくれたよ。小林、俺はもう帰る。もう酔ったから帰る』って帰っていくんです。その後ろ姿を見送りながら小林秀雄が、『河上徹太郎も年をとったな。あいつももうダメだろう。ああ、もう死ぬな。じゃあ来年死ぬことにしよう』って言ってて、そのとおり翌年に死んだんですよ（参加者爆笑）」

この音源、雑誌『考える人』の付録として13年にCD化されたが、120分を約半分にした編集版なので、この辺りの描写は全カット。

前田日明のインタビューは、この手の普通ならカットされそうな発言もそのまま載せるスリリングさが魅力であり、同時に敵を増やす原因でもあるんだろうが、やっぱり最高に面白い。だって、政界進出の予定について聞かれて、「正直言って、わからないですね。ああいう大きなところに行くと、半年も一緒にいたら二、三回はもめるだろうなというヤツがいっぱいいるんですよ（参加者爆笑）」「民主党というところが、どいつもこいつも田舎のイモ兄ちゃんよりバカなおっさんばっかりで、選挙の時に応援に行ったら『ワァー、ありがとうございます』なんて言ってたくせに、バッチをつけたら急にうれしくなっちゃって、『おお、君、元気かね』ってやっているんですよ」と言い切るんだよ？　夢をコントロールできるようになったから、夢の中でいろんな剣豪に会いに行って叩き斬られたりしている話も最高！

★今月の豪ちゃん★新刊『人間コク宝　サブカル伝』（コアマガジン）が発売されました。登場するのは諌山創、乙武洋匡、枡野浩一、穂積隆信、山本寛、宇川直宏、宮崎吐夢、久田将義、小西克哉、安東弘樹、神足裕司、上杉隆、ＹＯＵ　ＴＨＥ　ＲＯＣＫ★、須永辰緒、安岡力也、清水健太郎、岸部四郎、品川ヒロシ。そして総括が町山智浩ｗｉｔｈ水道橋博士！

105

ついさっき練馬区光が丘でボクがアイドルイベントの司会をやってきたんですけど、そのイベントに関する宣伝をツイッターでつぶやいたら、なぜか毎回中井祐樹さんがリツイート。なんかすごい申し訳ない気持ちになってたら、光が丘住なので思わず反応していたとのことでした。てっきり中井さんも骨法の小柳津さんみたいなアイドルヲタなのかと思った！　そんなプロ書評家兼プロ司会者による、書評とは名ばかりの引用書評コーナー。

本誌連載が今度は文庫化！プロレス側は木村政彦を、この本をどう見ていたのか

『木村政彦はなぜ力道山を殺さなかったのか』 増田俊也／新潮社／上巻790円+税、下巻840円+税

盛岡のビッグダディ（柔道出身）宅に行ったらこの本が『ゴルゴ13』や『美味しんぼ』のコンビニ本と一緒に並んでいて、「これはもう、読まなきゃいけない一冊ですよね」とダディが絶賛していたぐらいに売れた、増田俊也氏の名作『木村政彦はなぜ力道山を殺さなかったのか』が待望の文庫化！　あまりにもボリュームありすぎたから上下巻に分割され、上巻の帯文は百田尚樹、下巻は板垣恵介先生が担当。著者自身の文庫版あとがきも百田尚樹の解説もないのは残念だが、そこは板垣先生が本書のトリをキッチリと務めてくれている。

「50年以上も〝強き者〟に目を光らせていたハズなのに木村政彦の名はアンテナに掠った程度だった。力道山戦の敗北、柔道界の政治的な意図、理由は様々であろうが、俺はここで敢えて名前に着眼したい。木村政彦という名前だ。あれはマズい。古来、強ェ男達の名前は聞くだけで人を射すくめる力、語感に満ちている。野見宿禰、宮本武蔵、雷電為右衛門、嘉納治五郎、武田惣角、玉菮齋、牛島辰熊、力道山、植芝盛平、塩田剛三、大山倍達……。ご覧の通りだ。思いつくままに並べただけで怖気づく。何屋か知る前に〝この人は絶対強い……〟と思い知らせる力がその語感に溢れている。木村政彦……。教師か！　医者か！」

このシンプルすぎるけど、それでいて真理な指摘は、さすが板垣先生だと言うしかない。というか、牛島辰熊の名前が無骨すぎるんだよ！

なお、この本は木村の愛弟子・岩釣兼生氏の全日本プロレス入門未遂騒動から始まるんだが、「デビュー戦は大物と、トップレスラーとやらせてもらいたい」「岩釣に勝たせてもらいたい」と言い張る岩釣の側近や、馬場に対して「猪木と真剣勝負をやりたい。それが無理なら馬場さんで」と言い出す岩釣本人に馬場がどれだけウンザリしたか、プロレスがどういうものか理解している人ならきっとわかってもらえるはず。

ちなみに猪木の右腕だった過激な仕掛人・新間寿も、ボクが取材したらこんなことを言っていたものだ。「最近一番頭にきたのは、『Gスピリッツ』で力道山vs木村政彦戦を検証するっていうのがあったでしょ。バカどもが！　おまえたちは何を言ってんだ、と。俺は現場にいたんだよ。俺は力道山道場に行ってトレーニングをして、あのとき国技館の椅子に番号貼りつけたり、アルバイトやったんだから！」

「あのときは芳の里さんの張り手があったり、駿河海さんvs大坪清隆もそう。完全に『殺してこい』って試合を力道山一門はしてたんだよ！　あの雰囲気もわからず、前座の試合も観ず、メインイベントになったときの場内の緊迫感も知らずして検証するなんてね」

確かに、前座の時点でおかしなことになっていたんだから、試合が崩れる可能性も高かったのに、その覚悟のない木村が甘かったとしか言い様がない。そして、プロレスを守り、プロレスで食べていくためならどんな邪魔者でも排除する覚悟を持っていた力道山に、新間寿がシンパシーを感じるのも当然なのだ。

なお、木村政彦の元祖暴露本『鬼の柔道』（69年／講談社）を読んだ新間寿は、「『プロレスは鏡を見てしかめっつらしたり、痛い表情作ればいいんだ』って書いてあって、あれぐらい腹が立ったことはなかったよ！」ということで、そのパブ記事が載った『週刊文春』に猛抗議。「プロレスが八百長？　冗談じゃない！　アントニオ猪木の試合はいつだって真剣勝負だ！　リングに上がって来い、誰の相手でもするぞ！」「訂正記事を出せ。私は木村先生を尊敬してたけど、こんなこと言うとは思わなかった！」と言った結果、『オール讀物』で猪木特集が組まれることになったそうなんだが、「プロレスは八百長ではありませんでした」という訂正記事を『週刊文春』相手に要求する新間寿、恐るべし！

そんな新間寿だが、「増田俊也さんが書いた『木村政彦はなぜ力道山を殺さなかったのか』と、そのあとの『七帝柔道記』も読んだけど、『七帝柔道記』のほうが自分は感動を受けたね。俺はあの増田って人に一度会いたいなと思ったよ」とのことで、増田俊也氏のことも岩釣兼生のことも基本的には大絶賛。ただ、「岩釣さん、亡くなったけどすごい人だった。坂口道場の師範代で。これはいいなと思ったら全日本プロレスに行ってるんだよ、あの人。なんで全日本なのかと思ったもん」とのことで、全日本で馬場に真剣勝負を挑もうとしたことについて、「馬場さんだったら勝てるじゃない！　勝てる相手って最初からわかってて……やっぱり勝負師っていうのはそうなのかなと思ったけど。岩釣先生だったらいいかたちでウチができたなと思うけどね。馬場さんは絶対受けないですよ。猪木さんだったら受けた」と、猪木幻想を守る話を続けたのだ！

そういう意味で、本書は「木村政彦を守るためには、どんな邪魔者でも排除する覚悟」で書かれた本なんだと思う。そして、その過程で増田俊也氏が力道山のことを認めるようになっていくのが美しいのである。

★今月の豪ちゃん★新刊『人間コク宝　サブカル伝』が『王様のブランチ』の文芸書チャートで初登場2位、翌週は1位になる快挙！　まあ、2週目はボクがトークイベントをやった書店調べだったからなんですが、それでもすごい時代になったと思いました。そして、今月号が発売された1週間後ぐらいには、ボクがある特番にひっそり映り込みます！

106

10年ぶりぐらいにシーザー武志会長を取材。シュートボクシング以前のアウトローな活動について掘り下げたんですけど、想像以上の面白さでした！　「プロレスラーや格闘家がいくら強いって言ったって、そんなの拳銃の方が強いよ！」と亡くなった百瀬博教氏がよく言ってたんですけど、そういう視点で生きてるアウトローな方々とやり合ってきた人の話を拾うのがライフワークなプロ書評家による、書評とは名ばかりの引用書評コーナー。

格闘技関係の新刊なし！　そんな時の特例として格闘技に関係ない本を……

『累犯障害者』　山本譲司／新潮社／1400円+税

格闘技関係の新刊が何も出なかったので、今回は特例として最近読んだばかりの2006年発売の本を紹介してみたい。なんで格闘技とは無関係そうな事件本を紹介するのかというと、最初に取り上げられているのが2001年4月30日に起きた浅草レッサーパンダ男事件だったためである。

「刺殺されたのは、都内板橋区に住む一九歳の女子短大生・O（本では実名表記）さん。ゴールデンウィーク中のこの日、彼女は、ブラジリアン柔術大会に出場するボーイフレンドを応援するため、隅田公園内にある台東リバーサイド・スポーツセンターに向かっていたらしい」

ニュースの中に「ブラジリアン柔術」という単語が出てきたり、容疑者がレッサーパンダの帽子を被っていたりのインパクトで、この事件のことをいまでも覚えている人が多いと思うが、結末がどうなったのかはあまり知られていない。逮捕された直後まではすごい勢いで報道されていたはずなのに、なぜメディアが途中で一気に引いたのかというと、容疑者が知的障害者だったためである。

この山口という被告人のバックボーンがまた、とにかく壮絶すぎた。

彼は高等養護学校を「卒業と同時にクリーニング店に雇用された。しかし、一ヶ月ともっていない。仕事中、トイレの窓から逃げ出し、そのまま姿を消してしまったのだ。『養護学校卒の知的障害者』と揶揄され、執拗ないじめに遭っていたようだ。次に印刷会社に就職したが、こちらも長続きせず、ある日突然、逃げ出すかのごとく、職場を去っている。ここでもいじめは、凄惨だったようである。この間に受けた暴力によって、山口被告の前歯は、ほとんど奪われた」。

さらには養護学校三年のとき、母親が白血病で死去。それから頻繁に家出を繰り返すようになり、仕事を失いホームレス同然の生活に。こうして「おもちゃのピストルを手にして、公園のベンチに女性を座らせ、金銭を要求すると同時に、体にも触れた」りで、何度も警察沙汰を起こすようになり、殺人に至った、と。

事件当時、彼の実家には父親と4歳下の妹が暮らしていて、わずか21歳で末期癌に冒され、在宅酸素療法を受けていた妹が早朝から深夜まで働いて生活を支えていた。父親はろくに仕事もせず、娘の金でギャンブル三昧。容疑者が家出を繰り返してホームレスになったのは、この父親に暴力を振るわれていたためだった。事件後、この父親にも知的障害があることが発覚。妹は余命一カ月半と宣告され、「これまで生きてきて、何も楽しいことはなかった」「最後に少しでもいいから、一人暮らしがしてみたい」という彼女の希望を支援団体が実現させ、最後は笑顔を見せるようにまでなったんだが、「自分はいま、事件が起きたことによって転機が訪れ、生涯で最も充実した時間を送らせてもらっている。でもこの生活は、亡くなった女性の犠牲の上で成り立っているのでは」と悩みながら死んでいった。

何か事件が起きると加害者の家族を攻撃する人たちも多いが、責めるべきは確実にそこじゃない。でも、だったらどこを責めるべきなのか？

この本の著者・山本譲司は演歌歌手ではなく元衆議院議員であり、政策秘書給与の流用事件で実刑判決を受けて収監。その際、獄中で障害を持った受刑者たちの介護を担当するようになり、障害を持った犯罪者が想像以上に多いことを知る。この本に登場する全員聾唖者の暴力団が同じ聾唖者を食い物にしていたエピソードとか、全てに救いがなさすぎ！

「知的障害者がその特質として犯罪を惹起しやすいのかというと、決してそうではない。知的障害と犯罪動因との医学的因果関係は一切ない。それどころか、ほとんどの知的障害者は規則や習慣に極めて従順であり、他人との争いごとを好まないのが特徴だ。ただ、善悪の判断が定かでないため、たまたま反社会的な行動を起こし検挙された場合も、警察の取り調べや法廷において、自分を守る言葉を口述することができない。反省の言葉も出ない。したがって、司法の場での心証は至って悪く、それが酌量に対する逆インセンティブになっている。反省なき人間と見做され、実刑判決を受ける可能性が高くなるのだ」

実際、山口被告がなぜ殺人を犯したのかも、現在までよくわからないままになっている。検察側は「わいせつ目的」と断じているが、山口被告は「友達になりたかった」と発言。おそらく取り調べで警察がそれっぽい調書を取っただけのことであり、ろくに反論もできない彼には無期懲役判決が下された。弁護人に相談もないまま彼が勝手に控訴を取り下げたというのは、たとえ出所しても居場所がないからなのだろう。

ある累犯障害者は「外では楽しいこと、なーんもなかった。外には一人も知り合いがおらんけど、刑務所はいっぱい友達ができるけん嬉しか」と言っていたそうだが、だからこそ彼らは犯罪に手を出して収監されたがる……という、あまりにも絶望的すぎる話のお裾分けでした！

★今月の豪ちゃん★前号でひっそりと予告した通り、TBS『オールスター感謝祭』にスターでもないのに出演してきました！　島田紳助もいない、ビートたけしも乱入しない、チャックと藤原組長が相撲も取らない、小川直也がヌルヌルにならない、新たな感謝祭でしたが、ボビー・オロゴンがオフマイクでボヤキ続けてるのが異常に面白かったです！

107

大道塾・東孝先生を取材。とにかく異常に話が面白くて、息子さんを急性アルコール中毒で失ったから昔みたいな酒絡みの馬鹿話は出来ないのかなと思ったら、酒に罪はないというスタンスで鉄板エピソード連発。息子さんの話になるとさすがに重苦しい空気に包まれたんですけど、とりあえず著書で東孝批判を繰り返す小島一志よりも確実に人として信用出来ると思いました！　そんな男による、書評とは名ばかりの引用書評コーナー。

大阪からボクシング界で一時代を築いた津田博明と赤井英和の複雑な人間模様

『浪速のロッキーを〈捨てた〉男』 浅沢英／KADOKAWA／1700円+税

07年にボクが赤井英和をインタビューしたときのこと。取材場所が当たり前のように自宅だし、いきなりビールを出されるし、いまでも髙田延彦と飲んだら仲良くドツキ合いをしたりチ●コの比べ合いをしたりしていると告白するしで実に楽しい取材だったんだが、ボクシングの話が進むにつれてなぜか現場が重苦しい空気になったことが忘れられない。

ボクシングは大好きでも、ボクシングビジネスに対する複雑な感情。現場ではいろいろ話していたけれど諸事情により大幅に削除することになった、複雑な問題について掘り下げたノンフィクションがこれだ。

この著者が赤井を取材した際、赤井や井岡弘樹を育てたグリーンツダジム（現・グリーンツダボクシングクラブ）の津田博明会長との関係の話になったら、やっぱり赤井の口が重くなり、気を落ち着かせようとして煙草を吸おうとしたらそこが禁煙だと聞かされるなり赤井がキレたのがこれを書くきっかけだった模様。

「ちっ、と小さな舌打ちを漏らした後で、赤井は短い罵声を吐いた。『くそっ』。こめかみには太い血管が浮き上がっていた。少しの間を置いて、赤井はもう一度、罵声を漏らした。長く尾を引く嗚咽のような唸り声だった。『くそおおうっ』。鈍い音を立ててテーブルが揺れた。自分の手元を見つめる赤井の瞳は、潤んでいるようにも見えた。実際、赤井は泣いていたのかも知れない」

津田は「ときどき国鉄の新大阪駅に電話を入れて、新幹線の車内放送を頼んでいるという話を自慢げに語った。『プロボクサーの赤井様、いらっしゃいましたら至急、西成区の愛寿ボクシングジム（当時）までお電話をおかけください』。アナウンスの口上を真似た津田は『赤井は毎日、ジムにおるんですけどね』と言った後でこう続けた。『新幹線やったら、名前が全国に売れるでしょ。西成でボクシングをやっている赤井という名が』」「西成、いうたらボクシングのイメージにぴったしでしょう。拳ひとつで這い上がっていくというボクシングのイメージに」と公言していたように、赤井を売り出す能力はかなりのものだった。

赤井は17年前、最初の著書『浪速のロッキーのどついたるねん—挫折した男の復活宣言』（講談社）で、津田についてこう書いている。

「ある日、津田さんは俺に言いました。それは要約すれば次のようなことです。『うちのジムは、選手もいなければ、業界に対する地位もない。おまえみたいなアマチュアで鳴らしてきた選手がプロになるんやから、目標は一つ。世界タイトルとるんや。そのためには、マスコミを使うのが一番や。マスコミは記録が好きやから、まず、おまえは、ＫＯ記録を作らないかんぞ。力も金もないジムから、パッと華やかに売り出すためには、ＫＯ記録が必要なんや。わかるか？』。津田会長、なかなか戦略家でありました」

アマチュアで名前を売り、西成でキャラを立て、マスコミを利用し、微妙な選手相手にＫＯを重ねていく、亀田の売り方は赤井のときに生み出したものだったのに違いない。

「俺、しとうないんです。ジム経営というのは、いくらボクシングが好きでも、やっぱり、ビジネスですから、選手を動かして、お金にしていかなあかん。そういうの、かなわんのですわ。俺、純粋にボクシングが好きですから……」

「人間、自分のためにがんばるという力はしれたもんです。自分のためやったら誰に迷惑がかかるでもなし、ちょっとサボったろか、となりがちですね。けれど〝この人のために〟というパワーは、それをはるかに超えられるんです。俺はあの子のためにがんばろう。家族のためにがんばろう。具体的なほうがいっそう効果があると思います。その執着みたいなものが、絶対にええ結果につながるとちがいますか。俺は、津田さんのため……というか、津田さんを喜ばせたろ、と思ってトレーニングにのぞんでいました」

これも赤井の過去の著書からの引用だが、津田との間に溝が出来ると赤井は練習もサボるようになっていく。

「えらいのは赤井英和やなくて、津田博明なんや。赤井あっての津田と違う。津田あっての赤井なんや。勘違いしたらあかん。拳闘屋だけに、見当違いがあったらあかんからな」

この頃、津田はこんなことを言い放つようになっていたらしい。

そして赤井の失踪を経て、大和田正春戦でのKO負け&開頭手術へと至るんだが、晩年、「脳溢血の発作で倒れた津田は、車椅子の生活を余儀なくされていた。（略）もし命が助かったとしても一生、車椅子の生活を覚悟しなければならない。開頭手術を受けた後、医師がそう語った予後を覆して赤井が奇跡的に肉体の機能をすべて回復した同じ病院で、津田は命を取り留めた。だが津田は、肉体の機能を回復することはできなかった」というから皮肉な話。

最後、意識もなくなった津田の見舞いに行った赤井は、それは和解なのかと聞かれて、こう答えた。

「和解？　そんなもんはあらへんよ」

★今月の豪ちゃん★TBS『水曜日のダウンタウン』で松本人志の過去の著書の矛盾点を突っ込むという過酷な役割を任される。以前、『QJ』の「ダウンタウンをやっつけろ！」という特集で同じような企画を任され、すごい気を遣って書評したら、その特集自体すごいソフトで、ボクだけキツい役を任されていたことが判明したのを思い出しました。

108

新日本プロレスの某選手とセフレの女の子との不倫トラブルが最近ネット上を騒がせたわけなんですけど、ハメ撮りが流出した某格闘家と比べたらLINEのやり取りやキス画像の流出ぐらいどうってことないはず。というか、ハメ撮り流出後も一切動じることなく平常心で試合してた野生のカリスマぶりが、いま考えると本当にすごいと思います！　……と、風化した話をいまさら掘り起こす男による、書評とは名ばかりの引用書評コーナー。

一周して面白くなる著作 小比類巻貴之が語る格闘技に対する『覚悟』とは

『あきらめない、迷わない、逃げない。──挑みつづける人の「心の習慣」』
小比類巻貴之／サンマーク出版／1400円＋税

自己啓発本&ビジネス本で知られるサンマーク出版が、なぜかあの小比類巻貴之本をリリース。『あきらめない、迷わない、逃げない。──挑みつづける人の「心の習慣」』といういかにもなタイトルだが、小比類巻選手にビジネスやメンタルコントロールについて教える技術があるとは思えないのが正直なところである。

……と思ったら、「『どこがミスターストイックだよ』。そんなバッシングを何度も受けたし、自分自身も、ふがいない思いをした。ケガも多かった。人生をかけて作ったジム経営に失敗したこともある。人前で講演させてもらうようになってあらためて思い返すと、自分は肉体的にも経験的にも〝イタい〟人間だったと思う」って、そこまで自覚的だったことに、まず驚いた。そして、いま講演を普通にやっていることにも。

それでも、やっぱり「いい話」をしようとすると、彼の主張には致命的に説得力がなかったのである。

「K－1は基本的には一ラウンド三分での三ラウンド制だ。（略）これは僕なりの理論だが、第一ラウンドは、相手の様子や調子を見て、どう戦うかを決めるときだ。第二ラウンドは、冷静さを失わず、相手の隙を見て

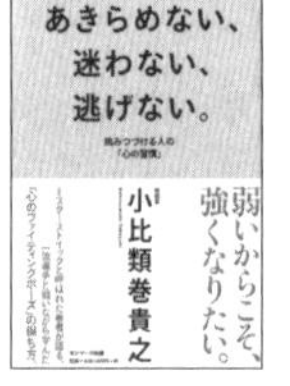

確実に打っていくとき。第三ラウンドは、これまでが優勢ならば、確実に『勝ちにいく』とき。これまでが劣勢ならば、大逆転をねらって『番狂わせ』をしかけるときだ。そして、この『三ラウンドの戦い方』は、人生にも置き換えられる」

「人生はK－1の試合とは違って、途中で勝敗が決まることはない。第一ラウンドが劣勢だろうが優勢だろうが、そこでゴングが鳴ったりはしない。生きているかぎり、第二、第三ラウンドは必ずやってくる」

いや、人生も不測の事態によって途中でゴングが鳴ることは普通にあるから、もっと早めに勝負に出たほうがいいだろうし、そもそも試合でも人生でも判定勝ちを狙っているから駄目なんだよ！

でもまあ、この本を読み進めていくと、だんだん一周りして面白くなってくる。キックボクシングのプロテストで惨敗すれば人目もはばからず号泣し、ジムに入れば「打撃は星だ。きょうもまた星が増えた」なんてポエムを書き、さらには須藤元気ばりに「ありがとう」を連呼！

「僕は試合のたびに〝感謝〟を心がけてきた。毎晩、ジムを出るときは必ず、サンドバッグやリングに『ありがとう』と挨拶をしてからホテルへ向かう。また、いつもロードワークをしている道にも感謝する。試合前夜には、お世話になった人、あした応援に来てくれる人、たくさんの人に『ありがとう』とメールを送る。そして最後に鏡の前に立ち、自分の『体』にも呼びかける。格闘技がしたいという僕の心につきあって、ここまで我慢してくれてありがとう。ここまで立派な体になってくれてありがとう。（略）これを実践できたときは100パーセントの確率で勝ってきた」

そうやって道具に「ありがとう」と声を掛けると「だんだん心が通って」きて、「サンドバッグが僕のことを好きになって、僕のパンチを強くしてくれている」と思うぐらいになるそうだ。ほら、面白いでしょ！

ちなみに、同じぐらいハードな練習をしている他の選手と自分との違いについて、彼はこう語っていた。「彼らと僕を分けたのは、格闘技にすべてをささげる『覚悟』ではないかと思う。たとえばジムで合宿をするとき、僕は布団と格闘技のビデオ、日記と詩を書くノートぐらいしか持っていかない。でもほかの人は、こっそりエロ本なんかをもちこんだりする。この違いだ」

「神様は、そういうところをちゃんと見ているのだ。ときに格闘技の神様は『勝利の女神』というくらいだから、きっと女性なのだろう。女性の神様が、大事なときにエロ本にうつつをぬかしている選手を愛してくれるとは思えない。実際、エロ本を持ち込んだその先輩は、ものすごく熱心に練習する人で実力もそれなりにあったのだが、試合となるとなぜか勝てない。今回はさすがに大丈夫だろうという相手にもKO負けしたりする。それはたぶん、彼が勝利の女神に祝福されていなかったからではないかと思ってしまうのだ」

エロ本を見てるような格闘家は試合で勝てない！　そう主張しておきながら、なぜか他のページではこんなエピソードも紹介するから、あまりにも矛盾だらけ。

「過去には緊張でガチガチになっている選手にアダルトビデオを見せて心を温めたこともある。動画投稿サイトにあった動画をスマホで再生して、『ちょっとこれ見てみろ』と選手に渡す。一瞬キョトンとしていたかと思うと、次の瞬間には思わず顔がグフッとにやける。その変貌ぶりを見て周囲は爆笑」

……これ、緊張している選手を勝利の女神が見離し、負けさせるための罠なんじゃないかって気もしてきたんだが、エロ動画のおかげで「本人の緊張も一気にほぐれ、彼はその試合で見事に勝利を収めた」とのこと。……やっぱりエロも勝負のプラスになってるじゃん！

★今月の豪ちゃん★長渕剛インタビューに行ったら、大型犬と一緒に撮影して欲しいとのことで、その犬を連れて志穂美悦子が登場！　すっかりテンションが上がって「本もレコードも買ってますよ！」と報告したんですけど、まさか自分のファンなんかいるとは思わず、長渕剛の本とレコードを買ってる報告だと思ったとのことでした。悦ちゃん最高！

先日、古舘伊知郎さんから指名されて、約10年ぶりだというインタビューをやらせていただきました。なんでも『紙のプロレス』をずっと読んでくれていたそうで、「インタビューも面白いんですけど、それだけじゃなくて文章も毒があっていいんですよ」と、どうやら書評も読んでくれていた模様。やった！　そんな古舘さんから「勝手な思いこみだけど、考え方が似ていると思う」と言われた男による、書評とは名ばかりの引用書評コーナー。

109

世紀のビッグマッチ猪木VSアリ戦がDVD化格闘家も絶対に見るべき！

『燃えろ！ 新日本プロレス エクストラ―至高の名勝負コレクション 猪木VSアリ 伝説の異種格闘技戦！』 集英社／1600円＋税

最近、アイドルグループがやたらと気軽に武道館興行をやりすぎるので、その度に思うことがある。「そこ、ビートルズの来日公演や、アントニオ猪木vsモハメド・アリという世紀のビッグマッチで使われたぐらいにすごい会場なんだよ！」と。

もともと全60回で終わる予定だったDVDマガジン『燃えろ！ 新日本プロレス』が好評のため刊行数が増え、さらにエクストラ扱いとして『猪木VSアリ 伝説の異種格闘技戦！』が遂に初DVD化！ これまた初DVD化が売りの『ジャイアント馬場 蘇る16文キック』は、わずか全5巻だけで終わったのに！ 猪木と馬場の果てなきライバル抗争は、DVD部門では猪木の圧勝！

76年6月26日、猪木対アリが生中継された当時ボクはまだ5歳だったので、もちろん試合の記憶はゼロであり、その後はテレビで再放送されることも、ビデオソフト化されることもなく、家庭用ビデオデッキなんてものが普及するよりも遥か昔だったので、どうせ「世紀の凡戦」と言われて大バッシングされたような試合なんだから、わざわざ見る必要もないかもなと思ってたんだが、ちょっと待て。今回のDVD、2枚組でニューヨークでの契約調印式、羽田空港でのアリ来日、記者会見、調印式ディナーパーティー、公開計量と、試合以外の映像もたっぷりと入ってるんだ！　それだったらプロレスが大嫌いな本誌読者も絶対に買うべき！　そして、「俺は真剣勝負をやっているんだから変にショーアップする必要はない」とか本気で思っている格闘家も絶対に見るべき！

ボクがモハメド・アリの魅力にやられたのは、猪木vsアリの試合以外の映像を見たときからだった。日本に到着し、羽田空港のロビーに出た瞬間からサービス満点でちゃんと表情を作り、テレビカメラに向かって吠えながら歩いて行ったりと、アリの「プロレスラーでもここまではやらないよ！」感がとにかく異常で、これだけのエンターテイナーがボクシングの世界で頂点に立ったら、そりゃあ人気も出るに決まってる。

一瞬でもダレた空気になるのが嫌なのか、公開調印式でもエキサイトしまくって、かと思えば女性に日本人形を手渡されれば分かりやすいぐらいにデレデレし、また一瞬で真顔になって猪木に向かっていこうとしたり、猪木が無反応だったら近くにいる新日本軍団（坂口征二、木村健悟、荒川真ほか）を挑発しに行ったりで全く飽きさせないアリ。アリの高額なファイトマネーを捻出するため、この調印式は参加費5万円のディナーパーティー形式で行なわれ、テレビ朝日の『水曜スペシャル』枠で放送されたんだが、これだけで元が取れるレベル。そもそも調印式がゴールデンタイムにテレビ中継して成立するコンテンツになるのなんて、確実にアリぐらいだと思われる。

当時、猪木vsアリ戦は「猪木が何もできず寝てばかりいた」と世間で大バッシングされ、それから20年ぐらい後、総合格闘技というものをファンが理解してからようやく再評価されるようになった。しかし、本当に猪木が何もできていないのは試合以外の部分。いつもの「エキサイトしてさかんに挑発を繰り返す猪木と、無表情でそれを受け流し、ガチな発言で冷たく突き放す馬場」的な構図でいうと、完全に自分が馬場ポジションになってしまったのだ。

なお、パフォーマンスでは完全に飲まれていた猪木が、どれだけガチな切り返しをしていたかについては、名著『1976年のアントニオ猪木』（柳澤健／文藝春秋）を併読することをオススメ。

とにかく、いままで裏ビデオで見てきた映像の数々が、このクオリティで手軽に見られるようになったのは本当に嬉しい限り。ただ、贅沢を言うなら『アフタヌーンショー』にフレッド・ブラッシーと出演して、やっぱり日本女性にメロメロになったりエキサイトしたりでサービス満点だったアリとか、『水曜スペシャル』でアドリブでピアノを弾きながら『イノキを破壊する歌』を熱唱するアリとか、高島忠夫司会による番組本編とか、猪木の公開練習&アリが卑怯な要求をしてきたアピールとか、関連映像がもっと見たかった！

もっと言うと、大会ポスターを復刻して付録にするなら石坂浩二イラストヴァージョンにするべきだったとか、要望はいくらでもあるんだが、公開調印式とかがＤＶＤ化されただけでも文句なし！ 次は是非とも馬場と猪木のタッグが復活した79年の『プロレス夢のオールスター戦』完全ＤＶＤ化に期待したい。

そして最終的には、力道山vs木村政彦の完全版が増田俊也先生の監修によるＤＶＤマガジンとして制作され、『木村政彦はなぜ力道山を殺さなかったのか』と並べて販売されることを本気で望んでます！ 力道山ジュニア・百田光雄をインタビューした限り、映像は「ウチにあったかな?」とか言ってたりで、捜せば関係者が持っている可能性は高いし、いまなら売れるはず！ 井田真木子『プロレス少女伝説』の一部をブックレットにした『神取忍vsジャッキー佐藤』ＤＶＤマガジンも是非！

★今月の豪ちゃん★藤原敏男先生の取材に行ったら、日曜の昼間から飲み屋に連行されて、「お前の飲み方は冷静すぎて気に入らない！」とキツい酒をガンガン飲まされる。でも、「しかし強い、俺のペースにはまらないし、マイペースで飲んで全く酔わない。逆にこっちが酔ってしまう。あ〜あ〜やんなっちゃう」と認めてくれたみたいで良かった！

110

本誌今月号で中井祐樹さんと対談させていただいたんですが、それと連動してこちらでは中井さんの本を書評。対談は、同い年で同じ街で生活してきた人間ならではのバカ話中心になったわけですが、本はすごいちゃんとしてますよ!! なので、この本で希望を感じた人はガッカリしちゃうような対談を目指してみました。両方読むことで、本が本当に理解できると思いますよ! と主張する男による、書評とは名ばかりの引用書評コーナー。

中井祐樹氏・初の単著! 妙に達観した視点は何かに似ていると思ったら……

『希望の格闘技』 中井祐樹／イースト・プレス／1400円+税

これは格闘家としてはかなり変わった本である。書評する側から言ったら武勇伝満載だったり、怒りや嫉妬などの感情が剝き出しだったり、ツッコミどころ豊富だったりするほうが楽しいし、実際そういう本ばかりなのに、この本にはそんな要素が皆無。本人は「長ずるにしたがって、ハードボイルドやら詩やら箴言・名言の類いを好きになっていったことも手伝ってか、ますますひと言で語り切るようなスタイルになってしまった。そのせいで読みにくかったら申し訳ない」と書いているが、この妙に達観した視点は何かに似ていると思ったら、晩年の大山倍達総裁の本だった。つまり、増田俊也『七帝柔道記』で描かれたような北大柔道部時代のエピソードだの、佐山聡との出会いと別れだの、新格闘プロレス対抗戦だの、ジェラルド・ゴルドー戦で失明したことだの、ドラマチックな本になるエピソードは多いはずなのに、その全てがサラッとした扱い、もしくは言及なしで自伝的な要素もほとんどなかったりする。だから最初こそ山籠りだのプロレスラーとの対決だのといったドラマチックなエピソードが多かったけど、哲学者的なありがたい話が中心になってきた頃の大山総裁本に近いと感じたわけなのだ。

だって、バーリトゥードジャパンオープン95のジェラルド・ゴルドー戦で失明したことについてのコメン

トがここまであっさりしたものなんだからどうかしている。

「私にとってはこれからだったMMAファイターとしての選手生命は、1回戦で受けたサミングによる右目失明によって絶たれました。しかし、私はあの闘いを全く後悔していません。それどころか、よく聞かれますが、反則をしてきた相手選手に対しても、恨んだりという気持ちも全くありません。私は正々堂々と闘い、勝ったのですから、本当に楽しい、特別な一日となりました」

一応、「ただ、世の中には、不条理、不可解なジャッジメント、わかり合えない壁、そういったものがあると知った、大きなきっかけにはなったと感じています。それにもかかわらず前に進むことが人生の醍醐味なのだと知ったことも、とても大きな経験になりました」と文章が続いて含みを持たせているとはいえ、「え！これだけ？」と誰もが言いたくなるはず。その姿勢について対談で突っ込んだら、この本以上にあっさりしていて驚いたんだが、それが中井祐樹という人なんだと思う。

「私は『怒らない』と、人によく言われる。実は怒らないのではなくて、むしろより大きな物事に対しては怒っているのだが、怒っても仕様がないことには怒らないだけなのである。別に温厚な人間なのではない、と自分では思っている。人は、やりたいことをやって幸せに生きていく権利がある。ところが人のやりたいことを自分にとって不快ならば認めず、それをさせないという状況や、自分の考えと違うから排除するということは割合よく聞き、その類いのことには怒りを覚えることがある。まあ、自分のわがままから来ているのかもしれないのだが。それ以外は、あまり腹が立たない」

ゴルドーよりも自分の自由を制限するような相手に腹が立つ。なんなんだろう、これは。「音楽も大好きだ。ジャンルは問わず多種多様に好むが、マイルス・デイヴィスやボブ・ディランやローリング・ストーンズなんかは特に好きだ。彼らも基本的にやりたいことをやりまくっている（いた）。やりたいことに正直だというか。楽曲や演奏・歌唱の素晴らしさのみならず、生き方そのものが大好きな人たちだ」ということなので、ロックな姿勢ゆえなのか？

といっても、94年に某格闘技専門誌で愛聴CDとしてバッファロー・スプリングフィールドとビートルズとはっぴいえんどを挙げていたぐらい音楽的には幅広いから、わかりやすい例を挙げているだけなんだろうが、だから好きな本や映画監督もわかりやすい例を挙げていて、それがあまりにも独特で面白い。

「影響を受けた書物はニーチェやサルトルやカミュといった哲学者や思想家の著書であるかもしれない。とりわけニーチェの『ツァラトゥストラ』には、頭を殴られるような衝撃を受けた。何物も恐れず、力強く生きることを肯定することをこの書から学んだ」

「さらには、映画にもどっぷりハマって、見てきた。こちらも挙げていけばキリがないが、黒澤明や小津安二郎ら、かつての日本映画の巨匠たちの作品には、いつ見返しても新鮮な感動を覚える」

こういう人だから、「敢えて言ってみたい。あれこれやることが、ひとつの道。それが僕らのやり方、MMAだ。格闘技フュージョンだ。何でも取り入れ、自分をクリエイトするのだ。MMAは実は（!）、極めて教育的だと思っている。弁証法的、とでも言うか」という難解な主張を始めるわけなのである。

彼が音楽的にフュージョンが好きで哲学も好きだっていう予備知識がないとサッパリわからないよ！　でも、それが中井祐樹という男なのである。

★今月の豪ちゃん★先日、添野義二先生から突然電話が掛かってきて、「吉田さん、俺の本を作ってくれている小島大志君がいまここにいるんだけど、いい子だから吉田さんと仲良くして欲しいし、彼もまだ若くて不勉強だからいろいろ教えてあげて欲しいんだよね。じゃあ、電話替わるよ」と、不思議な展開で小島一志ジュニアと挨拶を交わしました!

111

本誌前号での中井祐樹さんとの対談がすごい好評で良かったです!　真面目な本誌読者の中には怒る人もいるんじゃないかと思ってたし、実際そういう人もいたはずなんですが、あの絶妙に肩の力が抜けた感じと、無駄にマニアックな知識を拾うことをテーマにしてみた次第。あんな感じでまた誰かと対談企画を組んで欲しいですけど、小島一志親子だけは遠慮しておきます!　と公言する男による、書評とは名ばかりの引用書評コーナー。

7年半ぶりの〝復活〟——新『ゴング』の記事に見る専門媒体と業界の変化

『ゴング0号』 アイビーレコード／900円+税

怪しい経営陣が紛れ込んできたり、歴代編集長が次々と退社したり、新社長が逮捕されたりのゴタゴタによって07年に休刊した『週刊ゴング』が、不定期刊行ながらGK金沢（金沢克彦）編集長体制で復活することになった。

これは一時期どん底まで落ちたプロレスがまた旨味のあるジャンルになってきた証明であり、姉妹誌だったはずの『ゴング格闘技』とは何の繋がりもなくなったとしても、『週刊ゴング』末期の新日本プロレス東京ドーム大会増刊号なんかに参加していたボクとしては、非常に感慨深い。

素直に良かったと思える出来事だとばかり思っていたら、『週刊ゴング』時代はGK金沢の盟友だと思われていた長州力は、こうコメントしていたのである。

「『ゴング』が復刊するって聞いたけど、金沢が編集長？　バッカじゃねえのかって！　アイツの人間性はもう俺には見えてるんだよ。ここで何をやろうがもう人間性が見えている。金沢は『蜘蛛の糸』みたいなもんだ。どうせ新日本にひっついて、最終的にはてめえだけ助かればいいと思ってやがる。ほかのヤツの階段は全部外す男だよ。プロレス界がだんだんと氷河期になってたのを、てめえなんか全然関係ないと思ってた人間だから。たまに新日本が深夜にテレビでやってるのを観るけど、アイツのやってる解説を聞くと、胸くそ悪くなってくるんだよ。こんな野郎がよく解説してんなって思ってチャンネルを変える。まあ、今は新日本がひとり勝ちで、それは組織がしてるからだけど、そこに乗っかるのは仕方がない。だってそれしかないだろ。ただ、アイツの人間性、アイツの素行が汚いんだよ」

敵がハッキリしているときほどフレーズの切れ味がよくなることで知られる長州力。

これはUWFインターナショナルと揉めていた当時、「宮戸（Uインターの宮戸優光）って何なの？　あいつもしかしてホモなんじゃないの？」「あいつらが死んだら墓にクソぶっかけてやる！」「俺たち葉っぱだとしたら、あいつらはそこにしがみついている水滴だ！」といった名言を連発していた頃を思わせるクオリティである。

ただ、それでもやっぱりGK金沢絡みのインタビューがいちばん面白いのは事実であり（だからオカダ・カズチカの巻頭インタビューとか、GK以外の記事がイマイチだったりする）、中邑真輔になぜかアントニオ猪木vsモハメド・アリ戦について聞いているあたりも、非常に興味深かった。

「やっぱりアリがビビってたっていうところが凄く印象的でしたよね。猪木さんだって、それこそ人生最大の売名行為となる試合、かつどっかで制限かけられて、でも、やっぱり諦めてないわけじゃないですか？どっかで一発かましてやろうという。例えば、グラウンドでのヒジだとか、そういう部分はやっぱり本能的にアリが危険を察知しているところは、もの凄くコントラストとしておもしろいなと思いましたね」

「リップサービスで言ったつもりが『闘いたい』っていうヤツが出てきて、マジでカネまで積んできやがってっていう意味では、カネが手に入ろうがどうだろうが、追い込まれたモハメド・アリというところでは。だから、そんなことをしでかす猪木。もしくは、その環境を味方につけていたアントニオ猪木はすげえなと思いましたね。（略）そういうのもボクはプロレスに求められていると思いますね。エネルギーというか」

いま新日本が再生させたプロレスは、良くも悪くも昔の新日本とは別物だ。

それを誰よりもよくわかっているからこそ、中邑は永田裕志や鈴木みのるを「絶滅危惧種」と呼ぶ。

「やっぱり、腕っ節で勝負するレスラーですよね。今はもう華やかさだとか技だとか、口だったり身体だったりで勝負する選手のなかでね。だから、強さを何で表すかっていう部分で、例えば修斗に近い技術だとか、そういう強さを売りにしようとする選手ですよね。（略）例えば、鈴木みのるとやったら、伝わりづらいかもしれないけど、自己満足かもしれないけど、こういう攻防ができるよねっていうところですよね」

デビュー早々にダニエル・グレイシーやアレクセイ・イグナショフとガチのリングで闘ってきた中邑は、新日本プロレスから猪木イズムが消え去った時代に、「だって、誰も背負わなかったし、誰も一矢報いてくれなかったじゃないですか？　新日本所属の選手がっていうことですよ？」「もし自分が理想とするプロレスラーだったら、こういう判断をするだろう」と考えて闘ってきた。

消化不良な試合をなくし、選手の世代交代をしてビジュアルレベルを高め、マニアを切り捨てたことで再生した新日本プロレスだが、つまり専門誌はもう必要ないのかもしれない。

それでも、ゴングには「絶滅危惧種」のマニアを育てる媒体として頑張ってほしいのである。

★今月の豪ちゃん★小島一志＆その息子さんから「俺の取材を受けろ。断るならヤクザを使ってさらう」という画期的な取材申請をされました。その顚末についてはネットで『脅迫なう』というタイトルで書いたんですけど、脅迫を全部留守電に残したりの迂闊さもすごいです。こういう面倒な人を起用し続ける新潮社は、つくづくビッグハート！

112

小島一志&その息子さんからの「俺の取材を受けろ。断るならヤクザを使ってさらう」という謎の脅迫騒動は、小島一志ブログのターゲットが変わり（新極真会を叩いた上で緑健児の語り下ろし本を出させろと迫る理不尽なもの）、ボクを批判するためだけに息子さんが立ち上げたブログの更新も止まって、ひとまず沈静化。また新刊が出たら、ここで紹介していきますよ！　とあらかじめ宣言しておく、書評とは名ばかりの引用書評コーナー。

桜庭和志の著書『ぼく。』シリーズ第4弾で綴るPRIDE以降とプロレス

『哀しみのぼく。』　桜庭和志／東邦出版／1400円+税

PRIDEで連勝していた頃、楽しげな笑顔とオレンジ色の表紙でバカ売れした00年の『ぼく。』と02年の『帰ってきたぼく。』。HERO'S移籍後、秋山成勲とのあの試合の後に発売されたため表紙で笑顔もなくなり、オレンジ色にも黒味がかってきた07年の『ぼく…。』。

そして、総合格闘技で勝てなくなり、プロレスに転身したものの持ち味が発揮できない状況で発売されたシリーズ第4弾『哀しみのぼく。』の表紙は表情も憂鬱で、タイトルロゴと帯以外は完全に灰色になった。

……申し訳ないけど、景気悪すぎてこの表紙じゃ読む気が起きないよ！

いざ本を開いても飼い猫の死の話が始まるし、全編に漂う死の匂い。

「人から『引退だ』『限界だ』と言われたから引退するのではなく、自分の引退くらいは自分で決めたい。例えば、お酒が好きで好きで、死ぬ直前まで飲んでいた人がいたとする。飲んでいる途中で命の限界を悟り、助けを呼ぼうと電話に手を伸ばすが、間に合わずにそのまま絶命。そして1週間後に遺体となって発見される。見方によっては寂しい人生かもしれないが、その人はそこまでしてお酒が飲みたかったんです。極論になるが、ぼくはこれの格闘技版のような人生を歩みたい」

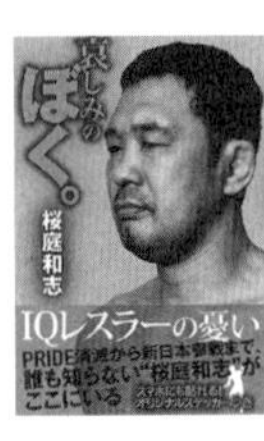

ここ最近の桜庭は外見的に赤塚不二夫感が出てきてると思ってたら、どうやら酒の方面でも赤塚不二夫感が出てきている様子。というか、作品の出来がイマイチになり、それでも酒ばかり飲んで命を縮めた晩年の赤塚不二夫の姿がフラッシュバックする。

ＰＲＩＤＥを離れて以降、「〝桜庭和志〟という選手と一緒にいるとテレビにも映るし、オイシイ思いができる」と考えるような人間が近付いてきたり、「それまでは親身になって相談に乗ってくれて、ぼくも〝こちら側〟（＝闘う側）の人間だと思って心を開いて付き合っていた人が、負けが込んでくると急に手のひらを返して〝あちら側〟（＝主催する側）の立場を取ったり……。ああ、この人もぼくのことを商品としか思ってなかったんだなあって」思ったりで人間不信になったりしたせいでもあるのだろう。その結果、ここまで追い込まれてしまうのだ。

「あるとき、ぼくは自分の声と手の震えに気がついた。普通に電話で会話しているだけなのに声が震え、手が小刻みに揺れている。自分で自分がおかしくなっていることがわかった。もしかしたら、このまま死んでしまうんじゃないだろうか。得体の知れない恐怖が音もなく襲いかかってきた。ちょうどその週、ぼくは新人のころからお世話になっているお医者さんの先生の診察を受ける予定になっていた。その先生の診察は定期的に受けていて、ぼくはいつも『お酒を控えなさい』と注意されていた、このときも。『せ、先生……、やっぱりお酒はやめられないです……。いろんなことがあって……、でも誰にも相談できなくて……』。そう言い出したとたん、それまで溜まっていたものが一気に爆発した。嗚咽とともに溢れ出た涙は、いっこうに止まる気配をみせない。ストレスは、ぼくの心を深く蝕んでいた」

想像以上にヤバい状態！　最近は「出不精に拍車がかかり、〝家飲み〟が中心になった。外で飲むことはほとんどない。夜は自宅で、パソコンをいじったり、ＤＶＤを観たりしながらひとりで飲んでいる」というエピソードにもアル中疑惑が感じられてヤバい気がする！

だって、「今年で45歳。あと何年生きられるかもわからない。希望としては、三男が中学生になるくらいまでは生きてはいたい」……って、三男は現時点で小学生だから、あと数年だよ！

そんな本だけど、ガチンコ＝フル〇ンと定義付け、「言ってみれば、総合格闘技では選手はみんなフル〇ンの状態にある」「そういう世界に、田村（潔司）さんは海パンを穿いて出てこようとする」などと語るフル〇ン×海パン論は面白かった。

「ぼくもUインター、そして新日本との対抗戦では海パンを穿いていた。場合によっては、Uインター、キングダムでは海パンを脱ぐこともあった。ただ、その海パンはボディビルダーが穿くような超ハイレグのやつで、もっこりした部分がけっこう目立つデザインになっていた。夢中になって動いていると、ときおりポロリとこぼれちゃうこともあった」

そして、16年ぶりに新日本プロレスに参戦するようになると、すっかり時代が変わっていたのである。

「あれから時は流れて、今ではそんな際どい海パンは流行っておらず、誰も穿く人はいなくなったという。あれ？　あのころの海パンはダメなんだ？　『これかな？』と思って穿いてみたら『似合ってない』と指摘された。『じゃあ、こっちかな』と別のものに穿き替えてみたものの、どうやらこれも違うらしい。ぼくの特色として、もっこりした部分は多少は目立たせたほうがいいみたい」

プロレスに戻ってきてからの迷いを、「濃霧に包まれた浜辺。ぼくは股間を両手で隠しながら、自分に似合う海パンを求めて右往左往」と表現しているのが非常に納得できた次第なのである。すごい右往左往感！

★今月の豪ちゃん★タダ券があるからとしまおまほさんに誘われてUFCたまアリ大会に行ったら、リングサイド3列目でビビりました。PRIDEはほぼ皆勤だったけど、こんないい席で見たことないよ！　しかし、周りを見る限り、リングサイドを実券で買ってる人は少なそうだったなー。品川祐&玉置浩二&青田典子という最前列の並びも最高！

113

いま『BUBKA』誌上で極真系の空手家インタビューを連載中なんですけど、大きな組織とかを守る立場にいる人の話は無難すぎたり、取材自体受けてくれなかったりで、その反対に守るものの少ない人の話は異常に面白い。まさか盧山師範や廣重師範がここまで話が上手いとは！　でも、そんな方々を取材したことが小島一志を刺激したのも確実！　と分かっていながら今後も取材を続ける男による、書評とは名ばかりの引用書評コーナー。

ニコラス・ペタスが考える〝最強の武道〟とは何か？ 果たして極真空手は——

『最強の武道とは何か』　ニコラス・ペタス／講談社／838円+税

ボクは講談社のミスiDというアイドルコンテストで審査員をやっていて、去年はペタス・ケイトという玉城ティナ似の可愛いハーフの女の子がセミファイナリストになったんだが、それがニコラス・ペタスの娘だったからビックリ。

ただし、お父さんについていろいろ質問したらあまり反応がよくなくて、後からその前年にペタス夫妻が離婚していたことが判明。ペタスにこんな大きなお子さんがいることも、離婚していたことも知らなかったが、ペタスが新書を2冊出していた事実も知らなかった。なので、今回は去年発売されていた新書を紹介してみたい。

NHKの企画でペタスが伝統派空手や柔道、相撲、合気道、剣道、弓道といった様々な武道の体験レポートをすることになり、その流れで書かれた、この本。当然、最強の武道とは何なのかの答えが出ているわけもないんだが、それぞれの武道の考え方の違いが出ていて興味深い。

「合気道は、攻撃に対する防御のみを指すものではありません。大事なのは攻撃をコントロールすること。相手が刀を持っているとするなら、刀を抜く前に攻撃を抑えてしまうのです。相手の手首をつかむのは（倒すためではなく）話し合いをするため。この理念が合気道なんです」

これって「相手を組み伏せ、短刀でとどめを刺す。それが柔術の目的だったのである。現在の柔道にもある抑え込みは、そこから短刀で刺すためのものなのだ」という発想とは真逆すぎるし、合気道で人がポンポン飛ぶウサン臭さについてもペタスは実体験からこう説明してくれる。

「僕が技をかけられ、組み伏せられたとき、腕を折られるのではないかというくらいの痛みを感じた。痛いから、腕を曲げられた方向に崩れていくしかない。そうしなければ、間違いなくケガをする。骨が折れるか靱帯が切れてしまうだろう。だから、技をかけられる側は宙を舞うのだ。飛び、受け身を取ることで、痛みから逃れ、ケガを避けていた。技をかけられたときの、最も効果的な対処法が、無理に抵抗せずに投げられることなのだ」

そして「拳やスネを鍛えることに疑問を感じていた。それよりも、たとえばパンチやキックを的確にヒットさせることが大事だと考えていた」ペタスにとって、「指先や爪先を鍛え、武器にする」沖縄空手は衝撃だったようだ。ペタスはこれを怠っていたからこそ試合中に足が折れたりしたんじゃないかって気もするんだが、沖縄空手の理論はこうだ。

「倒すのではなく、一瞬で相手の戦意を喪失させ、時には死に至らしめるのが沖縄空手なのだ。だから、狙うのも首などの弱い部分。服の上から突いても威力が弱まるから、肌がむき出しの首から上を狙うのだ」

こうして「人殺しの技を身に付けるのが道場というものです。だから、身に付けると使えなくなる。なぜ、使わない技を身に付けるのかといえば、武器の怖さを知るため。持っていても使えないという意味では、核爆弾のようなものですよ」という考え方を知った後だと、極真空手は〈殺人の技術ではないからこそ自由に使えるもの〉に思えてくる。

「総裁は『ケンカになったらどうすればいいか』を教えてくれた。『話し合いでものごとを解決するのは、空手家には無理だ』。あるとき、総裁にそういわれたことがある。空手三昧の生活を送っているから、どうしても口は立たない。理屈で勝負すると負けてしまう。地位を笠に着て威張り散らす人間だっている。『だから、先に殴ってしまいなさい。話はそれからだ』。それが総裁の教えだった。だからといって、誰でも彼でも殴ればいいというわけではない。自分の身が危ないとき、相手が悪いと分かっているのに屁理屈で理論武装されてどうにもいい返せないときには『殴ってしまいなさい』なのだ。殴って力の差を見せてしまえば、相手も屁理屈でいい負かそうとはしなくなる。空手家だと思って『どうせ頭が悪い』とバカにすることもなくなる。そういう意味だ」

空手家に話し合いは向いてないから、とりあえずブン殴れ！　梶原一騎が雑誌の人生相談で「そんな奴は殴れ！　俺が許可する！」と言い放ったのにも通じるデタラメさ！　とにかく極真だけ他の武道とは明らかにテイストが違って、そこがたまらないのである。「総裁は、こんなふうにいうときもあった。『キミたち、もし路上でケンカになって相手を倒したら、三〇秒以内にその場を離れなさい。そうしないと、すぐに警察が来て捕まってしまうよ』」とか、大山総裁の発言にはあからさまに路上のリアルが感じられるからなー。

あと、個人的に興味深かったのは「昔の剣道は総合格闘技に近いものだったそうだ。剣を奪われても闘いが続く。決着がつくのは、面まで取られ、顔を殴られたときだ」という発言。このルールの大会をいまこそ開催するべきじゃないかと思った次第なのである。テレビ向きのコンテンツになりそうだし、屈強な総合格闘技の選手が剣の達人にいいようにやられる光景とか、すごい見たい！

★今月の豪ちゃん★馳浩が魔裟斗らと異種格闘技イベント『巌流島』立ち上げ！　馳×巌流島といえば、当然タイガー・ジェット・シンの参加は確実！　また馳がシンの自宅まで行って池に落とされたり、愛車を破壊されたりするんだろうし、それなら見たい！　シンとの巌流島決戦を経て猪木とシングル対決に至る、あの時期の馳は最高だったなー。

114

本屋に行くとプロレス関連本の刊行点数がえらい増えていることで、いま本当に新日本プロレスを中心として人気再燃してきてるんだなと思う。そして、格闘技本が全然出版されなくなっていることで、いま本当に人気がないんだなとも思う。だからこそ事件本や関東連合本も題材に書評を書いてきたわけですが、今回のテーマはジャイアント馬場。どんな逆境でも格闘技書評を書き続ける男による、書評とは名ばかりの引用書評コーナー。

プライベートマッチとは!? 現在のプロレス誕生へ至る流れを柳澤健氏が執筆

『1964年のジャイアント馬場』 柳澤健／双葉社／1900円+税

梶原一騎&辻なおきという『タイガーマスク』コンビがジャイアント馬場のアメリカ遠征期を描いた『ジャイアント台風』のリアル版みたいな、この作品。格闘技ファンはまず手に取らない類の本だと思うが、プロレスを学ぶためには最良の資料であり、プロレス＝八百長という単純な図式で勝手に見下しているような人にこそ読んでもらいたい。

日本でプロレスの仕組みが暴露され世間に衝撃を与えたのは01年のミスター高橋の著書によってだったわけだが（69年に木村政彦が著書で暴露しても話題にならなかった）、アメリカはいちいち早かった。

「タブロイド紙ナショナル・ポリス・ガゼットが『プロレスの試合には、事前の打ち合わせが存在する』という暴露記事を掲載したのは、一九〇五（明治三八）年のことだった。スポーツを標榜する以上、勝敗は必ずつけなくてはならない。だが、誰もが負け役になるのはイヤだった。だからリング上で行われる試合の前に、プロモーターや仲間のレスラーの前でリアルファイトを行って実力のランクをつけておく。〝プライベートマッチ〟と呼ばれるものだ。ファンに見せるものではないので、つまらなくても構わない。プライベートマッチに勝ったレスラーが、リング上でも勝ち役になる」

このプライベートマッチ制度は日本でも藤原組が導入していたという噂を聞いたことがある。とにかく、プロレスも黎明期には真剣勝負だったというのは幻想で、真剣勝負も混じってはいたし、実際の強さもリング上に反映されてはいたけれど、基本的にはショーだったわけである。

そして、たまにガチをやるとこんなとんでもない事態になった、と。

「一九一六（大正五）年七月には、ネブラスカ州オマハで有名な試合が行われた。〝胴絞めの鬼〟ジョー・ステッカーと〝絞め殺し〟エド・ストラングラー・ルイスの世界タイトルマッチである。試合時間は四時間五二分。ほとんど動きのないスローな攻防に終始した上に、結局引き分け。スリルと興奮を求めて集まった一万八〇〇〇人の大観衆は、ふたりのレスラーに大ブーイングを浴びせた」

当然のように観客数もみるみる減り、エド・ストラングラー・ルイスらは「業界を根本的に改革する画期的な解決策を思いついた。プロレスの試合に『プロット＝筋書き』を作り、ドラマチックなエンディングを決め、場外カウントアウトや頭突きなどのアクシデントによる両者ＫＯや、どちらかが一方的に攻め続ける中で時間切れ引き分けとなる〝ブロードウェイ〟を取り入れたのだ」

「一九三〇年代、滅亡の危機にあったプロレスは、スポーツとはまったく関係のない純粋なエンターテインメントに変貌することによって生き延びた。アメリカン・フットボールのタックルを取り入れ、ロープの反動を利用し、殴る蹴る、目つぶしや急所攻撃などの反則攻撃、ドロップキックやボディスラムなど、レスリングとはまったく関係のないものを取り入れた。真剣勝負を戦えばどちらが強いか、だって？　そんなことはどうでもいい。観客が喜ぶのであれば何をやってもいい」

こうして現在のものとほぼ同じようなプロレスが誕生。相手のマイナスにならないような上手い負け方が次々と生み出され、退屈な真剣勝負風のショーは、より本格的なエンターテインメントへと変わっていった。力道山対木村政彦戦は、こうしてプロレスが完全にショー化した後で起きたアクシデントだったのだ。

なお、作者の柳澤健氏はなぜか木村に対して異常なぐらいに冷たい。木村派の増田俊也先生と比較するためにも、ちょっと引用してみよう。

「木村は『引き分けになるはずだったが力道山が裏切り、不意打ちを仕掛けてきた』と弁明したが、木村の発言には筋の通らないことも多い」

「木村政彦が、本当に力道山を倒す自信を持っていたのならば、最初から真剣勝負、すなわちリアルファイトで戦えばよかった。一九五九年六月にブラジルバイーア州でヴァルデマー・サンタナと戦ったように。木村に真剣勝負を挑まれれば、力道山が拒否することは決してできなかっただろう。拒否すれば『逃げた』と言われ、大きなイメージダウンになるからだ。ファンタジービジネスであるプロレスにおいて、イメージダウンほど恐ろしいものはない。真剣勝負を望まなかったのは、木村政彦自身なのだ。理由はただひとつ。力道山に勝つ自信がなかったからだ」

そもそも「初期の力道山は『強い者が勝つのがプロレスだ』と考えていた」ため、プロモーターに干されたりもしていたわけで。コンディションも悪く、相撲出身の力道山をテイクダウンする自信もなかった木村を批判する流れで、だから日本柔道は現在のような惨状になってしまったとか話を脱線させてまでスイッチが入りまくるから、やっぱり『木村政彦はなぜ力道山を殺さなかったのか』にしてもそうだけど、ノンフィクションは公平ではなく、どちらかに肩入れして書くほうが面白いと痛感させられたのであった。

★今月の豪ちゃん★先日、ボクが司会を務めたアイドルイベントで出演者の腕相撲大会が行なわれたんですが、それが異常に面白かったです。アイドルがプロレスや格闘技と絡む企画は過去にいろいろあったけど、そのどちらでもない腕相撲に、ガチならではの面白さとドラマがたっぷり詰まっていたという。腕相撲アイドル最強が本気で知りたくなった！

115

阿川佐和子『聞く力』にあからさまに便乗したボクにとって初の新書『聞き出す力』（日本文芸社）が池袋ジュンク堂で文芸書部門の1位になったり、発売後間もなく3刷になったりで、想像以上の売れっぷり。150万部突破の大ベストセラーに便乗するとそのうち数％が買ってくれるだけでも大きいってことなんだろうなー。そんな便乗ライターによる、書評とは名ばかりの引用書評コーナー。

『木村政彦は〜』執筆に重要な役目を果たした中井祐樹のノンフィクション

『VTJ前夜の中井祐樹』 増田俊也／イースト・プレス／1400円＋税

ベストセラー『木村政彦はなぜ力道山を殺さなかったのか』『七帝柔道記』で世間に注目された増田俊也先生が、続いて出したのが『VTJ前夜の中井祐樹』。「木村政彦」も「七帝」も世間的にはポピュラーな存在ではなくても「力道山」や「柔道」に関係するものだとは伝わったけど、「VTJ」に「中井祐樹」とくると世間的にはノーヒントと同じだろう。それでも増田先生は、『木村政彦はなぜ力道山を殺さなかったのか』を書く上で中井祐樹がどれだけ重要な役目を果たしたのか、どうしても伝えたかったんだと思う。

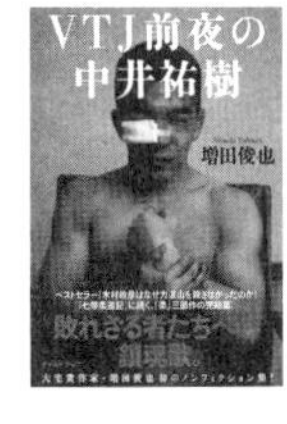

いまでこそプロレスに対して好意的になった中井祐樹が「有名プロレスラーの名前を何人か挙げ、『真剣勝負なら簡単に勝てますよ』と言った」とき、七帝柔道で寝技をやってきた北大でさえ「多くのOBが鼻白んでいた。当時、プロレスラーの実態について世間は何も知らないに等しかったのだ」。「かつて柔道の競技者だったはずの北大OBでさえよくわかっていないのだ。格闘技を経験したことがない一般のファンに真実を伝えるには、とてつもなく高いハードルを越える必要があった」

プロレスやUWFはガチだし最強だとみんな信じていた、あの頃。

『シューティング？　あんな小さいやつらがごちゃごちゃやってなんになる？　レスラーに捻り潰されるだけだよ』。プロレスファンはそう言って笑っていた。プロレスが真剣勝負だと思っている人がまだたくさんいた。それほど〝プロレスの壁〟が高かった時代なのだ。当時、世間の無知とただ一つ戦っていたプロの団体、それがシューティングだった」

そして増田先生が木村政彦の名誉を回復するための、読者のニーズがあまりなさそうな連載をやると決意した『ゴング格闘技』編集部もまた世間の無知と闘っていたのである。

「現体制の『ゴング格闘技』はフェイク（八百長）を許さない、ノーフェイクを前面に出す編集方針を貫いていた。プロレスと他の真剣勝負の格闘技を同じ土俵で論じない、フェイクの試合は誌面に載せないという方針を貫いていた。この方針はプロレスファンから流れてきた格闘技ファンの反発を買い、他の格闘技誌との部数競争のなかで苦しんでいた、それでも編集長はノーフェイクを貫いていた。私たちはあらゆる世界にフェイクが蔓延する今の世間を引っ繰り返すために始めたのだ。フェイクの世界観を引っ繰り返すために、プロレスマスコミに対抗するために絶対にこの連載を成功させようと誓いあった」

あれって、打倒プロレスという目的で書かれた作品だったんだ！

「しかし反響を呼べばハレーションも強くなる。何度も連載の妨害にあった。裏社会から表社会からプロレスファンからの妨害にあった。それでも私たちは連載を続けた。裏社会からクレームがつけば、いちど連載を休み、ちょうどヤクザがらみでバッシングを受けていた日本相撲協会を守るヤクザ擁護を評論で展開してまで理解を求めたほどだ」

この歩み寄り方は間違っている気がしないでもないが、そんな妨害との闘いは燃える。ただし、「プロレスマスコミから攻撃にあえばそれに『ＶＴＪ前夜の中井祐樹』というノーフェイク運動の急先鋒を往くノンフィクションで対抗した。この作品は日本の活字として初めて当時のプロレスをフェイクの悪、真剣勝負の格闘技の足を引っ張る要因として書き、大反響を呼んだ」という。そこに『木村政彦は〜』的なバランスの良さは感じられなかったのである。

つまり、『木村政彦は〜』がガチバカ的な視点だけで終わらず、さらに深みのある作品になったのは、中井祐樹の功績だった。力道山vs木村政彦の試合映像を見た中井の証言によって、作品の方向性が途中で大きく揺らぐことになるためだ。「真剣勝負なら木村が勝っていた――。その結論へ向けてすでに書き上げていた原稿が、ほかならぬ中井祐樹によって引っ繰り返されてしまったのだ」

「連載はそこから、木村政彦が力道山に負けたことを証明してしまう辛い改稿作業になっていく。あまりにも苦しいその作業に私は何度も連載をやめたいと言った。編集長に電話で『こんな誰も報われない仕事をやってなんになるんですか』と泣きながら言った。『なにを言ってるんですか。どれだけこの連載のファンがいると思っているんですか』。編集長も電話の向こうで泣いていた」

「『ほんとうにもう書けません。誰も救われない、こんな話を僕は書き続けることができません……こんな辛い物語を、いったい誰に向けて書いたらいいんですか……読者だって辛いだけです……』。私はそう言って咽び泣いた。編集長も電話の向こうで泣きながら言った。『僕に向けて書いてください。僕を救ってください』。この言葉に寄りかかり、私はなんとか『木村政彦はなぜ力道山を殺さなかったのか』を書き上げ、連載を完結した」。

なんだ、この濃密すぎるやり取りは！　そんな心の揺らぎが作品の完成度を高めたことを思うと、中井祐樹に感謝するしかないのである。

★今月の豪ちゃん★岡田斗司夫のキスプリクラ流出に始まる元愛人たちによる告発ラッシュがいまえらい盛り上がっているんですけど、新日本プロレスが人気再燃したのって女性ファンに手を出しがちな選手を排除して、ピュアな女子中高生がキャーキャー言いやすい状態を作ったのも大きいんじゃないかと思えてきました。格闘技界はどうなのかなー。

116

最近はキスプリクラ流出に始まる岡田斗司夫の愛人騒動に夢中になりすぎなせいか、MALIAの本で「まだ学生なのに妊娠」「ようやく仕事を再開した矢先にまた妊娠」的なエピソードが出てくる度に「岡田斗司夫みたいに男がパイプカットすればいいのに！」と言いたくなるから、自分でもどうかとも思う。全てが岡田斗司夫基準なので、岡田斗司夫と比べたらKIDもかなり良心的！　そんな男による、書評とは名ばかりの引用書評コーナー。

元妻・MALIAが告白、結婚生活の中で見えたKIDのカッコ良さ

『TRUE LOVE―3度目は3人子連れで年下婚！』
MALIA／講談社／1300円+税

格闘技専門誌ではどうにも場違いっぽい表紙だが、これは「モデル・MALIAが〝恋愛・結婚・離婚〟のすべてを初告白」する一冊。つまり、専門誌ではほぼ触れられることのない山本KIDとの出会いから別れまで元夫人が告白しているんだから、ここで紹介するしかないよ！

「私の2番目のダンナ、山本〝KID〟徳郁――。その当時、彼には私以外の〝女の気配〟が絶えずあった。すごくイヤだったし、許せなかった」

KID編は、彼女がKIDの携帯電話を使って、浮気相手っぽい女にメールを出し、〈今度会うときのために、体力つけておかなきゃ〉〈カラダを磨いておきます〉とか返してきた女を「今夜、時間ある？　オレの行きつけの店でメシ食わない？」という「ブラックメール」で呼び出す恐ろしいエピソードから始まる。そこで開き直った浮気相手に、「今日は朝まで彼と過ごすつもりで来ました。タク代（タクシー代）とかって……」と言われた瞬間、「手に持っていたグラスの中のビールを彼女めがけてぶちまけ、空になったグラスを壁に投げ、財布から数万円を取り出して彼女の前に叩き付け」るマリア！　「帰り道、私は、彼の携帯を力任せにまっぷたつにへし折り、道路に叩き付けた」という、こんな話をされたら、続きが気になってし

ようかないのだ。

ＫＩＤと付き合い始めた頃、「夜の街で一目置かれる」ある不良から「あいつ、女遊びハンパないから、やめたほうがいいんじゃない？」と忠告されたこともあったが、彼女はどうせそんなのは誤解だろうと思って聞き入れなかった。

「メイャクチャ硬派の彼は、いかにもチャラそうなＫＩＤクンのことを許せなかったみたいで、包丁を突きつけて私から手を引くように迫ったらしい。でも、ＫＩＤクンは、頑として首を縦に振らず、『マリアを大事にする』って宣言したらしい」

なんだ、この漫画みたいな展開！

これで本当に彼女を大事にすれば最高なんだが、世の中そう上手くはいかないもの。マリアと出会った頃の彼は、「格闘家としては発展途上で、超がつくほど貧乏」で、２人が偶然再会して交際が始まったのも「料金未納で止められた携帯電話のお金を払いに行く途中」だったし、「住む家がなくてジムに寝泊まりしていたんだけど、私と一緒に暮らすために部屋を借りた」のだという。

ボロボロの「このマンションに住み始めて2ヵ月くらい経ったとき、彼が格闘技の試合に参戦した。Ｋ－1へのデビューはもう少しあとのことで、このときは、ファイトマネーじゃなく、勝ったらなんぼの修斗（総合格闘技団体）の公式戦。これで運よく勝利し、何十万円かの賞金を獲得した彼は、自分もお金がないっていうのに、『保育園代にしな』って言って、そのうちの10万円をポンと私にくれた」とのこと。

しかし、格闘家としてメジャーになると溝が出来ていくのであった。

「Ｋ－1デビューしてから何千万円単位でファイトマネーが入ってくるようになると、彼は次々と新車を買い替えるようになった。ベントレーとマイバッハ以外は、買っていない車種はないんじゃないかな」

「自分が稼いだお金で買うんだから、車はまだいい。私が『どうなの⁉』と一番感じていたのは、周囲からチヤホヤされていい気になっていたこと。少なくとも、私にはそう見えた。私の目には、彼は、典型的な〝つけあがっちゃった人〟に映った」

それと同時に、昔から激しかったKIDの女遊びも悪化していった。

「『女にはちょっとだらしないけど、自分貫いてるな、カッコいいな』って彼のことを思えるうちはよかったけど、だんだんとその思いが薄れつつあった。人からチヤホヤされていい気になって、『飲みましょう』と言われたら断りきれずに試合前でも飲みに行く。結果、体はボロボロ、試合はさんざん……。そんな姿を目の当たりにして、彼のことを尊敬できなくなるのが怖かった」

そして、ある試合の後に別れを切り出そうとしたら試合直前に大怪我したりで、初心に戻るためジムに住むようにさせたりの展開に突入。

「ちょっと酷すぎるかな、って思わなくもなかったけど、私は心を鬼にして家の鍵も新しいものに取り替えた。私が留守の間に勝手に家の中に入ってほしくなかったからだ」

しかし、状況は変わらなかった。

「彼も変わらなかったけど、私もまた、変わることができなかった。たまに彼と会えば、やきもち剝き出しで食ってかかるわ、嫌味は言うわ。人前であろうがなんだろうが、彼を責め立てたり、引っ叩いたり……。彼が女と一緒にいた飲み屋に乗り込んで、後ろから彼に飛び蹴りしたこともある。そのせいで私の靴底がペロンと剝がれてしまい、その日は彼にオンブされて家に帰るハメに」

結局、2人は離婚して、いまは2人とも再婚したわけなんだが、「夫婦というよりカップル、わかりやすく言うと〝オス〟と〝メス〟として結び付いていた」2人の結婚生活が長続きするわけもないのであった。

★今月の豪ちゃん★『BUBKA』で元拳道会・倉本成春先生を取材したんですけど、とにかく迫力が尋常じゃなかったです。ボクがこれまで会った中でいちばん近いと思ったのは戸塚ヨットスクール戸塚宏校長。それでいて物腰は柔らかいから余計に怖いんですが、話は面白かったです。もし梶原一騎が倉本先生に会って作品のモチーフにしていたら……と妄想。

Berryz工房のラスト・コンサートには仕事が重なって行けなかったんですが、その直前の有明コロシアム公演には参加。終演後、関係者から「メンバーに挨拶していきますか？」と誘われたのに、「いや、1時間後に岡田斗司夫のニコ生が始まるので帰ります！」と言ったのは自分でもどうかしていると思いました。そして、こういう騒動が起きるたびに桜井マッハ速人のことを思い出す男による、書評とは名ばかりの引用書評コーナー。

117

技術に興味がなくても楽しめるエピソードが満載の空手技術書！

『幻の大山道場の組手──かつて地上最強の空手は実在した』 渡邊一久／東邦出版／1800円+税

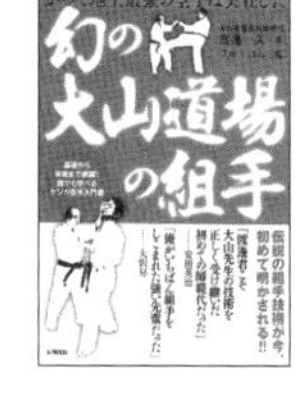

これ2年前に出た空手の技術書なんだが、矢吹丈の元ネタとしか思えない「ダラリと両手を下げて、顔面をスキだらけにして近づく」「黒崎健時先輩の組手」とかが出てくるから技術に一切興味のないボクでも楽しめるし、何よりもエピソードが異常に面白かったからあえて紹介したい。

巻末プロフィールによると「大山道場生え抜きの初代師範代として、大山茂氏、中村忠氏、芦原英幸氏、大沢昇氏、加藤重夫氏など、多くの生徒を指導した。大山倍達氏亡きあとに、分裂した極真会館各派の顧問、相談役などを歴任する」というぐらいの大物のはずなのに、『ゴング格闘技』増刊『極真カラテ強豪100人』にも出てこなかったりと世間的な知名度は低い渡邊一久先生。

その理由は「大山道場が極真会館に変わって約3年後の昭和42年、私は自ら道場を離れ、事業に専念し、空手界や格闘技界とは一切関わることをやめた」、つまり『空手バカ一代』なんかで触れられずにいたためだと思うが、そもそも渡邊先生自体がまさにリアル『空バカ』みたいな人だったのだ！

まだ闇市があったりで「戦後の名残が色濃い一種の無法地帯だった」池袋西口で父親が居酒屋をやってい

た渡邊先生は、そこで用心棒代わりに暴れまわった。「店で毎晩のように起きるトラブルの相手は、尋常な客たちではない。ときには刃物やピストル、複数の敵を同時に対応しなければならないこともしばしばだった。こんな乱戦で、柔道のように、いちいち相手と組んで戦っているわけにはいかない。一瞬の間に、大の男が一撃で失神する。私に求められているのは、そうした実戦的な技術だった」ということで大山道場に入門。その技術を活かして「28人を相手に戦った」りと、「私が、道場外で実戦の組手をすると、大山先生は梶原（一騎）氏を呼んで、私の実戦談をいちいち取材させた」。「後に、彼はカラテをテーマにしたいくつもの劇画原作を書いたが、実戦のエピソードは、これは私があのとき話したものだ、と思いつく内容がほとんどだった」とのことで、渡邊先生は本当に『空バカ』の元ネタだったのである！

なお、この本で最も衝撃的なのは黒崎健時先生のエピソードだろう。

「三戦の腹式呼吸で身体を鍛え、突きや蹴りをもらっても大丈夫な肉体作りに余念がなかった。この人には、ひょっとして金的蹴りも効かないのかな？　と思っていたところ、『一度、金的蹴りで倒し合いをしよう』と黒崎先輩が言ってきた」

道場で金的蹴り合戦というだけでも完全にファンタジーの世界なんだが、その後の展開が壮絶すぎた。

「私の得意な中足による金的蹴りが、黒崎先輩の睾丸をモロに捉えた。黒崎先輩は一瞬、白目をむいて動きが止まったが、それでも倒れない。まいったとも言わない。しかし、先輩の道着のズボンは、股の間から見る見る血に染まっていく。私は、これは危険だ、すぐに病院に行かなくては、と思ったが、本人は一向に組手をやめる様子はない。私は仕方なく、自分から『まいりました！』と言い、黒崎先輩を病院に連れて行こうとした。しかし、黒崎先輩は、病院に行くそぶりはなく、『今から飲みに行くぞ』と言う。実は、この組手を行う前、負けたほうが今日の飲み代を払う、という賭けをしていたのだ。黒崎先輩は、その賭けの約束を果たそうと言うのだ」

そんな状態で父親の居酒屋に行ったから、「私は仕方なく、『先輩、ズボンが血だらけですよ』と言うと、黒崎先輩は、そこで初めて気づいたようなそぶりで、更衣室にズボンを替えに行った。まったくなんと気の強い人だと私もあきれた。しかし、『ここならウォッカがあるだろう。ウォッカで洗っておけば大丈夫だ』と、本当に酒で消毒しただけで病院に行かずに治してしまった」。

そして、鬼の黒崎っぷりがさらに際立つのは、こんなエピソードだ。

「私は黒崎先輩と、ずいぶん道場外での実戦を経験することになったが、それにはわけがある」「当時、大山先生は、池袋に極真会館ビルの設立を企画していた」「大山先生は決して道場経営が達者な人ではなく、お金はほとんどなかった。私と黒崎先輩は、自分たちでお金を貯めて、大山先生の夢を実現させてあげるしかない」

ここまではただの美談なんだが、話は急にすごい方向に進んでいく。

「短期間にお金を貯めるためには、きれいごとを言ってはいられない。黒崎先輩が見つけてくる仕事は、いずれも危険をともなうもので、それを実行する人間として私を指名するのである」「黒崎先輩と山形の銀行の支店まで右翼の街宣車で乗りつけ、銀行の悪事を暴き立てるという仕事もやらされた。夜8時まで、6箇所の支店を回り、非難を拡声器でまくし立てる。まさに心の修行だった」

え！　極真会館ビルって、右翼の街宣活動とかで稼いだ金で建てられてたんだ！　それも衝撃的だったけど、最後に国際伝承空手道の連絡先として渡邊一久先生の携帯の番号が当然のように書かれていたことに最大の衝撃を受けた次第なのである。

★今月の豪ちゃん★『BUBKA』で渡邊一久先生を取材したら、倉本成春先生とはまた別の凄味があってスリリングでした。今年78歳になるというのに、取材中「ちょっと手を出してみなさい」とか言って何度もこっちに攻撃を仕掛けてきたりで（本当に痛い）、プロレスラーもこれぐらいの世代だとまず技を掛けてきたりしがちなのを思い出しました。

118

安生洋二といえば入場テーマがLAスタイルの『ジェームス・ブラウン・イズ・デッド』で、当時いわゆるハードコア・テクノを選曲するプロレスラーなんかいなかったから一部テクノ愛好家の間で話題になってたんですけど、お立ち台の女王・荒木師匠のテーマ曲もこれだったし、いま思えばジュリアナ東京とかで夜遊びしていたからこその選曲だったんだろうな、と。そんなことにいまさら気付いた、書評とは名ばかりの引用書評コーナー。

現役引退・安生洋二が著書で200％明かす新生UWFの真実とは？

『安生洋二200％の真実』 安生洋二／市屋苑／1600円＋税

発行／市屋苑、つまりUインター鈴木健代表経営の串焼き屋がリリースした安生洋二の本。

安生といえばキング・オブ・器用貧乏とでも言うべき人物で、プロレスに興味もないのに第一次UWFに潜り込み、新日本に参戦したらプロレスにあっさり順応し、新生UWFの頃には格闘技経験もないのに道場王として君臨し、ビッグマッチでムエタイ選手とガチで互角に闘い、UWFインターナショナルでは会社のため宮戸優光に言われるまま前田日明を挑発し、ヒクソン・グレイシーの道場破りには失敗したものの開き直ってプロレス界でブレイクしたりと、何でも器用にこなしきる才能の持ち主だった。

だからこそ新日本参戦時、UWF勢がみんな新日本を酷評していたときにも安生だけは「すごい真面目に練習して体作って、サボってる人もいないし、スパーリングもいろいろな人とできて、試合も練習も充実していて、地方回るのも楽しかったし、『これは夢の世界だな』」と絶賛していたし、「将来的には新日本に入りたい」と思ったとき、前田日明vsドン・中矢・ニールセン戦の異種格闘技戦が実現。

「試合後、前田さん、記憶が完全に飛んでしまっていて、マスコミを前にして、『あれは仕掛けられた試合だ』

『仕組まれていた』とか言い始めて……、『この人はなんで業界の裏話みたいなことを平気でマスコミに話すんだろう?』『仕掛けるって何じゃ! 常に仕掛けとるわ! それが試合だろ!』と思いました。業界の秩序を乱す前田さんがそのとき許せなかったです。『なんで、俺の楽しいプロレス界の秩序を乱すんだよ、この人ば!』と思って、しかもセコンドで試合観ていて、仕掛けるシーンなんてなかったし、ただニールセンが力まないパンチを打ってきて、それを前田さんがまともに食らってしまい、効いていただけ」

新日本を追放されるきっかけになった前田日明の長州力顔面蹴撃事件についても「正直言って、『ひでえな、この人』『またやったのかよ』という印象でした」と言い放ったりと、この時点から両者の間にはかなりの溝があった模様。それがUインター時代の挑発活動を経て、UFC－Jバックステージでの前田日明闇討ち事件へと至るのだ。

「元々、自分と前田さんの試合がマッチメイクされることはないと思っていました。そこにはやっぱり格の違いがあるので、実現は難しいだろうなと。でも、闇討ちでもなんでも、ここで一発殴っておけば、前田さんも退けなくなると思いました。格をぶち壊せると思いました」「一発入れることで挑発しておいて、そこで誰かが止めに入ったら、その足でオクタゴンに上がって、『すいません、皆さん。実はこの会場の裏で前田日明を殴ってしまいました。なんか文句あるならこの場で決着つけようじゃありませんか!』と言おうと思っていました」

ところが、その一発が綺麗に入りすぎたため、襲撃直後には山本喧一に「ヤマ、あれは死んだな。前のめりに倒れた。死んだよ、あれは。もうしばらくヤマとも会えなくなると思う。家族とも会えないな。ヤマ、うちの家族のこと、頼むな」と言っていたことが判明。そして、ここまで関係がこじれたのは宮戸優光のせいなので、「納得いかないのが、宮戸さんが前田さんと仲直りしようとしていること」「ちょっと待てオッサン! その前に謝る人いるんじゃねーの、近くに!」と憤慨する気持ちもわかるんだが、「宮戸さん、実際に1回、前田さんに謝りに行ったらしいですが、説教されて終わった」とは全然知らなかった!

しかし、なぜあのときUWFの若手は前田日明を異常に嫌い、そして髙田延彦を慕うようになったのか。

「前田さんは基本的に変わった人でしたけど、『この人は一体なんなんだろうな？』と思ったのが、抜き打ちインキン検査です。『お前ら集まれ！』と突然、若手を集める。そして、『お前らパンツ脱げ！　インキンの人間がいたら困るから俺が抜き打ちで検査したる』と言って、一人一人のチ●コの裏に赤チンを塗っていく。塗りながら、『おい、沁みるか？　沁みるか？』と確認してくる。ただ、その赤チンがお尻の方まで伝って、ケツの穴に行くと、それはそれですごい沁みるわけです。でも、そこでちょっとでも渋い顔をしたら『お前インキンやろ！』と言われるので、それを我慢しなければいけない。『こんなことして、何が楽しいんだろう？　どういう趣味なんだ？』といつも思っていました。しかも赤チンを塗っているときの前田さんのニヤケ顔がなんとも気持ち悪いし、不気味なんです」

それに比べて髙田は、たまに「例の爽やかな口調で『最近、ソープ行ってる？』って言って、自分に3万円くれるんです。何日かして会った時に『ソープ行った？』って髙田さんに聞かれて、『はい、行かせていただきました！』っていうと、髙田さんがすごい嬉しそうな顔をするんです。その顔を見ると『あ、また頑張ろう』って思っちゃうんですよね」（山本喧一）とのこと。つまり、それは下半身管理の方向性の違いでしかなかったように思えてきたのである。

★今月の豪ちゃん★初期PRIDEでは代表幹事という謎の肩書だった黒澤浩樹を『BUBKA』で取材。昔からマスコミ嫌いだと言われていたはずが喋り出したら止まらないし適度に軽いしで、そのギャップが面白かったです。これまで何度も自分の本とか出ているけどお金をもらったことがないという発言にも驚きつつ、ちょっと納得したりもして。

119

最近、ボクがデッチ上げた「プロインタビュアー」という肩書を名乗る人が増えて困っているんですけど、今度は「プロ書評家」を名乗る人まで登場。しかも、いま「プロ書評家」で検索するとその人の本が最初に表示されるのは本当に迷惑……と思ったけど、いま「吉田光雄」で検索すると長州力ではなくボクのSNSでの偽名が最初に表示されるそうなので、ボクに文句を言う資格なし！　そんな男の、書評とは名ばかりの引用書評コーナー。

格闘技方面の時系列がおかしい？佐山聡の著書にあるモヤモヤ感

『「リアル不動心」メンタルトレーニング』 佐山聡／講談社／840円+税

あの佐山聡先生が、帯に「初代タイガーマスクが『ストレス社会』を救う！」「1日5分のリラクセーションで自律神経を整える！　簡単&究極の心と体のコントロール術!!」と書かれた新書のビジネス本をリリース！　もちろんビジネスに興味ゼロな格闘技ヲタの方々も楽しめる内容……と言いたいところだが、格闘技方面の描写で時系列が微妙におかしいと思う箇所がいくつかある。

「読者の方もすでにご存じのとおり、意外に早く総合格闘技が日本に浸透したのは、タイガーマスクが予想以上に人気を博していたからでした。ファンの一部から『これからは総合格闘技の時代だ』と注目されていったのです。しかし、このころの私は、『格闘技の団体を本格的に作るのであれば、タイガーマスクを続けられない』と感じていたこともあり、八三年に『プロレス界のために身を引きます』とタイガーマスクを脱ぐ決断をしたわけです」

え？　当時、総合格闘技の時代だとは全然思われていなかったからこそ、佐山先生の知名度があっても第一次UWFやシューティングはなかなか浸透しなかったのに！

「修斗を立ち上げたとき、『国技である相撲のような格式高い競技を作りたい』と理想を描いていたため、商業ベースの組織運営に対して、頭では理解していたものの、どうしても拒絶反応を起こしてしまっていたのです。実際、結果的にお金をかけすぎたことで、修斗の運営は苦しくなっていきました。選手たちも、『一人前に育てる』と厳しくする私よりも、お金を多く出してくれるスポンサーの意向を尊重してしまう事態となりました」

そんな修斗の弟子たちの醜い拝金主義ぶりや、「練習で強くても本番で弱い」「リングで強くてもリングを降りたら人として弱い」「売名に長ける」姿勢については繰り返し批判していて、だからこそ佐山先生はこんな行動に出たらしいのである。

「修斗の運営を通じて、選手の育成や人間関係で失敗し、自分の未熟さに気づいた私は、九四年、フルコンタクトのガチンコ勝負の格闘技で、ブラジルで大人気だった『バーリトゥード』の大会を初めて日本で開催しました。ブラジリアン柔術の名手であり、『四〇〇戦無敗』と謳われていたヒクソン・グレイシーが初来日するとあって話題性はありましたが、誰と誰を対戦させるかというマッチメイクを含め、私がすべてにおいて自分の意見を運営する組織に伝えられたかといえば、そうではありませんでした。スポンサーサイドからは、素人のほうが運営はよりよくわかるものだとまで言われて、権限が私にはなかったのです。結果、試合展開の悪さや事故なども起こり、この興行は成功したとは言えませんでした」

佐山先生が修斗での人間関係で失敗したからヒクソンを招聘したってことになっているのも時系列がおかしい気がするし、いまバーリトゥードを「フルコンタクトのガチンコ勝負の格闘技」と表現するのも含めて、どうもしっくりこない。企画&プロデュースの人の名前で検索したところ、マスカラスとマスク着用によるツーショット画像をプロフィールに使うようなメキシカンプロレス好きの人みたいだから、たぶん佐山先生の総合格闘技や武道的な部分に興味はない人なんだろうなあ……。

あとがきで佐山先生が「格闘技団体を本格的に立ち上げて十数年。『武道創成』に目覚めてからおよそ二

○年。計三十数年、成功と挫折を味わい、今は歴史的な『特殊武道』を創始するために全神経を注いでいる日々です。なんと、一部のファンの方は、そんな『佐山聡』の試みさえも『タイガーマスクの夢』としてとらえてくださっています。私からすれば、タイガーマスクとそれ以外の人生は『一対九九』の世界なのですが、ほとんどの方が『一』の私を見ています」と書いているけれど、まさにその『一』を見るタイプ。

そして、佐山先生は最近「加速成功実践塾」で知られる「ビジネスセミナーのカリスマ、道幸武久」と組み、3日コースで参加費30万円近い「リアル不動心セミナー」を開催しているようで、そこで語っているようなノウハウについても書かれているんだが、そのホームページを見てビックリ。佐山先生のことを「〝タイガーマスク〟としてプロレスのリングで活躍し155勝1敗9分という戦績で引退」した後、「初代PRIDEライト級王座で第5代修斗世界ウエルター級王座五味隆典や、第4代修斗世界ウェルター級王座宇野薫、第4代修斗世界ミドル級王座でDREAMウェルター級2009ベスト4桜井〝マッハ〟速人、初代修斗環太平洋ライト級王座佐藤ルミナや〝神の子〟山本〝KID〟徳郁などなど、世界チャンピオン級の選手を50人以上輩出しています。自身も実質的に無敗、そして指導した後輩や弟子の選手も世界チャンピオンクラス」と絶賛していたんだが、佐山先生が否定的に語りがちな修斗の選手を宣伝に使ったり、プロレスでの異常な勝率の高さを売りにしたりすることにモヤモヤしたのであった。

★今月の豪ちゃん★『BUBKA』で空手家としての小笠原和彦先生を取材したら、なぜか空手ではなくプロレスの話ばかりをする展開になっちゃいました。そういう企画じゃないのに！　とは思ったんですけど、ガチの世界に生きてきた人がプロレスをよく理解していないままに巻き込まれていく流れは非常に興味深かったです。プロレスは奥深いなー。

120

梶原一騎夫人・高森篤子さんのお別れの会に参列。梶原一騎先生のことが好きすぎて、梶原先生が逮捕されたとき梶原作品を全て絶版にした講談社のことを最後まで恨み続けた真樹日佐夫先生と、梶原先生のことが好きだからこそ講談社と協力して梶原作品再評価のための活動を続けた篤子さん。その差によって、こうして講談社でお別れの会が開かれることになったんだろうなあ……としみじみ思った男による、書評とは名ばかりの引用書評コーナー。

前田日明の分厚い伝記本、著者の自分語り&誤表記が続く三部作の一冊目！

『格闘者――前田日明の時代1』 塩澤幸登／茉莉花社／3000円+税

書店で前田日明の分厚い伝記本が売られているのを発見したときは本気で嬉しかったんだが、家に帰ってから気付いた。これ、コロコロコミック級に分厚いハードカバー三部作を、本筋とは関係ない引用多数&余計な自分語り多数&誤字多数&同じエピソードが重複しまくりの悪文で埋め尽くしたため、全部読み切るのが困難だった『U．W．F．戦史』（08〜10年／茉莉花社）の作者・塩澤幸登先生の新作だったんだ！

当然のようにこれも三部作の一冊目で、同じ問題点を抱えたままの本だから、読み切るのが困難の一言！

本文の1行目が「前田日明が生まれた大阪市港区南市岡は運河沿いの町だという」なのはいいけど、2行目でいきなり「わたしにとっての運河の町というのはこんな場所だった」という自分語りが始まり、3行目から24行目まで埴谷雄高『死霊』を引用したりと、全編そんな感じ。

「わたしは毎年一回必ず、一番最初の名古屋テレビが放映した『機動戦士ガンダム』を見返し、『新世紀エヴァンゲリオン』のDVDを見て楽しむのだが、ガンダムを見るたびに新日プロ・UWF時代の前田日明を思い出し、エヴァンゲリオンを見るたびに孤軍奮闘したリングス時代の前田日明を思い出す（略）わたし個人の考えだが、前田の幼年時代から無敵凶暴な猛烈プロレスラーへの道は、大衆娯楽的には着ぐるみ超人思想がウルトラマンや鉄人28号から人類の最終戦闘装置である機動戦士ガンダム、新世紀エヴァンゲリオンへと進化していったプロセスと重なっていると思っている。そして、蛇足になるが、この着ぐるみの思想はそこから進歩したのか退歩したのか、わたしにも判断が付かないが、平成、二十一世紀のいま、大衆文化爛熟の時代にフナッシーやクマモンなどわけの分からないユルキャラを氾濫させて、昭和の時代と違って、そういうキャラクターがプロレスラーたちに代わって、何百億円もの消費活動を引き起こしているのである」

こうして一切理解できない自分語りでページを割き、誤表記も頻出。

ところが、作者はそんな批判の声に対してこうボヤいてみせるのだ。

「『U.W.F.戦史』全三巻を書き上げたあと、わたしのなかには気分として、もうちょっとプロレス・格闘技の本はいいや、という思いがあった。というのは、プロレス・ジャーナリズムの閉鎖性というか、揚げ足取りな書評や作品そのものの良し悪しを論じるのではない、誤字脱字が多いからあの本はダメだ、というような批判や、アマゾンの書評にあったような、当時の現場を知らないくせにプロレスの本を書くなとか、あれこれといわれたことがあったからだった」「それやこれやに嫌気がさしてもうプロレスの本はいいやと思った。自分でいうのもなんだが、わたしはけっこうナイーブなのである」

いや、ちょっと待て。単なる誤字のレベルじゃなくて、今回の本でも「アントニオ猪木が『馬場よりオレの方が強いんだ』といって全日本プロレスから独立」と書いたり、「昭和のプロレス黄金時代には武道館はいうに及ばず、東京ドームに五万、六万の観客を集めることもあった」と書いたりで、こういう本を書く上での常識を疑うレベルだから批判も増えるし、そもそも内容的にアウトだってだけの話なのだ。猪木が全日本プロレスに所属したことはないし、新日本プロレスの東京ドーム進出は平成元年だよ!

過去に「前田日明について書かれた本も、書き手の側、インタビューする側がライターという技術者であることから、文章を技術と考えながら書く領域を出ることができず、前田の持っている哲学性というか、思想性がちゃんと描けていない」と作者は言うが、この本は文章の技術もプロレスの知識もない上に、哲学性も思想性も描けていないのである。

「息子が生まれて、ある日、考えたんですよ。息子が二十歳になったときに自分は七十歳、息子が三十歳になったころ、自分は日本人の男の平均寿命を超えているんですよ。父親がどうやって（必死に人生を）生きたか、そのことを息子になんとか知って欲しい、そういうことを考えるようになったんです。しかも、プロレスラーの場合、七十歳まで生きられずに死んでいく人が圧倒的に多い、そういうことを考えたら、自分の過去をチャンと記録した本格的なヤツを作っておきたいと思ったんです」

「プロレス的な本はもうたくさん。この形で本が作れるのであれば出版社もどこでもいい。誰が書くか、それがオレには一番重要なんです」

前田日明がそう考える気持ちはよく分かるが、なぜそこまで大事な本の執筆をこの人に頼んでしまったのか……。こっちが知りたいのは前田日明の人生であり考え方なのに、それとは関係ない作者の主張があまりにも多すぎるのである。前田日明の発言自体はいつものように面白いのに、そこにいちいちカッコで余計な補足を加えたり、「カタワ（差別語？）」と書いたりするのも問題で、前田日明が自由に話しまくった上で、そこに出てくる説明が必要なフレーズとかを作者が自分の余計な感想抜きで掘り下げていくような本がボクは読みたかったのである。

★今月の豪ちゃん★ボクの『ＢＵＢＫＡ』の格闘家インタビュー連載がなぜか休載になっていたわけですけど、もちろん原稿を落としたわけでもなくて、おそらくここであの人の書評をした結果、そこの関係者がこの近況欄を見て、「ここには出るな！」と介入してきたからじゃないかと噂されていたりして、もちろん真相は謎です。プロレスは奥深いなー！

極真空手出身のプロレスラー・小笠原和彦先生が「長州力がパワーファイターで藤波辰爾がテクニシャンというのは誤解で、その逆。藤原組長も馬鹿力の人」と言っていたのが興味深い。カール・ゴッチも怪力の持ち主だったみたいだし、結局は関節技の知識があった上で、怪力で相手を極める感じだったんだろうなあ。それを知らずに技術だけ高めた人が多かったんだろうけど……と思った男による、書評とは名ばかりの引用書評コーナー。

121

増田俊也氏の編集によるスポーツノンフィクションアンソロジーに格闘技！

『肉体の鎮魂歌（レクイエム）』 増田俊也・編／新潮社／630円+税

増田俊也先生の編集による文庫オリジナルのスポーツノンフィクションアンソロジー。ボクは普段タレント本ぐらいしか読まないようにしているから、たまに仕事で現代文学を読むと文章表現の巧みさに本気で驚くんだが、この本も、当連載で取り上げる格闘技本との文章力の違いに驚くばかり。ただ、山際淳司『江夏の21球』を筆頭に意外と王道な作品を選んでいると思ったら、それにはこんな理由があるようだ。

「はじめは気楽に動き出したスポーツノンフィクションアンソロジーだった。しかし、始めてみると簡単にはいかない。セレクトする基準が決まらないのだ。好きな作品はたくさんある。世間に評価された作品もたくさんある。ベストセラー短編集に収録された作品もたくさんあるし、何らかの賞を受賞した作品もたくさんある。しかしそれらを並べてみても何かしっくりこない。選び方を工夫して、たとえば格闘技を扱った作品だけで並べてみても、野球を扱った作品だけで選んでみてもしっくりこない。何度か担当編集者と話し合い、原点に還った。そして、歴代もっともクオリティの高い作品をもういちど選びなおすことになった。私たちの世代にとっては名作すぎて『多くの読者が既読だろうから』と外すのではなく、まだ読んでいない若い世代にスポーツノンフィクションの頂点の高さを示すことができる、絶対的なクオリティの作品のセレクトをすることになった」

それでいて、作品の並べ方に何らかの意味がある気がするというか。

なにしろ、野球を中心として、マラソン、ボクシング、サッカーといったスポーツを題材とした作品が並ぶ中に、『ゴン格』掲載の茂田浩司『中井祐樹、戦いの記録／特別な一日。』が入ってくるわけなのだ。

ジェラルド・ゴルドーにサミングされて失明した中井祐樹が、このときの取材で「今、ゴルドーに対して特別な感情はない」「本人は悪い人じゃないと聞きますし、お調子者で、おふざけに近いものだと思いますよ」と発言しているのは有名だし、ボクとの対談でも「(当時からゴルドーへの怒りは)全然無かったですね」「(失明して)困ったけど(笑)」「困ってるけど、勝ってるし」とか明るく言っていたんだが、そんな中井のノンフィクションの後に高山文彦『遙かなる祝祭。──吉村禎章の軌跡。』が続く意味とは?

巨人軍の主力打者だった吉村禎章は、試合中、栄村忠広と激突して交通事故レベルの大怪我を負い、障害者認定されるまでになったが代打要員として復帰。責任を感じた栄村は巨人を去っていくんだが、吉村はこの事故についてこう言っていた。

「僕以上に痛かったのは、栄村さんのほうじゃないですか」

「故意じゃないんやから、栄村さんにはなんの恨みもないですよ。僕はあの怪我をしてよかったと思ってるぐらいなんやから。それまで僕は巨人のクリンナップを打ち、成績も順調に伸びていた。あのまま行ってたら、鼻持ちならない人間になってたと思いますよ」

ところが「酔いがまわってきたのか、しばらく間をおいて自分のほうから不意にこう言いだした」のだ。

「ほんとうのことを言えば、悔しかったですよ。こんちくしょうと思いましたよ。でも、ひとを恨んでも、なんの解決にもならないでしょう。問題は復帰できるかできないか、ただその一点のみであって、すべては自分の努力しだいなんやから。僕は野球をやりたかった。もう一度、グラウンドに戻りたかった。突然その道を塞がれると、無性に恋しくなるんですよ。ひとを恨む気持ちなんてもっていたら、いつまでたっても復帰なんかできないですよ」

この吉村禎章の発言で増田俊也先生は、中井祐樹の何かを代弁しているようにボクには思えたのである。

なお、個人的にツボに入ったのは瀬古利彦について描いた高川武将の『オリンピックに嫌われた男。』。瀬古利彦を24時間管理して鍛え抜き、「ワシは戦争で何人も殺してるんだってな勢いで」「記者に向かって、お前ら殺してやる！　とライフル銃を向けたり」、土を食べてみせたりする師匠・中村清の描写を見ていると、黒崎健時と藤原敏男の師弟関係を思い出さずにはいられないんだが、瀬古は師匠のやり方を踏襲したため選手たちに嫌われていく。

「『俺はこんなに真剣にやっているのにどうして言うことが聞けないんだ……』。宿舎の前で、直立不動の選手たちに説教していた瀬古は、徐々に激していった。『お前らを強くするためなら俺はなんでもできるんだ!』。そう大声で叫ぶと、突然、側の植え込みの土を雑草ごと鷲掴みにして、口に放り込んだ。泥だらけの口からは、ガシガシと奇妙な音が響いた」「真剣そのものの瀬古とは対照的に、大方の選手の反応はしらっとしていた。『やっぱり、食ったよ……』。下を向いて笑いを堪えている者もいた」

そんな描写を見ると、藤原敏男先生が弟子と一緒に飲んだりのフレンドリーな姿勢でいるのがいかに正しいのか、よくわかるのであった。

★今月の豪ちゃん★後楽園ホールで開催された『橋本真也復活祭』のトークショー司会で、新日本プロレスのセルリアンブルーのリングに初めて立ちました。そんな流れで聞いた裏話なんですけど、橋本真也がトニー・ホームと異種格闘技戦をやったとき、「なんで俺の試合が『格闘技通信』に載らないんや!」と怒っていたというのは、ちょっといい話。

122

いまアイドルオーディションの書類審査をやっているんですけど、「アニメ好き」というのはもはや個性でも何でもなく、それを主張した途端に没個性になるんだよなあとしみじみ感じています。「小池一夫が『まどマギ』を大絶賛」とか、それぐらいの落差がないと面白く転がらないし、同じく個性ではなく没個性になるのは格闘家でいえば「タトゥー」とかなのかなあとボンヤリ考えていた男による、書評とは名ばかりの引用書評コーナー。

ノンフィクションの世界で生きてきたガチな筆者が翻弄されるプロレスの世界

『真説・長州力 1951-2015』 田崎健太／集英社インターナショナル／1900円+税

プロレスでも格闘技でもそうだが、業界外の人間が本を書くとどこか的外れな感じになることが多いし、だったら業界内の人が本を書けばいいのかというと、それはそれで事実関係には詳しいものの、気を遣いすぎて踏み込めない部分も出てきがち。その点、これは業界外のノンフィクション作家がデリケートな部分にどんどん踏み込み、プロの仕事を見せつける、余計な自分語りも無意味な引用も脱線もない、手間隙かけて丹念に取材した一冊である。

「あるとき、長州が質問してきたことがある。『先生はいろんな本を書いていますが、どうしてぼくのことを書こうと思ったんですか?』。一瞬、どう答えようかと迷った。数多いるフリーライターと、一冊の本を書き上げる作家との差は、取材力や文章力だけではない。作品を形にして世に出したいという強い思いがあるかないか、でもある。これまでの本は、書きたいと強い思い入れのある題材を自分で探してきたものだった。ただ、今回は事情が違っていた。『維新漂流―中田宏は何を見たのか』という本を出した後、版元の担当役員からプロレスを書く気はないかと持ちかけられたのだ」

そもそも作者の田崎健太氏とプロレスとの接点は「子どもの頃、プロレスはテレビのゴールデンタイムで放映されており、男子児童を中心に熱狂的な人気があった。ぼくも休み時間にプロレスの技を見よう見まねでかけ合っていた一人であった。とはいえ、とりわけ熱心なプロレスファンではなかった。そんなぼくは、数年前にあるレスラーと知り合い、プロレスの世界を覗き込んでいた。役員はそのことを知っており、ぼくに声をかけたのだ」という程度でしかなく、ただ頼まれたから引き受けただけの仕事だったわけだが、人間に対して興味があるのなら、プロレスというジャンルは確実に面白い。

かつて長州の本を出した栃内良氏は「長州はインタビュー嫌いって言われているけど、勝手に発言を作られたりするのが嫌いなだけで、自分の発言をそのまま出せば何の問題もない」と言っていた。だからその点はクリアできるだろうけど、問題なのは「最近の長州はプロレスの話をしたがらない」ということである。

「長州力の取材を始めてすぐに気がついたのは、プロレスラーとなった以降の『試合』を『仕事』と呼ぶことだった。プロレスの世界には、大相撲から引き継がれた隠語が数多くある。長州はしばしば『お米』という『金銭』を意味する言葉を使った（略）長州にとってプロレスは、お米を稼ぐための『仕事』だった。当初、『仕事』の話は早く終わらせようとした。一方、プロレスラーとなる前、特に大学時代について話をするときはいつも愉しそうだった」

長州の言葉が足りない分は、何度も取材したり、かなりの数の関係者から話を聞いたりすることでちゃんと補足しているんだが、すると今度は新たな問題が生じたようなのだ。

「プロレスの取材が難しいのは、他の分野と較べて証言の精度が極めて低いことだ。そして、関係者も面白ければそれで良しとしている節もある。新間（寿）の出した複数の書籍に目を通すと、そのときの彼の立場、猪木との関係、あるいは単純な記憶違い――出版された時期によって、〝事実関係〟が異なっていることがある。なによりプロレスを愛する新聞は、必要だと思えば口を閉ざし真実を墓場まで持っていくという種類の人間だ」

「プロレスを描くことは、果実を求めて森に行ったつもりで、マングローブの密林に踏み込んだようだった。

取材を進め、資料を集めてもどこまで信用していいのかはっきりしない。足を前に進めど、ずぶずぶと泥の中に沈み込んでいくのだ」

アマレスというガチの世界で生きてきた長州と同じように、ノンフィクションというガチの世界に生きてきた人間が、プロレスという不思議な世界に翻弄されまくるのがたまらないのである！

「長州の周辺取材をしていてすぐに気がついたのは、専修大学時代までの知人は、総じて彼に好感を持っていることだ。目上の人間には控えめで礼儀正しく、年下には厳しく接することはあるものの奥底に優しさがある長州は愛されていた。皆、長州と知己を結んだこと、一時期共に過ごしたことを誇らしく思っており、いかに彼が魅力的であるか、熱心に語ってくれた。これがプロレスラーになった後になると様子が変わる。かつては行動を共にしながら、長州と断絶している人間も少なくない」

そのため佐々木健介やマサ斎藤は取材を断ってきたようなんだが、それでもちゃんと面白い本になっているし、プロレス幻想に乗っからず、これだけ冷静に取材した本の最後に出てくる、長州の「プロレスは筋書きがあるとかみんな書いている。でも、あの人（猪木）はシュートです。なんのシュートというのかは……あの人のリングの中のパフォーマンスはシュートです」という発言が、なんとも味わい深い。ミスター高橋本も含め、どんな暴露本でも幻想が崩れず、むしろ新たな幻想が生まれるのが猪木の底知れなさなのである。

★今月の豪ちゃん★いま垣原賢人『Uの青春』を読んでるんですけど、16歳のカッキーがUWFに入るため上京し、ついで船木誠勝がよく出稽古に行っていた骨法道場を見学したら、堀辺師範の側近の人に「UWFも同じプロレスなのよ」「八百長をやっているプロレスなんか目指さないでウチに入りなさい」と言われて泣き出す展開で爆笑しました！

123

元『フルコンタクトKARATE』山田英司編集長を取材したら、測定不能なプロレスとかをあれだけ嫌う人なのに、自ら披露する武勇伝やモテ自慢が全て測定不能で、そんなところが最高でした。本人は嫌っているけど、体質的には完全にプロレスラーのそれ！　幻想の塊！　実際、ベテランの空手家とかを取材していても「これはいい意味でプロレスラー！」としょっちゅう思ったりする男による、書評とは名ばかりの引用書評コーナー。

打撃系格闘技女子選手のインタビュー集から考える「物語を書く」ということ

『蹴りたがる女子』 高崎計三／実業之日本社／1500円+税

前回、このページで紹介した『真説・長州力』の著者・田崎健太氏と対談して驚いたのは、最初は『江夏の21球』みたいに長州と一緒にDVDを見ながら過去の試合を振り返ってもらうノンフィクションにするはずが長州に断られたという事実だった。プロレスラーに「なぜここでこの技を出したんですか？」とか質問していくのは無謀すぎるよ！

ただ、それぐらいプロレスのことをわかっていない業界外の人が書いたからこそ、結果的に聞きにくいことにも平気で踏み込んだ面白い本になったのは事実だろうし、前回の書評で「業界内の人が本を書けばいいのかというと、それはそれで事実関係には詳しいものの、気を遣いすぎて踏み込めない部分も出てきがち」とボクも書いたんだが、今回紹介するのはまさにそんな本だと思った。

あとがきで作者（格闘技ライター・高崎計三氏）はこう書いている。

「本格的にライター業を始めたのは縁あって古巣ベースボール・マガジン社で『格闘技通信』に関わるようになってからだが、その頃からずっと思っていることがある。物語が書きたいということだ。同じ試合レポートやコラムでも、書き手によってスタイルは異なる。『評論』に寄る人もいれば、優れた『ノンフィクシヨン』になる人もいる。その中で、自分は『物語』が書きたいとずっと思ってきた」

しかし、物語を書いていく上で大事な部分に踏み込む覚悟が致命的に足りないとボクには思えたのだ。打撃系格闘技の女子選手インタビュー集なんだから、もっと聞き手も相手を倒す気で有効打を入れないと！

たとえば、最初に登場するＬｉｔｔｌｅ Ｔｉｇｅｒは、順風満帆な天才少女のように見えるけど実は全然そうじゃなかったとのことで、こんなふうに話していた。

「ジムのこともいろいろあったし、ジム間の政治的な問題もいろいろあったし、プライベートでも、７年間、他の人が経験しないようなことをいっぱい経験してきました。だから試合の時も心がブレず、緊張もせずに闘えるんだと思います。他の人と背負ってるものが違うと言ったら怒られちゃうかもしれないけど、自分は精神的にもそれだけの経験をしてきたので。家族が亡くなったり、試合の１週間前に父親が倒れたり、いろんなことがありました。でも、誰にも言いませんでした。だって心配されるのもイヤだし、同情を買う必要もないじゃないですか。いつも通り、当たり前を当たり前にやるというのが一番難しいんですよね。プライベートで何があっても表に出さず、Ｌｉｔｔｌｅ Ｔｉｇｅｒを待ってくれている人がいるので、自分はその仕事をするだけです。それがプロですから」

さあ、ここからどんな物語を引き出してくれるのかと思ったら、著者はこう宣言してみせるのであった。

「本書も『女子キックボクサーに迫るドキュメンタリー』であるなら、少なくとも一つか二つは、彼女のエピソードを詳しく聞いて掘り下げた方がいいのかもしれない。取材中はそういう葛藤もあったが、彼女の『美学』を尊重して上の言葉に留めることにした。本当ならこれでさえも、『ネタばらし』のようで躊躇するところなのだが、せめて、彼女がこういう姿勢で活動している、ということだけは知らせておきたい。だって、とどめに『苦労を見せたらカッコ悪いじゃないですか』と言われてしまったら、これ以上のことは書けなくなってしまうじゃないか」

いや、それを書くんだったら、ちゃんと踏み込まなきゃ駄目でしょ！　本人がそれを積極的に言う気がないんだったら、自分が悪人になって、相手がしぶしぶ話しているような流れにすればなんとかなるだろうし。

著者は、この本に登場する全選手に「これまでの選手生活で、何かを『犠牲』にしてきましたか？　したとすれば何ですか？」と質問していて、いつかという選手は「何かを犠牲にしないと得ることはできないですから。私はほとんど捨ててきました」「詳しくは言えないですけど、本当は捨てちゃいけないレベルのものまで捨ててますよ」と言っていたが、こういう「詳しく言えないこと」にどこまで踏み込めるのかがプロの仕事。結局、書く側にもいい作品を生み出すためには犠牲にするものが必要で、それが「人間関係」だったりするとボクは思っている。最初から取材相手との人間関係を重視した無難な記事を書くよりも、面白い記事を書くためなら踏み込んだことを書いて「取材相手との仲の良さ」を失う覚悟が必要だし、それがいい記事になって読者に評価されれば、最終的には相手も喜んでくれるはず。

あとがきで著者は「彼女たちから聞いた話は、実際にこの目で見た試合の数々と合わせて、自分が再構成する隙もないほど、そもそもが『物語』であった。だからもし、本書が『物語集』になっていないと感じられたら、それはひとえに自分の力量不足によるものであります」と書いていたが、申し訳ないけれど、そういう本になっていると思った次第なのである。もったいないなあ……。

★今月の豪ちゃん★先日、音楽フェス『夏の魔物』で地方興行のしょっきりプロレス的な試合をやる桜庭和志になんとも言えない寂しさを感じたところなんですが、試合後のササダンゴ・マシンが胸を押さえながら「こっちができないと思って（カシンが）全部キツいのを入れてくるんですよ」とボヤいてたことで、ケンドー・カシン幻想は保たれました。

『プレイボーイ』でRIZINの榊原信行代表が「MMAは立ち技、寝技、さまざまな技術が必要な分、引き出しも増えていくから年を重ねても強くなることができる。ヒョードルはまだまだ進化していきますよ」とか言ってて、興行の煽りとして強気なこと言わなきゃいけないのはわかるけど、こういうことを言ってるとどうしても信用ならない感じがプンプンしてくるんだよなあ……と感じた男による、書評とは名ばかりの引用書評コーナー。

124

現在闘病中の垣原賢人が持っていた真剣勝負と八百長のコンプレックス

『Uの青春―カッキーの闘いはまだ終わらない』

垣原賢人／廣済堂出版／1500円+税

現在、悪性リンパ腫で闘病中の元UWFインターナショナル・垣原賢人が初の著書をリリース。

当然、タイミング的に闘病記になるのかと思えば、プロレスが八百長という言葉とどう闘ってきたのかがわかる興味深い本だった。

「僕が八百長という言葉を初めて聞いたのは小学生の頃だった。プロレス好きの兄と毎週楽しみにしているプロレス中継をみていた時、父からこの言葉が出たのだ。『プロレスなんか八百長！　おまえら真剣にみとるけど、勝ち負けがきまっとるぞ』。僕と兄はこの言葉には猛然と反論したが、何かモヤモヤした気持ちが残ったのをよく覚えている」

そんな時期に登場したUWFは、「八百長だと言われない団体がやっと登場した！」とプロレスファンが大喜びするような存在だったのだ。

「中学生になった頃、現在の総合格闘技の礎となるUWFが出現した。ショー的要素を排除した真剣勝負のプロレス団体が現れたと、一般メディアも飛びついた。これでプロレスを八百長などとバカにされることもなくなるだろうと思っていた。しかし、プロレスの評価はさほど変わらなかった。プロレスラーを志して高校を辞める時にも、八百長という言葉を先生からイヤというほど浴びせられた。『なんでそんなイカサマな世界に行こうとするんだ。あんなの八百長に決まっとる』」

それでもUWF幻想がパンパンに膨らんでいたカッキーは、真剣勝負の世界に入るべく行動に出るのだ。

「16歳の頃、レスラーになるためUWF道場へ直談判しに行ったことがあった。愛媛から東京まで列車で長い道のりであったが、希望に胸を膨らませての上京だった。しかし、せっかく道場まで辿り着いたものの選手は誰一人いなかった。そこで、あこがれの船木誠勝選手が出稽古しているという、骨法の道場を訪ねることにした。幸いなことに骨法・堀辺正史師範の姿もあった」

ところがカッキーは、そこで〝浴びせ蹴り〟以上に強烈な言葉を浴びせられてしまうわけである……。

「『あの～、僕はプロレスラーを志している者です。こちらに船木選手が練習に来ていると雑誌に載っていたのでやってきました。会うことはできますか？』。すると、師範の側近の方からこんな言葉が返ってきた。『船木君なら今日は来ないわよ。それよりあなたねぇ、うちにはプロレスの記者がたくさん来るけどUWFも同じプロレスなのよ。わかる？』『えっ!!』。僕は絶句した。『八百長をやっているプロレスなんか目指さないでウチに入りなさい』。田舎から夢を抱いて上京した者にとっては、これ以上ないつらい言葉だった。『どうしてみんなそんなことばかり言うんだ』。帰りの列車の中、僕の頭のなかでは何度も何度も八百長という言葉がリピートし、涙が止まらなかった」

この側近って、明らかに堀辺百子局長でしょ！　純真な少年の夢を打ち砕く残酷な一言が強烈すぎるよ！

しかも、カッキーがUインターに入ってからも、交流のあるマック鈴木が観戦に来れば「あれ絶対、八百長ですよ」「ずっと、真剣勝負と思って観てましたけど、最後のアレだけはホント腑に落ちないですよ」と大騒ぎするしで、真剣勝負に対するコンプレックスが増大していくばかり。

そんなカッキーがプロレスに開眼したのは、新日本プロレスとUインターの対抗戦で長州力と試合した（1

996年1月4日、東京ドーム）のがきっかけなんじゃないかと思われる。

試合前、長州から「オレをタックルで倒したら、勝ちでいいですよ」と挑発されたカッキーは、打撃主体でタックルは得意じゃなかったというのに、「ここは一丁、タックルで決めて、赤っ恥をかかせてやるしかないな」と考えて、高校生と一緒にアメリカンスクールのレスリング部で練習開始。

当然、オリンピッククラスのレスラーであった長州にそんなタックルが通用するわけもなく、カッキーはそこで「プロレスラーは本当は強いんです！」と、桜庭とは違う意味で痛感させられちゃったんじゃないか、と。

その後も、アントニオ猪木とスパーリングしたら、アキレス腱固めをかけてもスリーパーホールドをかけても一切効果がなかったとか、三沢光晴と試合で当たったら打撃にもタックルにも反応が早すぎて思わず「うまい！」と言っちゃったとか、プロレス幻想が高まるエピソード連発。

そこまではいいとして、ジャイアント馬場のチョップは本当に痛くて、いままで受けた技の中で一番痛かったとか、「おまえのヘッドロックは下手すぎる」と言って試しにかけてきた馬場のフロントヘッドロックが「飛び上がるほどの激痛」で、「地味なシュートテクニックも器用にこなす」馬場の名言「シューティングを超えたところにプロレスがあるんだよ」は真実だったとか、そこまで言われたらさすがに嘘くさいと思えてくるのであった。

★今月の豪ちゃん★先日、極真会館宗家・大山喜久子代表と食事させていただいたんですが、あまりのキュートさに驚きました。素面なのにやたらふわふわした感じが母・大山智弥子っぽくもあり、酔っ払った太田光代社長っぽくもある感じで。ブログも絵文字とか使った可愛い文体で、それでいてえらい物騒なこと書いてたりするから面白いですよ。

125

本誌読者はあまり興味ないかもしれないですけど、藁谷浩一編集の『井田真木子と女子プロレスの時代』（イースト・プレス発行）、面白いです。クラッシュ・ギャルズ時代のインタビュー集なんですけど、男子のプロレスと違って感情に左右される部分が多くて、ガチの含有率もあからさまに高くなる女子プロレスの魅力がたっぷり詰まってますよ！　つい最近、そんな話を長与千種としてきた男による、書評とは名ばかりの引用書評コーナー。

パソナ社長の格闘技人脈に登場する石井和義館長とK－1時代の脱税事件のお話

『日本を壊す政商――パソナ南部靖之の政・官・芸能人脈』
森功／文藝春秋／1500円+税

格闘技本ではないんだが、「安倍総理の政策ブレーンにして、ASKAと愛人が出会った秘密パーティの主催者」である「パソナ南部靖之」についてのノンフィクションに、「政・官・芸能人脈」のみならず格闘技人脈のことも書かれていたから、ここで紹介することにする。

佐竹雅昭や具志堅用高にパンチ力測定で圧勝したり、吉田秀彦引退試合で国歌斉唱したりしてきたASKAと格闘技との接点についてとうとう斬り込むのか？　そう思ったら、人材派遣会社・パソナのパーティーに「ASKAを筆頭に、桂文枝（元桂三枝）などの吉本芸人や俳優の別所哲也、K1創業者の石井和義といった芸能・スポーツ界の参加者も話題になった」とのことで、パソナの南部靖之社長と石井館長との関係について掘り下げていたわけである。

「兜町の風雲児、中江滋樹の運転手だった岡本（豊）は、関西裏社会の人脈に通じている。（略）その岡本はK1の創設者である石井和義とも、懇意にしてきた。その縁で南部は石井を知ることになったという」

「関西で空手道場を経営し、日本全国で格闘技の興行を展開した石井は、他方で裏社会との交流が避けられなかった。暴力団を金主として仕手戦を仕掛ける相場の世界から出発した岡本と知り合ったのは、そんな縁からかもしれない」

しかし、石井館長と南部靖之の関係については、不思議と「いい話」っぽく書かれていたのが興味深い。

石井館長もこう証言している。

「南部ちゃんと知り合ったのは、十五年ほど前に開いた東京ドームのＫ１大会でした。南部ちゃんと孫（正義）さんと澤田（秀雄）さんが連れ立ってドームにやって来た。Ｋ１の全盛期には、森喜朗さんとか扇千景さんとか、フジテレビの日枝（久）さんとか見に来てくれたもんです。それから僕がああいうふうになって皆が離れていった。ですが、南部ちゃんだけは、ずっと変わらない付き合いをしてくれていました」

この後、「ああいうふうになって」とはどういうことなのかを、えらい詳細に説明していくこととなる。

「石井は、事業展開するなかで架空の外注費を計上して裏金をつくり、選手への裏ファイトマネーやみずからの遊興費にあてていた。九七年九月期から〇〇年九月期までの四年間で売り上げた九億八千八九四万円の収入を、ペーパーカンパニーの企画会社に移し、そこから七億六千万円をキックバックさせて四億円以上の裏金を捻出していたという。つまり外注費を払ったように見せ、費用を膨らませて課税を逃れたのである」

この三億円の脱税が明るみに出たとき、「イトマンの常務として会社に乗り込み、三千億円が闇に消えたとされる経済事件を引き起こした主犯格」の「伊藤（寿永光）からアドバイスを受けた石井は、ボクシング元へビー級チャンピオンのマイク・タイソンとプロモート契約を結んだという話をでっち上げた。試合を組めなかったために巨額の契約違約金を支払い、そのせいで利益が圧迫されたと偽装したのである」。

なんでこんなエピソードが南部靖之の本に登場するのかといえば、「最終的に、口裏合わせの嘘がばれてしまい、脱税だけでなく、証拠隠滅という新たな罪まで加わってしまう。そして、このＫ１の脱税事件が、思わぬ方向へ『飛び火する』のだ。

「相手が大物だけに、その契約違約金は何億円もの大金になるはずです。石井はそれを支払ったことにしなければならなかった。だが、とうぜん検察側は、そんな億単位の資金をどこから調達したのか、と追及した。

そこで石井がパソナの南部に頼み込んで、借金したことにしようとしたのでしょう」

この裏工作がなぜバレたのかというと、「タイソンとの契約時の（K1）事務所の住所は、渋谷区神宮前三丁目でした。それをうっかり二丁目にしていたのです。二丁目は、二〇〇〇年に引っ越したあとの住所であり、契約書を交わしたはずの時期（九九年六月と十月）に、二丁目にK1の事務所があるわけがない。そんな簡単なミスを検事さんに突かれてしまった」とのこと。つまり、南部靖之からするとただ単に巻き込まれただけの話であり、「（石井和義）当人にしてみると、いまも南部に事件当時の借りがあるという思いがあるのではないか。ただし、そこは南部の懐の深いところだ。石井の出所後、二人の交友は続いた」「出所後、すぐに声をかけ、いっしょに芸能ビジネスを始めようとした」って感じで、南部批判の本のはずが、「南部は、隆盛を極めながら転落した不遇の知り合いを放っておけない性格なのかもしれない。落選した国会議員を顧問として迎え入れることもしばしばあった」って感じで、すっかり美談になっていたのだった。

なお、この2人で始めようとしていた芸能ビジネスが、後の吉松育美騒動に発展したんだと思われるが、その詳細についても比較的石井館長に好意的なスタンスで書かれているので必読。こういう本の取材もちゃんと受けるのが、石井館長の懐の深いところでもあるんだろうなあ……。

★今月の豪ちゃん★アイドルオーディションの審査員をやっていると「空手をやってます！」と言って型を披露する子がすごい多いことと、たまに極真の子が来ると動きが全然違うことにいまさらながら気付かされるんですが、今年は柔術経験者が2人登場。ただ、空手と違ってデモンストレーション的なものにはあまり向いてないんだなと思いました。

126

『BUBKA』のインタビュー連載が空手編から女子プロレス編に突入。本誌読者の方々にしてみたら興味のない世界かもしれないですけど、対抗戦時代の裏話とかはやっぱり異常に面白いですよ。男子のプロレスラーよりも感情が出るから不穏な試合になりやすい女子プロレスの世界は掘り甲斐あります……と言いつつも、なぜか今度は新日本プロレスのオフィシャルな仕事もやることになった男による、書評とは名ばかりの引用書評コーナー。

K-1 VS PRIDEを語る谷川インタビューが面白い異種格闘技戦本

『別冊宝島　新日本プロレス異種格闘技戦40年目の真実』 宝島社／1100円+税

最近の『別冊宝島』のほぼ常連メンバーによる異種格闘技戦本。別にタイトル通り、新日本の異種格闘技戦における真実が40年目にして明かされているわけではなかったが、守るものがなくなったせいなのか谷川貞治インタビューが異常に面白かった。石井和義館長のインタビューなんかは各方面への気遣いが感じられるのに、谷川さんは驚くまでにデリカシーが皆無なのである。

「（DSEになって）新体制で新生PRIDEを立ち上げる時に、今まで何が足りなかったのかっていう話になって、結論として『プロレス』が足りない、と。それまでのPRIDEって、プロレスファンがイヤな思いをするような、格闘技寄りのマッチメイク、イベントをやってたんですよね。プロレスラーは弱い、ガチンコの人たちのほうが強いんだみたいな。やっぱり運営も格闘技寄りの人たちのほうが多かったですから、プロレスを一段低く見ていた。だからこれからは、プロレスラーをリングに上げて、プロレスファンにも来てもらうイベントにしなきゃいけないだろうと。だったら、プロレスの象徴であるアントニオ猪木を呼ぼうってことになったんです。その実現には作家の百瀬（博教）さんが関わってくるんですけど……」

ここまではいいとして問題なのは谷川さんの百瀬さんに対する発言。もう亡くなっているからセーフだとばかりに、完全に厄介者扱いしているから命知らずすぎなのである！

「石井館長から百瀬さんを紹介されたんですよ。百瀬さんは、K－1に関わりたかったみたいなんですけど、石井館長が相手にしないから僕のところに来たという流れですね。で、僕は僕で百瀬さんが毎日会社に来て、夜から朝までつき合わされて非常にしんどかったので、会社を一緒にやっていた柳沢（忠之）に押し付けたんです（笑）。それで今度は柳沢が百瀬さんにつきまとわれるようになって、その中で百瀬さんに『猪木さんを引っ張ってきてもらえませんか』っていうミッションを与えた。それが上手くいって、PRIDEに猪木さんが登場するようになり、猪木さんが百瀬さんにつきまとわれる人生が始まったんです」

後に、猪木さんと百瀬さんが決裂したのも当然だったと思えてくるけど、ちょっと素直に書きすぎだよ！で、百瀬さんを押し付けたことでPRIDEが上手くいき始めると、またもや面倒なことになってくる。

「サクちゃん（桜庭和志）が勝ち始めたあの頃は、客観的に見て、K－1よりもPRIDEのほうが面白かった。石井館長もそのあたりは皮膚感覚でわかるから、イライラするわけです。そこで、この渦に石井館長も入れなきゃということになって、『猪木軍vsK－1』っていう企画を出したんです」

その結果、ミルコ・クロコップが藤田和之を倒し、初の大晦日の格闘技興行も実現。そうすると、今度は猪木さんが厄介者と化してきたことを正直に告白していくのであった。

「猪木さんは悔しかったと思うんですよ。猪木軍が負けたというよりも、大きな話題になった興行をK－1が仕切ったということに対して。だから、この大晦日ではマッチメイクにだいぶ口を挟むようになってきたんです。（アントニオ・ホドリゴ・）ノゲイラを猪木軍で出せとか。これは面倒くさいなと。そういう真剣モードの猪木さんに対し、僕らは百瀬さんを通じて『猪木さんにもぜひ当日何かやってもらいたい』とオファーしたんです。そうすると、猪木さんは自分のことで頭がいっぱいになっちゃうんですよね。たまに『俺、何やろうかな』っていうモードになって、その打ち合わせに1回出たことがあるんだけど、その時猪木さんは真顔で『紅白に勝つのなら、俺の相手は藤原紀香だ』って言ってきたんです。『さすがだなー！』と思って。

だから、猪木さんにとって、プロレスとK－1のどっちが勝つかなんてどうでもいいんですよ。それから猪木さんは選挙カーで大晦日の宣伝巡りしたり、炊き出しをしたりとか、そういうことに夢中になっていったんですね」

猪木さんが百瀬さんも帯同して大晦日興行の宣伝を繰り返したのは、谷川さん的には、まさしくベストな厄介払いだったってわけなのである。

しかも、この時の大晦日のメインで組んだジェロム・レ・バンナvs安田忠夫も「思惑通りに安田が勝った」し、「興行的には大成功で、猪木軍が勝ったとか、K－1が勝ったというよりも、もうこれは僕らの勝利なわけです。僕はもう上機嫌になって、年越しの猪木さんの108つビンタに並んでたんですよ。そしたら石井館長に『よくそんな気分でいられるな!』って呼び戻されて怒られましたね」と、石井館長からガチで怒られる展開も最高!　武蔵vs柴田勝頼のプロレス的な乱闘に巻き込まれてついニヤニヤしちゃった谷川さんが「あなたはK－1プロデューサーとしての威厳をどう考えてるの?」と怒られたエピソードなんかも読むと、後に谷川さんと石井館長が決裂したのも当然な流れだったんだろうなと思えてきたのであった。

★今月の豪ちゃん★最近、人生でもトップクラスの恐怖体験をしてきたんですけど、そんな直後でも一切動じることなくキッチリ仕事をこなしたことを自画自賛したい気持ちでいっぱい。そして、事情を知っている数少ない人からは「すごい!」と言われるから、このことを早くネタにして笑いたい気持ちでいっぱい。いつか解禁になるのかなー。

127

新日本プロレスの真壁刀義選手とトークイベントをやってきました。若手がレスリングエリートばかりだった時代に学生プロレス出身者として入門した真壁選手が、人間性が最悪な先輩にいつもボコボコにされてたら、山本小鉄に「強くなれば誰もお前に何も言えなくなる!」と発破をかけられた結果、最終的には石澤常光とスパーリングで互角以上に闘えるようになったという話にシビレた男による、書評とは名ばかりの引用書評コーナー。

ベストセラーに便乗した「木村vs力道山」本に感じるモチベーション差

『力道山対木村政彦戦はなぜ喧嘩試合になったのか』

石田順一／北國新聞社出版局／2000円+税

本誌連載をまとめた増田俊也『木村政彦はなぜ力道山を殺さなかったのか』（新潮社）は本当に素晴らしい本だったんだが、これが予想外のベストセラーになったことでわかりやすく便乗した本が登場。タイトルもズバリ『力道山対木村政彦戦はなぜ喧嘩試合になったのか』。似たようなタイトルのはずなのに、えらい歯切れが悪いよ！　著者は増田俊也本について「それにしても、なんとも物騒な本のタイトルではありませんか」と書いているが、それが正解だったのは事実だし、喧嘩試合ってフレーズはボンヤリしすぎ！

それでも、著者は「力道山史研究家」を名乗るぐらいの人物なんだから、力道山対木村政彦戦がなぜあんな試合になったのか、キッチリ検証してくれているはず。そう思って読み始めたら、ドラマチックな文章を書くのが仕事の小説家と、趣味で力道山史を研究している人とでは筆力に差があるのは当然なんだが、文章の嗜みとかオチとか、そういう概念のない、データを調べることに特化した人の文章だから、あまりにも読みにくいのである。最近読んだ、ジャイアント馬場の野球選手時代にスポットを当てた『巨人軍の巨人 馬場正平』（イースト・プレス）もそうだったんだが、これまでに定説とされているデータの間違いを指摘し続けるばかりで、本としての面白さが致命的に欠けているというか。

しかもこの本、力道山対木村政彦戦をテーマにしているのは冒頭の36ページだけで、あとはマニア以外興味のなさそうな「マルベル堂のプロマイド全24点★髪型とベルトで分かる撮影時期」とか「『アジア選手権史』徹底追跡調査★防衛回数に8回説と9回説」とか、力道山好きのボクみたいな人間にとっても正直どうでもいい話ばかり。でも、それだけ調査力のある人が、力道山対木村政彦戦を掘り下げたら一体どうなるのか？

そこにはボクも興味ある。

この著者は、木村政彦が「力道山のプロレスはジェスチャーの多いショーだ」「力道山とタッグを組んだシャープ兄弟との試合では、力道山の引き立て役になって負けたが、真剣勝負なら力道山に負けない」と宣言したことで試合の発端になったとされる昭和29年11月1日付の朝日新聞が「どこをどう探しても見つからず、長年その所在が不明だった」ことに着目する。朝日新聞社から出版された村松友視の『力道山がいた』にも「11日1日付朝日新聞社会面に、木村の発言が載ったことは何人かのプロレス関係者によって証言されていることとなのだが、朝日新聞のファイルで探してみても、その記事はいっさい見当たらない。地方版か、という見方もあるが、そのあたりの確たる消息もつかめていないのだ」と書かれていたぐらいだったのに、調査開始から30年経った頃、朝日新聞大阪版スポーツ面に「日本選手権かけ力道山に挑戦　プロ・レスラー木村選手声明」という見出しの記事を著者は遂に発見するのだ！

「木村選手談　力道山はゼスチュアの大きい選手で実力はなく、私と問題にならない。今度挑戦したのは力道山のショー的レスリングに対し私の真剣勝負で、プロ・レスに対する社会の批判を受けるつもりで挑戦した。試合は六十一分三本勝負であるが二十分以内に力道山をフォールする自信がある」

岐阜タイムスという新聞にも同日、木村政彦が「双方とりきめの真剣勝負ルールに則って行う予定だが、勝負はもちろん早くて十五分、遅くても二十分のうちに私のものだ。これで世間人が私の真価を新たに認めてくれると確信している。力道山は相撲の強者だけに得意の立業に挑んでくるだろうが、私は年期をかけた柔道の寝業で技の急所を押え栄冠を獲得してみせる。万一私の挑戦状に対しシリ込みして返事がなければ力道山が敗れ、私は戦わずして勝ち、日本一となるわけだ」とコメントしていたのを発見。どちらも力道山に対しての余計な挑発と、プロレスはショーだがこの試合は真剣勝負だというアピール満載で、これを発見したこと自体は評価すべきなんだろうけど、結局これまでの定説は事実でしたって証明しただけのことで、「なぜ喧嘩試合になったのか」についても、やっぱりこれまでの定説が事実だったって感じのこと程度しか書かれてないのであった……。

ハッキリ言って、「新聞各誌で異なる調印式の時刻」「毎日、スポニチが午後1時、日刊は午後5時、産経、報知は午後7時となっているのです。なぜ、こんなに食い違っているのでしょうか?」などと正直どうでもいい瑣末なデータにこだわったり、「試合の映像を見て気付いたのは、力道山と木村の体格差です」「力道山はヘビー級、木村はジュニアヘビー級の体重だったのです」などと誰でも気付くレベルのことを語り始めたりするよりも、本を書く上では大事なことがあるはず。「どうにかして木村政彦先生の名誉回復をしなければ!」的なモチベーションと、「力道山のデータを正確にしなければ!」的なモチベーションでは、どっちが第三者の心に響くのかはいまさら言うまでもないのである。

★今月の豪ちゃん★前号の近況コーナーで書いた「人生でもトップクラスの恐怖体験」がそろそろ解禁になりそう。なぜか某芸人さんから「直接話を聞きたい」と言われたぐらい一部で噂が広まっていて、某週刊誌から取材したいとの連絡もあったんですけど、そちらは「先方がオープンにするまで、こちらから語るつもりはないです」と断りました。

大山茂先生、死去。極真空手の伝説の男たちで、ボクがまだインタビューできてない人も大勢いるんですけど、梶原一騎先生にも大山倍達総裁にも間に合わずインタビューできなかったことを後悔している以上、いまのうちにやれることをやっておかなくちゃいけないんだなと改めて思い知らされました。まずは発売予定になっている空手のインタビュー本を早く完成させないとなー、と思った男による、書評とは名ばかりの引用書評コーナー。

128

格闘技界とテレビ局のコンプライアンス問題に川又誠矢氏が言及——？

『逆説のプロレス vol．4』 双葉社／926円+税

ＲＩＺＩＮ開催前の15年12月中旬にひっそりと発売されていた格闘技ムックを、あえていま紹介。ターザン山本の巻頭文が「大晦日とは国民が誰もどこにも外出せずに家にいる日のことだ。つまり一億総テレビを見るしかない」という「一体いつの時代の話だよ！」とツッコミたくなるものだったり、その次のページも「ＲＩＺＩＮに参戦するプロレスラーはこいつだ！」「相手はヒョードル、セコンドにはミルコ、永田裕志参戦で大晦日は感動の渦！」というズレっぷりだったりでいきなり読む気をなくしたんだが、次がヤクザライターの鈴木智彦氏による「ＲＩＺＩＮとフジテレビのコンプライアンス問題」だったのは興味深い。

暴力団員から、かなり早い段階でＰＲＩＤＥが大晦日に格闘技イベントをやるらしいと聞いていた鈴木智彦氏は、コンプライアンスの関係でヤクザと「手を切りたいといっても、ヤクザが納得するとは考えにくい。この世界のルールとして、よっぽど大金を積まないと納得しない」「噂では、ケツモチに払う金を、ほとんど払っていなかったというのもある。それが本当なら、ヤクザ側にすれば、俺たちをうまく使いやがってという不満があるだろうな。黒い交際疑惑報道の過程で、当時、名前が挙がったＡさんは元ヤクザであり、そ

の後は山口組の企業舎弟になった人。もしRIZINの運営にその名前があるなら、用心した方がいいはず」という「山口組関係者」の証言を載せたりと、実にスリリング！

そんな流れで、あの川又誠矢インタビューまで登場するわけなのだ！

「今回の大晦日興行についてまず思うのは、『バラちゃんが表に出て来なきゃいいのに』、ということ。イメージ的にほとんど関係ないじゃないですか？　バラちゃんがいると、『ああ、昔、PRIDEは、こういうこと（反社会的勢力との付き合いによるコンプライアンス抵触により、地上波放送休止）があってねえ……』という反対の声が必ず出てくる」

これは、あくまでも個人的見解ということで！　そんな川又誠也氏は猪木祭で、大手広告代理店主体の格闘技興行をやろうとしたとのこと。

「『RIZINは、コンプライアンスがとれた』と、バラちゃんが言っているんですか？　個人的見解としては、『そんなこと、あるのかな』と思いますけどね（苦笑）」

「局サイドではなく、第三者が外からコントロールしたほうが絶対うまくいくと思ったんですよ。テレビ局主導でやると、仕切りがへたくそで、どうしても昔ながらの格闘技興行の付き合いでリングサイドにコワモテの方々がずらりと座ってしまう」

さらに、テレビ局主導だとこういう問題も出てくるわけなのである。

「格闘技興行が真剣勝負の場じゃなくなっていく部分もありました。K―1とPRIDE、どちらもそうです。例えば、ある試合で寝技の攻防をしていた2人の選手の1人が〝キュー〟を出した瞬間を見て驚いたことがあります。『あ、今やったな！』と。選手の名誉のために言うと、ファイター同士ではなく、テレビ局や運営サイドが勝ち負けの操作をするということです。僕がプロモートした猪木祭は、そういう類いの試合は、ひとつもなかったですよ」

そんな猪木祭の記者会見が始まる直前、川又氏はPRIDE関係者に呼び出され、そこにPRIDE側の暴力団員も同席していたと報じられたことで大変な状況になったわけだが、「それよりも僕が恫喝されたことを相談した日本テレビのプロデューサーが、『契約はこちらが正しいのですから、もっと強いヤクザに頼んでも、ヒョードルを出場させましょう』と言ったほうがビックリしました」というエピソードに爆笑。

その昔、アントニオ猪木が「いつ何時、誰の挑戦でも受けるというなら、俺の鎖鎌の挑戦を受けろ！」と水谷征夫という空手家から因縁を付けられた際、「だったら猪木寛至と水谷を合わせた寛水流という空手流派を作りましょう」と持ち掛けて巧みに抱き込んだのは有名な話だが、その後、ジャイアント馬場に対して「俺と真剣勝負をしろ！」と水谷館長を差し向けるというタチの悪い行動に出たら、全日本プロレスがさらに怖いヤクザを出してきたというエピソードを思い出した。日本テレビの発想は昔から変わらないなー！

この手の物騒なエピソードばかり目の当たりにしたせいか、川又氏は最後にしみじみとこう言っていた。

「格闘技の世界って、想像以上に汚かったというのが結論ですね。僕は昔も今も、舞台とか映画とかのプロデュースの仕事を裏方としてよくやっている」「そういう仕事をしてきた僕からしても、格闘技の世界の住人は……本当に嘘つき。とにかく嘘つきだらけ。疲れる……。僕、自分でも図太いほうだと思っていたんですけど、格闘技やってたあの頃、自律神経やられちゃってますからね。3つの病院に行って、全部で『自律神経の病気です』って言われましたから。格闘技界は、詐欺師に向いてる業界なんじゃないですか？」

軽くフォローすると、それは格闘技界というよりテレビ格闘技の話だと思うのであった。

★今月の豪ちゃん★2号連続で「人生でもトップクラスの恐怖体験」についてここで言及してきたんですけど、情報解禁のタイミングがよく分からないままになってるので、もうTBSラジオでネタにしちゃってもいいのかなー。次回の『たまむすび』でいじってもいい気はするんですけど、それでまた新たな恐怖体験をすることになったら最悪すぎる！

129

『TVタックル』出演時、ビートたけしが「お前、俺の顔が曲がってるとか週刊誌に書いただろ！」とボクを人違いで恫喝した騒動が遂に解禁。個人的には「たけしさんがそんなことをするとは思わなかった。ガッカリ」とか言う人が存在したことに、むしろガッカリしました。フライデーのときは、もっとすごいことした人だってことを忘れてるよ！　そんな貴重すぎる経験をさせていただいた男による、書評とは名ばかりの引用書評コーナー。

米国の大学教師が書く初期UFCとゴルドーの残酷性&衝撃度とは

『人はなぜ格闘に魅せられるのか――大学教師がリングに上がって考える』

ジョナサン・ゴットシャル・著、松田和也・訳／青土社／2600円+税

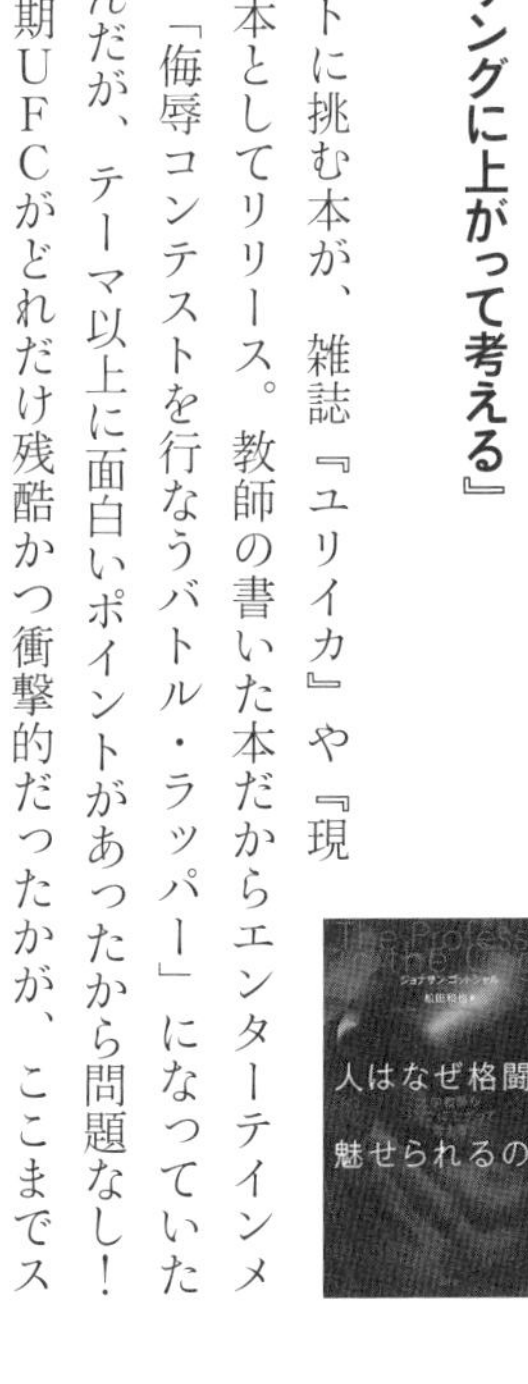

大学教師が総合格闘技を学び、ケージファイトに挑む本が、雑誌『ユリイカ』や『現代思想』で知られる青土社のハードカバー翻訳本としてリリース。教師の書いた本だからエンターテインメント性は低いし、フリースタイルMCバトルが「侮辱コンテストを行なうバトル・ラッパー」になっていたりと翻訳に問題があって正直かなり読みにくいんだが、テーマ以上に面白いポイントがあったから問題なし！　いまみたいな競技化されたMMAとは違う、初期UFCがどれだけ残酷かつ衝撃的だったかが、ここまでストレートに書かれることはまずないためだ。

「アルティメット・ファイティング・チャンピオンシップ（UFC）史上、初のケージ格闘は、一九九三年一一月一二日に行なわれた空手対相撲の対決である。ルール無し、ラウンド無し、体重別階級無し、グローヴ無し、慈悲も無ければリングも無し。（略）創設者たちは格闘家を電流を流したケージに閉じ込め、その周囲を飢えた鰐のうようよする濠で囲うことを考えていたが、いくら何でもやり過ぎだと判断した」

もはや電流爆破ワニデスマッチ！

そして、第1試合のジェラルド・ゴルドー対ティラ・トゥリを観た衝撃を、作者はこう語るのであった。

「私はゴルドーとトゥリの試合をライヴで見たわけではない。その闘いを見たのは数年後、とある友人がブロックバスター・ヴィデオの箱を開け、テープをＶＣＲ（ビデオデッキ）に突っ込んだ時だ。曰く、『見てみろよ。信じられないぜ』。私は信じられなかった。ゴルドーがトゥリの顔面を蹴り上げるのを見て、さらに何度も何度も、複数の超スローモーションのアングルからの蹴り上げのリプレイを見て、胃がむかついた。そしてその猛襲の間、友人が喚いたりくすくす笑ったりするのを聞くと——そしてデンヴァーの群衆の男たちが、血に飢えた発作を起こして叫ぶのを見ると——さらに気分が悪くなった。私は自問した。こんなのを見たがる奴は、一体どんな蛮族だ？」

本誌読者を全員蛮族扱い！　ところが、この残酷ショーを見た後の反応がすごい生々しかったのである。

「私は這々の体で家に帰った。ティーンエイジャーの頃に初めてポルノを見た時以来のことだ。そのポルノのテープは、ＵＦＣのテープと同様、深刻な倫理的問題を引き起こす肉体のカタストロフだった。どちらの場合も、私は横になり、精神に明滅する膨れ上がった肉と迸る体液のイメージを消去しようと苦闘した。そしてどちらの場合も、目覚めた時、なおも気分が悪く、混乱していた——だが、もっと見たくなっていた。しかもすぐに。その後数ヶ月に亘って私はヴィデオ屋に通い詰め、罪悪感を感じながらＵＦＣやプロレスや〈ジャンク〉と呼ばれる悪名高いヴィデオ・シリーズのコーナーをこそこそ彷徨き回った」

これは完全に同世代だと思ったら作者はボクの2歳下。そういうボンクラが教師になり、40歳を過ぎてからオクタゴンに立つようになるわけなんだが、作者の試合のことはどうでもいい。初期ＵＦＣの杜撰（ずさん）なルールを説明していく流れで、あの試合に言及することとなるわけなのである。

「ＵＦＣの主催者は噛みつきと目潰しには賛成しなかったが、これらは戦士のエチケットの問題であって、厳格なルールではない。実際に目潰しを（あるいは、何なら噛みつきも）失格とすることは——あるいは、ペナルティを課すことすら——できない。ＵＦＣの共同設立者ホリオン・グレイシー曰く、『われわれは規則を設けない。われわれが設けたのは2つの制限だけだ——目潰しは避ける、噛みつきも避ける。だがこれらはいずれも禁止ではない。最初から、闘いを止めることは出来ないと解っていた。格闘家がひとたび開始すると、何があろうと、闘いを止めることはできない。……あらゆることが許される。目潰しを掛けたり噛みついたりした場合は罰金一〇〇〇ドル。そのカネは、目潰しや噛みつきを受けた相手に支払われる』

たった10万円程度の罰金で済むんだったら、危ないときは目潰しすればいいと思う奴は出てくるだろうし、それかゴルドーだったたってことなのだろう。

「実例：第一回UFCのファイナルで、相撲殺しのジェラルド・ゴルドーはチョークスリーパーでホイス・グレイシーに破れたが、その前にグレイシーの耳に『ファック・ユア・マザー』と囁き、それからその耳を食い千切ろうとしていた。それに続いて日本で行なわれたMMAの試合では、ゴルドーは日本人選手の眼を烈しく突いた。私はスカイプでゴルドーにインタヴューし、この日本人選手に関する話は本当なのかと訊ねた。ゴルドーは陽気に言った。『眼を抉り出してやったよ。今じゃ目が見えない』。これについて罪悪感はあるのかと訊ねると、ゴルドーは——エキスパートな冒瀆語を塗した中級英語を話す——少し向きになった。『ルールは無えんだ！　何ファックなこと言ってやがんだ?』」

ゴルドー、実は中井祐樹戦について反省している説はどうやら誤報だった説が出てきたのであった……。

★今月の豪ちゃん★『BUBKA』の女子プロレス連載で神取忍を取材。ジャッキー佐藤をシュートで潰したとき、お互い納得済みの勝負だったのに後で揉めたのは、全女育ちの彼女にとってシュート=アマレス流の押さえ込みだったからじゃないかと聞いたら、「あ、言われてみればそうかも！いま気付いた！」と本気で驚いていたのが面白かったです。

130

ブログのタイトルが『人生ガチンコすぎるわよ！』なだけあって、岡本夏生のガチンコぶりが面白すぎる。不穏試合によって翌日以降の試合出場がキャンセルになったり、それなのに試合会場に突然現れたり、そこで引退を宣言したりと、もはや完全にプロレスラーだよ！　どうせなら派手な仮装をして『5時に夢中！』の生放送の背後に映り込んだりのゲリラ活動を続けて欲しいと願う男による、書評とは名ばかりの引用書評コーナー。

前作から自分語りが激減も難解さが倍増の前田日明本

『格闘者──前田日明の時代2』 塩澤幸登／茉莉花社／3000円+税

前作の書評で「コロコロコミック級に分厚いハードカバー三部作を、本筋とは関係ない引用多数&余計な自分語り多数&誤字多数&同じエピソードが重複しまくりの悪文で埋め尽くしたため、全部読み切るのが困難だった」と書いた塩澤幸登先生の前田日明本第2弾。今回はUWF編だから、同じ作者の『U.W.F.戦史』三部作と重複しまくり新ネタ皆無だったんだが、前作がアマゾンで「コイツは文章の書き方を知らない」と酷評され、星ひとつのレビューが並んだのが相当ショックだった模様。

「自分で一生懸命に面白くしようと考えて書いたものについて『前田の本なのに自分のことを書きすぎだ』というような批判を受けるのも心外である。このことについて、少しだけ弁解めいたことを書くと、『格闘者1』の内容は、昭和という時代について書いた部分が2パーセントくらい、自分のことが2パーセントくらい、残りの96パーセントは前田とその周辺のプロレスの事情について書いた、というのが客観的な比率ではないかと思う」

全然客観的じゃないんだが、こうして叩かれたことにより今回から自分語りが激減。しかし、それがプラスになったわけでもなく、代わりに小難しい文章の比率が増えて、本としてはさらに酷くなっていたのだ。

「要するに、UWFがゲゼルシャフト（観念的機械的集団）として、つまり法的な存在として、どういう実態を持って存在していたか、ということである。前章の132頁周辺でも言及したが、前田は本質的にはゲゼルシャフトである集団を、強い思いに基づいて、ゲマインシャフト的な心情をもって扱おうとした」

「基本的にはプロレスはアゴンとミミクリとイリンクスが（祝祭的な）人混み＝観客＝人間集団のなかで結合した形なのである。［八百長］という言葉はそもそもがアゴン＝競争、競技に関係する言葉なのだが、それを同時にミミクリである遊びの判定基準として使おうとするところに無理があるところから生じる矛盾を表した言葉なのだ」

……何を言いたいのかサッパリわからないし、これで「一生懸命に面白くしようと考えて書いた」のなら、そもそも作家に向いていないんだと思う。

何よりも、この作者の最大の問題は前田日明のことを「彼は基本的に芝居（＝プロレス）には興味がなかった」男として描いていることだ。

「わたしは平気な顔をして、プロレスをフェイクとか八百長とか書き募っているが、プロレスに関係した雑誌編集者やライターたちはそれがかなり腹立たしいらしい」って、そのこと自体が問題なのではなく、ひたすらプロレスを見下し、「それに比べて前田日明は真剣勝負をやってるから最高！」的な絶賛を続けていくのがどうかと思うって話なのだ。

つまり、前田日明対ドン・中矢・ニールセン戦について「真剣勝負だから当然のことだが、これも壮絶な、観客を圧倒する迫力の試合になった」と結論付け、有明コロシアムでの前田日明対ジェラルド・ゴルドーについては「これも相当に迫力のある試合だったらしい」と、試合映像を確認すらしないで結論付ける。

さらにはUWFが分裂して「自分たちが前田と関係ない団体を創設するのは、それはそれで、オランダのヤツらとガチンコなんかやりたくないとか、自分たちなりのいろいろな理屈があってのうえでの選択だったのだろうが」と、Uインター勢や藤原組勢が真剣勝負を嫌がって逃げたようなことを書いたりと、25年前ぐらいのUWF信者みたいなことばかり書いててウンザリするのである。

そもそも、前田日明はプロレスを否定しているわけではなかった。

「プロレスをね、あんなもの八百長だというんですけど。こちらとしたら、シュートしてくるかもしれないと思いながら、リングに上がるときのプロレスほど緊張するものはない。真剣勝負の百倍くらい緊張しますよ。体任せたら壊されるんですから。下手したら死んじゃうかもしれないし」

「塩澤さんはオレたちがUWFで新しい格闘技を作りだした、と考えているのかもしれませんけど、そうじゃないんです。UWFというのは、やはりプロレスの団体なんですよ」

さらに、UWF崩壊の原因として、神社長によからぬことを吹き込んだのがOという男じゃないかという前田の発言を載せた後、「Oというのは、後にパンクラスに関係することになるOである。前田が『塩澤さん、アイツはすぐ告訴するとかいい出すから気をつけた方がいいですよ』というから、ここのところはイニシャルにしておく」と書いちゃったりで、とにかく全てが迂闊すぎ！

「前田の現役レスラー時代というのは、ちょっと書きにくいことだが、じつは、人に裏切られたり、だまされたりということの連続の歴史でもある。（略）簡単に言うと、人を信用しすぎ、人間としてお人好しすぎるのである」

結論としては、この作者に自分の本を書かせていること自体、前田日明が人を信用しすぎて、お人好しすぎる証明になっているのであった。

★今月の豪ちゃん★『別冊宝島 プロレス引退劇の全真相』で安田忠夫が『真説・長州力』の田崎健太を「あんな最低のヤツいないから」と批判した流れで「吉田豪も田崎のことはボロクソに言ってた」と発言。え〜！　ボクと安田さんが田崎さんについて話したのは新宿ロフトプラスワンの壇上での出来事だから、真相はあのときの観客がわかってくれるかと。

131

某プロレス～格闘技雑誌の編集長や、プロレスの本を何冊か出しているライターさんや、そっち関係とは無縁のライターさんからも『格闘者─前田日明の時代』は本当に酷い本だった！」と言われて、藤波辰爾戦の後に「無人島だと思っていたら仲間がいた」とコメントした前田日明の気分。やっぱりプロとしてそれなりに仕事している人ならわかってくれるものなんだなあ……と思った男による、書評とは名ばかりの引用書評コーナー。

I編集長門下の記者が描いた人間味溢れる「Uの実像」

『「週刊ファイト」とUWF』 波々伯部哲也／双葉社／1200円+税

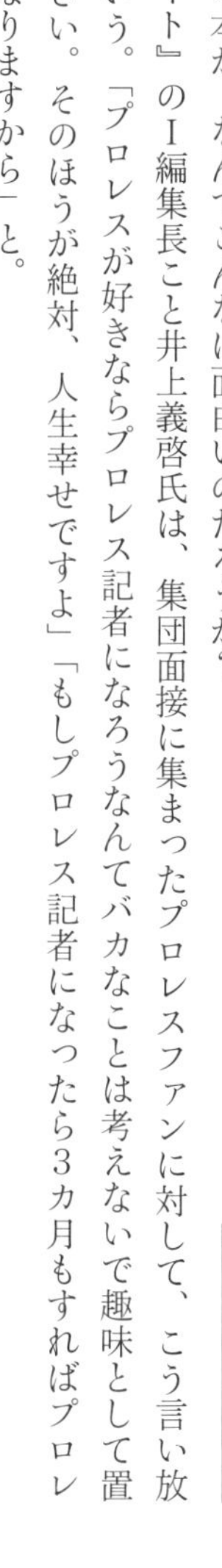

元『週刊ファイト』記者によるUWF本という、とっくに消滅した媒体&とっくに消滅した団体の本が、なんでこんなに面白いのだろうか？

『週刊ファイト』のI編集長こと井上義啓氏は、集団面接に集まったプロレスファンに対して、こう言い放ったのだという。「プロレスが好きならプロレス記者になろうなんてバカなことは考えないで趣味として置いておきなさい。そのほうが絶対、人生幸せですよ」「もしプロレス記者になったら3カ月もすればプロレスが嫌いになりますから」と。

そこまで言っておきながら、「1人の人間、アントニオ猪木という人間を追いかける楽しみはあった。記者本来の充実感、書きたいものを書くということができない以上、人間を追う楽しさを見出さなければ続かないだろうな」とのことで、I編集長は死ぬまでアントニオ猪木を追い続けた。

「I編集長から女性との浮いた話はもちろん、友人の話すら1回も聞いた記憶がない。私が『結婚します』と報告すると『おめでとう』どころか、『ま、結婚するなとは言わないが、結婚したら男はおしまい。仕事ができなくなる』とI編集長らしい〃祝辞〃をもらった。もちろんI編集長は生涯独身で仕事に打ち込んだ。

女性とのデートや友人と飲み明かす時間を惜しむように」

これは、そんなＩ編集長門下の記者が、佐山聡や前田日明、髙田延彦といった人間を追った記録だから、面白くなって当然なんだとは思う。

たとえば旧ＵＷＦ時代、前田が猪木に挑戦表明したときのことについて、「これはまだマスコミ向けのオブラートで包んだ言い方だった。『波々伯部さんならわかるでしょ？　オレがどんな思いでＵＷＦをやってきたのか。今、道で猪木さんとバッタリ会ったらオレは殺しますよ』」と裏で発言していたことを告白。

「新日プロも前田発言の〝真意〟など百も承知で、これを無視する。怒りの矛先を向ける場を失った前田は、12月22日に道場で行なわれた日本酒10升が用意されたもちつき大会で泥酔してしまい、抑えていた感情が一気に噴き出した。髙田に聞くと、数多くの女性を含む２００人以上が集まったファンの前で、前田は20回ほどズボンとパンツを下ろしてお尻を見せる前後不覚のふるまいののち、泣きながらＵＷＦ入りのいきさつを語り出した。感情がほとばしり『猪木さんをぶっ殺す』『あのアゴを砕いて復しゅうする』と叫ぶ前田。最後は神新二氏（のちの第二次ＵＷＦ社長）に付き添われ、自転車をヨロヨロ漕ぎながら道場を後にした。前田はその後の記憶を断片的にしか覚えていなかったそうだ。なんでも、帰りに自転車がタクシーに接触して運転手に文句を言われたので、タクシーをボコボコと蹴った。どこかの玄関先で転んだら額にソリを入れた若者が数人、『何すんだ、コラー！』と言ってきたのでボコボコにした——ひょっとすると、これは髙田自身の断片的な記憶だったのかもしれないが……」

これ、タクシーの運転手もソリの入ったヤンキーも全然悪くないでしょ！　悪いのは前田日明の酒癖！　こんな感じで、プロレス雑誌などの記事をまとめた塩澤幸登氏の『Ｕ．Ｗ．Ｆ．戦史』や、前田日明本人を直撃した『格闘者』にも出てこない、魅力的すぎるエピソードが多数登場。

同じく旧ＵＷＦ時代、「東京・九段下のホテルグランドパレスで藤原と髙田の入団記者会見」が行なわれたとき、「副鼻腔炎の手術のため隅田川に臨む同愛病院に入院していた前田はうれしさのあまりいてもたってもいられず、手術が終わったばかりなのに病院を抜け出して会見場に駆けつけた。鼻血を出して病院に戻ったときには扁桃腺炎を併発して40度の熱。後日、前田を見舞うと『寒くて体がブルブル震えた』と言いながらも『藤原さんと髙田が来た』と、心底うれしそうな顔をしている。『波々伯部さん、リンゴ食べません?』と聞いた前田は、部屋にいた彼女だか友人だかの女性に皮をむくよう頼んだ」という話もそうなんだが、こういう具体的なエピソードがいちいち面白いし、人間味に溢れていて最高としか言えないのである。

そんな本の中で個人的に衝撃的だったのは、なぜか長州力とターザン山本のエピソードだった。控室の扉をノックしても「開けるな!」とか「入るな!」と怒鳴り、無理に入ろうとするとイスを投げてくるぐらい長州は常にピリピリしていたのに、「そんなときに(ターザン)山本さんがいれば『よし、長州の話を聞きに行くぞ』となる。なにしろこの年の2・3札幌では藤原喜明に花道で急襲されて血だるまのまま控え室に閉じ込もった長州に、ドアを叩きながら泣き声で『何か言わないとわからないじゃないか、長州のバカ!』と叫んでドアを開けさせたという逸話も伝わってきた」とか、当時のターザンがどうかしすぎて最高!「大阪の1・1」についての「最後に聞いたのは6年前かなあ。奈良の産業廃棄物業者の娘からお金を引っ張ろうとして、それがバレて、四国に逃げてる、みたいな話は聞いたけど」という前田日明発言もヤバすぎる!

★今月の豪ちゃん★今年は吉田豪物件とでもいうべき人のスキャンダルが多すぎて、忙しくてしょうがないんですけど、ボクが過去に岡本夏生を取材して大変なことになったエピソードを話す度に「ひどい! 岡本さんはそんな人じゃないです!」と怒られていたことを思うと、ようやく岡本夏生の本物っぷりが世間に伝わって、そこは良かったです。

132

大塚英志『二階の住人とその時代』という80年代オタクカルチャー回顧本に、「佐山サトルによるカール・ゴッチの評伝という、今となっては読んでみたかった企画も実現の一歩手前までいった」という記述を発見。おそらく「ゴッチさんはナチスなんですよぉ！　ヒットラーとかも大好きで」的なエピソードが詰まった物騒な本になったはずだから、本当に読みたかった！　そんなことを思う男による、書評とは名ばかりの引用書評コーナー。

リアルファイトかプロレスか米国メディアに語られたアリの覚悟

『別冊宝島 プロレス真実の扉』 宝島社／1000円+税

モハメド・アリの死去とは関係なく、猪木対アリ40周年ということもあって今年は関連書物がいろいろ出ていて、これもそんな一冊。「こう言っては不謹慎だが、猪木もアリも、あと10年後の50周年に必ず元気でいられるかはちょっと分からないしね」との発言がタイムリーすぎ！

主なテーマはジャッジの問題で、正直そこは全然面白くない。それよりも、レフェリーの「（ジーン・）ラーベルは、この試合が期せずして『リアルファイト』で行われようとしていることに、大きな不安を抱いていた。日本で暮らす日本人はいいが、ラーベルは試合が終われば米国に帰り、そこで生活しなければならない。もしアリの身に何かが起きれば、主審である自分自身の『責任』が問われる可能性がある」などの、この試合が突然ガチになったことを裏付けるエピソードが面白かった。

試合前にアリが米国メディア関係者の質問に答えたインタビューの完全版からも、その辺りの空気感が伝わってきて非常に興味深いのだ。

「ミスター猪木、彼のマネージャーと関係者全員に伝えてもらいたいことは……俺が約束しているのは……もうひとつエキジビションマッチをするってことだ。そして俺は、観客にもエキジビションであることを知ってもらいたい。俺は真剣に猪木を痛めつけたりしないこと、猪木も俺を真剣に痛めつけないことを、観客に知らせて欲しい」

アリの主張は真っ当である。しかし、たかがエキジビションマッチで先払い分だけでも5億円以上のギャラが支払われるわけもないんだが。

つまり、どんな試合になるのかわからないままアリは持ち前のプロ意識で試合を盛り上げ続けていたのだ。

「そして……猪木とマネージャーたちはリアルなマッチを望んでいるらしいが……俺は、全力で彼を殴らないことを観客に知らせておきたい……猪木も全力でこっちの腕をネジ上げたり、ほかの技でそういうことはしないと……われわれは意図的な……はしないと。そのことはみんなにも知らせておく必要がある。そうじゃないか？　最初の顔合わせで、猪木とあたることになっていて、リハーサルでは、結果は……猪木が勝つということで……レフェリーは俺に早々と退場を命じるという結末になっている」

プロレス的な攻防のリハーサルこそ実際には行なわれなかったようだが、とりあえず猪木が勝つという試合展開は決まっていたわけなのだ！

「しかし、イスラム教のムスリムで、全世界の人たちに信頼されて尊敬を得ている人間として……最初になにかに巻き込まれること、つまり公然とイカサマをやったり、腐った試合にかかわったりすることはできない。本当らしくみせて、そうでない試合にはかかわりたくない」

アリはイスラム教の信者だったからこそ、リアルファイトに見せかけたプロレスをやることを拒否した。

「アメリカには、ボクシングやレスリングのアンダーワールドをよく知っている連中がごまんといる。全力で殴っていないのに猪木が傷つけられたふりをしたり……俺がわざとらしく、腕をねじり上げられたふりをしたりすれば……本気でないとすぐにわかる……そういうことには、かかわるわけにはいかない……だから……これは打ち合わせなしの試合にしなくちゃならない……打ち合わせなしの、リアルでやるものでなくちゃならない」

「リアルでやると言うなら、俺たちはリアルでやる。猪木がベストを尽くして、俺をホールドすることができるかもしれない。俺も猪木をノックアウトするかもしれないし、そうはいかないかもしれない……だがリアルでやるとすれば、もう少ししっかりしたパンチを繰り出すことになる。そしてリアルでやる場合には、向こうに伝えてもらいたい。その場合は床に寝転がるとか、やっていいこと、いけないことについての規則が課せられるということを」

この段階で、エキジビションマッチだと発表できないのならリアルファイトをやるしかないとアリが覚悟できていたのもすごいし、だとすればいわゆる猪木対アリ状態になることも予期していたのもすごいのだ。

そんなアリの覚悟と、ボクシング側のジャッジ・遠山甲氏のバックボーンがわかるだけでも便利な一冊。「遠山甲——プロレスファンにとってはあまり聞きなれない名前ではあるが、同氏は昭和のボクシング界でその名を知らぬ者はいない、トップレフェリーだった。1960年代、国際的な注目を集めたファイティング原田の世界戦でも、数多くレフェリーをつとめている」「美男子だった遠山さんは、世界戦のポスターで選手よりも大きな扱いで掲載されることがあるほどスター性を持った方でした。しかし女性人気が災いし、70年代に重婚騒動のスキャンダルに見舞われ、それを機にボクシング界の表舞台から姿を消してしまう」

つまり、知名度はあるけれど重婚スキャンダルのせいですでにボクシング界の人間ではなくなっていたので起用された人材だったわけなのである。

★今月の豪ちゃん★ミス-iDというアイドルオーディションのため2日で20時間近く女の子(心を病んだ子多数)の話を聞き、なぜかその過程で女の子に説教され、その翌日は豊橋で杉作J太郎さんと2人だけで7時間のトークイベントをこなし、そのまま東京に戻るなりミス-iDの審査に合流して朝4時に解散したから、さすがに疲れ果てました……。

133

これが出る頃にはとっくにオンエア済みなんですけど、明日（7／15）がフジテレビ『ワイドナショー』の収録で、ボクは番組初登場だから得意の芸能ネタがあればいいと思ったら、選挙とか天皇の生前退位問題とか、いじりにくい話題ばかりでどうなることか不安でしょうがないです！　今年は面白い芸能ニュースが異常に多いはずなのに！　このままだと二度と番組に呼ばれなくなりそうな男による、書評とは名ばかりの引用書評コーナー。

格闘技対プロレスを超えて終盤にスイッチが入る中井×増田対談

『本当の強さとは何か』　増田俊也、中井祐樹／新潮社／1300円+税

ボクの大好きな増田俊也×中井祐樹の対談集が発売！　2人とも発言の切れ味には定評があるし、そんなの面白くなるに決まってる……と思ったら、なかなか会話がスイングしてこない。もともと北大柔道部で先輩後輩の関係だし、中井祐樹という人自体が自己アピールをあまりしない人だしで、増田先生がリスペクトを込めてひたすら情熱的に中井祐樹の物語を大量に語り、中井が「はい」「そうですね」「はい、そうです」と答える展開が続くためである。

要は、『徹子の部屋』で黒柳徹子が「ああた、●●が●●して●●したんですってね！」とエピソードを全部話すから、ゲストが「はい」としか答えられないようなパターンにハマり込んじゃっているというか。

それでも終盤、中井祐樹にスイッチが入ってきて、増田先生が「だんだん熱くなってきたな（笑）」「でも読者が知りたいのは、そういった中井の熱い本音だと思うな」と言ってたはずが、その直後に「今日の中井は厳しいな……」「今日はほんとに厳しい言葉が出るな……」と言い出す展開は最高。そして『木村政彦はなぜ力道山を殺さなかったのか』の話題になり、「プロレス側からの反論もすごいの出たの知ってます？」と中井祐樹に聞かれた増田先生にスイッチが入る展開も最高だった。

「読んだけど。でも俺、『負けたって書いてるじゃん。いいでしょう、もう』って思った。負けたって一番わかってるのは木村先生だと思うよ。木村先生はあの試合、たしかに負けたんだよ。酒も飲んでたし衰えもあるし、一瞬の打撃に対応できなかったし。別に負けたっていいじゃん」

木村先生が力道山に負けたのは事実なんだから、もう放っておいてくれ！　的な話なのかと思えば、ここから一気に深い話へと突入していく。

「ある時期、リアルな格闘技がプロレスのシステムに利用されたという歴史をあるていど説明して、そのなかで『プロレスも格闘技もどうでもいい。それよりも生きてることって素晴らしい。人生って素晴らしいですよ』って書いたのがあの本だから」

「俺も若いころ柔道で勝ち負けの世界にいたから、この歳になってあの本を書き上げたいま、勝ち負けなんてどうでもよくなってる。正しいか間違っているか、それさえどうでもいい。そのときそのとき、人生なんていろいろあるよ。完全な人間なんていないし、パーフェクトゲームで人生を終えられる人なんて１人もいない」

「俺も若いころは悔やみきれないこともたくさんした。街中でのつまらない喧嘩に明け暮れたこともあったし、おかしなことに巻き込まれたことも何度もある。そういったなかでも自分と向き合って生きてきたし、これからも生きていく。生きるってそういうことじゃないかな。とくに若者って間違いをおかすんだよ」

なんかすごくいい話をしてるけど、増田先生が喧嘩に明け暮れたって事実が気になってしょうがないよ！　そして、力道山に対して複雑な感情を抱いていたはずの増田先生が、こんなこと言うまでになるなんて！

「あのとき木村先生も力道山も30代の若者だった。でも俺はいま50歳だ。だから若者たちがいつまでも若いときの喧嘩で憎み合ってるのを『もういいだろう。俺がぜんぶ受け止めるから』っておさめる立場にあるんだよね。それがあの本なんだよ」

「なんだかんだ言っても、木村先生と力道山て気が合うと思うんだ。２人とも傑物だし理解されずにいたから、心通じるものがあるんじゃないかな。孤高の虎なんだよね。力道山も木村先生も、今頃、向こうでうまくやってると思うよ」

結局、増田先生のいい話のほうが多い気もする本なんだが、音楽マニアとして知られる中井祐樹ならではの、この発言もさすがなのである。

「僕は神取（忍）さんのバーリトゥード（LLPW L1）をサポートしてるし、あのあと堀田祐美子とか。いまの女子格闘技の走りは女子プロレスなんですよ、日本は。あれが日本の女子格闘技の走りなんです。（略）神ちゃんとか若い子が総合行くとき、僕らセコンドだったんです。そのときに、アイドルとか『SPEED』とかのバックやるミュージシャンの気持ちがわかった気がしたんです。あの頃、朝日昇さんが『SPEED』のCD買ってきて、バック見たら青木智仁とか凄腕のミュージシャンなんですよ。みんな『どういうことなの！』ってなったときに、やっぱこういうことしてるんだと。この凄腕の人達は、この子たちをヒットさせるためにやってるんだと思ったときに、俺たちも同じだなと、すっと納得がいったんですよ。神ちゃんとか堀田とか、総合行くときは、俺たちが支えるんだって思ってましたからね」

角松敏生や渡辺貞夫のバックを務めた青木智仁に自分を重ね合わせ、全日本女子プロレスの「松永兄弟という凄い人がいたから」いまの日本の女子格闘技があると語る中井祐樹は、やっぱり信用できる男なのである。松永兄弟を評価する格闘家は確実に中井祐樹ぐらい！

★今月の豪ちゃん★『BUBKA』での空手関係のインタビューをまとめた『吉田豪の空手★バカ一代』（白夜書房）が7月29日に発売決定。大人の事情で載せられなかった人もいるんですけど、梶原一騎&真樹日佐夫&大山倍達が好きな人なら楽しんでもらえる本になってると思います。いろいろ問題もあったみたいだけど、みんな大好きマス大山！

134

『フリースタイルダンジョン』のMC担当UZIの祖父・許斐氏利の経歴がやばすぎた。「当て身や投げ殺しを専門にする」「投げる前に当殺しておく」双水執流を学び、政治家殺害未遂で指名手配になったため嘉納治五郎直々に講道館を破門され、中国で特務機関を率いるようになった人で、その拳銃の技術を活かしてクレー射撃でオリンピックにも出場！　この手の逸話が大好きな男による、書評とは名ばかりの引用書評コーナー。

梶原イズム全開！幻の空手家のミステリーな軌跡

『日本の心を伝える空手家　銘苅拳一』

炭粉良三／海鳴社／1200円+税

最近、空手の本を出したばかりのボクも存在を知らなかった幻の空手家・銘苅拳一。しかし、彼の本の冒頭部分を読んだら、あまりにも『空手バカ一代』というか梶原一騎イズム全開だったので、思わず購入。なにしろ、こんな感じなのである。

「『一粒の麦もし地に落ちて死なず、一つにてあらん。死なば、多くの実を結ぶべし』（新約聖書『ヨハネによる福音書』第十二章二十四節）この男を見よ！　終戦数年後の、沖縄。レスラー崩れ、ボクサー崩れが割拠する戦勝国アメリカの占領軍。彼らの挑戦に唯一人立ち向かうは、痩せて枯れた翁。固唾を呑み見守る一人の少年の眼前にて、やがて展開される奇跡。舞うが如く柔らかに、風の如く自然に、その翁・知花朝信は彼らの挑戦を捌いていく。少年は見た！　その目で、しっかりと。そしてその少年に魔法の如き技を見せて後、やがてその名人はこの世を去る。さあ、ゆけ！　少年・銘苅拳一よ。この素晴らしい『麦』を伝えるのだ。この一粒を万粒とするのだ」

銘苅拳一は１９４６年、沖縄生まれ。沖縄で空手を学び、12歳でブラジル移住。32歳で沖縄に一時帰国したとき、自分が学んできた空手の型が、まるで歌舞伎の見得のような空手ダンスになっていたことに衝撃を受け、「ブラジルに戻ると銘苅はブラジルでも盛んなボクシングやブラジリアン柔術、そしてかのバーリトゥードなどの研究を始めた。沖縄に空手の真髄を発見出来なかった以上、こうなったら独力で真髄を発見しなければならない。それには、他の格闘技の胸を借り研究工夫するしかない。彼はそう思った」。

多少現代風にアップデートされてはいるけれど、「その頃、銘苅はブラジルの特殊な格闘技として知られるカポエイラとも対戦している」だの「六〇キロ級の南米空手チャンピオンを三〇秒で秒殺」だの「百人組手まで複数回こなした」だの「サッカーの神様・ペレも道場に見学に来た」だの「後にブラジルの大統領になることになる男でさえ、銘苅の門人となった」だの、エピソードがいちいち『空手バカ一代』でしょ!

ところが40歳で人材派遣の仕事を始めた銘苅は、空手家としての活動もやめて帰国。それでも「〈武の神〉は、決して銘苅拳一をそのままに放置することはなかった」模様。

「ある日、銘苅は件の人材派遣会社の社長と共に、しょんべん横丁のとある居酒屋に入った。そこで大変美しい中国人女性と出会う。なんでも、その店で働きながら勉強している留学生とのことだった。その女性の兄もその場にいた。二人とも日本語はたどたどしい。その(特に妹の方の)たどたどしさがかえって、その時まだ独り身だった銘苅には新鮮かつ可愛く思えた。それが縁になり、銘苅はその店に頻繁に通い始める」

「楽しさに、我を忘れた。そんなある日、その女性が銘苅に言った。『私と結婚して欲しい』。彼女の兄も大変その結婚を勧めた。銘苅は、舞い上がった。彼女が『車が欲しい』といえば、ワーゲン・ゴルフを買い与えた。彼女が『お金を貸して欲しい』といえば、二万ドルを貸し与えた」

……わかりやすく嫌な予感がしてきたら想像通りの展開となるわけなのだ!

「ある日のこと、警察から銘苅に知らせが入った。『あなたが買ったワーゲン・ゴルフが、その利用者によって無断投棄されている』。寝耳に水、であった。『どういうことだ!?』。彼は、行き慣れた件のしょんべん横丁にある居酒屋に走った。すると、店が閉まっている。『おや?』。待ったが、誰も来ない。痺れを切らせ、銘苅は近所の店の店主らに聞いた。『この店は本日何故閉まっているのですか?』。店主は答えた。『何故ってアンタ、その店はもう店仕舞いして、経営者の中国人〈夫婦〉は国へ帰ったよ』。え…なんだって？ 中国人ふ…夫婦だってえッ!? 実は、銘苅に『自分達は兄妹だ』と語っていた二人は、夫婦だったのだ。彼らは銘苅を、日本に長く滞在するべくビザを取るために必要だった保証人とするため、夫婦で銘苅を騙し続けていたのだ」

どうですか、この空手家の本にはまず出てこないエピソード！ しかも、「このままでは収まらない！ クソーッ、貸した金返せッ！ 何とか見つけ出し、弁償させてやらなければ、とても気が済まないッ！」と憤慨した銘苅は中国へと旅立つが、「中国語など全く解らない。次に、土地勘すらない。友人知人もいない」。すっかり「途方に暮れ」、「そして当然の帰結として、やがて金が尽きた」。そんなとき、「この上海には空手の道場らしきものが全く見当たらないな……」と気付き、中国全土に空手を広めることを決意。

その結果、「国際空手道連盟会長にして、中国をはじめ世界中に門弟数八百万人を有するほどの大家」となり、中国だけで「師範三百人」で「門弟数世界一！」な「世界中を飛び回る超多忙な世界的空手家」になったのである！ ……その割にウィキペディアに項目もないし、公式ホームページも発見できないことが、実は最大のミステリーだと思うのだった。

★今月の豪ちゃん★大山倍達総裁とかアントニオ猪木とか全日本女子プロレスの松永高司会長とか、その下で働いていた人間がどれだけ酷い目に遭わされても嫌いになれないタイプっていると思うんですけど、ジャニーズ事務所のジャニー喜多川さんもそっち側の人じゃないかと思ってます。いつかインタビュー集『元ジャニーズ』でも作りたいなー。

135

「お前、俺の本の聞き手になれ！」と百瀬博教さんに命じられて、格闘技バブルの頃にボクが毎月のようにインタビューを行ない、そして諸事情によりお蔵入りになったその原稿を水道橋博士に託したことがあるんですけど、それをベースにして博士が『新潮45』で百瀬博教評伝を書くことになったとのこと。結局、博士とボクとの違いは百瀬さんに惚れ込んだかどうかなんだろうなと思っている男による、書評とは名ばかりの引用書評コーナー。

空気が読めないのか読まないのか 青木真也の矛と盾

『空気を読んではいけない』

青木真也／幻冬舎／1200円+税

空気の読めない発言&行動の数々でファンから嫌われた青木真也が、まるで開き直るかのような本をリリース。DREAMや『kamipro』が消滅したのは、強いけれどスター性もプロ意識も決定的に足りない青木真也を担いだせいでもあると思っているボクなんかが読んだら確実にモヤモヤする本だろうと思ったら、違う意味でモヤモヤする本だった。彼の考え方が、ボクとかなり似ていたためである。

「自分の人生を生きたいのならば、群れてはいけない。僕には生まれてから友達と呼べる人間は一人もいない。上下関係も無視してきた、食事、接待、人付き合い。その一切を断ち切って孤独を選ぶことが大きな結果と、自分なりの幸せを得ることにつながる」

その後、「僕は〝縁を切る〟ことに全く躊躇いがない。人と縁を切ることを『縁切り』と呼んで、年に数回は『縁切り』をしている」と言い出すのはどうかと思うが、基本的にはボクの考えとほぼ同じだし、自分が凡人で才能も別にないと認めた上で、だったらどうすれば勝てるのかを考え抜くところも、「僕の格闘技人生は、ある意味で隙間を探し続けてきたとも言えそうだ。みんなが観ないところに着目し、行かないところに進む」という姿勢も、ほぼ同じ。

「『みんなが食えるような業界になればいい』と格闘技関係者は言うが、逆にそれでは問題だ。勘違いしてほしくないのは、格闘技界は恵まれていないが、食えない業界では決してない。大勢の何も考えていないファイターが食えていないだけだ。『チャンピオンが食えない業界がおかしい』のではない。『チャンピオンな

のに食えないファイターがおかしい』ということだ」「はっきり言う。格闘技界のためにも、ダメなヤツは食えない業界のままでいい」

これも出版不況の中でちゃんと食えている人間からすると、すごいわかる。ただし、ボクは空気を読めすぎるタイプで、その上であえて空気を読まないようにしているけど、彼はナチュラルに空気が読めないタイプ。こうしたら嫌われないという最低限の空気の読み方をした上で自分を貫くことができないせいか、なぜかこんなことを言い出すのである。

「選手として華がないこと、一流企業に勤める同級生たちへの嫉妬、格闘家は貧乏という社会的なイメージ、そして、業界からの評価。僕の心は、今も全く満たされないままだ。世界チャンピオンに上り詰めても、僕は自分が正当に評価されていないと感じている。否定されているという思いも強い。格闘技業界ではアウトサイダーと見なされ、若手選手から憧れられているわけでもない。僕は昔から業界を腐す発言を多くしているが、その数々の言葉の根底には大きな不満がある。だから僕は常に怒っている。『なんでお前らは、俺を評価しないんだ』」

……いや、それは確実に自業自得だよ！　「いくら結果を残そうと、格闘技雑誌の表紙を何度飾ろうと、僕の心はまるで満たされない」ってボヤくぐらいだったら、人から評価されるような発言や行動を考えるべきだし、自分を貫きたいんだったらこんなこと気にしちゃダメでしょ。

たとえばボクのやっているプロインタビュアー業は、相手の良さを引き出すことさえできれば、こっちは人気がなくても仕事の信用だけでなんとかやっていける。しかし、青木真也の場合は完全な客商売であり、自分のTシャツを着たいとか会場で試合を観たいとか思わせなきゃいけない商売だから、評価や人気は必要不可欠。というか、そもそもこういう本を出して自分のやってきたことを肯定するには、よっぽど業界内で評価されたりビジネス的に成功したりしてなきゃいけないはずなのだ。

彼は長島☆自演乙☆雄一郎にKO負けした試合をベストバウトだと語る。もちろん「負けた後の1年くらいは苦しかった。文字通り『地獄』に落とされたような気分にもなり、試合を見返すことはできなかった」らしいが、ここで彼は「世紀の凡戦」「茶番」と酷評された猪木対アリ戦がいまは再評価されていることを例に出して、「今『最悪だ』と周りから言われる仕事も、後にものすごく評価されるかもしれない」「自分がブレずに仕事を続けていれば、過去の失敗は、未来で変えることができる」と言い出すんだが、あの試合を猪木対アリ戦と同列に並べる時点で空気が読めなさすぎ&現実が見えてなさすぎ。

　結局、ボクがこの本を読んだ結論は、空気を読まずに自分を通すと食べていける程度の成功は収められても、業界を支えるような存在にはなれないんだなってことなのである。

　彼が問題児すぎて学校に呼び出された父親が「子供ひとり言うこと聞かせられないあんたの器が小さいんだろ！」と教師相手に啖呵を切り、「もう先生の言うことを聞かなくていい」と言い出したとか、「みんなでやるとバレてしまう。悪いことするときは、一人でやれ」「友達なんかいてもどうするんだ。始末して生きろ」と子供の頃からアドバイスしていたとか、彼がこうなったのは全部父親のせいってことなのかもなあ……。

★今月の豪ちゃん★ちなみにボクが百瀬さんから利益供与を受けたのは、取材後に古本屋に寄って「なんでも好きなものを買え！」と言われて買った赤兄弟のサイン本と松平健写真集、そして洋服を買うのに付き合わされたとき「お前、これを着ろ！」と言われて貰った百瀬さんサイズのデカすぎる10万円のコート、あと百瀬グッズの腕時計とベルト。

136

『夏の魔物』の控室が大槻ケンヂさんと一緒だったので、いろいろ情報交換。伝説の空手家・銘苅拳一の本がヤバかったと話したら、「俺ともあろうものが、それはチェックしてなかった！　じゃあさー、今月の『秘伝』は見た？」と普通にカバンから『秘伝』を出してきたのが、実にオーケンさんだなと思いました。そんなオーケンさんと能年玲奈というか「のん」の対談を楽しみにしている男による、書評とは名ばかりの引用書評コーナー。

掘り下げどころがもったいない元アマレス学生王者にしてリングス好きヒールの矢野通

『絶対、読んでもためにならない本―矢野通自伝』

矢野通／ベースボール・マガジン社／1600円+税

ベースボール・マガジン社の出版物はプロレス本でも格闘技本でも業界内ルールを守りすぎ&選手のキャラを変に作りすぎな気がして、個人的には物足りなく感じることが多い。

たとえば矢野通が佐々木健介の付き人だった頃、大事なハンガーをなくしたのに、なぜか健介から新しいハンガーを買うお金を渡され、お釣りまでもらったエピソードにしても、後輩たちから「あいつだけは絶対に殺す！」と言われるぐらい健介が短気かつ鉄拳主義だったという前提がないと、矢野通の凄さは一切伝わらないはずなのに、そういうネガティブなことが一切書けないわけである。

そして、矢野通といえばパンクラスでの渋谷修身戦や「プロレスおよび格闘技史上初？　総合格闘技とバトルロイヤルをミックスした斬新すぎるほど斬新なルール」のアルティメット・ロワイヤル出場によって格闘技好きにも名前を知られているんだが、渋谷に一本負けしたことについて、こんなふうに書いていたのだ。

「この日はジョシュ（・バーネット）も、メインでパンクラスのエース・近藤有己との試合が控えていた。だから、その時すでにハイテンションだったのだろう。もうガッツガッツの力任せにバンデージを巻いてくれた。すると、私の両手の指先からはみるみるうちに血の気が引いていった。そして、数分後にはビッリビリにしびれてきた。そのとき下した私の判断は『こんなもんかナ?』。ジョシュのめったクソな強さは練習で知っていた。そんな男が『だいじょうV!』と言うんだから、それはもう100%正解なのだろうと。ところが、いざ試合が始まってみると、『だいじょうV!』の『V』サインが作れないくらい、全然大丈夫じゃなくなった。指先の感覚はなくなり、もはや手首の先に何が付いているのかさえわからない状態になってしまった。この時の私の心境が分からない方は、以下のシーンを想像してみてほしい。居酒屋で宴たけなわのお開きになったとき、『オシッコしたいなあ』と、ちょっともぞもぞしてくる。それでも『うん、たぶん大丈夫』と、自分の我慢強さに対する何の根拠もない絶対的自信で店を出る。ところが、しばらく歩くうちに『やっぱムリ! 我慢できねー、どうしよー!』と股間を強くプッシュしながら激しく後悔する。そんな感じだ。試合後、私はほんの一瞬だけジョシュをうらんだ。『オマエノコブシハ モウ シンデイル』。青い目のケンシロウに、そんな呪いをかけられたと思ったからだ」

……この文章、どうもボクには完全に滑っているようにしか思えないのである。矢野通は、もっと面白い人だと思ってたのに! もったいない!

そもそも矢野通は「プロレスよりむしろリングスが好き」で、「元リングス・ロシアのアンドレイ・コピイロフに会ったほうがドキドキするくらい」のタイプ。「新日本プロレスに入団して最初に成瀬昌由を見かけた時、『わっ! リングスの成瀬だ!!』と興奮した。アントニオ猪木さんと初めて会ったときでさえ、『なるほど、これが本物の猪木さんですね』ぐらいのリアクションしか取れない、感情の動きにくい私が成瀬昌由に大興奮。それくらいリングスには幻想めいたものを抱いていたし、裏を返せばプロレスの知識はほとんどなかった」りするから、そういうエピソードをちゃんと掘り下げたほうが面白かったはずなのに!

「入門当時、『ストロングスタイル』と聞いて私の頭に最初に浮かんだのは、実に素朴な疑問だった。『ストロングスタイルの〝スタイル〟ってなんなの?』。だって『ストロング』なら『ああ、強いってことね。よし、じゃあオレ強くなります！』と、わりとすんなり飲み込める。そこに『スタイル』が割り込んで来ちゃうから、なんかモヤがかかったみたいに漠然としてしまうのだ」

こんなことを考えた結果なのか、アマチュア格闘技で実績を遺した人ほど、プロレスに転向すると強さを追求する方向ではなく、プロとして割り切る方向に進みがち。竹刀片手に暴れまわる極悪ヒールの上田馬之助が実はシュートでも強かったことを思えば、レスリングエリート・矢野通が昭和スタイルのヒールに転身するのも当然だったんだと思う。

なお、個人的にツボだったのは、そんな矢野通が一時期、「金髪に赤い法被の田吾作スタイルから、黒髪に黒のショートタイツという非常にフツーな見た目に変身した。ヒールファイトも一切なし。足4の字なんかも出してしまうオーソドックスなファイトスタイルになった」理由。

「当時、新日本の現場監督だった長州力さんに呼ばれ、いきなり言われた。『なんで、そんな格好してるんだ』。あ、ダメなんだ。あっさり長州さんの忠告を受け入れた私は黒髪に戻し、暴れ回るのも自粛した。その4カ月後くらいだったか、たまたま私を見かけた長州さんが、私に言った。『あれ、なんでそんな格好してるんだ』。あ、いいんだ。で、また金髪に戻した」

最高すぎる話だが、こういうデタラメさがなくなった結果、いまの新日本の繁栄があるんだろうなー。

★今月の豪ちゃん★私立恵比寿中学のコンプリートベスト収録ブックレットのためメンバー全員＆スタッフの1万字インタビューをやることになって面白かったんですけど、それと「のん」の取材日が重なり、「のん」取材が流れました。後日、とある関係者から「彼女への圧力は相当なレベルみたいなので吉田さんも応援してあげて下さい」と連絡あり。

137

ムエタイの技術本を読んでいたら冒頭部分がすごい面白かった。軍隊経験を経てボディガードとなり、「素手で多くのマフィアたちをKOしてきました。12人のマフィアをひとりでKOしたこともありましたし、銃で狙う相手を逆にパンチ一発でKOしたこともあります」とか、そのため「ちょっとした顔役になっていた」とか、いいネタ多数！　技術ではなくそういう話だけを詳しく知りたい男による、書評とは名ばかりの引用書評コーナー。

プロレスにおける「ケンカマッチ」とは？

『逆説のプロレス vol．6』 双葉社／1200円+税

プロレスの世界で起きた伝説のケンカマッチをテーマとしたムック。なんで新日本プロレス限定なのかと思ったら、ターザン山本がこう言っていた。「ケンカマッチというのは、基本的には新日本プロレスでしか起きないんですよ！　なぜなら彼らはストロングスタイルというものを標榜しているから」と。いや、力道山対木村政彦の昔からあるよ！　と反論したくなったし、「世界のプロレスで日本にだけケンカマッチが存在する」という発言にも、リング上じゃなく控室での出来事だとはいえバディ・ロジャースに制裁を加えて怪我をさせたりするカール・ゴッチ&ビル・ミラーのエピソードを思い出したんだが、そんなゴッチを神様として担ぎ上げたのが新日本プロレスで、そんなバディ・ロジャースに憧れていたのがジャイアント馬場だったというのが、両団体の方向性を決定付けたわけなんだと思う。

ケンカマッチとはプロとしてやっちゃいけないものでもあるし、プロとしてキッチリ対応できなきゃいけないものでもある。そこに対応できる側である前田日明という人が信用できるのは、いろんな誤解や思い込みは多くても、変なサービス精神で余計な嘘をついたりしないということ。

つまり、これまでに何度も聞かれたアンドレ・ザ・ジャイアント戦や長州力蹴撃事件について、こういう

とき新ネタが出てこないのは物足りなくもあるけれど、そこはやっぱり誠実なのだ。前田日明ではなく媒体側に変化があるとしたら、こういうときドン・中矢・ニールセンの名前が出なくなったってことかもしれない。

なので、あまり語られない木村健悟とのエピソードとかの方が新鮮で面白く転がっていたのであった。

「木村（健悟）さんはすごくマイペースな人なんだよね。俺が新弟子の頃、合宿かなんかでみんなが酔っ払って、俺、木村さんにボコボコにされたことがあるんだよ。だからＵＷＦの時に仕返しをしてやろうと思ってた（笑）。そしたら木村さんはマイペースだから調子に乗って、『週刊プロレス』かなんかで『前田を制裁してやる』とか言ってたからさ、俺が試合中に『木村さん、俺を制裁してくれるんですか？　いつでもいいですよ』って耳元で囁いたら、『何を言ってるんだ、お前。仕事だろ。そんなの、ちゃんと仕事せえよ、お前！　そうしないと困るよ！』とか言ってて、それから俺がちょこんと投げただけでビュンビュン飛んでくれてね（笑）」

そして、ミスター高橋もあまり普段は質問されなさそうな木戸修ネタで、いい話が飛び出していたのだ。

「印象的だったのが木戸（修）さんです。髪型にこだわりがあってね。『高橋さん、外国人選手に、俺の髪を引っ張らないように言ってくれる？』って、毎試合頼むんですよ。だから私は、木戸さんと対戦する外国人選手に『木戸がDON'T PULL MY HAIRって言っているから、よろしく頼む』って伝えるんだけど、外国人の間では、それが流行語みたくなってしまって。取組表を見たとたん木戸さんと当たる外国人はみんな、『OH! DON'T PULL MY HAIR!』と（苦笑）。陰では木戸さんに、髪がビシッと決まってるという意味で、『エルヴィス』という素敵な（笑）あだ名もつけてましたね」

エルヴィス・プレスリーが普通に好きでよく歌っていた（レコードでカヴァーもしている）佐山聡が「エルヴィス」と呼ばれていたのは知ってたけど、木戸修もだったとは！　第一次ＵＷＦはロカビリー団体！

「でも、スティーブ・ウィリアムスに同じことを伝えた時、ウィリアムスが、なにか含みある笑い方をしたんですよ。嫌な予感がするなあと思ったら、その日のシングル戦で、ウィリアムスが半分セメントで行っちゃってね。髪も摑んでいたと思う。木戸さんもセメントは強いほうなんだけど、相手にならなかった。髪型にこだわりすぎる木戸さんを、小バカにしてた部分があったのかも」

こんなくだらなすぎる理由を発端とするセメントマッチとか、さすが新日本としか言えないのである。

そして、いちばん口が軽くて余計なことを言いまくっていたのがターザン山本。前田日明インタビューを売りにしたムックで「Uインターで田村（潔司）vs（ゲーリー・）オブライトとか、リングスで前田とディック・フライとか、ケンカマッチ的な試合が話題になったことがあったけど、あんなのはほとんどアングルですよ」とあっさり断言！　格闘技界とほぼ無関係になったいま、こんなことも暴露するのであった。

「最初のPRIDE GPがあったでしょ、2000年の。あの時は藤田（和之）が出場して勝ち上がってて、2回戦でマーク・ケアーに勝ったんだよね。その次にマーク・コールマンとの準決勝になったんだけど、藤田はケガでタオル投げたでしょ。あれ、じつは全然ケガしてなかったんですよ。コールマンに藤田が負けると踏んだ猪木さんが、控え室に行って藤田に『包帯巻け！』って指示して、ケガしてるフリさせたんですよ！　プロレスならまだしも、格闘技の試合でも平気でそういうアングルができるのが猪木なんですよ！」

★今月の豪ちゃん★テレビ東京『第2のアレ』という番組で「とろろ兄弟」の弟役として声優デビューを果たしたんですけど、声優のはずが台本もないし、杉作J太郎先生（とろろ兄弟・兄）と新宿ロフトプラスワンとかでいつも披露しているような馬鹿話に後から絵を付けてそのまま放送しているだけなので、要は単なるJさん豪さん地上波進出です。

138

その昔、ボクは『紙のプロレスRADICAL』という雑誌のスーパーバイザーを名乗っていたんだが、最近はスキャンダルで大変なことになってる某芸能人の裏ネタをタレ込まれたり、某芸能人夫婦から離婚を相談されたりで、そんな案件に無償でアドバイスするという謎の活動が増えてきました。離婚どころか結婚経験すらもないのに！　本業は何なのか自分でもよくわからなくなってきた男による、書評とは名ばかりの引用書評コーナー。

『あゝ！一軒家プロレス』で落ち込んだマメゾウ監督を救った野良犬いい話！

『わが青春のマジックミラー号』　久保直樹／イースト・プレス／900円+税

マジックミラー号シリーズで知られるAV監督、マメゾウこと久保直樹氏による文庫書き下ろし。彼はビデオ安売り王の『一軒家プロレス』の監督でもあったんだが、そんな流れで04年に劇場版『あゝ！　一軒家プロレス』監督も頼まれ、そして大変なことになったそうである。

もともと自主映画を作っていて、ゆうばり国際映画祭でグランプリを取ったこともある監督にとっては、念願というべき一般映画だし、「予算は、なんと5億円！」。しかし、企画・製作者が当時SODの高橋がなりで、原案・総合演出がテリー伊藤だったのが悲劇の始まりだった。

「がなりさんと伊藤さん、ふたり揃っての打ち合わせは『メチャクチャになるから』と拒まれ、監督がバイクで両者の間を行き来することになるが、「伊藤さんもがなりさんも、それぞれまったく違うことを言うし、さらに行く度に言うことが変わるから、まずプロットが成立しない」

つまり、テリー伊藤が「つまんない」「こんなの、別に映画でやることないし、もっとバンバン人を殺すとか、そういうのやろうよ」「奥さんが人魚になるんだよ！　人魚病だよ！　しかもその人魚が凄まじいドーピング剤を打ち込んでムキムキになり、主人公と戦い、燃えて星になるんだ！」とか無茶苦茶なことを言

い出せば、高橋がなりは「お前、こんなのできると思ってるの？ 支離滅裂だよ」と冷静に返し、「もうさー、雅也（高橋がなりの本名）抜きでやらない？ あいつもういいや」（テリー）「ずっと我慢してたけど、だから伊藤さんのこと嫌いなんだよ！」（がなり）というガチバトルに発展。結局、高橋がなりは口出しをやめたものの、テリーは「最後は城で戦え」「城の前にはピラニアがいて、ピラニアデスマッチをするんだ」とか無茶苦茶なことを言い続け、シナリオライターは「勝手に監督が書いてください」と匙を投げた。

主演の橋本真也も「『ZERO－ONE』の苦しい経営状況と、自身の怪我もあり、こちらが何を言っても『ああ、ああ』と返事はするものの、ほとんど内容を聞いていない」し、シナリオも「俺はプロレスラーだから読まないよ」って調子で、撮影前からゴタゴタ続きだったのに、現場はさらに地獄だったのである。

「私が初めて劇場用映画を演出するということで、スタッフは歴戦のプロばかりが集められた。たとえばカメラマンには、中国の大監督チャン・イーモウの下で長年学んだカメラマンをつけてくれたりしたのだが、これが私にとっては逆に悲劇だった。この一流どころのスタッフの中に、私のような素人が入るとどうなるか。まず、壮絶ないじめにあう」「私に話しかけてくる人は誰もいない。孤独だった。今までの人生で、最も孤独を感じ、精神的に一番キツかったのは、間違いなく『あゝ！ 一軒家プロレス』を監督していた、あの3ヵ月間だった」

さらに、高橋がなりが爆破テストを見て、「こんなの全然爆破じゃねえよ！」「（爆破を）3倍にしろ、3倍に！」と言い出して、「人を爆破地点から30メートルは離さないと危ない規模」の火薬を使うことになったのに、「役者をみんな、爆破する一軒家の手前まで入れろ」と命令。「人が死んでもおかしくない」のに、高橋がなりはこう言った。

「これは〝爆破占い〟なんだ。これで人が死んだら俺の負け、この映画は終わり。でも、これでもし全員、何の怪我もなかったら、俺の勝ち。映画は成功する」

その結果、「爆風で窓がバーッと飛び、藤原組長の横に突き刺さった。橋本さんはその日、サテン生地のジャンパーを着ていたのだが、そのジャンパーに火が燃え移り、体は一気に炎に包まれた」。もちろん現場は大パニック。「がなりさんは『誰か死んだら俺が責任を取る』といい、橋本さんと一緒に一番危険な位置に立っていた。死者が出るなら自分も死ぬ、という覚悟を感じた」そうだが、橋本の火傷という怪我があったせいか占い的中で映画は興行的に大失敗。

しかし、最大のダメージを受けたのは監督だった。「軽井沢での撮影を終えて山から下りてくると、体重は一気に10kgぐらい落ち、髪は全部白髪に変わり、私は別人になっていた」「私はうつ病となり、心療内科に通うことになった。このショックから立ち直り、映画に復帰するまで、10年かかった。そんな私が立ち直ったのは、ある人物との出会いがキッカケだった。２０００年代に人気を博した元キックボクシング世界チャンピオン、小林聡だ」。

監督と会うなり、野良犬・小林聡は「二軒家プロレス、大好きなんです」「第二の人生は役者になりたい。『一軒家プロレス』の監督である久保さんに、役者としての自分を撮ってもらいたい」と発言。渋る監督に『名無しの十字架』という小説を持ってきて、これを原作にしたいと提案し、許可がなきゃ無理だと言えばすぐに著者から映像化の許可も取ってくるし、資金集めにも協力。こうして監督は映画界に復帰し、いまは『ゆうばり国際映画祭』のスポンサーになったわけなのだ。野良犬いい話！

★今月の豪ちゃん★ボクがフジテレビ『バイキング』に出演したとき、星野源が出演する『ウコンの力』のCMを見ながら坂上忍&薬丸裕英が「星野源君、売れたよねー」と話していたんですけど、10年ちょっと前にはこんな感じで芸能人が格闘技のことを話しているのを見て世間に届いたことを実感していたんだよなーと、いまさら思い出しました。

139

伝説の女子プロレスラー・小畑千代を取材したら、現在80歳なのに「ほら、腕を取ってみて。こうすると外れるから」と実演を始めたり、「ほら、まだ筋肉あるでしょ？　触ってみて！」「ほら、頭がボコボコになってるでしょ？　触ってみて！」と言ってきたりと、ホテルの喫茶店で老女を触っている状況は明らかにおかしいけれど、これはこれで格闘家の老人を紹介するときと同じパターンだなと思った男による、書評とは名ばかりの引用書評コーナー。

想像を絶するオスの便利さと拓大豪傑伝説

『押忍とは何か？』 大森敏範／三五館／1200円+税

この『押忍とは何か？』というタイトルの元ネタは明らかに大山倍達の『What is KARATE?』だと思うが、それより小さい頃の『紙のプロレス』や『水曜日のダウンタウン』の「空手家、日常会話でも『押忍』ついつい出ちゃう説」を思い出す一冊。なにしろ目次に「押忍五段活用」なんてフレーズがあるから、それだけで気になってしょうがないよ！

「空手界で使われている『押忍』は、さまざまな場面で使われる。朝昼晩の挨拶や返事に留まらず、『さようなら』『おやすみなさい』『いただきます』『ごちそうさま』。また、上級の者から何かを聞かれた時の返答のすべて。すなわち、『肯定』『否定』『疑問』『驚嘆』『相槌』にいたるまでを『押忍』の二文字で表現する。顔の表情やしぐさ、声のトーンを微妙に変えて表現することから、俗に『押忍五段活用』などと呼ばれている」

全然「俗に」は呼ばれていないと思うんだが、それぐらい便利な「押忍」の語源を徹底調査。「〝ミスター押忍〟は押忍の語源を知っていた」とのことで、名前に「押忍」が入っている「押坂忍」をインタビューしたりとか、その辺りも『水曜日のダウンタウン』。そして「漫画『タンク・タンクロー』の阪本牙城先生が、昭和14年に「びつくりするやうな大きな聲で『オス！』これは拓大生獨特の挨拶ださうである。オスは『押す』で積極前進を意味するさうな、押せ然らば開かれん、押しの一手で開拓しろと、なるほど千萬言にも勝るうれしい挨拶であつた」と書いていたりで、拓大が鍵になっていることが判明するわけなのだ！

個人的に最大の衝撃だったのは、職場で拓大の角帽を被っていると『オスはオスか？（お前は拓大か？）』と尋ねたり、凹んでいる後輩に対し、『オスはオスだろ！　それでもオスか？（お前は拓大の魂を持った男だろ？　それでも拓大生か？）』と励ますなど、拓大ならではの使われ方があった」という事実。

これで返事もオスだと意味がサッパリわからないが、オスの便利さは想像を絶していたわけなのである。

そんな拓大のＯＢに労働運動・市民運動潰しを専門とする特別防衛保障を設立した元陸軍大尉の飯嶋勇という人がいて、彼のすごくいいエピソードがあったから紹介したい。

「米兵襲撃事件を起こした飯嶋は、闇市の支配勢力からカリスマ的存在にみられていた。（略）飯嶋に目白にある川島学園（引用者註・川村学園？）の学寮に勝手に住み着いた朝鮮人集団を排除せよとの依頼があった。（略）学寮の寮監室で飯嶋を出迎えたのは、後に直接打撃空手の創案者で国際空手道連盟・極真会館を設立する大山倍達だった。（略）飯嶋に相対した大山は、巨体を揺すり顔を赤らめながらテーブルをバーン、バーン、バーンと激しく叩き威嚇してくる。『この野郎。俺たちを立ち退かせるつもりなら、チャカ（拳銃）でもドス（短刀）でも持ってこい。相手になってやる。動の大山と静の飯嶋。朝鮮民族の国士・大山対日本民族の国士・飯嶋。大山の威嚇がひと段落ついたとき、飯嶋が、裂帛の気合を込めて言った。『この飯嶋が相手しよう』」

その後、2人は和解。大山総裁は「貴重品だったバターを持参して飯嶋の自宅を訪れ」、「先生は痩せすぎです。このバターを食べて栄養をつけてください」と言ったりの関係になったそうだが、問題はここ。

「このころ飯嶋は、後に合気道養神館の創始者となる塩田剛三を中心に拓大の柔道部、空手部ＯＢらと連れだって、都内の柔道場や警察の道場を回っては試合を申し込む、道場破りを生業にしていた。塩田の演武の後、柔道家らを片っ端から投げ飛ばすのだ。そうしておいて、道場の看板のかわりになにがしかの金品を受け取るのである」

プロ道場破り！　というか総会屋みたいなやり口！　そこに、あれだけ温和そうな塩田剛三先生が絡んでいたというのも意外すぎるでしょ！

さっそく塩田剛三の著書『塩田剛三の合気道人生』を確認してみたら、「私の後輩の横山君が大変な豪傑で、飯嶋男氏の紹介でジープを借り受けてきて、毎日私どもを各警察署に運んでくれました。その間色々と面白い話がありますが、述べれば枚挙にいとまがありませんので省略します」と、あからさまにヤバい部分をあっさり省略しているのも最高すぎる！

なお、１９７８年に拓大生の集団乱闘事件や応援団の合宿で新入生の死亡事件が起きたりで、拓大でオス禁止令が出た時、「母校（拓殖大学）では〃オス〃を禁止していると言う。学生が〃オス〃を三回発すると退学処分になると聞く。昨年来、無意識に発した〃オス〃を学生主事にとがめられて、『退学届を出せ』と脅された学生は低劣無残な馬鹿げきった話だ」と激怒したのが飯嶋勇で、「この飯嶋の檄文をきっかけとして、大学刷新運動は全国学友にまで拡がり、大学による『オス禁止令』は、いつの間にか雲散霧消してしまっていた』とのこと。押忍3回で退学だったら、「オスはオスだろ！　それでもオスか?」は一発アウト！

★今月の豪ちゃん★ある雑誌からインタビューの依頼がきたんですけど、「大変恐縮ですが、インタビュー対象者は某プロ野球選手ですが、球団側からそれ以外の情報共有を控えるよう達しが出ているため、現時点では個人名は控えさせていただきます」って、それじゃ判断できるわけないですよ！　すごい時代になったなと痛感しました。

140

柳澤健さんには、いつか『2010年のももいろクローバー』を書いて欲しいと思ってます。48グループをももクロがガチで挑発して怒らせたり、長年鎖国していたハロープロジェクトが初めて他流試合に出て圧勝したりしていた、あの時代。アイドル同士が本気で争っていた「アイドル戦国時代」の異常さを掘り下げられるのは柳澤健さんぐらいだと思うんだけどなー、と本気で考えている男による、書評とは名ばかりの引用書評コーナー。

定説の前田日明史観を佐山聡史観で捉え直した一冊

『1984年のUWF』 柳澤健／文藝春秋／1800円+税

これは、あまりにも前田日明史観が定説になりすぎていたUWFを、柳澤健氏が佐山聡史観で捉え直した一冊。読み終わると佐山聡とターザン山本のイメージが上がり、前田日明のイメージが下がるという、前田的には如何ともし難い代物なんだが、とにかく最高に面白かった！

つまり、旧UWF旗揚げ戦のメインイベントで前田日明と闘ったダッチ・マンテルについて、この本では「プロフェッショナルであるマンテルは、試合を盛り上げようとベストを尽くしたものの、興奮した日本人のベビーフェイスは、観客を喜ばせることよりも、むしろ自分を強く見せることに夢中になっていた。そして最悪の瞬間がやってくる。マエダのスピニング・ヒールキック（フライング・ニールキック）がモロに顔面に入ったとマンテルは自伝の中で回想している」と書き、ここからその自伝の引用が始まるわけである。

「その一撃で俺は失神し、目からも口からも、そして鼻からも出血した。（略）しばらくすると、マエダが俺の控室にやってきた。何度も頭を下げて『ソーリー、ソーリー』と繰り返している。さっきまで俺の首をかき切ろうとしたヤツが、いまは俺に許しを乞うているのだ。人を散々な目に遭わせておいて、何がソーリーだ。このクソ野郎が。だが、結局俺はマエダの謝罪を受け容れた。これ以上ひどい目に遭いたくはなかっ

たからだ」（ダッチ・マンテル）

その後、マンテルが仲間のレスラーに「ヤツらは普通じゃない。80％がシュートで、ワークは20％だけだ」と言われる展開も含めて、いままでなら「それぐらい前田日明はすごかった」的な話になるところなのに、ひたすら「それだけ前田日明が稚拙なプロレスラーだった」と語っていくのが画期的なのであった。

「前田は甘いマスクと立派な体格の持ち主だが、アントニオ猪木のような天性のショーマンシップも、佐山聡のような天才的な運動神経も持ちあわせてはいなかった。しかし、前田日明は心に響く言葉を持っていた」

「前田日明は大きな体格と柔軟性を持ち、将来を嘱望されるレスラーだったが、運動神経と表現力に乏しく、いまひとつ観客の心を捉えきれずにいた。しかし、前田には、自分がＵＷＦを支える、そのためには何でもするという気概があり、温かな心の持ち主でもあったのだ。ＵＷＦのレスラーおよびフロントは、道場でともに汗を流し、一緒にチャンコを食う前田日明を愛した」

それでも旧ＵＷＦ時代までは、その言語感覚や人間性を評価していたのが、明らかに練習不足になった新生ＵＷＦ時代になると、評価はどんどん厳しくなっていく。「『佐山の思想を前田がパクり、簒奪したということ』と、作家の亀和田武は断言する」という感じで、誰かの言葉を借りて前田を切り捨て始めるのだ。

「前田たちは典型的なプロレスラー。金と女とクルマにしか興味のない人間。ＵＷＦとは何か、ＵＷＦがどうあるべきか、ＵＷＦはどうあらねばならないか、そんなことを真剣に考えている人間は、新生ＵＷＦにはひとりもいなかった。新生ＵＷＦは、神社長が主導する芸能プロダクションのようなもの。前田以下のレスラーたちは、神社長が作ったプランに乗っかり、佐山が作ったルールやレガースやシューズを借りてきただけ」（ターザン山本）

そこへ追い打ちをかけるように、前田幻想を高めた試合の相手が、次々とその試合の実情を語っていく。

「最初のうちはリアルファイトという話だった。ところが、日本に向かう機中でヨハン・ボスが『お前は負けなくてはならない』と言い出した。『冗談じゃない。俺はマエダを殺すよ』と私は断った。（略）しかし、ボスは執拗だった。『日本との関係を深めるためだ。お前には相当な額の報酬が支払われる。仕事（ワーク）として負けるだけじゃないか。本物の試合じゃない』と説得されて、最終的に私は結末の決まった試合（フィックスト・マッチ）を受け容れた。ビジネスさ」（ジェラルド・ゴルドー）

「2試合契約。リアルファイトということだったが、契約後まもなくヤン・プラスから電話が入り、『お前が負けを受け容れない限り、試合はできない』と言われたんだ。リアルファイトを望んでいた私は不服だったが、仕方なくフィックスト・マッチ（結末の決められた試合）を受け容れた。私はもう44歳になっていたし、UWFは良いギャランティを提示してくれた。ファイトではなく、ゲームをやったのさ」（クリス・ドールマン）

最後は「プロレスラーであることの誇りとコンプレックスを持っていたからこそ強さを求め続け、リアルファイトに踏み出した髙田こそが、UWFだった」という堀江ガンツの発言が結論っぽく引用されることになるが、個人的にはリングスにシュートファイトが混ざっていたことには幻想を感じるけれど、PRIDEにワークが混ざっていたことには失望しか感じないし、みんなそれを抜きにして「ヒクソンと戦ったから髙田は偉いけど前田は駄目」って話にしすぎると正直思うのであった。

★今月の豪ちゃん★なお、最近の髙田延彦は突然選挙に出て「学校の校庭を芝生にします！」と言ってた時代からは考えられないほど真面目に社会問題について考えるようになってるし、あの時代のファンを失望させないビジュアルをちゃんと保ち続けているしで、もしいままた選挙に出たとしたら1票入れたいぐらいには支持しています。レプロ、最強！

141

『闘う預言者ミミ萩原 天からの警告』（14年／コスモ21）という本に「プロレスには筋書きがあって、あらかじめ勝敗も決まっているものと思われがちですが、私が所属していた全女は、当時から筋書きなしの完全勝負でした」と書かれていてビックリ。世界でも稀な「勝敗で賭けが成立するプロレス」もやっているのは事実だけど、「筋書きなしの完全勝負」はさすがに言い過ぎだと思った男による、書評とは名ばかりの引用書評コーナー。

２００１年大晦日にバンナと対戦した安田忠夫の栄光と転落

『あの人はいま！ 消えた芸能人&有名人タブーDX』 別冊宝島編集部・編／宝島社／８８０円＋税

清水健太郎、氏神一番、ブッチー武者、石川浩司、織田無道といったボクが過去に取材したことのある人たち多数の、いわゆる「あの人はいま」本に、あの安田忠夫が登場していたから、ちょっと紹介してみたい。

２００１年大晦日に開催されたＫ－１対猪木軍の対抗戦で、小川直也の代役として全然期待されないままジェロム・レ・バンナを倒し、リング上で娘を肩車してから15年。安田はタイのバンコクで働いていた。

大相撲時代から非合法の野球賭博にハマり、借金が２６００万円に膨らんだ安田は、廃業すると新日本プロレス入り。当時はプロレス界も好況で年収は２０００万にもなったそうなので、真面目にプロレスを続けたら借金は完済できたはずだった。

「新日本入ってすぐのときは、ギャンブルはほとんどしなかった。というのは、嫁が新日本からの給料を管理していたからさ。そこから小遣いだけもらう生活で。金がなけりゃ、ギャンブルはできないだろ？　ところがさ、俺が家にあったなにかの金を持ち出してギャンブルに使っちゃったんだよ。そしたら嫁が激怒して、そこからは別居状態。新日本に入って、まだ数ヶ月しかたってなかったんだけどね。給料は俺のところに振り込まれるし、俺も家族がいなきゃ暇だから、またどんどんギャンブルにのめり込んでいった」

完全に自業自得だが、そのせいでバンナとも闘うことになったのだ。

「借金も膨らんで、当時は、３０００万円くらいだった」「ただ、大みそかのバンナ戦のときは、３０００万円くらいの借金だとインパクトが弱いから、思い切って借金の額を『１億！』って言ったんだよ。それく

らいじゃないと、夢がないかな？　って（苦笑）」

このときのファイトマネーが５００万円で、猪木が半分中抜きしていたことは有名だが、つまり借金の穴埋めにもならなかった。この経験を活かしてプロレスでもプチブレイクするかと思えば、すぐ新日本を解雇され、安田はどん底に落ちていく。

「解雇された年の5月からは、ＩＷＡジャパンってインディー団体に上がったんだけど、そこがワンマッチ5万円。月に2～3試合だから生活できないよな」「次に猪木さん率いるＩＧＦに上がったんだけど、こっちはワンマッチで50万円から１００万円もらってた。ところが、2～3カ月に1回しか試合がないんだ。ハッスルってリングにも上がってて、こっちも給料は悪くなかった。『お金あるじゃないか？』って？　違うんだよ。東京スポーツの記者が俺を的確に表現してたな。『安田さんは10万円もらっても１００万円もらっても一緒。あればあるだけギャンブルに使っちゃうから、結局は同じ』だって。その通りなんだよ」「07年になると、どの団体からも呼ばれなくなって収入が途絶えた。無銭飲食も2回くらいやったよ。あの、電話がかかってきたフリをして店を出て行くやつ。場所？　ファミレスだったかな。もちろん、家賃も滞納してた。その年の10月だったな。例の事件を起こしたのは……」

当時、「こんな生活したくないなって思いながら生活してて、いつ死んでもいいかな」と思っていた安田は07年10月5日、自宅アパートで練炭自殺未遂……。その後も、死んだような生活を送ることとなる。

「08年の初めには、猪木の紹介でパチンコ屋に勤め、同年秋から10年夏までは、旧知のレスラー、石澤常光（ケンドー・カシン）が営む青森の養豚場で働いた。11年2月にプロレスを引退後（引退試合の相手は天龍源一郎）、その勤務先はしだいに夜の街へ。12年以降は、錦糸町のインターナショナルクラブ『ロシアンルーレット』、新宿の『新宿テコキジェンヌ』、『エロティックマッサージ新宿』などで店長や従業員を務める」

「それでどうにもならなくなって14年からバンコクに渡って」「バンコクは谷川（貞治・元Ｋ－１Ｐ）さんの紹介だったんだけど、なんていうか、その谷川さんが紹介してくれた人にだまされてね……」「いまは、日本料理居酒屋の雇われ店長をしていてね。でもタイ人から見りゃ、俺はしょせん外国人じゃん？　だから毎日、タイ人の女性従業員にいじめられてさ。休みは週1日。タイは物価が安いというけど、俺、現地採用みたいなもんだから、給料も現地価格で安いんだ。全然意味ないよな」「飲食業で成功するのはきついよ。金がないからギャンブルもまったくできない。日本に帰っても仕事ないし、中途半端に『プロレスの安田さんですよね？』とか言われるのが、凄く嫌なんだよね。バンコクだったら、せめてそういうことだけはないわけだから……」

同じギャンブル狂でも、飲食業で成功した貴闘力はちゃんとしてるんだなと改めて思った次第である。

何度かトークイベントで一緒になったとき実感した、ついお金を貸したくなる魔性の笑顔が何かビジネスに役立たないものかと思うが、お金が入ったらまたギャンブルをやるだけだし、薬物依存と同じでこれは病気だから、ちゃんと治療しないことには解決しないいんだろうなあ……。

★今月の豪ちゃん★誰が前田日明に『1984年のUWF』について聞くのか？　と思ってたら、なぜか元ナックルズ編集長の久田将義さんが直撃。「まだ読んでない」とのことでいつもの発言を繰り返すだけだったんですが、柳澤健さんについて「あれ、修斗系のライターでしょ」と前田日明が言ってたのが最大の衝撃でした。正確には広田さくら系ライターです！

Column　あのころ③

興行の世界にシフトした元紙プロ編集長の姿から痛感
インタビュー、書評という軸足は失わないで頑張ります！

ボクには「プロインタビュアー」と「プロ書評家」という肩書があって、後者を名乗るようになったのは小さな『紙のプロレス』がきっかけだった。もともと編プロ時代にエロ本の書評欄を担当していて、『紙プロ』増刊の『猪木とは何か？』（93年）をエロ本で書評したことで『紙プロ』編集部＝ダブルクロスと最初の接点が出来たからということを思うと何か運命だったような気がしないでもないが、ボクが外注ライターを経て『紙プロ』13号（95年）から編集スタッフとなったとき、当時の書評執筆担当は〝Show〟大谷泰顕氏だった。これが本の内容もろくに紹介せず、自分のことばかり書きまくる一切役に立たない書評で、さらには3行ほどの近況欄もイライラするレベルで中身がなかったから、「こんなのを載せるぐらいなら、ボクに書評を書かせて下さい！」と、新入りながら人生で唯一ってぐらいの直訴をした。そして、たった3行ほどの近況を面白くするために日々行動することをテーマにして、一時期ライフワークとなっていた事件現場探訪＆有名人の葬式参列＆有名人の墓参り活動もスタート。その結果、近況で「宮崎勤の家に行ってきました」とか破壊力ありそうなことをサラッと書いてたら、それも別の媒体で連載になるんだから、とりあえず何でもやっておくべきなのである。

書評連載のタイトルはもちろん梶原一騎の名作『男の星座』からいただいた。『紙プロ』は新入社員が入ると無理矢理ホーリーネームを与える制度があって、最初はボクが真樹日佐夫好きゆえ〝日佐夫クン〟と名付けられたことも影響しているんだと思う。

しかし、すぐに骨法周辺で仕事をしていたライターのプロレス本が間違いだらけで批判しまくったら、なぜか骨法に怒られ、〝日佐夫クン〟が責任を取って筆を折り、次号からは吉田豪が連載を引き継ぐというデタラメな展開に転がっていく。これでなんとなくウヤムヤにできるような時代だったのだ。

連載初期は、それぐらいギラギラしていた。「書評は平和ではない。書評は戦いである」と、梶原一騎『愛と誠』冒頭のネール元インド首相の娘への手紙を微妙に変えてリードで引用したのは、前任者なり不出来な本のライターなりに戦いを挑むという意味だった。

そして肝心の書評では前任者を反面教師として、「つまらない自分語りはしない」「内容はちゃんと伝える」がテーマとなり、やがて「書評とは名ばかりの引用書評」になっていく。ひたすら本の中で面白い部分やツッコミどころを抜き出し、軽くコメントする。このやり方だと本を読んだ気にもなれるし、それでいながら題材となった本も読みたくなるはずなのだ（ただし、「面白いところは書評で引用されていた部分だけだった」とボヤかれることも多数）。

しかし、小さい判型の『紙のプロレス』は96年に格闘技チャンネル『ファイティングTVサムライ』開局のためスタッフがほとんど離脱したこともあり休刊。この時期、山口日昇は残ったスタッフと、テレビと連動した雑誌『Rintama』を3号制作。このときスタッフがほとんどいなくなったせいで仕事量がとんでもないことになっていたから「これが売れたら、お前らソープに連れてってやるぞ！」と山口日昇はスタッフに宣言し、そして本人は躁鬱モードに突入。会社に出てこなくなったのでボクらがなんとか雑誌を完成させて、ちゃんと売れたのに、ボクらは同行させず自分だけ関係者とソープに行き、「こんな会社、辞めてやる！」とばかりにボクはフリーとなったのだ（開局前の『ファイティングTVサムライ』の会議にも参加）。

そして山口日昇は、『Rintama』と同じ判型で『紙のプロレスRADICAL』を創刊。創刊号は一人だけで作っていたが、ボクもダブルクロスに机を置き仕事場にさせてもらう代わりに『紙のプロレスRADICAL』で毎号インタビューと書評を担当することになったのだ（その後、『紙のプロレスRADICAL』月刊化で仕事量と事務所の家賃とのバランスが崩れていく）。この連載が『紙のプロレス』～『紙のプロレスRADICAL』～『kamipro』と続くわけなんだが、07年に編集長の山口日昇がPRIDEやハッスルの中の人になったことを発端とするトラブルが発生（詳細は面倒くさいので省略）。編集部が移転する際、移転先にボクの席はないと当時の山口夫人に告げられ、『書評の星座』の連載も終了となる。すると、すぐに『ゴン格』が「ウチに連載を移籍しませんか？」とオファーしてきて、迷わず快諾。このとき、『紙プロ』編集部の堀江ガンツが『ゴン格』に抗議の電話をしていたという事実は、今回初めて知った。

そんな山口日昇が出版から興行の世界にシフトしたことで、高級腕時計をして高級外車を乗り回すようになり、新しい嫁も貰ったと思ったら、ハッスルの失敗で約8億円の借金を背負う羽目になった。かなり久しぶりに雑誌『KAMINOGE』の企画で対談した後、ロフトプラスワンでイベントをやったとき、元UWFインターナショナルの鈴木健代表のように焼き鳥でも焼いて地道に借金を返すべきだとボクは言ったが、山口日昇は「また興行に再挑戦したい」とか言い出し、SEI☆ZAという女子格闘技に手を出してまた失敗。現時点で2年間ツイッターがストップしていることを思うと、やっぱり文筆業という本業を忘れるとどうなるかわからないし、人間は地道に生きるべきだと痛感するのであった。とりあえず、これからどれだけ出版不況になってもボクは「インタビュー」や「書評」という軸足だけは失わないように気を付けます！ ■

142

柳澤健さんの『格通』や『ゴン格』が、わかっていながらUWFを格闘技として扱ったのは罪」的な発言に違和感があって、あの頃はUWF人気に乗っかって、そのファンを取り込まなければ格闘技専門誌なんて作れるわけもなかったんですよね。あの『フルコン』ですら猪木を表紙にしてラリアット特集を組んだりと、プロレスやUWFを利用したのは格闘技専門誌の側なのにUWFを叩くのは……と思った男による、書評とは名ばかりの引用書評コーナー。

異種格闘技戦というプロレスと噛み合った米プロ空手の実情

『闘魂最終章』 井上譲二／双葉社／1500円+税

最後の『週刊ファイト』編集長である井上譲二氏が猪木の「裏面」について書いた一冊。猪木といえばI編集長こと『週刊ファイト』初代編集長・井上義啓氏なんだが、「I編集長は少なくとも70年代に新日マットで行なわれた猪木の一連のビッグマッチは真剣勝負と思い込んでいた」。「しかし、猪木を『ファイト』の売りにするなら、『猪木は強い』『猪木の試合は面白い』と思い込むのは極めて重要である。さめた目で見ていたら、そう信じているファン（読者）の共感は呼び込めないからだ」しのことで、そんな姿勢で作られていた『ファイト』をジャイアント馬場が嫌うのは当然だった。

「当時、猪木、新間氏がよく口にしたのは、『猪木vsカール・ゴッチを見ればわかるように、ウチはストロングスタイル。それに対して全日プロのプロレスはショーマンスタイル』。この主張に含まれるニュアンスは、新日プロの試合は真剣勝負で、全日プロのそれはエンターテインメントである――。全日プロにとって明らかに営業妨害になる発言であり、そのことを報じた『ファイト』に対し全日プロの風当たりが強まったのは当然であった。馬場は『ウチと猪木のところの試合のどこがどう違うのか？』と言って首を傾げた。その説明は記者経験の浅い私にも簡単にできた。新日プロ勢の大半の試合がグラウンドの攻防をふんだんに取り入

れたオーソドックスなスタイルであるのに対し、馬場やジャンボ鶴田の試合はスタンド中心のアクション的なファイトスタイル。ただし、両方のプロレスに〝ケツ決め〟があるという点においては馬場の言い分は正しかった」

馬場がラジャ・ライオンというデカいだけで何も出来ない空手家と、緊張感ゼロのお笑い異種格闘技戦をやったのは、猪木の異種格闘技戦だってプロレスなんだよというメッセージだったとボクは解釈している。

そして猪木の異種格闘技戦史上最高の名勝負といわれる、I編集長がガチだと信じていたことでも知られる全米プロ空手王者のザ・モンスターマンを井上譲二氏はニューヨークで取材していて、そのエピソードがまたなんとも味わい深かったのだ。

「WKA関係者にドレッシングルームでの単独インタビューを申し入れるとスンナリと取材許可が下りた。新日プロの発表によると、183センチ、105キロという体格だが、目の前のモンスターマンは公称よりひと回り小さく、巨漢レスラーを見慣れている私には迫力が伝わってこなかった。性格も米国人にしては珍しいくらい物静かなタイプ。さらに取材慣れしていないためか、猪木戦について聞いても見出しになるようなコメントは返ってこなかった。インタビューが終わると、逆にモンスターマンは私に取材をしてきた。『俺とイノキの試合、ワーク（勝敗が決している試合＝米プロレス界＆格闘技界の隠語）だよな?』。初対面の日本人記者にそんな質問をするくらいだから、日本で真剣勝負でない試合を行なうことに、何の抵抗もなかったのだろう。この大会を一緒に取材した専門誌記者によると、米プロ空手にはワークの試合も含まれており、そのためにテレビ、スポンサーが付きにくいという」

プロ空手は、そういう意味でのプロフェッショナルだったんだ！

「また、86年10月の前田日明戦の直前にロスで密着取材したドン・ナカヤ・ニールセンは業界の内情をこう明かしている。『プロフェッショナル・カラテの中にも相当レベルの高いファイターが何人かいるんだけど、これ一本で食えない連中はアルバイト感覚で試合に臨んでいる。俺は試合にも練習にも真剣に取り組んでいるけどね（略）』。そのニールセンにしても、クルーザー級王座に君臨しながら当時は警備の仕事で生計を立てていた。ただ、収入面で恵まれないプロ空手家たちは、ボクサーよりもプロレスと嚙み合うこともあって、新日プロ側にとっては都合が良かった。モンスターマンに限らず、その後に新日マットに上がったファイターも気軽に入念なリハーサルに応じたと見られている」

ニールセンの言う「真剣」は、かつて船木誠勝が言った「俺はプロレスを真剣にやっているから真剣勝負です」的な意味なんだろうか……。

なお、小川直也に会見で突き飛ばされた坂口征二が、本気で怒って小川から贈られたお中元のアイスクリームを送り返したのは有名だが、「新日プロの会場の外でバッタリ出くわした坂口利子夫人から『ウチのパパをあんな目に遭わせて私が承知しないからね！』と言われ、ビンタを見舞われ」た小川が「子供のようになだれるだけだった」ってエピソード、最高！　猪木に新日本を追われた長州力が、「（猪木は）俺のバックに誰が付いているのか知ってるのかッ!?」「（思い切り恥をかかせて）東京の街を歩けなくしてやる！」とブチ切れたというのも、髙田延彦調で「チンピラだよ、チンピラ！」と言いたくなるエピソードだし、そんな小ネタも豊富。でもやっぱり、そうやって周囲の人間を翻弄しまくる猪木が最強なのであった。

★今月の豪ちゃん★舟木昭太郎体制の頃から『ゴン格』で仕事をしてきたので休刊は寂しいですけど、とりあえずずっと企画をもらったまま放置していたこの連載の単行本化に向けて、そろそろ動き出そうかと思います。どうせなら舟木昭太郎体制の頃の対談やコラムも、いつか単行本化したいし、ついでに『紙プロ』での書評とかも単行本にできれば。

格闘技ブームが終わり、格闘技本もほとんどリリースされなくなって書評のネタに困り始めた頃、『ゴン格』も休刊したわけですが、なぜかいま復刊！　最近なぜかプロレス本は増えてきてるとはいえ、これでネタが足りるのかどうかは謎！「え！　坂口征二の本やタイガー戸口の本が出てるの？　出版不況なのにどうかしてるよ！」という杉作J太郎の言葉がフラッシュバック！　それでも頑張る、書評とは名ばかりの引用書評コーナー。

143

理不尽に怒られた『宝島』その発端となった書き手は!?

『プロレス界vs.別冊宝島――スキャンダル15年戦争の全内幕』

別冊宝島編集部　欠端大林／宝島社／1600円+税

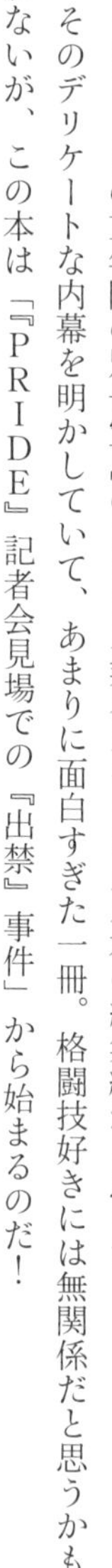

てっきり、この15年間の別冊宝島のプロレス業界スキャンダル本の総集編かと思ったら、そのデリケートな内幕を明かしていて、あまりに面白すぎた一冊。格闘技好きには無関係だと思うかもしれないが、この本は「『PRIDE』記者会見場での『出禁』事件」から始まるのだ！

「会見開始の予定時刻が迫ったとき、髙田延彦が登壇。そのとき、髙田の隣に座っていた大柄な男性が突如、野太い声を張り上げた。『格通さあ～ん!!』。そのボリュームの異様な大きさに、会見場が思わず静まり返った。浅黒い肌に、角刈り頭の男性がもう一度大きな声を出した。『格通さあ～ん、いませんか。いない。もしいたら、すぐにこの場から出て行ってください！』（略）会見場に不穏な空気が充満するなか、私の2列ほど前に座っていた眼鏡をかけた若い男性が、何も言わずに席を立ち、バツの悪そうな表情を浮かべながらそそくさと後方に去っていった。その後ろ姿を無言で睨みつける髙田と角刈り男性。それは映画の1シーンのような、あまりにシュールな光景だった。『何ですか、いまのは』。業界事情に疎かった私は、顔見知りのカメラマンに小声で聞いた。彼は『知らないの？』と言わんばかりに解説してみせた。『この前の髙田とコ

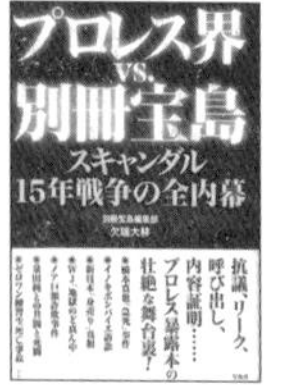

ールマンの試合、どうも八百長だったらしいよ。それで格通がメインの試合だったにもかかわらず、豆粒みたいな写真で記事にしたんだって。だから怒ってるんじゃないの』『あの大声のオッサンは誰ですか』『髙田道場のスーパーバイザーでしょ。確かSさんとか言う……』。PRIDEにフェイクがあったと聞いても不思議と驚きはなかったが、記者会見場で『出禁』を言い渡されるという見せしめ的な仕打ちには大いに驚かされた」

雑誌『宝島』という一般誌の人間からしたら、それがあまりにも異様な光景に見えたってことだが、「私がプロレス・格闘技団体の『理不尽対応』を見たのはこのときばかりではない」とのことで、さらに意外なエピソードが明かされるのだった。

「2000年5月、闘病中だった全日本プロレスのジャンボ鶴田が49歳の若さで死去したときのことだった。短い訃報記事を作るべく、ジャンボ鶴田が晩年、どのような形で全日本プロレスに関わっていたのか、全日本の広報にいくつかの質問を送った。すると広報担当のM氏から電話があった。その口調はかなり威圧的だった。『宝島社さんは、《スマート》という雑誌を出してますよね』『出してます』『髙田選手がね、亡くなった馬場さんのことをひどく言ってるんですよ。ファンが教えてくれたんですよ、わざわざ』。正直言って、《スマート》の髙田インタビューの内容は知らなかった。同じ会社といっても、編集者がすべての自社刊行物に目を通しているわけではないし、出版社は編集部が違えばそれほど交流はないのが普通である。もちろん、編集方針や中身について、部外者が干渉することはできない。広報のM氏は続けた。『こんなひどいことを言われながらね、どうしてそちらに協力しなくてはいけないのか。よくウチに取材のお願いができますね』。『ひどいこと』を言っているのは髙田なのだが、その言い分を載せた雑誌のみならず、発行している会社もすべて同罪というわけである。念のため確認したところ、髙田の言葉のなかに、ジャイアント馬場の体の大きさを揶揄するような部分があることが分かった」

これ、正確にはヒクソンに負けた髙田のことを「芸能人になりたい人」「練習もしていない」だのと馬場が批判したことに対して、髙田が「なんなの、あのアッポー」と激怒。しかし、それが誌面に載った直後に馬場が亡くなり、髙田が叩かれるという不幸な流れだった。つまり、亡くなった人にひどいことを言ったわけでなく、ひどいことを言われた髙田が業界の先輩にハッキリ言い返しただけの話だったのである。

話を戻そう。

「事を荒立てても仕方がないと思い、雑誌の編集権が独立していること、他誌の記事について別の編集部が謝ることはできないことを説明し、ジャンボ鶴田に関する取材に悪意はないことを伝えると『それなら事務所に来い』という。当時、東京・六本木にあった全日本の事務所に出向くと、そこにM氏とリングアナの仲田龍氏が待ち構えていた。『これ、どういうつもりなんだよ?』。いきなり、問題の髙田インタビューが掲載された《スマート》がテーブルの上に投げ出された。どうやら、この問題を水に流して取材を受けるつもりはさらさらなく、むしろとことん問い詰めてやろうという構えだ。仲田リングアナが、生前のジャイアント馬場の秘書的な役割を果たしていたことは知っていた。全日本が『御大の悪口を書くメディアは許せない』と考える気持ちは理解できたが、それならそれで直接、髙田か《スマート》編集部に抗議すればいいではないか。『おたくみたいな会社にウチの選手のことを書いてもらいたくはないんだよ』。長時間の説教を聞かされるうち、ジャンボ鶴田の取材はもはやどうでもよくなっていた。もともと、プロレス専門誌でもない『宝島』にとっては、鶴田の記事がなくなっても特に問題はないし、会社全体を見渡してもプロレス団体から取材を拒否されて困る人はいない。かつてメジャーと呼ばれた新日本プロレス、全日本プロレスは基本的に、テレビ局には弱いが専門誌には居丈高である。『こちらの言うことを聞かなければ取材を拒否するまで』という、他の業界では通用しない一方的な力関係が残存しているのだが、それが専門誌だけでなく一般誌にも通用されるのはやっかいな話だった」

その後、理不尽に怒られた『宝島』編集者が、『別冊宝島』でノアと仲田龍の暗部ばかり特集するようになるのは不思議な運命……というよりも、それが発端になったんじゃないかって気すらしてくる。そして、さらにその発端となった《スマート》の髙田延彦インタビューは、実はボクの仕事だったのである！　いろいろ巻き込んじゃって失礼しました！

『ストロング本能―人生を後悔しない「自分だけのものさし」』
青木真也／KADOKAWA／1300円+税

ストロング金剛みたいなタイトルと「人間関係　健康　仕事　お金　時間　自己実現　すべてが思い通りに！」という帯文からはウサン臭さしか漂ってこない一冊。本文が始まるなり「この世はもともとジャングルだ。弱肉強食の荒野なのだ」「そんな世界で僕らは何を信じればいいのだろう?」「信じるべきもの。それは『本能』だ」なんて感じで1ページにワンフレーズずつ並ぶ、あからさまに幻冬舎のよくある自己啓発本っぽい構成にも引っ掛かるし、「はじめに」部分で「突然ですが、動物園のペンギンたちを思い浮かべてください。大勢のペンギンたちがうろうろしています。水のなかに飛び込むそぶりを見せながら、なかなか飛び込まずに、『お先にどうぞ』という感じでお互いが譲り合っているような光景を、あなたも見たことがあると思います」と、いまさらファーストペンギンの話をするのにもウンザリ。つまり、あまりにもよくある意識高い系の本になっちゃってて、青木真也らしさに欠けるのだ。

ただ、「好きを仕事にすることが、もてはやされています。たしかに好きなことを仕事にできたらラッキーですが、一方でつらいことも多くあります。『好きだから趣味にしておく』というのも立派な決断です」『好きを仕事にしよう』『楽しくみんなで学ぼう』といった趣旨のオンラインサロンもありますが、あれはただの洗脳です。ビジネスとして成立させるために、楽しげな部分にフォーカスしていますが、本当は地獄だと思っています。ドロドロした楽屋というか、壮絶な舞台裏を隠している」と、「『オンラインサロン』という地獄に惑わされるな」とブチ上げるのは最高。こういう方向で差別化すればもっと面白くなるのに！

★隔月の豪ちゃん★『ゴン格』が休刊している間に、明石家さんまのNetflixのCMで聞き手を務めたり、『ラストアイドル』という番組の審査員として何度か炎上したり、神宮球場で始球式をやったり、吉田豪日めくりカレンダーが発売されたりと、おかしなことも多々あるけれど本業もちゃんとやってますよ！

144

連載のネタが足りるのかどうかも全然わからないまま見切り発車的に再開した、このコーナー。『ゴン格』休刊中に発売された本も混ぜながらなんとなく乗り切っていくつもりなので、今回もさっそく異物を混入してみました。この先も、地雷原なのがハッキリしている小島一志『添野義二 極真鎮魂歌』をわざわざ取り上げることはあるのか？ ネタがなかったら地雷原に突入する覚悟はもちろんある、書評とは名ばかりの引用書評コーナー。

実は空気も読める青木真也のエピソードが追加された文庫版解説 そして田中正悟はいま……

『空気を読んではいけない』 青木真也／幻冬舎／540円+税

いまいろいろ話題（もちろん悪い意味で見城徹社長が）の幻冬舎から3年前にリリースされた青木真也のデビュー作が文庫化。本文に加筆はなさそうなので、元博報堂で、電通の人とGOという会社（青木真也の試合用スパッツに大きな広告を入れている）を立ち上げたクリエイティブディレクターでPRプランナーで、AKB48のMVを作ったりもしていた三浦崇宏氏による文庫解説についてのみ書評してみたい。

同じ1983年生まれの早稲田出身の柔道経験者なので2年前の対談をきっかけに意気投合したという2人。出会いは中川淳一郎イベントで、すぐに幻冬舎の箕輪厚介氏と2人でシンガポールまでONEでの青木真也の試合を観に行くぐらいの関係になったそうで、もともとプロレス〜格闘技も好きだっただけあって、予想外にちゃんとした解説だった。

「青木真也と関わるには覚悟がいる。ある時は試合に敗れ、悔しがる知人の選手を情報不足による当然の結果だと斬って捨てる。またある時は指導していた女子高生格闘家の敗北について、本人よりも大量に涙を流し自らを号泣中年と自嘲的に語る。かつて髙田延彦はPRIDEのミルコ・クロコップとケビン・ランデルマンの試合の解説で『獰猛な野獣vs獰猛な精密機械だねぇ』と痺れるようなコメントを残したが、まさに青木真也は野獣としての自分と、精密機械としての自分とを行ったり来たりしている。そんな彼の人格の振り幅に向き合うのは、心の体幹がしっかりしていないと、あっという間に振り回されて、置いてけぼりにされてしまう」

おそらく実際、青木真也に振り回されてきた経験がある人間だからなのだろう。この書き出しから悪くないし、そもそも髙田延彦のPRIDEでの解説をここまで高く評価し続けている人を初めて見た気がする！

さらに、こう続けるのである。

「2016年に出版されたこの本に書いてあることだってそうだ。『友達はいらない』『人と食事には行かない』『夢を軽々しく口にするのは詐欺』……身を切るような彼の本音が吐き出されている。一見暴論にも思えるが、それは合理的で誠実な、彼の生きる上での正論そのものだ。しかし、2019年の今、青木真也に会うとまた違う印象を受ける。誰に対しても礼儀正しく挨拶するし、格闘技界やプロレス界の出来事をビジネスや社会のトレンドに重ね合わせて語る。親しい友人あるいはアベマTVやONEの関係者と飯を食いに行くことだってわりとあるし、メディアに出るときは、セコンドについてくれる宇野薫がプロデュースするファッションブランドを身につけることを忘れない。友人である鳥羽周作シェフのお店sioには月に一回は必ず親しい人と行っている。番組では毎回大喧嘩する桜井マッハ速人選手に対してもカメラが回っていないときは敬語を欠かさない（あれ、これ書いていいんだっけ？）。義理堅くてユーモアを忘れない。連絡だってマメな男だ」

悪役レスラーが実はいい人だった的な、青木真也の実は空気も読めるエピソードを並べていく、この三浦崇宏氏こそ空気が読めない気がしてきて、そこが最高だったのである。

『雨上がりの虹』

田中正悟／澪標／1200円+税

前田日明の空手の師匠であり、WOWOWのRINGS中継の解説者であり、文学や音楽を引用しまくった前田日明本の作者であり、竹内義和との共著で怪獣本を出したり、ハリウッド映画にも主演したりしていたのに、気がつくと表舞台から姿を消して、前田からは詐欺師と呼ばれるようになっていた田中正悟。

いまではウィキからも項目が削除され、何をやっているのかよくわからない状態になっているんだが、実は06年に地方・小出版流通センターを通じて『いつか秘境で』という本を出していたりもする。ただし、これは柳生一彦というトレジャーハンターについての本だったから現状は不明のままだったんだが、15年にはひっそりとこんな本が出ていたのである。

「あれはいつの日だったでしょう。私がかねてから敬愛している大手外食チェーンの役員の山下氏より、北条民雄著作の自伝小説『命の初夜』を薦められました。人格、見識、知識、正義感、その全てを兼ね備えた、知の巨人、山下氏をして、『この世でどのような境遇に生をおいても、北条民雄以上の恐怖や苦しみはない』と言わしめたこの作品は、ハンセン病におかされた作者の魂と身体の慟哭の物語でした。やがて月日は流れ、気がつけば私はいつの間にか代替医療を通して、色々な患者さんと向き合う毎日を送っています」

そう、いま田中正悟は大阪・堀江で代替医療の医師をやっているらしいのだ。

ジョン・レノンやレターメン、太宰治にゴジラやウルトラマンを引用したりと相変わらずの田中正悟イズムも感じられるんだが、パーキンソンで車椅子の人が、田中正悟の施術を受けるなり元気に歩き出したエピソードを読むと、だったらまずは前田日明の膝を治せばいいのにと思わずにはいられなかった次第である。

★隔月の豪ちゃん★そういえば『ゴン格』休刊期間中に、この書評連載の単行本化の話が出てきて、台割を作るぐらいまではいってたんですけど、あれはどうなったんだろう。もしかして流れちゃった？　個人的には舟木昭太郎体制時のコラムや対談連載（沢村忠や黒崎健時含む）もいつかまとめてみたいので、興味がある人は気軽に動いてみて下さい。

145

ようやく読み始めた7月3日発売の竹中明洋『殺しの柳川』（小学館）が面白そう。柳川組組長・柳川次郎のノンフィクションなんだけど、目次に「猪木vs大木」「大山倍達との出会い」「梶原一騎との確執」「新プロレス団体構想」「出自を隠した大山」「テコンドーへの支援」「山根節全開」なんてフレーズが並び、第四章のタイトルは「空手・テコンドー・ボクシング」！　これを次号紹介予定の、書評とは名ばかりの引用書評コーナー。

シャムロックと新田明臣 セカンドキャリアの失敗と成功とは？

『シャムロック』　徳光康之・電子書籍（マンガ）原作、竜崎遼児・漫画／ナンバーナイン

ちゃんと宣伝されたり告知されたりしないから全然知られてないけれど、意外とリリースされているプロレス〜格闘技の電子書籍。Ｋｉｎｄｌｅ読み放題に格闘技関連本が各種入っていたから、ここで紹介してみたい。

まずは『どぐされ球団』『闘翔ボーイ』の竜崎遼児作画、『最強超プロレスファン列伝』の徳光康之原作による実録漫画『シャムロック』！　なんでいま？　どこにニーズが？　……と思ったら、いまから25年前、『月刊少年マガジンGREAT』94年9月号に掲載された読切『ウェイン・シャムロック・ストーリー　彷徨の獅子王』の電書化。ストリートファイトやタフマンコンテストで金を稼いでいたケンシャムが、プロレス界に入ってきたものの「これがプロレスか　あんなのがプロレスラーか　対戦相手やプロモーターは闘い方を

いちいち指図しやがる　あの技は使うな！　あの技は力をぬいてかけろ！　本気でやるなっ！」と失望していたらディーン・マレンコに出会い、第二次ＵＷＦ～藤原組を経てパンクラスへと辿り着く物語。25年前の作品なのでケーフェイ的な踏み込みは浅いけれど、第二次ＵＷＦを本物だと語るのではなく、当時の船木対鈴木戦を見てピンポイントで「この２人は本物だ……」とケンシャムに言わせてたりと、キッチリ線引きしているのが興味深い。

『格闘家のセカンドキャリア論』

新田明臣／代官山ブックス

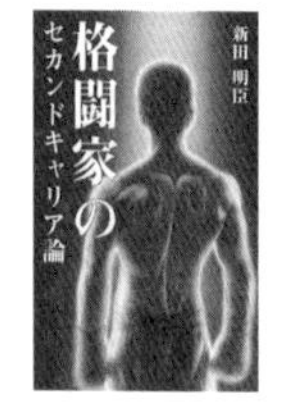

そして新田明臣の『格闘家のセカンドキャリア論』。最近、アイドルのセカンドキャリアがよく話題になるからこれも面白そうだと思ったら、格闘家という大きな括りの論じゃなくて、もっとシンプルに自分がジム経営を成功させるまでの話。

「僕は１９９３年、19歳の頃からプロのキックボクサーとしてリングに上がり、約16年間の現役生活の間に２度の世界王者と３度の日本王者のタイトルを摑むことができました。プロキックボクサーとしての実績はあるほうだと思います。しかし、僕がセカンドキャリアとして選択したジム経営では、『２千万円の借金』を背負い、一時期はジムを潰すことも覚悟するなど、多くの困難を体験しました」「紆余曲折を経て、現在は恵比寿や駒沢にジムを５店舗、恵比寿にカフェを１店舗経営し、さらに事業を拡大している段階です」と、その紆余曲折ぶりをもっと掘り下げて欲しいのに、あっさりと成功した現在の話を始めるのとか、紙の本と違って編集者がプロではないからなのか、同じエピソードが何度も出てくるのとか、いろいろもったいない構成。もっと周囲の格闘家の成功例や失敗例を調べて、ちゃんとした論にすればいいのに！

なお、彼が当時は前例もほぼないのに、選手として現役のままジム経営を始めた理由は、こんな感じだ。

「どうしてもジム経営がやりたかったからではありません。30歳の頃には既に子どもがいたので、生活費をもっと稼ぐ必要があったからです。元プロキックボクサーがこんなことを書くと驚かれると思いますが、格闘界はファイトマネーだけでご飯を食べられる選手は一握り、本当に1割もいない世界です」

「僕も他の格闘家と同様に、タイトルを獲得した後も時間があるときには警備員や特殊警備のアルバイトをしていました。それでもアルバイトでは収入が不安定だったので、もう少し安定した収入が期待できる『ジムの経営をしたい』と思うようになったのです。もしも僕に歌う才能や絵を描く才能があれば、他の稼ぐ方法を探りましたが、長年打ち込んできたものが格闘技しかなかったので、その延長にあるジム経営しか思いつかなかったんですね」

こういった自分の苦労話とか、他の格闘家の「僕が知る限りでは、飲食店を出してすぐに閉店、夜の世界へ行き現役さながらアスリート張りに大酒を飲んで倒れる、望んでいない日雇い労働をやらざるをえないなど、厳しい現実がそこにはあるものです」といった過酷なエピソードに厚みを持たせた方が、後の成功エピソードが際立つはずなのになー。

そして肝心の、彼がいかにセカンドキャリアを成功させたかについては、「残念ながら、苦しい時期を乗り越えて、成長するための『ハウツー』は存在しません」とのこと。その代わり、彼が繰り返し口にするのがモチベーションの大切さなのだ。

「強いと評判の選手が試合前のインタビューで『新田なんて余裕。KOで倒す』と言っているのを知ると、僕は影響を受けやすい性格なので、相手に対して良くも悪くもイメージをもちすぎて、『あ、僕は勝てない。負けるんだ』と思い込んでしまい、モチベーションが低下して、実力を発揮できずに敗れてしまいました。逆に弱いと言われる選手と当たったときも、相手の緊張感を感じ取って、気を受けてしまい、苦戦することもよくありました」

彼は試合でもこれぐらいメンタル面に左右されるタイプだからこそモチベーションが重要になってくるわけなんだが、試合前の舌戦でボロクソ言うことにも、興行を盛り上げる以外の意味があったと初めて知った次第なのである。暗示に弱すぎ！

★隔月の豪ちゃん★大相撲八百長疑惑報道でも知られる武田頼政『真・輪島伝』（廣済堂出版）も7月8日発売。表紙とかには書かれてないけれど、五月元夫人の語り下ろし。プロレス引退について「もともと痛いのがダメな人ですからレスラーになど向いていなかったのでしょう」と冷静に切り捨てたりする冷たさが面白いです！

146

ボクが渡辺二郎と渡嘉敷勝男の対談を担当したとき、トカちゃんは昔のヤンチャ話を笑顔で語るのに、なぜか「自分は悪いことは一切やらなかった」と言い張る渡辺二郎。結局、更生した人は過去を楽しく語れるけど、現在進行形で悪の世界にいると何も触れられないと思ったんですが、そんな渡辺二郎から暴力を振るわれたライターの『別冊宝島 ヤクザと芸能界』掲載の記事が必読だと言っておく、書評とは名ばかりの引用書評コーナー。

筑紫哲也のボンヤリ認識はともかく格闘技好きにはたまらない『殺しの柳川』第四章

『殺しの柳川』 竹中明洋／小学館／1750円+税

柳川組・柳川次郎組長のノンフィクション『殺しの柳川』は、第四章「空手・テコンドー・ボクシング」部分に「大山倍達との出会い」「梶原一騎との確執」「新プロレス団体構想」「出自を隠した大山」などのフレーズが並ぶ、格闘技好きにはたまらない一冊。大木金太郎の弟子・李王杓は「韓国が豊かでなかった時代、白黒つけやすいプロレスは国民を統合するのにちょうど良い手段でした。地域ごとにチームをつくる野球やサッカーでは韓国の激しい地域対立を煽りかねませんから」と語るが、「朴正熙（当時の韓国大統領）は無類のプロレス好きとして知られる。大統領在任中、プロレス中継が途中で打ち切られると、自らテレビ局にクレームの電話をかけた」ような時代に、柳川次郎が韓国でのプロレス興行を新聞寿に持ち掛け、75年にアントニオ猪木対大木金太郎の再戦が実現したことがあったのだ。

「『韓国で大木さんを痛めつけたら生きて帰れないかもしれないね』と興行前に心配していた猪木だが、お約束の引き分けという結果となった」というぐらいなのに、翌76年の韓国遠征ではパク・ソンナンにシュートを仕掛けて潰す猪木、恐るべし！

そして74年3月11日放送のテレビ朝日『こちらデスク』で『陽気な黒幕笹川良一の素顔』特集が組まれたという、個人的に最近調べていたエピソードも登場。この日のゲストは、なんと笹川良一&大山倍達&赤尾敏！　この放送に、新日本プロレスのチャリティー大会をユセフ・トルコなんかと開催していたブラックジャーナリズム新聞『国会タイムズ』が噛み付いた。「記事は、テレビ朝日が笹川を礼賛するのはけしからんと指弾した上で、番組内での笹川の発言をこと細かく取り上げ非難している。なかでも、笹川が大山についで、『大山君は私の団体（＝全空連）に入りたがっている。元山口組の何がしかが大山を入れてくれと頼みにきた』と話したことを挙げ、大山にこう反論させている。『いやァ、それはまるっきりウソだよ！　そんなこと、あり得ないしね、山口組と極真会館とは何の関係もない！　A同盟の会長Y氏とは昔から親しいから、つき合っているが、ただの友人としてのつき合いであり、そんなこと頼むわけもなければ何でもない！』。言うまでもないが、A同盟の会長Y氏とは、亜細亜民族同盟の名誉会長である柳川のことを指す」

極真側の見解（笹川良一が極真を全空連の傘下に収めようとして1億円を積んだが断った）とは正反対なので、大山総裁が怒る気持ちはよくわかる。

この放送、『ズームアップ現代―筑紫哲也の「こちらデスク」活字版』（80年／学陽書房）情報によると笹川良一に元『朝日新聞』記者で元『朝日ジャーナル』編集長の筑紫哲也が密着したドキュメンタリーだった。「一日中、朝から晩まで私は笹川氏について歩く。朝日新聞は、長年、笹川氏が攻撃の標的にしてきた宿怨の対象であり、その記者が相手なのだから、ずいぶんと構えている感じだった」「陽気に絶えず振る舞おうと努めているように見えた笹川氏が、そういうゆとりをかなぐり捨てたのは、こちらが録画した大山倍達氏の笹川批判を見せてその反応を撮った時だった。カメラを前にそういうことをしゃべってくれる人は少なく、赤尾敏氏と大山氏がその数少ない人だったのだが、赤尾氏の批判をビデオで見ている間は笑っていた笹川氏が、だんだん顔色がけわしくなり、ついにはだれやら知人を呼んでしゃべり出した」のである！

「もしもし、おおこんにちは。あのねえ、返事遅れているんだが、大山倍達君のこと。僕の方に入れてやってくれということやったが、僕のほうからあなたに言ったことは、日本に居住しておっても、選挙権のないものを入れた場合には、それこそ僕は日本の会長であると同時に世界の会長なんだから、ルールを乱すといけないから、それを調べておいてくれというとったんだが、ところがねえ。いまちょっとテレビを僕が見たんだよ。そしたらねえ、なんだかツマランこと言ってヤキモチ焼いて、もうこれは入れてもらえないと失望・落胆して、悪いこと言いよったかも知れないが、ああいうことゆうておったら、馬鹿なやっちゃ。あれではねえ、入れられんねえ、エヘヘヘ。だから皆んな可哀想に、いいとこ見せようと思って僕の悪いとこ言うてね。今度はねえ、自分が大変な深傷を負うようなことやるようだなあ、皆んな可哀想やな、アハハハ」

当時はオープンになっていなかった大山総裁の出自のこともバラして笑い飛ばす笹川良一。これだけでは説明不足なので、筑紫哲也はこんな補足を付け加える。「(『僕の方』というのは笹川氏が会長をしている詩吟連盟のことだが、大山氏はそんなことを頼んだ覚えがないと、後日テレビで語り、笹川氏に対決を呼びかけた)」って、どこから出てきたんだよ、詩吟連盟！　笹川良一が日本吟剣詩舞振興会の初代会長だったのは事実だが、大山総裁がそこに入りたがるわけもないし、こんなボンヤリした認識で大山総裁を笹川批判に引っ張り出す筑紫哲也も恐るべし！

★隔月の豪ちゃん★『別冊宝島 ヤクザと芸能界』にPRIDEのページが！「目玉選手が日本人だけならまだいいのですが、ヒクソンやミルコ・クロコップ、エメリヤーエンコ・ヒョードルといった外国人選手が主役になると、そこに代理人が登場し、そのバックにヤクザが控えるという構図が出来上がる」という一文がスリリングすぎました。

147

現在、この書評連載をまとめた単行本を制作中。もともと『紙のプロレス』誌上で始まった連載だから、その経緯を書き下ろし原稿にしようと思ったら、当時の情報がネット上にほとんど存在していないことに衝撃を受けました。ボクがいつまで『紙のプロレス』編集部所属で、書評連載がいつまで続いたのかとか、バックナンバーを漁らないとわからないんだ！　それぐらいデータのない男による、書評とは名ばかりの引用書評コーナー。

矛盾の中で極論を語る青木真也本音が引き出された電子書籍の対談集

『人間白帯─青木真也が嫌われる理由』 青木真也／幻冬舎／８００円＋税

著書『空気を読んではいけない』（16年／幻冬舎）発売後の対談やインタビューをまとめた、17年リリースの電子書籍（Ａｍａｚｏｎプライムの無料読み放題対象）。まず登場するのはみんな大好き、はあちゅうさん！　タイトルはズバリ「バカを黙らせるにはカネしかない!!」！

「イケダハヤトさんもお金の話よくしますけど。私もやっぱり、バカな相手をわからせるには、お金が一番だと思っています。だから、この本で、そのことが書かれていたのはうれしかったんです。本当に、バカを黙らせるにはお金なんですよ。いくら稼いでますってことが、相手にとっては一番わかりやすい」というはあちゅうさんの発言に青木真也も同調しているんですが、どれだけ大金を稼いでも他人が黙るわけがないから、はあちゅうさんはいまもネットで叩かれ続けてるんだと思います。

ただ、「とにかく何にでも嫉妬するので。マイケル・ジャクソンにも、ポケモンＧＯ！にも。みんなが夢中になってるものがあると、『なんで、あれは私の仕事じゃないんだろう！』って思います」とか「嫉妬しない人にも、嫉妬しますよ。『なんでこの人は嫉妬しないんだろう！　生きるのが楽そうでうらやましい！』って」と言い出す、はあちゅうさんの異常な嫉妬深さは最高なのだ！

続いて登場するのは、青木真也の画像を「待ち受け画面にしていて、つらいことがあるとそれを見て頑張るみたいなことをやってた」ジェーン・スーさん。「答えづらいかもしれないですけど、なんで一部の人にこんなに嫌われると思います?」（スー）、「理解できないからでしょう」（青木）、「どこが理解されないんだと思いますか?　理解できない人だからって、そんなにみんな嫌われないですよ」「自分の何がいらいらさせるんだと思います?　アンチを」（スー）と、見事な質問力によって青木の本音を引き出すのだ!

青木の「やっぱね、あいつら裏切るから、平気で」「スーちゃんも多分、手のひら返されるよ。これから」というこじらせた発言もいいし、「やっぱある種の病気だったんだろうなと思う」「結局俺は、ちょっと普通ではないんですよ。今でも検査したら何かに引っかかっちゃうと思うの」という発言もいい。空気を読めない原因はそこにあったのか!

3人目の対談相手はイケハヤさん（編集担当の箕輪厚介氏も同席）。結婚生活の話で盛り上がり、「よく考えてくださいよ。仕事で2カ月間とか海外出ちゃうわけで、普通だったら嫁暴れますよ」（青木）、「青木さんとこのシステムはすごいですよ。ボーナス制なんですよ。試合に勝つとボーナスが家族に配られる」（箕輪）、「そうすると、応援するじゃないですか」（青木）という発言が、夫婦関係が破綻したっぽいいま読み直すと非常に切ないのである。

最後に登場するのはShow大谷氏。担当の箕輪氏に「当時のギャラの話が出てきていたから、読むほうが楽しいのはわかった上で、その類いの話はどうなんだろう?　とは思いましたね」と業界人らしいことを言うことで、売れる本を作る編集者との違いがハッキリ出るわけなのだ。

「業界の人は嫌だろうと思いましたけど、それこそが僕と青木真也の狙いですね」「ウゼーなって思われるのは当然だし、じゃないとヒットはしないだろうなと。そこが僕と青木真也の強みで、僕なんて格闘技界の人たちに、夜道を襲われるとかは別として、『こいつと一緒に仕事はしない』とか『こいつにはパスを出さない』って言われても全く関係ないですからね」（箕輪）

ちなみに箕輪氏は「給料なんていらないから働かせてください」とリアルエンターテインメントに履歴書を送ったぐらいの格闘技好きでもあって、五味隆典や川尻達也も好きらしいんだが、なぜ彼らの本は出さなかったかというと、「僕は編集者だから、本として面白いかっていうと、あくまで僕の感覚ではありえなかったですね。2ページぐらいで終わっちゃう気がしましたから」「価値観がイビツなわけじゃなく、運動能力が高かったっていうことだと思うんです」と一刀両断。

「インタビューとかだと、彼（青木）自身の良さでもあるんですけど、矛盾があって、結局のところ結論はどっち？　みたいなことがあるんですけど、本みたいに腰を据えて作れるってなったら、彼は極論を言えますよね」「『人と食事には行かない』とか『縁を切る』とか」「五味隆典や川尻達也は価値観として極端なことは言えないだろうなーって。普通に『女が好き、車が好き、美味いものを食いたい』みたいな。その場合、魔裟斗くらいの知名度があれば本になるけど、そうじゃないと難しい」

冷静な判断！　最後に「俺、『ゴング格闘技』の記事を自分で書きたいもん（笑）。絶対に俺のほうがこの人たちよりも面白いことを伝える自信があるし。ただ、そこで俺が書いてしまうとダメなんですよね。当事者じゃなくて第三者が書いたもののほうが価値がある場合があるから」という青木の発言を伝えて終わるとします！　まさかの馳浩イズム！

★隔月の豪ちゃん★アルバムに山本KIDも参加したD.Oの自伝『悪党の詩』が名著すぎました。大相撲・若麒麟＝鈴川真一と大麻で捕まったことでも知られる人なんですが、出所後はよく悪い連中に襲撃されたそうで、「プロレスラーに転向した若麒麟のファイトで僕がセコンドとして立っていると、会場によく極道が押し寄せてきた」とか怖すぎる！

あとがき

いやー、今回、自分で読み直してみて痛感したけれど、いくら読んでも校正が終わらないぐらいに、どうかと思うレベルの情報量&文字量！　リードや近況も記憶の片隅にも残っていない情報多数で、自分でも何度か爆笑。そして、書かれていることは徹底して生きていく上で役に立たなそうな無駄な知識のみ！　前田日明の師匠だったはずが、いろいろあって消息不明になっていた田中正悟のその後を定期的に伝える唯一の連載だったことだけは、とりあえず間違いない。

ちなみにボクの書評連載が『ゴン格』に移籍した05年というのはどういう時期だったかというと、格闘技ブームがピークに達した03年に、大晦日の格闘技戦争がPRIDE側とイノキボンバイエ側とのガチの戦争へと発展。そのとき水面下でいろいろあったため、06年2月に『イノキボンバイエ２００３』にまつわる恐喝未遂容疑で暴力団幹部が逮捕。同年3月に『週刊現代』で川又誠矢氏が被害者としてその恐喝事件について告発し、聞き手はタダシ☆タナカ。これがきっかけとなって同年6月にはフジテレビがPRIDEから撤退し、07年にPRIDE完全消滅。その後は長い冬の時代へと突入していくという、そういう時期だと踏まえて読むと事情がわかりやすいかと思う。

ボクが『ｋａｍｉｐｒｏ』を辞めるきっかけになったのが髙田延彦とのトラブルだったので、最初のうちは名前を出すのもマズいと思って「●●」って伏せ字にしてたんだなーとか、そのうちボクの中での好感度が上がっていって名前を普通に出すようになるんだなとか、そんなこともすっかり忘れていた。冬の時代に突入して格闘技本がほとんどリリースされなくなるから、何度も須藤元気本を取り上げることになったり、プロレスの暴露系ムックから格闘技的な要素を抜き出したり、やむなく全然知識もないボクシングや相撲の本を紹介したり、堅苦しい学術書やＡＶ監督の自伝、関東連合本にパソナについてやヤクザについてのノンフィクションを紹介したり、新刊がないときは過去の犯罪ノンフィクションを紹介したこともあった。どんな本だって、格闘技の話が載っているのならそれで良し！　むしろ普通の格闘技好きがまず読まない本を紹介することに意味があると思って、いまもその姿勢で連載を続けているのだ。

なお、その結果、厄介なトラブルに巻き込まれることも多々あって。韓国のスポーツジャーナリストが書いた秋山成勲本『秋山か、チュか？』は、韓国での発売は妨害があって延期になり、日本では通販限定でこっそり発売。それをボクが買って書評したら、『ｋａｍｉｐｒｏ』編集部に『魔王　秋山成勲―二つの祖国を持つ男』という本を作る上での資料として貸して欲しいと言われて、松澤チョロという人間がウチまで取りに来た。するとある日、警察から呼び出される羽目になったのである！　よくわからないけど、その本がいろいろ問題で訴訟になってたっぽいので、当時のことを書いた文章を引用してみよう。

「警察なう！　そんなわけで、いま警察に事情聴取されながらメールします！　5年ぐらい前、ボクがかつて所属した『紙のプロレス』編集部から、某格闘家の本を作るので資料を貸して欲しいって連絡があったんですよ。ボクはその某格闘家の通販限定の本を買ってたから、要はそれを貸して欲しいってことで。それで貸し出したら、つい最近になって警察から電話が掛かってきて、ボクが貸した本の作者が、『紙プロ』側を無断引用で訴えたらしいことが判明。だから、本を貸したあなたから事情が聞きたいとのことで何度も電話で話したのに、今日はとうとう警察で調書を作るのに付き合わされたってわけです。ボクは全然関係ないのに、死ぬほどめんどくさい！　そもそもこの本、7年前の発売だから、買った時期とか振り込んだ銀行とか届くまでの期間とか全然覚えてないし、借りパクされてるから内容的な記憶もゼロ！」

このときは名前を伏せておいたけど、これが秋山本を発端とする騒動だったわけなのである。で、タダでは転ばないタイプだから、事情聴取されながらスマホで原稿を書いてそのままメールして、すぐネットの記事にしてもらったって次第なのだ。もちろん、このレア本は現時点でも返却されてないし、事情聴取に巻き込まれた件についての謝罪もなし！　ついでに資料提供の謝礼もなし！　それが『ｋａｍｉｐｒｏ』！

結局、ボクが連載のリード部分に「書評は平和ではない。書評は戦いである」と書いた結果、どんどん平和じゃないトラブルに巻き込まれていったんだが、それでもまだ連載が続いているのが奇跡的なのである。もちろん、それがこうして単行本化されるのも奇跡の一言！　そして、この戦いはこの先もまだ続く。

本書は、『ゴング格闘技』（日本スポーツ出版社／イースト・プレス／アプリスタイル）の連載「吉田文豪「人生劇場」新★書評の星座」（二〇〇五年六月号～二〇二〇年一月号）の掲載時のリード・本文・近況欄を基本的にそのまま転載したものです（一部修正あり）。コラムは書き下ろし。

吉田 豪（よしだ・ごう）

1970年、東京都生まれ。プロ書評家、プロインタビュアー、コラムニスト。編集プロダクションを経て『紙のプロレス』編集部に参加。そこでのインタビュー記事などが評判となり、多方面で執筆を開始。格闘家、プロレスラー、アイドル、芸能人、政治家と、その取材対象は多岐にわたり、『ゴング格闘技』をはじめさまざまな媒体で連載を抱え、テレビ・ラジオ・ネットでも活躍の場を広げている。著書に『人間コク宝』シリーズ(コアマガジン)、『聞き出す力』『続聞き出す力』(日本文芸社)、『サブカル・スーパースター鬱伝』(徳間書店)、『吉田豪の空手★バカ一代』『吉田豪の"最狂"全女伝説』『吉田豪と15人の女たち』(白夜書房)など。

書評の星座
吉田豪の格闘技本メッタ斬り 2005-2019

2020年2月29日 第1刷発行
2020年3月24日 第2刷発行

著　者　吉田 豪
発行人　遅塚久美子
発行所　株式会社ホーム社
〒101-0051 東京都千代田区神田神保町3-29 共同ビル
電話 編集部 03-5211-2966
発売元　株式会社集英社
〒 101-8050 東京都千代田区一ツ橋2-5-10
電話 販売部 03-3230-6393（書店専用）
読者係 03-3230-6080
印刷所　大日本印刷株式会社
製本所　ナショナル製本協同組合

ISBN978-4-8342-5336-8 C0075